Roland Vandieken, Eduard Häckl,
Dankwart Mattke (Hg.)

Was tut sich in der stationären Psychotherapie?

Reihe »Forschung psychosozial«

Roland Vandieken, Eduard Häckl,
Dankwart Mattke (Hg.)

Was tut sich in der stationären Psychotherapie?

Standort und Entwicklung

Psychosozial-Verlag

Die Deutsche Bibliothek - CIP-Einheitsaufnahme

Was tut sich in der stationären Psychotherapie : Standort und Entwicklung / Roland Vandieken ... (Hg.). - Gießen : Psychosozial-Verl., 1998
(Reihe "Forschung psychosozial")
ISBN 3-932133-50-1

Umschlaggestaltung nach einem Reihenentwurf des Ateliers Warminski, Büdingen
Umschlagabbildung: Wassily Kandinsky, Schwarze Formen auf Weiß (1934)
ISBN 3-932133-50-1

Inhaltsverzeichnis

Seite

Vorwort

Die stationäre Psychotherapie ist eine feste Größe im Spektrum psychotherapeutischer Behandlungsmöglichkeiten geworden. Mit der Praxis haben sich im Laufe der Jahre auch die theoretischen Konzepte weiterentwickelt, so daß heute ein immer differenzierteres Wissen zur Anwendung kommt.

Aus Anlaß des 25jährigen Bestehens der „Rhein-Klinik" in Bad Honnef, einem Krankenhaus für Psychosomatische Medizin und Psychotherapie, fand Ende Februar 1997 ein Kongreß zum Thema statt: „Was tut sich?" – Theorien und ihre Anwendungen in der stationären Psychotherapie.

Wir haben zu einer Diskussion über Standorte und Entwicklungen in der stationären Psychotherapie eingeladen und wollen damit zu einem Austausch über die gegenseitige Beeinflussung von theoretischen Begründungen und praktischen Erfahrungen beitragen: zu einem Austausch aller an der Behandlung beteiligten Berufsgruppen sowohl im ambulanten wie im stationären Rahmen.

Es gelang uns, hierfür eine Reihe namhafter Autoren und erfahrener Praktiker zu gewinnen, so daß die Vorträge einen breiten und repräsentativen Überblick über den gegenwärtigen Stand stationärer Psychotherapie sowie der mit ihr verknüpften Fragen bieten. Die dadurch ausgelöste lebhafte Diskussion während der Tagung veranlaßte uns, diese Beiträge auch einem größeren interessierten Leserkreis zugänglich zu machen.

Daraus ist jetzt der vorliegende Band entstanden, der als Reader in die Möglichkeiten und den derzeitigen Stand stationärer Psychotherapie einführt, gleichzeitig aber auch Auskunft über offene Fragen gibt, die zum Beispiel im Hinblick auf die vielfältigen psychotherapeutischen Interventionsformen, einschließlich der Rahmenbedingungen bestehen. Die damit berührten grundsätzlichen Fragen psychotherapeutischen Verstehens und Handelns sind aber nicht nur für das stationäre, sondern auch für das ambulante Setting von Bedeutung.

Die Beiträge gruppieren sich um drei praxisbezogene Themenschwerpunkte, die in drei Foren diskutiert wurden:

1. Wie kooperieren die verschiedenen psychotherapeutischen Berufsgruppen unter den Bedingungen des vorgegebenen institutionellen

Rahmens? Prozesse der Integration sowie der damit verbundenen Konflikt- und Entwicklungsmöglichkeiten in den Gruppen der Patienten und der Teams innerhalb der Institution werden an den Gegebenheiten der täglichen Praxis untersucht.

2. Wie entwickeln sich die therapeutischen Beziehungen unter dem Einfluß neuerer theoretischer Konzepte, die damit zu einer Erweiterung des Verständnisses psychischer Prozesse und ihrer Behandlungsmöglichkeiten beigetragen haben, wie zum Beispiel Einbeziehung des Körpers, Säuglingsforschung und Alternspsychotherapie.
3. Welche spezifischen Ressourcen – der Patienten, der Therapeuten, der verschiedenen therapeutischen Ansätze des stationären Settings – können in der stationären Psychotherapie nutzbar gemacht werden?

Entsprechend diesen Schwerpunkten ist der vorliegende Band aufgebaut. Jedem Forum geht ein eigenes einführendes Vorwort durch die Moderatoren voraus.

Wir wünschen uns, daß dieser Band den Lesern Einblick in die aktuelle Praxis und das weite Spektrum stationärer Psychotherapie geben kann und damit – auch unter Berücksichtigung aller offenen Fragen – die Verständigung der an der Behandlung Beteiligten fördern kann.

Die Tagung wäre nicht möglich gewesen ohne einen Stab vorausplanender, engagierter Mitarbeiterinnen und Mitarbeiter, die mit Umsicht, Organisationsgeschick und Unermüdlichkeit erst die Durchführung möglich gemacht haben. Vielen ist zu danken, besonders hervorheben möchte ich aber die stets präsenten Sekretärinnen Frau Ursula Raschke und Frau Doris Könsgen sowie – last but not least – Herrn Dipl.-Psych. Guido Hertel, der den organisatorischen Überblick behielt. Danken möchte ich auch allen Autorinnen und Autoren, die bereit waren, uns für diesen Band ihre Beiträge zur Verfügung zu stellen. Sie werden in den Vorworten zu den einzelnen Foren gesondert gewürdigt.

Schließlich gilt ein großer Dank Herrn Dr. Wirth und Herrn Vopel vom Psychosozial-Verlag, deren Kooperationsbereitschaft und förderndes Interesse diesen Band konkrete Gestalt haben annehmen lassen.

Für die Herausgeber

Roland Vandieken

Forum I:

Psychotherapie im Krankenhaus: Wer „macht" was? Gruppenvorgänge bei Patienten, Behandlern, Institutionen

Vorwort zum Forum I

Psychotherapie im Krankenhaus „Rhein-Klinik" machen wir seit 25 Jahren nach dem teambasierten, integrativen Organisationsmodell, wie es von Paul Janssen entwickelt wurde. Es wird dabei angenommen, daß die internalisierten Objektbeziehungen unserer Patienten (Selbst- und Objektrepräsentanzen) sich in multilateralen Übertragungsprozessen in das äußere stationäre Feld hinein externalisieren, sich in diesem reinszenieren und in diesen Reinszenierungen psychoanalytisch-psychotherapeutisch bearbeiten lassen.

Die intrapsychische Welt unserer Patienten stellt sich im interpsychischen-interpersonellen Feld der psychotherapeutischen Station dar wie auf einer Bühne. Bühnenräume einer Station sind zum Beispiel die Interaktionen in der Teamgruppe, die im optimalen Fall die Interaktionen innerhalb der Patientengruppe reinszenierend widerspiegeln. Weitere Bühnenräume stehen zur Verfügung in den Interaktionen der Patientengruppen, sei es in den analytischen bzw. spezialtherapeutischen Kleingruppen von 7-8 Patienten, in den einzeltherapeutischen Beziehungen, in der Gesamtheit der Stationsgruppe (25 Patienten). Gruppendynamisch sprechen wir dann von Großgruppenvorgängen, die wiederum eingespannt sind in die Gruppendynamik der Institution „Krankenhaus".

Die Institution repräsentiert sich für unsere Patienten zum Beispiel in folgenden Strukturelementen: Abteilungen, Stationen, Hierarchien, Machtverteilungen, in der Hausordnung, Pflegesätzen, Krankenkassenverträgen, ja bis hin zur Trägerphilosophie – wie in unserem Fall der Philosophie einer Wertegemeinschaft, die christlich-diakonische Werte vertritt. Das konkretisiert sich z.B. darin, daß eine Pastorin eine halbe Therapeutenstelle besetzt.

Im folgenden möchte ich die Beiträge der Referentinnen und Referenten vorstellen, die beim Forum I der Jubiläumstagung „25 Jahre Rhein-Klinik" ihre Bestandsaufnahme zur stationären Psychotherapie („state of the art") unter dem Gesichtspunkt: „Wer macht was? Gruppenvorgänge bei Patienten, Behandlern, Institution" vorgestellt haben. Im Sinne der Werkstattidee des Forums hatten die Referentinnen und Referenten zugestimmt, ihre Inputs auf eine halbe Stunde zu begrenzen, und zwar unter Einschluß von direkten Verständ-

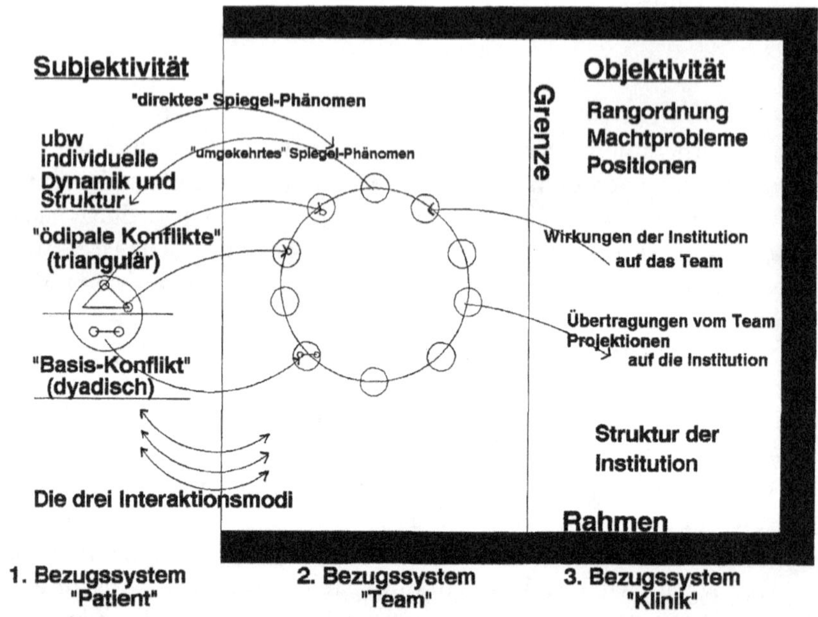

Abb.1 zeigt ein graphisch visualisiertes Schema unseres Organisationsmodells: stationäre Psychotherapie in der Rhein-Klinik. (aus: Barde, B., Mattke, D. Therapeutische Teams, Göttingen 1993.)

nisfragen nach dem Referat. Diese Struktur gab uns am Vor- wie Nachmittag jeweils eine Stunde Diskussionszeit für eine integrierende Diskussion der Einzelbeiträge. Leider kann über diesen Diskurs hier nicht en detail berichtet werden; eine kurze Skizze der Gruppendynamik und ihrer Rahmenbedingungen muß hier genügen. Die Teilnehmer am Forum mischten sich in etwa zwischen den drei Berufsgruppen (mit ihren jeweiligen Methoden bzw. Behandlungsebenen), die auf einer psychotherapeutischen Station das teambasierte integrierte Organisationsmodell stationärer Psychotherapie realisieren:

Ärzte und Psychologische Psychotherapeuten, zuständig für den konfrontativ-interpretativen Bereich in Einzel- und Gruppentherapie.

Spezialtherapeuten, zuständig für den extraverbalen-kreativen Zwischenbereich in Einzel- und Gruppentherapie.

Pflegepersonal und Stationsärzte, zuständig für den haltend-tragend pflegerisch-ärztlichen Bereich in milieutherapeutischen Einzel- und Gruppensettings.

Die drei Berufsgruppen mit ihren Aufgabenfeldern und berufsgruppenspezifischen Behandlungsmethoden haben in den Interaktionen im Stationsteam und in den Interaktionen mit den Patienten die reflexive Praxis täglicher Integrationsarbeit zu leisten, die das teambasierte integrative Organisationsmodell einer Psychotherapiestation trägt. Diese individualpsychologische wie gruppenpsychologische Kompetenz ist eine Basiskompetenz in der therapeutischen Arbeit auf der Psychotherapiestation, die nach dem beschriebenen Modell ihre jeweils berufsgruppen- und methodenspezifischen binnendifferenzierten Aufgaben erfüllt. Es war dies auch der Fokus, an dem wir uns in der klinikinternen Vorbereitungsgruppe für dieses Forum orientiert haben.

Im 1. Teil des Forums ging es um die Beiträge der drei Berufsgruppen mit ihren jeweiligen Aufgabenfeldern und Behandlungsmethoden (Markus Hochgerner, Paul Janssen, Christel von Scheidt, Gertraud Schottenloher, Wolfgang Tress) sowie um institutionelle und gruppendynamische Aspekte bei der Anwendung dieser Behandlungsmethoden durch ein multiprofessionelles Team in einem Krankenhaus (Wolfgang Schneider).

Ich stelle im folgenden kurz die Referentinnen und Referenten mit ihren Beiträgen zu Teil 1 des Forums vor:

Der einleitende Beitrag von *Wolfgang Tress* schlägt einen Bogen von den Anfängen der Geschichte stationärer angewandter Psychoanalyse über die Entwicklung der verschiedenen Modelle hin zur Konzeption von stationärer Psychotherapie als Fokaltherapie, zu der ein eigenes Modell vorgestellt wird. Daran schließen sich Beiträge aus der Perspektive der unterschiedlichen Berufsgruppen sowie zur Vertiefung des integrativen Behandlungsmodells und zum Forschungsstand, insbesondere der stationären Gruppenpsychotherapie an.

Paul Janssen beschreibt zum einen die Übertragungsprozesse in der stationären psychoanalytischen Therapie. Deren Bearbeitung ist die spezielle Aufgabe der ärztlichen und psychologischen Psychotherapeuten im multiprofessionellen Team. Zum anderen stellt er die Strukturen des multiprofessionellen und multimodalen Raumes dar, wie er sich auf einer Psychotherapiestation konstelliert, die nach einem psychoanalytischen Therapieverständnis arbeitet, insbesondere unter dem Aspekt der integrierenden aufgabenbezogenen psychoanalytischen Gruppenarbeit im multiprofessionellen Team.

Gertraud Schottenloher stellt über ihr Referat die Frage: Was in ihrem Beitrag ist das Spezifische, das die Kunsttherapie im stationären Therapiesetting zu leisten vermag? Sie beschreibt die noch wenig erforschte, durch klinische Erfahrung vermittelte Wirkung der Kunsttherapie an Hand von Beobachtungen aus zahlreichen Projekten und Behandlungen. In zwei Kasuistiken wird illustriert, wie im kunsttherapeutischen Behandlungsprozeß die Aufmerksamkeit von Leiden und Mängeln hin zu Ausdruckswillen und Gestaltungsfähigkeit verlagert wird. Daß diese „Verlagerung", die „Verwandlungskraft des bildnerischen Prozesses", nicht nur beim jeweiligen Patienten geschieht, sondern häufig auch bei Mitpatienten und Teammitarbeitern, identifiziert Frau Schottenloher als einen wesentlichen Beitrag der Kunsttherapie im Gesamtbehandlungsplan.

Markus Hochgerner erläutert anhand eines 4phasigen Behandlungsmodells den Beitrag der KBT im Gesamtbehandlungsplan stationärer Psychotherapie. Anhand von 4 Kasuistiken werden 4 Themenbereiche/Foci/Gruppenentwicklungsphasen im Prozeß des Gesamtbehandlungsplans klinisch anschaulich illustriert:
1. Vertrauen und Sensibilisierung;
2. Regression;
3. Progression;
4. Trennung/Abschied.
Der Autor diskutiert, warum gerade in diesem Zusammenhang körperorientierte, tiefenpsychologisch-interaktionelle Psychotherapie indiziert ist.

Mit dem milieutherapeutischen Beitrag der Pflege im Kontext stationärer Psychotherapie beschäftigt sich *Christel von Scheidt*.

Die Autorin erläutert, wie die pflegerische Erstausbildung selbst für die rein somatische Pflege ein zu geringes Maß an psychosozialen Kompetenzen vermittelt. Zum andern würden in der Literatur zur stationären Psychotherapie Grundlagen der Krankenpflege nicht erwähnt. Daraus ergäben sich Unsicherheiten auf seiten der Pflegepersonen und Unstimmigkeiten und Konflikte im Team. Nach dieser einführenden Problemanalyse stellt Frau von Scheidt grundlegende Elemente der Pflege vor, auf deren Grundlage die pflegerische Arbeit selbst sowie der Beitrag der Pflege zum Gesamtbehandlungsplan und die Arbeit im Behandlungsteam ressourcenorientiert gestaltet werden kann.

Wolfgang Schneider schließt diesen 1. Teil des Forums ab mit einer Analyse der institutionellen Aspekte bei der Realisierung stationärer Psychotherapie nach der in den vorausgegangenen Beiträgen dargelegten Behandlungsmethodik und Organisationsform. Nach einer grundlegenden Einführung in die Sozialpsychologie von Institutionen betrachtet Schneider der selbstreflexiven Praxis in therapeutischen Teams nahe Konflikte auf verschiedenen Ebenen, z. B. zwischen und innerhalb der verschiedenen Berufsgruppen:

- innerhalb von Berufsgruppen zwischen somatisch und psychotherapeutisch tätigen Ärzten;
- zwischen Berufsgruppen wie Ärzte und Psychologen;
- zwischen der Ärzte/Psychologen-Gruppe und der Pflege/Spezialtherapeutengruppe, z.B. hinsichtlich differenter Karriereaussichten;
- zwischen Akademikern und Nichtakademikern. In bezug auf die Pflege in der stat. Psychotherapie werde häufig berichtet, daß sie für dieses Aufgabenfeld unterprofessionalisiert sei, über zu wenige eigenständige spezifische und differenzierte Funktionen verfüge;
- zwischen unterschiedlichen psychotherapeutischen Ansätzen, die durchaus berufsgruppenübergreifend vertreten sein können.

Konkret heiße dies z.B.: Ist der Verhaltenstherapeut genauso viel wert wie der Psychoanalytiker? Sind KBT-Therapeut, Kunsttherapeut, Krankenschwester und ihre jeweiligen Beiträge und Handlungsangebote für den therapeutischen Prozeß genausoviel wert wie der ärztliche und psychologische Psychotherapeut? Diese Konflikte kennen wohl die meisten in der stationären Psychotherapie Tätigen nur allzu gut. Schneider führt aus, wie diese Konflikte sich um Fragen der persönlichen und gruppenbezogenen Macht, Geld und berufliche Perspektive gruppieren. Er betont weiterhin, wie das Potential an systematischer und pragmatischer Reflexionsmöglichkeit in der Institution und im Stationsteam davor schützen kann, die beschriebenen Konflikte und die damit verbundenen Gefühle und Gruppenprozesse generell als Ausdruck der Probleme unserer Patienten zu verstehen.

Nachdem im 1. Teil des Forums einige Strukturen stationärer Psychotherapie unter besonderer Berücksichtigung von Gruppenvorgängen bei Patienten, Behandlern und Institution referiert und zwischen den am Forum teilnehmenden verschieden Berufsgruppen und Methodenvertretern diskutiert wurden, ist wohl deutlich geworden, daß empirische Forschung dringend not tut, um unsere Konzepte wie auch die Techniken der Behandlung weiterentwickeln zu können. Insbesondere geht es im 2. Teil des Forums um die Praxeologie der gruppenpsychotherapeutischen Behandlungen, die eine so zentrale Rolle innerhalb der stationären Psychotherapie spielen.

Zum empirischen Forschungsstand von stationärer Psychotherapie führt *Markus Bassler* aus, daß in den letzten drei Jahren etwa ebenso viele empirische Studien publiziert erschienen sind wie in den 40 Jahren davor: jeweils 40 bis 50 Studien. Schwerpunkte setzen die Evaluierung der stationären Gruppentherapie und die Forschung zur Qualitätssicherung. Aber aufgrund des Kostendrucks und des sozialpolitisch intendierten Wettbewerbs zwischen den Leistungserbringern (Kliniken) würden auch wieder alte Studiendesigns zum Nachweis von Effektivität und Effizienz aktuell. Hier müßte die stationäre Psychotherapie belegen, daß sie kostengünstiger sei als konkurrierende ambulante oder teilstationäre Therapieangebote. Es gehe für die Kostenträger um die Frage: Welche Krankheitsbilder mit welchen personellen und zeitlichen Ressourcen und mit welchen therapeutischen Zielen (kurativ versus rehabilitativ) zu behandeln sind. Die Weiterentwicklung der Konzepte in der stationären Psychotherapie werde damit stark durch die Orientierung an störungsspezifischer Forschung geprägt sein; für die psychodynamischen Therapieverfahren bedeute das eine enorme Herausforderung, da sie traditionell nicht störungsspezifisch bzw. symptombezogen konzipiert sind, weder in der Behandlung noch in der Diagnostik.

Bassler teilt dann noch zwei Ergebnisse aus laufenden empirischen Studien mit. Einmal aus der Multicenter-Angststudie, in der im direkten Vergleich die ausschließlich ambulant behandelte Patientengruppe nicht schlechter abschnitt als die stationär und anschließend ambulant behandelten Patienten. Allerdings seien in der stationären Gruppe die schwerer gestörten Patienten gewesen.

Das zweite Ergebnis: An einer kleinen Fallzahl (bisher n = 5) ließ sich an einer in der Mainzer Klinik behandelten Stichprobe zeigen, daß die Behandlungseffekte in der Kombinationstherapie (die gemeinsam von einem psychodynamisch und einem behavioral ausgebildeten Therapeuten durchgeführt wurde) so eindeutig überlegen sind (bei Abschluß der Behandlung, die Jahreskatamnesen liegen noch nicht vor), daß schon jetzt eigentlich eine Vorentscheidung zugunsten dieser Behandlungsform getroffen werden könne. Bassler resümiert: „Aufgrund unserer eigenen Erfahrungen glaube ich, daß der zukünftige Weg der stationären Psychotherapie in erheblichem Maß von solchen störungsspezifischen Kombinationskonzepten geprägt sein wird, zumal diese empirisch vergleichsweise einfach überprüfbar sind."

Bernhard Strauß nimmt in seinem Beitrag Bezug auf eine aufwendige Untersuchung des Prozesses und Ergebnisses einer stationären Langzeitgruppenpsychotherapie, wie sie an der Klinik für Psychotherapie und Psychosomatik der Universität Kiel praktiziert wird. Die große Bedeutung der Gruppenpsychotherapie kommt darin zum Ausdruck, daß auf der acht Betten umfassenden Station alle therapeutischen Maßnahmen gruppenbezogen angeboten werden: Neben einer fünfmal wöchentlich stattfindenden analytischen Gruppenpsychotherapie gilt dies auch für alle extraverbalen Behandlungsmethoden wie Gestaltungs-, Mal- und Tanztherapie. Strauß fokussiert dann auf Ergebnisse der empirischen Untersuchung, die für die Praxis stationärer Gruppenpsychotherapie von Bedeutung sein könnten.

Anschaulich und übersichtlich zusammengefaßt werden die Ergebnisse der Kieler Studie in Tabelle 1. Ich möchte auf zwei Aspekte hinweisen, die auch im Referat von Strauß besonders gewürdigt werden: Die Ergebnisse zur soziometrischen Position von Patient(inn)en mit geringem Behandlungserfolg seien bemerkenswert unter dem Gesichtspunkt, daß sich in der therapeutischen Gruppe mit hoher Wahrscheinlichkeit institutionelle Gruppenprozesse abbilden. Strauß folgert : „Die Zuweisung soziometrisch ungünstiger Positionen an ausgewählte Gruppenmitglieder reflektiert sicherlich den Mechanismus einer Delegation, der als Gruppenprozeß interpretiert werden kann. Es ist unzweifelhaft, daß diese Art von Abwehr auch in therapeutischen Teams wirksam ist, weswegen man soziometrischen Aspekten vermehrt Aufmerksamkeit schenken sollte."

Der zweite Aspekt: Es zeigte sich, daß die Patient(inn)en von der Behandlung am meisten profitierten, die bei der Formulierung ihrer Therapieziele zum Aufnahmezeitpunkt am meisten mit den Therapeut(inn)en übereinstimmten. Diese Passung ging offenbar noch weiter und ließ sich empirisch überprüfen: Erfolgreich behandelte Patient(inn)en suchten aus einem Wirkfaktorbogen ähnliche Items heraus, die sie als besonders hilfreich erlebten und die auch von ihren Therapeut(inn)en als besonders charakteristisch für ihr Gruppenkonzept angegeben worden waren. Strauß interpretiert diese Zusammenhänge als einen Beleg dafür, daß die „Aufnahmebereitschaft" bzw. „Ansprechbarkeit" von Patient(inn)en für ein gegebenes Behandlungssetting offensichtlich einen wesentlichen Wirkfaktor in der stationären Psychotherpie darstelle.

Mit den „Wirkfaktoren stationärer Gruppenpsychotherapie" en detail befaßt sich der Beitrag von *Volker Tschuschke*.

Es werden Prozeßanalysen von zwei analytischen Gruppenpsychotherapien referiert, die als geschlossene Gruppen im stationären Setting stattfanden. Die folgenden Patienten- und Behandlungsvariablen sind nach Tschuschke prognostisch relevant und gestatten Voraussagen hinsichtlich günstiger und ungünstiger Behandlungseffekte:

1. Erfolgreiche und weniger/nicht erfolgreiche Patienten unterscheiden sich in den untersuchten fünf Wirkfaktoren auf fast allen Prozeßebenen bereits in den frühen Behandlungsabschnitten voneinander.
2. Die Wirkfaktoren treten nicht zugleich auf, vielmehr scheint ein Faktor eher den Weg für einen weiteren zu bahnen, der dann wiederum Voraussetzung für die folgenden Wirkfaktoren ist.
3. Behandlungserfolg scheint nur zum Teil Ergebnis des Prozesses der Gruppenarbeit zu sein; mindestens so wichtig scheinen patientenseitige Merkmale zu sein. Speziell die Eignung für die Behandlung in einer analytischen Gruppe drückt sich offenbar in einer erhöhten Bereitschaft/Fähigkeit aus, zur jeweiligen Gruppe eine gute (Objekt-)Beziehung herzustellen und von daher größere Risiken zur aktiven Teilnahme (Bereitschaft zur Selbstöffnung) einzugehen.
4. Der Autor entwirft schließlich ein hypothetisches Prozeßmodell günstiger Behandlungsverläufe in geschlossenen analytischen Gruppen im stationären Setting. Es werden daraus Kriterien für Indikationsentscheidungen abgeleitet wie auch für eine modifizierte therapeutische Haltung, speziell in frühen Behandlungsabschnitten.

Um Prozeßmodelle bzw. Verlaufstypen bei stationär psychotherapeutischen Behandlungen geht es auch im letzten Beitrag zu unserem Forum: *I. Sammet*, *H. Schauenburg*, *M. Voges* und *U. Jörns* stellen die Entwicklung eines Verlaufsfragebogens zum Erleben stationärer Psychotherapie vor und berichten über eine Pilotstudie mit 30 stationären Psychotherapiepatienten.

Sammet et al. diskutieren erste Verlaufsergebnisse auf gruppenstatistischer wie kasuistischer Ebene. Es werden Möglichkeiten der Typologisierung von Verläufen aufgezeigt und in ihrer Relevanz für das Verständnis auf Einzelfallebene verdeutlicht. Man darf gespannt sein auf die weitere klinische Erprobung dieser Neuentwicklung.

In diesem Vorwort möchte ich auch der klinikinternen Arbeitsgruppe danken für die engagierte Vorbereitung des Forums sowie den Teilnehmern am Forum für die offene und lebendige Diskussion.

Dankwart Mattke

Entwicklung der Behandlungskonzepte in der stationären Psychotherapie unter besonderer Berücksichtigung gruppenpsychotherapeutischer und gruppendynamischer Wahrnehmungs- und Interventionsformen

Wolfgang Tress, Jürgen Ott, Norbert Hartkamp

Die stationäre Psychotherapie nahm, ob es uns gefällt oder nicht, ihren Anfang in den Neurose-Lazaretten des 1. Weltkriegs. Schon dort praktizierten die psychoanalytischen Leiter wie Abraham, Adler, Eitingon, Ferenczi, Schilder und Simmel eine deutlich aktive Technik im Gegensatz zur psychoanalytischen Standardhaltung. Derart fand die Psychoanalyse erstmals staatliche Beachtung und Wertschätzung. Aber zusammen mit manch anderem war es nach Kriegsende auch damit schon wieder vorbei. Nur mühsam nahmen die ersten psychoanalytischen Polikliniken und psychosomatischen Spezialambulanzen ihre Arbeit auf, um das reine Gold der Analyse zum Zwecke der Massenanwendung reichlich mit dem Kupfer der direkten Suggestion zu legieren (GW XII, S. 183 ff.). Immerhin eröffneten in den zwanziger Jahren Groddeck in Baden-Baden, Simmel in Berlin, Speer in Lindau und Frieda Fromm-Reichmann in Heidelberg erste psychoanalytisch-psychosomatische Kliniken. Besonders über die Pionierarbeiten von Simmel war in letzter Zeit viel zu lesen (vgl. Schultz-Venrath, 1996) und soll hier nicht wiederholt werden. Nur soviel sei festgehalten: Das Sanatorium Schloß Tegel GmbH, Psychoanalytische Klinik, wurde am 10. April 1927 eröffnet. Es wollte sich, wir würden heute sagen, charakterneurotischen, am Rande der Sozialität lebenden Patienten widmen, die ambulant nicht mehr zu erreichen waren, bis hin zu schweren Süchten, aber auch chronifizierten somatopsychosomatischen Leidenszuständen. Hierzu herrschte in der Klinik therapeutisch eine entschieden aktive und den Patienten zum eigenen Vorteil reglementierende Haltung. Sie freilich oblag dem Medizinal- und Pflegebereich, dem, so Simmel (1928), „Mutterbauch" der Klinik, der neben und losgelöst vom psychoanalytischen Therapiesetting klassischer Prägung arbeitete. Nach vier Jahren schon mußte diese rein privatwirtschaftlich geführte Klinik im Zuge der Weltwirtschaftskrise wieder schließen.

Die Modelle der psychotherapeutischen Krankenhausbehandlung, wie sie sich historisch hieraus ergaben, sind bekannt, und wir geben sie hier ohne jede Systematik wieder:

- Psychoanalyse in der Klinik
- therapeutische Gemeinschaft und psychoanalytische Therapie
- kombinierte stationär-ambulante Modelle
- bipolare Modelle
- integrative Modelle
- verhaltenstherapeutische Modelle
- internistisch-psychosomatische Modelle
- pragmatische Anwendung in Kur- und Rehabilitationskliniken
- Psychotherapie in psychiatrischen Kliniken

Diese Liste ist nicht in extenso abzuarbeiten, sondern wir befassen uns sogleich mit dem bipolaren und dem integrativen Modell, beide ausgesprochen praxisrelevante Heuristiken, die dennoch nur unbefriedigend die Wirklichkeit der psychotherapeutichen Krankenhausbehandlung einzufangen vermögen. Die dialektischen Gegensätze von bipolaren und integrativen Modellen führte dann Streeck (1991) im Anschluß an Becker und Senf (1988) zur Synthese der Fokaltherapie in der Klinik.

Wir beginnen mit dem bipolaren Modell und seiner Unterscheidung zwischen dem analytischen Therapieraum hier und dem soziotherapeutischen Realraum dort, eine Konzeption, wie sie zuerst Enke (1965) mit der Vorstellung entwickelte, daß die therapeutischen Prozesse in der Klinik sich ohnedies in der analytischen Gruppenpsychotherapie zentrieren, weil Gruppenpsychotherapie die den sozialen Gegebenheiten der Klinik angemessene Behandlungsform sei. Und gegenüber diesem gruppenanalytischen Therapieraum seien in der sogenannten Hausgruppe, im Realitätsraum, die aus dem alltäglichen Zusammenleben der Patienten und der Mitarbeiter sich ergebenden Probleme und Konflikte auf dem Niveau weitgehend reifer

Ich-Funktionen zu bearbeiten. Dieses Grundmodell übernahmen hierzulande die meisten größeren psychotherapeutischen Kliniken und trieben es weiter voran.

Besonders in Tiefenbrunn (Zauner, 1972, 1978; Heigl u. Nerenz, 1975; Heigl-Evers et al., 1986) erlangte das Konzept von der Polarität des Therapieraumes gegenüber dem Realitätsraum seine volle Reife. Im analytisch-therapeutischen Raum ereignet sich die abstinent-psychoanalytische Behandlung, während im soziotherapeutischen Raum durch das Zusammenleben der Patienten und dem ständigen Umgang mit dem Pflegepersonal soziale Lernprozesse und emotionale Neuerfahrungen in Gang kommen. Im alltäglichen Realitätsraum sollte durchgearbeitet werden, versuchsweise zur gelebten Erfahrung gelangen, was im Therapieraum an Einsichten entstanden war. Dem entspricht die deutend-interpretative analytische Haltung im Therapieraum wie auch das normativ-regulierende und auf manifestes Verhalten ausgerichtete Handeln, etwa des Pflegepersonals oder des Stationsarztes, im soziotherapeutischen Feld.

Dieser Entwurf scheiterte an seiner bestechenden Klarheit, die mit der innerseelischen und interpersonellen Realität sowie mit den strukturell gestörten Ich-Funktionen unserer psychotherapeutischen Krankenhauspatienten oft leider nur sehr wenig zu tun hat und sie bei weitem überfordert.

Übertragung und Realität zu trennen, ist den psychosomatischen Patienten und erst recht den narzißtischen wie auch den Borderline-Patienten, den schweren Bulimien und Anorexien und vor allem den Präpsychotischen, also allen Patienten mit strukturellen Ich-Störungen, nicht möglich. Statt dessen dominieren Projektionen und Identifikationen von insbesondere Teilobjekten kreuz und quer über alle Grenzen von Therapie-, Realitäts- und Phantasieräumen hinweg. Die Realität dieser Patienten ist nämlich, gerade was die zwischenmenschlichen Beziehungen anbelangt, etwas verrückt. Deshalb konnte Zwiebel (1987) sogar von einem „Spaltungsangebot" sprechen, welches das bipolare Modell an strukturell Ichgestörte herantrage.

So war der dialektische Umschwung nur folgerichtig: Wenn wir den Therapie- nicht vom Realraum getrennt halten können (Janssen, 1987; Tress, Ehl, 1987), dann ist eben die gesamte Klinik ein einziger psychotherapeutischer Raum bzw. eine psychoanalytisch-dynamische Einheit bis hin zum ärztlichen Direktor und zum Verwaltungsleiter. In diesem analytisch organisierten Feld darf der Patient seine

Konfliktkonstellationen und Beziehungspathologien inszenieren, mit allen, die sich mehr oder weniger freiwillig dazu anbieten. Derlei Geschehnisse auf dem Niveau teilobjektaler Übertragungs- und Gegenübertragungsbeziehungen werden von der zentralen psychoanalytischen Instanz, nämlich vom Team der Station, der Therapeutengruppe, zusammengeführt und integriert, um von daher aus den Teilobjekterfahrungen mit einem Patienten in der Gruppe seiner Mitpatienten ein gesamtes Bild nicht nur von seiner Pathologie, sondern auch seiner Ressourcen entstehen zu lassen; oder, wie Mattke (1993, S. 59) formuliert, „der einsame Psychoanalytiker (wird) durch die Teamgruppe ersetzt". Oder mit Wolff (1977, S. 85): „Was der Einzelanalytiker intrapsychisch leistet, muß der Therapeutengruppe auf der Interaktionsebene gelingen – durch kommunikative Kooperation." Dank der psychoanalytischen Kompetenz der Teamgruppe entsteht ein umfassendes Verständnis des Patienten auf dem je aktuellen Entwicklungsstand seiner Behandlung, aber auch der Dynamik in der Patientengruppe, woraus nächste therapeutische Strategien sich mehr und oft weniger zwanglos ableiten lassen. Dieser psychoanalytische Erfahrungs- und Bewußtseinsprozeß des Teams steht unter der Leitung eines gruppendynamisch kompetenten Psychoanalytikers.

Die Brillanz des integrativen Modells ist bestechend; oder sagen wir: die von ihm ausgehende narzißtische Verführung bleibt eine ungeheure, gerade für den Psychoanalytiker, dem hier in Aussicht gestellt wird, als Krankenhausarzt oder -psychologe seine analytische Grundhaltung nicht modifizieren zu müssen.

Vor allem auch das Pflegepersonal erfährt einen enormen Zuwachs an analytisch-therapeutischen Aufgaben, was unvorbereitet in eigene Problemlagen und Identitätskonflikte führen kann. Allen langjährig Tätigen stehen tragische Beispiele vor Augen, wo meist Pflegepersonen die innere berufliche Zugehörigkeit zur Pflege verlorenging, aber trotz oder gerade wegen mittlerweile erworbener, beachtlicher therapeutischer Kompetenzen keine andere professionelle Identität herangewachsen war. Dazu weisen Bardé und Mattke mit allem Nachdruck auf das Konfliktpotential hin, das sich aus der inkonsistenten Professionalisierung des therapeutischen Teams und den daraus erwachsenden Machtkonflikten ergibt (Bardé u. Mattke, 1991; vgl. Strauß, Kriebel, Mattke, 1997). Derlei muß im integrativen Modell zum Problem werden, da solche strukturellen Spannungen konzeptuell nicht repräsentiert und damit legitimerweise nicht verbalisierbar sind.

Manche Teammitglieder sträuben sich aus gesunden Motiven dagegen, als psychoanalytische Anlernlinge zu säuseln, anstatt konfrontativ dem Patienten in seinem zwischenmenschlichen Fehlverhalten quasi von Mensch zu Mensch auch auf die Füße treten zu dürfen, und zwar im besten Sinne von Pflege (Reister, Tress, 1992), d.h. in einem Winnicottschen Sinne von Haß in der Mütterlichkeit.

Noch wichtiger aber ist der Umstand, daß die Institution Klinik, eingebunden in unser Gesundheitssystem, für den Patienten teils klare, teils hochkomplexe und verwirrende Realitäten bereithält, die ihn verrückt machen, seine strukturelle Störung also verstärken müßten, wollte man in Gefolgschaft des integrativen Modells sie ihm als Ausdruck von Reinszenierungen seiner pathologischen inneren Objektwelt aninterpretieren (Streeck, 1991). Denn eine Klinik kennt realiter keine Räume herrschaftsfreier, gleichberechtigter Kommunikation, auch nicht in den Teams. Eine Klinik kennt demgegenüber aber viele Illusionen. Eine solche ist auch die Verleugnung der eigentümlichen Doppelfunktion des teamleitenden Psychoanalytikers (Bardé, a. a. O., S. 61):

> „Er hat nicht nur die Aufgabe, unbewußte Beziehungsabläufe zu analysieren, sondern er hat darüber hinaus vorrangig Ordnungsaufgaben zu erfüllen, die in der laufenden institutionellen Integration und Mobilisation der Teamgruppe selbst bestehen. Er muß das Behandlungskonzept des integrativen Ansatzes aktiv sicherstellen und dessen Einhaltung überwachen. Der leitende Psychoanalytiker muß ... Funktionen im gruppendynamischen und institutionellen Bereich übernehmen, was die Wahrscheinlichkeit von Rollenkonflikten, die die Fallarbeit stören können, erhöht."

Weil nun aber das bipolare wie auch das integrative Modell psychoanalytischer Krankenhausbehandlung die dort anzutreffende Realität in gewissen Segmenten gleichwohl heuristisch überzeugend und handlungsanleitend einzufangen vermögen, wir mithin keines dieser Modelle in toto verwerfen können, sie aber auch nicht als einander ergänzend oder komplementär von ihrer inneren Logik her zu begreifen sind, stellte Streeck (1991), anknüpfend an Becker und Senf (1988), im Sinne einer Synthese das Konzept einer klinischen, psychoanalytischorientierten Psychotherapie als zeitlich begrenzte Fokaltherapie vor. Der Patient wird klinisch im Krankenhaus behandelt, und zwar krankheitsgeleitet – unter Anwendung der Psychoanalyse! Die psychoanalytisch-therapeutischen Konzepte und Techniken sind variabel, operational auf den einzelnen Patienten und dessen spezifische Pathologie und Krankheitsverarbeitung abzustimmen, „soweit sie in einem stationären Kontext fruchtbar sind" (Becker u. Senf, 1988, S. 136). Umschriebene Behandlungsziele, weitab eines psychoanalytischen Totalanspruchs, werden mit verschiedenen psychotherapeutischen Methoden, ausgehend von einem gemeinsamen fokalen Störungsverständnis auf mehreren Beziehungsfeldern, innerhalb der Klinik mit dem Patienten verfolgt. Hierbei geht es in den einzelnen therapeutischen Medien von der Einzel- über die Gruppen- und die Musik- bis zur Sozialtherapie und der pflegerisch moderierten Freizeitgestaltung um therapeutisch reflektierte Interaktionen, und zwar reflektiert auf den gemeinsam erarbeiteten Behandlungsfokus und das ebenfalls fokale Behandlungsziel hin. Jenes immer nur fokale Behandlungsziel ist stets nur eine begrenzte Zwischenetappe auf dem projektierten Behandlungsweg eines Patienten. In letzter Instanz geht es im Krankenhaus immer um das Ziel der ambulanten Therapiefähigkeit, und dies ist grundsätzlich für den Krankenhaustherapeuten frustrierend! Ein Kollege: „Immer, wenn ich mit dem Patienten richtig arbeiten könnte, muß ich ihn entlassen."

Für die meisten von uns, gefangengehalten in der fruchtlosen Alternative des bipolaren und des integrativen Modells, erschien die Wende hin zum fokalen Modell der klinischen Psychotherapie wie die Befreiung aus einer gedanklichen Sackgasse. Plötzlich hatten wir unsere ärztliche Freiheit wiederentdeckt, unser psychotherapeutisches Denken und Handeln, auch in der Klinik, an unseren individuellen Patienten und deren aktuellen Hauptproblemen wie ihren erreichbaren Partialzielen zu orientieren. Dies tun wir jetzt unter erfahrungskontrollierter Anwendung erfolgversprechender psychoanalytischer Konzepte (Übertragung, Widerstand, Bindung, Regression, Teilobjektbeziehung etc.), mitunter aber auch systemischer oder verhaltenstherapeutischer. In jedem Falle aber ist es nun wieder der Arzt, der aus einem Strauß ihm zu Gebote stehender Diagnosesysteme und Behandlungsstrategien im Reflexionsprozeß mit dem Patienten sich für dieses entscheidet und jenes immer nur vorläufig zurückstellt. Wir sind damit dem selbstgewählten Gesinnungsdruck unserer jeweiligen psychotherapeutischen Konfession enthoben und können uns zu ärztlicher Freiheit, das heißt in vernunftorientierter Eklektik, entschließen. Freilich steigt hierdurch der unmittelbar erfahrene Verantwortungsdruck erheblich an.

Damit möchten wir zur Praxis überleiten und unser klinisch bewährtes Modell der Fokusbildung, nämlich das Zyklisch-Maladaptive Muster (engl.: Pattern), also das CMP, vorstellen. In aller Ausführlichkeit haben wir darüber erst kürzlich in *Psychotherapeut* berichtet (Tress et al., 1996, S. 215 ff.). Es folgt dem Prinzip der P-T-O-Kongruenz, wonach unsere klinischen Ausformulierungen der Pathologie eines Patienten, die Planung und Beschreibung seines Therapieprozesses wie auch das Behandlungsergebnis in ein- und derselben Konzeptsprache erfolgen sollen, um derart wenigstens einiges von dem zu verstehen, was wir tun und bewirken.

Sullivan definierte 1953 Persönlichkeit als Resultat zwischenmenschlicher Prozesse. Persönlichkeit meint die relativ stabilen Muster von wiederkehrenden zwischenmenschlichen Erfahrungen und Aktionen, aber auch deren typische innerseelische Verarbeitung, die ein menschliches Leben charakterisieren. Als dynamische Quelle der Psychopathologie führen zyklisch-maladaptive Transaktionsmuster beim Patienten zunächst zu Ängsten und depressiven Verstimmungen, die ihrerseits dann die bekannten Abwehrmodalitäten in die unterschiedlichsten psychopathologischen Symptome umformen. Mittlerweile haben wir das Modell des Zyklisch-Maladaptiven Musters als Therapiefokus sowohl für unsere ambulanten wie stationären Therapien ausformuliert und erweitert, so daß jetzt auch die biographischen Primärerfahrungen unmittelbar eingehen können. Das Zyklisch-Maladaptive Muster (CMP) einer Person gibt jetzt eine generelle Struktur der zentralen interpersonellen und internalisierten Beziehungsgeschichte wieder. Dies formuliert fokusartig eine schematisierte Erzählung zur zwischenmenschlichen und innerseelischen Lebenserfahrung. Darin entstehen pathologische Haltungen, Perspektiven, Impulse und Verhaltensweisen nach normalpsychologischen Gesetzen infolge traumatischer Erfahrungen, namentlich im Bereich des Bindungs- und Autonomiestrebens. Die klinische Formulierung eines CMP entspringt den unmittelbaren Erzählungen der Patienten im biographischen Interview, aber auch den Inszenierungen auf der therapeutischen Bühne selbst, folgt einer einfachen, direkten erlebens- wie handlungsorientierten Sprache und ist meist bereits nach der zweiten Therapiesitzung schlüssig und weitgehend stabil zu erstellen.

Ein minimales CMP-Modell umfaßt vier Klassen von Informationen über das typische pathogene Beziehungs- und Erlebnismuster

Ätiopathogenetisches Modell psychogener Erkrankungen (W. P. Henry, W. Tress)

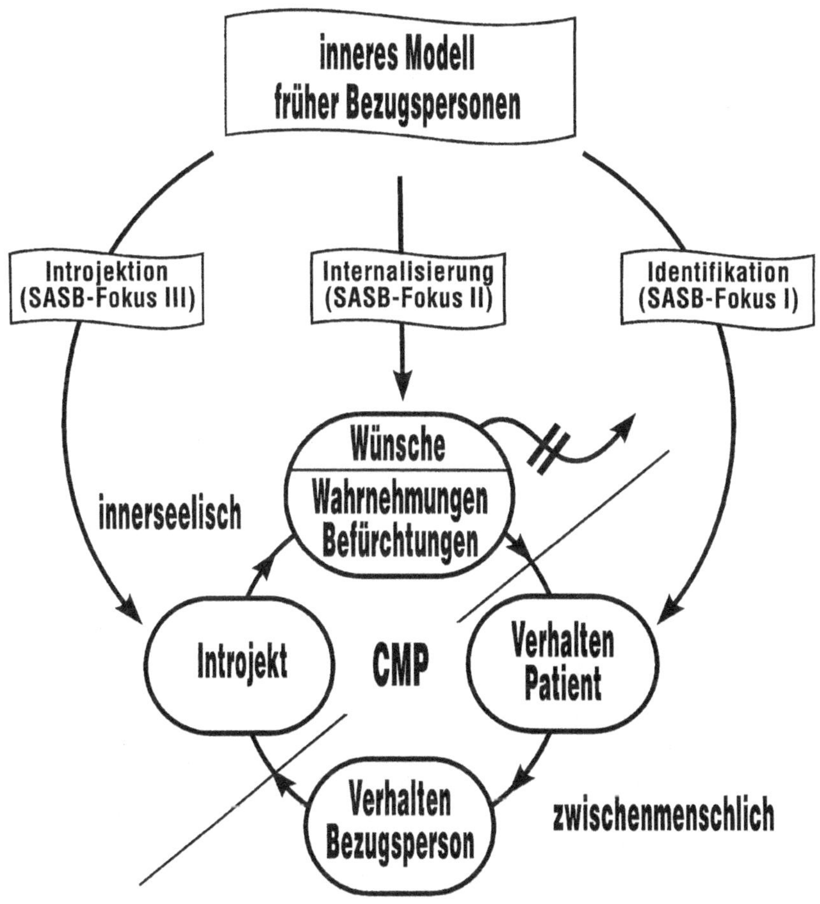

Abb. 1: Das allgemeine Zyklisch-Maladaptive Muster (CMP)

eines Patienten. Es hat die Struktur einer dramatischen Kurzgeschichte aus vier Sätzen:

1. Beginnen wir aus rein didaktischen Gründen mit dem Introjekt, welches im weitesten Sinne den Umgang des Patienten mit sich selbst betrifft. In der Regel stoßen wir intrapsychisch auf selbstkontrollierende, selbstbestrafende, selbstunterstützende oder selbstzerstörerische Haltungen. Das Introjekt reflektiert Einstellungen und Bewertungen, welche der Patient früher durch relevante Bezugspersonen erfahren und nun selbstreflexiv übernommen hat; z.B. macht der Patient sich heute selbst so nieder, wie er früher von den Eltern niedergemacht wurde.
2. Hierauf folgen generalisierte Erwartungsstereotypien des Patienten bez. des Verhaltens anderer zu ihm. Meist geht es um die Standardprognose von Entwertungen oder Bestrafungen bzw. Zurechtweisungen. Positive Sehnsüchte nach Zuwendung und Wertschätzung bzw. elterlich-freundliche Anleitungen sind längst als aussichtslos verabschiedet. Solche Negativerwartungen bez. der Einstellungen anderer gegenüber dem Patienten speisen sich unmittelbar aus seinem entwertenden Introjekt: „So schlecht wie ich mich einschätze, werden mich früher oder später auch meine Mitmenschen sehen, falls sie es nicht längst schon tun!"
3. Hieraus folgt ein spezifisches zwischenmenschliches Verhalten, entweder im Sinne eines prophylaktischen Gegenangriffs – wofür die Geschichte des Mannes mit dem Hammer auf der Coverseite des Buches von Paul Watzlawick: „Anleitung zum Unglücklichsein" (1996) paradigmatisch ist –, oder der Patient tritt, ohne daß wirklich schon irgend etwas geschehen wäre, in vorwegnehmender Unterwerfung den Rückzug an. Darüber wissen die Indexpersonen, also grundsätzlich ein jeder von uns, kaum etwas. Wir wissen alle erstaunlich wenig darüber, wie wir selbst mit unseren Mitmenschen umgehen.
4. Dies kann aber auf Dauer nicht ohne Folge für das reale Beziehungsverhalten der Umwelt bleiben. Es gestaltet sich meist komplementär zum Beziehungsverhalten des Patienten, etwa im Sinne der projektiven Identifizierung oder des „role-taking" (Sandler, 1976). Der Partner des Patienten wird nahezu gezwungen, das vorwegphantasierte, gefürchtete Verhalten tatsächlich an den Tag zu legen, und eben dies verwertet der Patient radargenau als Bestätigung seines ohnehin schon schlechten Introjektes. „Wenn

man mich so verächtlich behandelt, dann heißt dies doch, daß ich wirklich nur und ausschließlich verachtenswert bin", womit sich das CMP geschlossen und im Sinne einer positiven Feed-back-Schleife in seiner inneren Konsistenz und Schärfe verstärkt und beschleunigt hätte.

Streeck (1997) schlägt vor, Persönlichkeitsstörungen diagnostisch und therapeutisch auf einer vertikalen, intrapsychischen und einer horizontalen, interaktiven Dimension zu erfassen. Unseres Erachtens bleibt ein solcher Ansatz aber hinter unserem Modell insofern zurück, als wir mit dem CMP den zirkulären Zusammenhang der innerseelischen und interaktionellen Geschehnisse hervorheben, worin ohne Anfang und Ende das eine das andere bewirkt und daraus wieder hervorgeht.

Ein klinischer Fall

Es handelt sich um eine zum Aufnahmezeitpunkt 49jährige Anästhesistin, die wegen einer Migräne, die sich in dem letzten Jahr vor der Aufnahme fortlaufend verstärkt hatte, in stationäre Behandlung kam. Hinzu traten depressive Verstimmungszustände: Alles stünde wie ein Berg vor ihr, sie habe zu nichts mehr richtig Lust. Unmittelbarer Anlaß für die Aufnahme waren jedoch zunehmende Schwierigkeiten an ihrer Arbeitsstelle, wo sie – obwohl sie nach eigenem Bekunden „sehr gern" arbeitete – sich unfähig fühlte und wo man ihr auch gesagt hatte, daß sie bei nächtlichen Bereitschaftsdiensten nicht mehr einsetzbar sei, weil sie alles viel zu langsam mache, zu schleppend. Diese Kritik ihrer beruflichen Tätigkeit bedeutete für sie um so mehr eine Kränkung, als sie – in ihrem bewußten Erleben – ihr ganzes Dasein „eigentlich auf den Beruf aufgebaut" hatte, so daß es in ihrem Leben, abgesehen von einer engen Beziehung zur Mutter, nichts anderes gab, nur die Arbeit. Die biographischen Informationen, die die Patientin bei Behandlungsbeginn anzugeben weiß, sind eher spärlich:

Sie ist die ältere von zwei Töchtern eines Landwirts, geboren in der ehemaligen DDR. Der Vater wurde noch kurz vor Kriegsende und vor Geburt der Schwester zum Kriegsdienst eingezogen und geriet in russische Gefangenschaft. Bei späteren Nachforschungen sei er dann für tot erklärt worden. Er sei wohl ein guter Landwirt und Reiter gewesen, ein beliebter und gutmütiger Mensch. Die Mutter sei etwa 1947 mit ihren beiden Töchtern nach der Enteignung des Hofes in die Nähe Berlins gezogen, wo sie als ungelernte Arbeiterin eine Anstellung fand. Die Patientin erinnert die Mutter in dieser Zeit als „sehr genau und ordentlich", meist überlastet und ihr gegenüber gereizt und distanziert. Auch die Mutter habe, solange sie sich erinnern könne, unter Migräne gelitten. Schon sehr früh wurde ihr die Verantwortung für den Haushalt und die häufig kränkelnde Schwester übertragen. Noch vor dem Mauerbau, 1958, siedelte die Mutter mit ihren beiden Kindern um in eine hiesige Stadt, wo heute auch ihr Bruder lebt. Dort besuchte die Patientin zunächst die Mittelschule, wurde Arzthelferin, holte auf dem zweiten Bildungsweg das Abitur nach und studierte Medizin, ein Studium, das sie ohne größere Schwierigkeiten hinter sich brachte. Gleichwohl war es ihr in den 10 Jahren ihrer Berufstätigkeit nicht gelungen, ihre Facharztprüfung abzulegen. Sie war seit Ende ihres Studiums ununterbrochen an ein- und demselben Krankenhaus als Assistentin beschäftigt, wo sie die vertraute Sicherheit ihrer assistenzärztlichen Tätigkeit der Notwendigkeit vorzog, sich als Fachärztin beruflich neu orientieren zu müssen, etwa um in einem anderen Haus eine Oberarztposition einzunehmen.

Wie kann nun ein diagnostischer Behandlungsfokus dieser Patientin für eine stationär-psychotherapeutische Therapie entstehen? Zur Beantwortung dieser Frage wollen wir zunächst – ausgehend von den vorliegenden Informationen – ihr Zyklisch-Maladaptives Muster formulieren, um uns daran anschließend der Frage zuzuwenden, ob und wie das Team in seiner ersten Besprechung dieser Patientin auch zu eben diesem Behandlungsfokus gelangt.

Richten wir unsere Aufmerksamkeit zunächst auf den introjektiven Anteil des CMP, so sticht unmittelbar ins Auge, daß es der Pati-

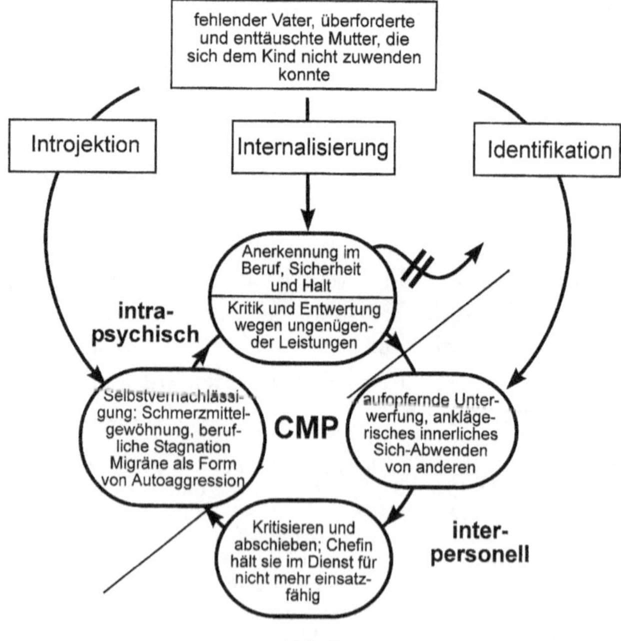

Abb. 2

entin über weite Strecken nicht gelingt, ihre wohlverstandenen eigenen Interessen wahrzunehmen und zu befördern: Statt ihre Facharztausbildung abzuschließen, verharrt sie in einer beruflichen Position, in der sie zum einen den körperlichen Strapazen häufiger Nachtdienste zunehmend weniger gewachsen ist und sich zum anderen von jüngeren Kollegen überflügelt sieht. Dieser Zug einer desinteressierten Selbstvernachlässigung wiederholt sich auch darin, daß sie in recht erheblichem Umfang Schmerzmittel konsumiert. Gerade dieses Verhalten trägt durchaus auch selbstdestruktive Qualitäten, hat doch ihr chronischer Schmerzmittelgebrauch schon zu einer nachhaltigen Leukopenie und Anämie geführt. Auch die migräneartigen Kopfschmerzen sind in diesem Kontext zu sehen.

Die Wünsche der Patientin an ihr Gegenüber sind zu Behandlungsbeginn mehr zu erahnen als klar zu diagnostizieren; auf ihre Wünsche angesprochen, äußert sie, wieder arbeiten und Nachtdienste leisten, also wieder funktionieren zu wollen. Deutlich wird dahinter aber das große Bedürfnis, Anerkennung zu erfahren, und sie möchte auch in einem ihr vertrauten Rahmen Sicherheit und Halt finden. Wir vermuten, daß diesen Wünschen kraß gegensätzliche interpersonelle Befürchtungen gegenüberstehen, die sich namentlich darauf richten, wegen ungenügender Leitstungen kritisiert und herabgesetzt zu werden.

Ihr interpersonelles Verhalten ist in erster Linie durch Züge von aufopferungsbereiter Unterwerfung bestimmt, was sich darin zeigt, wie sie sich nahezu mit Ausschließlichkeit um die Arbeit und um die Mutter kümmert. Gleichzeitig besteht jedoch auch eine Haltung der inneren Verweigerung, eines Sich-Abschottens anderen gegenüber, und dieses innerliche Sich-von-den-anderen-Abwenden hat fraglos wesentlich dazu beigetragen, daß es ihr in ihrem bisherigen Leben noch niemals gelungen war, eine partnerschaftliche Bindung einzugehen. Durchaus bestehen aber auch anklägerische Tendenzen im interpersonellen Verhalten, so etwa gegenüber der jüngeren weiblichen Nachfolgerin ihres ersten älteren, eher freundlich-tolerierend erlebten Chefs. Schließlich kommt der Kopfschmerzsymptomatik mit der Folge der nur noch beschränkten Einsatzfähigkeit der Patientin interpersonell der Stellenwert einer anklägerischen Verweigerung zu, etwa wenn sie ihre Kopfschmerzen als Grund dafür anführt, daß sie nun gewiß nicht mehr in der Lage sei, ihre Facharztprüfung abzulegen, da sie infolge ihrer Kopfschmerzen so in ihrer Konzentration behindert sei, daß sie es nicht schaffen würde, sich im erforderlichen Umfang auf die Prüfung vorzubereiten.

Die dominierenden interpersonellen Verhaltensweisen anderer gegenüber der Patientin zentrieren sich wiederum um die Modi der Entwertung und der Kritik, v. a. in ihrem beruflichen Feld. Es scheint hier aber auch darum zu gehen, sie beiseite, aufs Abstellgleis zu schieben, weil man sich nicht mehr länger für sie interessiert. Das wiederum bestärkt die Patientin in ihrem Gefühl, daß es sich nicht lohne, für sich und um sich selbst zu sorgen und freundlich zu kümmern, was erneut zu – introjektiver – Selbstentwertung und – introjektivem – Selbsthaß führt.

Anhand des so konstruierten Zyklisch-Maladaptiven Musters wird deutlich, wie sich im aktuellen interpersonell-konflikthaften Verhalten ebenso wie in der körperlichen Symptomatik Aspekte der biographisch-genetischen Früherfahrung dieser Patientin wiederfinden: So läßt sich unschwer erkennen, daß die (introjektive) Selbstvernachlässigung und Selbstablehnung durchaus im Zusammenhang damit steht, wie sich die in den Wirren des Kriegsendes und der Nachkriegszeit aufgewachsene Patientin oftmals seitens ihrer überforderten und enttäuschten Mutter behandelt gefühlt haben muß, und auch die Strukturen ihrer interpersonellen Befürchtungen und ihres interpersonellen Verhaltens lassen den Einfluß dieser frühen Erfahrungen erkennen. Dabei können wir diese frühen Einflüsse im Sinne der Introjektion, der Internalisierung und der Identifikation so beschreiben, daß die Patientin sich selbst – introjektiv – so behandelt, wie sie sich durch ihre frühen Objekte behandelt erlebte. Sie stellt sich hinsichtlich ihrer interpersonellen Wünsche und Befürchtungen so ein, als seien die frühen Objekte quasi „in ihr", also internalisiert, weiterhin gegenwärtig, und sie behandelt, im Sinne einer Identifikation mit den frühen Objekten, nunmehr andere so – kritisierend, sich von Ihnen abwendend –, wie sie sich von ihnen seinerzeit behandelt fühlte.

Aus einem so gewonnenen Zyklisch-Maladaptiven Muster leiten wir als Behandlungsfokus ab: Ziel der Behandlung soll sein, der Patientin erlebbar zu machen, wie sie aus ihrer sehr wohl nachvollziehbaren Verbitterung über das empathische Versagen ihrer überforderten Mutter, aber auch getragen von einem gereizten Wiedergutmachungsanspruch, anderen Menschen mit fügsamer Unterwürfigkeit und gleichzeitig trotziger Verweigerung begegnet, was in dem jeweiligen Interaktionspartner Tendenzen mobilisiert, sie zu kritisieren und sich von ihr abzuwenden, so daß sie sich in ihrer Verbitterung und in ihrer Selbstablehnung bestätigt sehen muß. Wenn es gelingt, der Patientin diese ressentimentgeladenen affektiven Qualitäten in ihren innerseelischen und interaktionellen Auswirkungen spürbar zu machen, dann wäre ein weiteres Ziel, mit ihr gemeinsam Möglichkeiten zu entwickeln, wie sie diese aus nachtragenden Affekten und Empfindungen gespeisten inneren Haltungen im Sinne eines innerlichen Sich-Aussöhnens mit dem eigenen Schicksal überwinden und sich aktiv und wohlwollend der Realisierung der gehemmten Bedürfnisse und Wünsche zuwenden kann.

Hinsichtlich der Indikationsentscheidungen, die zur Gestaltung des individuellen Gesamtbehandlungsplans nun zu erfolgen haben, wird erwogen, ihr die unterdrückten affektiven und körpernahen Bedürfnisse durch Einsatz der Musik- und Körpertherapie zugänglich zu machen. Die Abgrenzung und Auseinandersetzung mit der „inneren" und äußeren Mutter, die Trauer um das verlorene „Vater-Substitut" sowie Interesse für und Wiederannäherung an die vernachlässigten anderen wäre am ehesten über die Einzel- und Gruppentherapie möglich.

Im weiteren ist nun zu zeigen, wie sich innerhalb des Teams ein Bild der Patientin zu entfalten beginnt. Dazu soll ein kurzer Abschnitt aus der ersten Besprechung dieser Patientin im Team angeführt sein. Da unser Beitrag natürlich nicht das Textmaterial einer Teambesprechung in aller Breite entfalten kann, müssen wir uns auf kurze Passagen beschränken; wir werden aber die Schlußfolgerungen der vollständigen Analyse der Teaminteraktion wiedergeben.

Die Vorstellung der Patientin innerhalb der Teamgruppe erfolgt durch die Ärztin der Station:

> *Ärztin:* Die (Patientin) ist dann bei Frau [X] im Einzel. Sie wird ab Montag zu mir in die Gruppe kommen. [...] Ich überleg', ob ich von der Biographie, was erzähle oder ... Also ihr Anliegen, weshalb sie hergekommen ist: Sie leidet von Kindheit an unter Migräne.
> [Der Bericht der Kopfschmerz-Anamnese schließt sich an.]

Offensichtlich hat die berichtende Kollegin bezüglich der Frage, wie sie die Patientin ihren Kollegen und dem Team nahebringen soll, initial eine gewisse Schwierigkeit. In dieser Schwierigkeit entscheidet sie sich dafür, die Patientin nach dem medizinischen Modell als „Fall von ..." einzuführen, während sie die Möglichkeit explizit verwirft, sie in ihrem lebensgeschichtlichen Gewordensein vorzustellen. Zum

Ende der symptomatischen Schilderung kommt sie jedoch auf die Frage der Biographie zurück:

Ärztin: ... merkt jetzt eben, das, was alles nicht mehr geht. Ehm, n' direkten Anlaß für diese Depression findet sich nicht, sie sagt, es kam so schleichend und damit auch die Migräne zunehmend. Tja, ihre Biographie will ich nun eigentlich nicht aufblättern, kann man im Erstinterview nachlesen. Wie ich sie erlebt hab ... mmmh ... sehr nett, sehr freundlich, aber ich merkte aber auch so, daß ich viel Energie, reinbuttern muß, um irgendwas von ihr zu erfahren, was von ihr zu bekommen, ehm, ja, ich hatte so die Phantasie: So'n etwas, ja, pummeliger Teenager ...
S 1: Wie alt ist sie denn?
Ärztin: Sie ist 49. [mehrere belustigt] Aber so von ihrem inneren Erleben her, so die eigentlich mal jetzt aus dem Haus gehen müßte, die ihren Babyspeck verlieren müßte. So war meine Phantasie.
Th X: Mmh.
Ärztin: Lieb, nett, ja, freundlich, angepaßt, artig, [unverst.] Bild vom pummeligen Teenager mit Babyspeck [schwer verständl., evtl.: paßt nicht mehr] ich hab' sie ja nur ein Gespräch, 'ne halbe Stunde gesehen und, wie gesagt, [leise] so irgendwie ...

Auch die zukünftige Einzeltherapeutin X berichtet über ihren ersten Kontakt zu der Patientin:

Th X: Ja. Ja, ich hab' sie dann gestern auch nur 'ne halbe Stunde gesehen, ehm, vielleicht noch so zu diesem Lieben, Netten kam für mich noch sowas, ehm, sehr ängstlich Verschlossenes, ehm, irgendwie kam auch 'ne Menge Druck rüber, ehm, ich hab' mit ihr, denk' ich, überwiegend über die [unverst.] oder die Krankheitsgeschichte gesprochen, also wie das anfing mit den Kopfschmerzen, da sagte sie, war sie 10. Sie kommt aus der ehemaligen DDR und, irgendwie, ungefähr um ihr, eben auch um ihr zehntes Lebensjahr 'rum, also ich glaube [unverst.] früher, hier rübergekommen, ansonsten weiß ich von ihrer Biographie noch nichts, ehm ...

Die Unklarheit bezüglich der Frage, mit wem man es bei dieser Patientin denn nun eigentlich zu tun hat, und die Schwierigkeit, sich ein Bild von ihr zu machen, welches dann ja auch in der Therapie als Fokus handlungsleitend sein kann, verdeutlicht sich in einer anschließenden Sequenz, in welcher die Frage der Geschwisterzahl der Patientin thematisiert wird. An die Ärztin gerichtet fragt eine der Krankenschwestern:

S 2: Sie ist auch einziges Kind?
Ärztin: Ja.
Th X: Ja.
S 3 : Einzelkind? Nein. Sie sind zu dritt, zu dritt. Mmh. Ein Bruder, der auch Migräne, an Migräne leidet, aber in letzter Zeit nicht mehr und noch, noch einer. Eine Schwester, glaube ich. Sie hat aber gar nichts. Mutter und Bruder, und sie leiden an Migräne. Mutter im Laufe der Jahre, sagte, jetzt im Alter gar nichts mehr, vielleicht einmal im Jahr, kann man, kann man vergessen, so.

S 4: Ist das auch eine Krankheit, die sich vererben kann, oder ...?
Ärztin: Die Veranlagung ist, gibt 'ne familiäre Häufung ...
S 4: Ja, mmh.
Ärztin: ...wie bei Diabetikern.
S 4: Mmh.

Anscheinend gelingt es in dieser Situation der Erstvorstellung der Patientin dem Team nur in einer eigentümlich verzerrten Weise, sich ein Bild von der Patientin zu machen, durchaus wichtige biographische Informationen stehen nicht zur Verfügung oder werden falsch reproduziert, und der aufkommenden Irritation begegnet die Teamgruppe zunächst durch einen neuerlichen Rekurs auf ein medizinisches Krankheitsmodell, in welchem die Frage der Erblichkeit von Kopfschmerzen vordringlich erscheint, um daran anschließend zu erörtern, wer denn – von den im Raume nicht anwesenden Personen – die Verantwortung für die fehlenden und unklaren Informationen zu tragen habe. Ganz nebenbei erfahren wir auch, daß das Erstinterviewprotokoll, auf welches die vorstellende Ärztin mit der Bemerkung verwiesen hatte, sie wolle die Biographie nicht „aufblättern", das könne man ja im Erstinterview nachlesen, noch gar nicht zur Verfügung steht. Es bleibt schließlich wiederum einer der Schwestern überlassen, die Irritation in Worte zu fassen, noch gar nicht verstanden zu haben, „warum die jetzt hier ist".

Ärztin: Aber, wer schreibt denn den Erst.., das Erstinterview!?
S 3: Herr [Y] nehm' ich an. Herr [Y] hat das Erstinterview anscheinend, oder Herr [U] in der Poliklinik. Herr [U] hat sie in der Poliklinik gesehen und Herr [Y] hier.
Ärztin: So. [Y] hatte sie körperlich untersucht ...
S 3: Aber er, sie hat mir das gesagt.
Ärztin: Also nicht Erstinterview, sie hat an dem Tag 'n Gespräch gehabt bei ihm. Aber Herr [U], dann müssen wir dann mal sehen ...
S 3: Herr [U] ... daß wir da mal anrufen.
Ärztin: Können Sie's mal notieren?
S 3: Weil sie so deutlich gesagt hat, also, sie hätte dann direkt, wäre sie zu Herrn [Y] geschickt worden [unverst.]
Ärztin: Ja? Daß wir das Erstinterview bekommen.
S 2: Ich hab' aber jetzt, ehrlich gesagt, noch gar nicht verstanden, warum die hier ist.

Ohne die ausführliche Analyse der Teaminteraktion an dieser Stelle fortsetzen zu können, wird doch wohl deutlich, wie Elemente des in dem Zyklisch-Maladaptiven Muster formulierten Beziehungsstereotyps – konkret handelt es sich um Aspekte des Übersehens einerseits und des Sich-Verschließens andererseits – in der Teamgruppe szenisch wieder auftauchen.

Eine Teaminteraktion wie die hier vorgestellte ist u. E. durchaus typisch für klinisch-psychotherapeutische Einrichtungen. Die Formulierung eines Zyklisch-Maladaptiven Beziehungsmusters als Fokus für eine klinische Psychotherapie läßt uns die in der Gruppendiskussion des Teams, in Übertragungen und Gegenübertragungen sich darstellenden Anteile eines solchen pathogenen Musters als notwendige Bausteine der Entfaltung des multipersonalen Beziehungsgeschehens wahrnehmen und begreifen. All dies wird dann für die Entfaltung des therapeutischen Prozesses fruchtbar.

Wie kann dies nun konkret geschehen? Nachdem der individuelle CMP und der daraus abgeleitete Behandlungsfokus formuliert waren und im gemeinsamen Klärungsprozeß innerhalb des Teams eine erste Verständigung darüber erreicht werden konnte, welche Behandlungsmodalitäten für die Erreichung der Therapieziele eingesetzt werden sollen, ist jeder an der Therapie Beteiligte gehalten, die interpersonellen Manifestationen des Umgangs der Patientin mit sich und den anderen sowie die eigenen Empfindungen, Gefühle, Gedanken und Handlungsimpulse immer wieder unter den 4 Aspekten des CMP zu erfassen, zu verstehen und mit seinen individuellen und methodenspezifischen Interventionen in Richtung auf die intendierten Veränderungen zu beantworten und in die Teamsupervisionen einzubringen. In diesem gruppalen oder pluralen Zusammenhang können wir die interpersonellen Manifestationen als psychosoziale Kompromißbildungen der jeweiligen individuellen Psychopathologie auffassen und verändern. So gelingt es auf der manifesten Ebene der Interaktionen zwischen den einzelnen und den Teilsystemen im Gesamtsystem „Station", diese Kompromißbildungen zu erkennen und therapeutisch zu beeinflussen (vgl. Heigl-Evers, Heigl, Ott, 1997)

- im Prozeß des Aushandelns von Normen des interpersonellen Verhaltens,
- im Prozeß der Übernahme bestimmter Positionen und Rollen und
- in den auftretenden interpersonellen Konflikten.

Hierfür abschließend zwei Beispiele zu unserer Patientin:

In der von der etwa gleichaltrigen Ärztin geleiteten *Gesprächstherapiegruppe* saß die Patientin über viele Stunden mit verschränkten Armen und hochmütigem Gesichtsausdruck, als wollte sie sagen: Mich geht das alles hier nichts an; ich halte mich zurück. Sie drückte auf diese Weise unausgesprochen die Norm aus: „Es ist besser, sich nicht zu öffnen, den anderen nicht zu zeigen, wie man sich fühlt."

Nachdem die Leiterin diese Haltung zunächst respektiert hatte, war es dann zunehmend schwierig, diese Norm in Frage zu stellen, so daß die Patientin allmählich in die Position einer abgelehnten Außenseiterin geriet (ähnlich wie auf der Station und in ihrem sozialen Alltag). Das Thema dieser Außenseiterposition konnte erst nach vielen Stunden angesprochen werden.

Dabei verdeutlichte sich der Zusammenhang zwischen dieser manifesten Gruppeninteraktionsfigur und der vergangenen sowie aktuellen Lebenssituation der Patientin, ohne daß es ihr zunächst gelang, etwas aktiver auf die anderen zuzugehen („Das hat doch keinen Zweck mehr, in meinem Alter!").

Dies zeigt, wie die Patientin in der stationären Therapie zunächst in der Position des resignativen Rückzugs verhaftet bleibt, wie ihr Verharren in dieser Position auf ihr selbstbezügliches, introjektives Verhalten zurückwirkt und wie es ihr erst im Verlauf einer längeren Bemühung gelingt, sich graduell aus dieser Position zu befreien. Dabei mag auch eine Rolle gespielt haben, daß die Gruppentherapeutin diese Haltung zunächst nicht als Manifestation eines zum Charakterbestandteil geronnenen Widerstands therapeutisch-intervenierend angesprochen hatte.

In der zweiten Szene taucht eine Beziehungsfigur auf, die in dem bisherigen CMP nur angedeutet war, nämlich die Beziehung zu den männlich-väterlichen Objekten.

In den wöchentlichen Einzelgesprächen mit dem älteren Oberarzt wurde sie nach anfänglicher reservierter Zurückhaltung allmählich offener. In Haltung, Bekleidung und affektiver Ausstrahlung entwickelte sich eine Situation freundlich zugewandter Bezogenheit, ja einer gewissen Intimität, in der die Patientin über den früh entbehrten Vater, die schützende Rolle des älteren Chefs (der sie aber auch nicht ermutigt hatte, ihre Facharztprüfung zu machen!) und die Enttäuschung in ihrer einzigen Partnerbeziehung sprechen konnte. Dabei kamen auch Tönungen des Ärgers, der Enttäuschung und angedeuteter Wehmut auf; die resignative Haltung („Es lohnt sich nicht mehr! Die Kraft reicht nicht mehr, und außerdem ist da immer noch die dominierende und kommandierende Mutter, die *mich* immer ruft – obwohl sie meine berufliche Belastung kennt und die Auswirkungen der vielen Dienste – und nicht meine Schwester, die ganz in der Nähe wohnt") ausgedrückt mit unverhohlenem Ärger bei gleichzeitig resignativem Achselzucken. In Zusammenhang mit ihrem

Rückzugsverhalten in den gruppalen Situationen führt sie ihre Unerfahrenheit im Umgang mit von ihr als stärker und sicherer erlebten Frauen an: „Da habe ich immer den kürzeren gezogen" – das klingt verbittert und leicht anklagend, sich selbst anklagend wegen ihrer Schwäche und Ängstlichkeit. Ermutigungen, es doch vielleicht in der Gruppe einmal anzusprechen, was sie z. B. im alltäglichen Umgang auf der Station ärgert, können zunächst nicht umgesetzt werden; eines Tages berichtet sie dann stolz: „Heute habe ich es versucht, es ging ganz gut; die anderen haben auch zugehört".

Wir wollen hier enden und hoffen, anhand unserer Ausführungen und Protokolle demonstriert zu haben, daß stationäre Psychotherapie von einem Behandlungsfokus geleitet sein muß, um sich in der Kürze der Zeit nicht zu verlieren. Derlei aber ist theoretisch und empirisch nur möglich, wenn eine psychosomatisch-psychotherapeutische Klinik ihr theoriegeleitetes Handeln immer wieder auf den Prüfstein einer sachgerechten Empirie bringt. Jeder Chirurg läßt sich, auch wenn es im OP um Leben und Tod geht, kritisch über die Schulter schauen. Warum nicht auch wir? Kollegiale Qualitätskontrolle in der Psychotherapie ist ein grundlegender Aspekt unseres ärztlichen Ethos.

Literatur

Becker, H., Senf, W. (Hg.) (1988): Praxis der stationären Psychotherapie. Stuttgart: Thieme.

Ehl, M., Tress, W. (1988): Die stationäre psychoanalytische Behandlung von Patienten mit strukturellen Ich-Störungen. In: Z. Psychosom. Med. Psychoanal., 34: S. 304-324.

Enke, H. (1965): Bipolare Gruppenpsychotherapie als Möglichkeit psychoanalytischer Arbeit in der stationären Psychotherapie. In: Z. Psychother. Med. Psychol., 15, S. 116-121.

Freud, S. (1918): Wege der psychoanalytischen Therapie. GW XII. Frankfurt/M.: Fischer.

Heigl, F., Nerenz, K. (1975): Gruppenarbeit in der Neurosenklinik. In: Gruppenpsych. Gruppendyn., 9, S. 96-105.

Heigl-Evers, A., Heigl, F., Ott, J. (1997): Lehrbuch der Psychotherapie. Stuttgart, Jena: G. Fischer, (3. Auflage).

Heigl-Evers, A., Henneberg-Mönch, U., Odag, C., Standke, G. (Hg.) (1986): Die Vierzigstundenwoche für Patienten. Konzept und Praxis teilstationärer Psychotherapie. Göttingen: Vandenhoeck & Ruprecht.

Janssen, P. L. (1987): Psychoanalytische Therapie in der Klinik. Stuttgart: Klett-Cotta.

Rad, M. v. (1992): Psychosomatische Medizin und stationäre Psychotherapie in einem Allgemeinkrankenhaus – Ansprüche und Wirklichkeit. In: Tress, W. (Hg.): Psychosomatische Medizin und Psychotherapie in Deutschland. Göttingen: Vandenhoeck & Ruprecht.

Reister, G., Tress, W. (1992): Zur Rolle des Pflegepersonals in der stationären Psychotherapie. In: Janssen, P. (Hg.): Forum Medizin. Neuss: Janssen GmbH.
Sandler, J. (1976): Gegenübertragung und Bereitschaft zur Rollenübernahme. In: Psyche, 30, S. 297-305.
Schepank, H., Tress, W. (Hg.) (1988): Die stationäre Psychotherapie und ihr Rahmen. Berlin, Heidelberg: Springer.
Schultz-Venrath, U. (1996): Ernst Simmel (1882-1947) – ein Pionier der Psychotherapeutischen Medizin? In: Psychotherapeut, 41, S. 107-115.
Senf, W. (1988): Theorie der stationären Psychotherapie. In: Becker, H., Senf, W. (Hg.): Praxis der stationären Psychotherapie. Stuttgart: Thieme.
Simmel, E. (1928): Die psychoanalytische Behandlung in der Klinik. In: Int. Z. Psychoanal., 14, S. 352-370.
Strauß, B., Kriebel, R., Mattke, D. (1998): Probleme der Qualitätssicherung in der stationären Gruppenpsychotherapie. Psychotherapeut, 43, S. 18-25.
Streeck, U. (1991): Klinische Psychotherapie als Fokalbehandlung. In: Zschr. psychosom. Med., 37, S. 3-13.
Streeck, U. (1998): Persönlichkeitsstörungen und Interaktion. Zur stationärenPsychotherapie von Patienten mit schweren Persönlichkeitsstörungen. In: Psychotherapeut, 43, S. 157-163 (im Druck).
Streeck, U., Ahrens, S. (1997): Konzept und Indikation stationärer Psychotherapie. In: Ahrens, S. (Hg.): Lehrbuch der Psychotherapeutischen Medizin., Stuttgart/New York: Schattauer, S. 598-607.
Sullivan, H. S. (1953): The Interpersonal Theory of Psychiatry. New York: Nordhorn.
Tress, W., Ehl, M. (1987): Die stationäre psychoanalytische Behandlung bei schweren Störungen der Persönlichkeit. In: Psychiatr. Prax., 14, S. 115-120.
Watzlawick, P.(1996): Die Anleitung zum Unglücklichsein. München: Piper (43. Aufl.).
Zauner, J. (1972): Analytische Psychotherapie und soziales Lernen in Klinik und Heim. In: Prax. Kinderpsychol. Kinderpsychiat., 21, S. 166-170.
Zauner, J. (1978): Das Problem der Regression und die Rolle des Durcharbeitens im Realitätsraum der psychotherapeutischen Klinik. In: Beese, F. (Hg.): Stationäre Psychotherapie. Göttingen: Vandenhoeck & Ruprecht.
Zwiebel, R. (1987): Psychosomatische Tagesklinik. Bericht über ein Experiment. Freiburg: Lambertus.

Zum empirischen Forschungsstand von stationärer Psychotherapie

Markus Bassler

Die Perspektiven der stationären Psychotherapie werden gegenwärtig entscheidend von sozial- bzw. gesundheitspolitischen Rahmenbedingungen bestimmt – sowohl im Akut- als auch im Rehabilitationsbereich. Die Frage, in welchem Umfang Ergebnisse der empirischen Forschung zur Effizienz und Qualität von stationärer Psychotherapie in den sozialpolitisch relevanten Gremien berücksichtigt werden, wird von verschiedenen Experten sehr skeptisch beantwortet. Von manchen Seiten wurde gar bitter kommentiert, daß bei sozialpolitischen Entscheidungsprozessen (wie z. B. der Ermittlung des Bedarfs von Fachbetten im psychosomatischen Rehabereich) eine Menge vorliegender empirischer Forschungsergebnisse kaum zur Kenntnis genommen wurde – als hätte man für den Papierkorb gearbeitet. So demotivierend solche Erfahrungen für diejenigen Kollegen sein mögen, wenn sie mühevolle und häufig jahrelang dauernde Forschungsarbeit investierten, bleibt doch als Fazit, daß wir offenbar einen erheblichen Nachholbedarf im „Marketing" und „Promoting" von relevanten Forschungsergebnissen haben, um diese angemessen zu Gehör zu bringen.

Die Zahl der psychosomatischen Fachbetten, vorzugsweise im Rehabereich wird in den westlichen Bundesländern bis Ende 1997 vermutlich um ein Viertel bis ein Drittel reduziert, bei der Hälfte aller Rehakliniken besteht bereits Kurzarbeit, rund ein Viertel haben sogar einen Sozialplan für ihre Mitarbeiter auslegen müssen. Viele der selbst renommierten psychosomatischen Fachkliniken rechnen mit einem durchschnittlichen Belegungsrückgang von ca. 30 %, was zugleich bedeutet, daß trotz Sparmaßnahmen und Personalabbau rote Zahlen geschrieben werden müssen.

Besonders problematisch erscheint dabei, daß gerade Arbeitnehmer aus den unteren Einkommensklassen erheblich weniger Anträge auf Rehamaßnahmen stellen, wobei neben der wachsenden Angst um den Arbeitsplatz auch die deutlich gestiegenen Zuzahlungskosten eine wesentliche Rolle spielen dürften. Es ist durchaus nicht übertrieben, wenn seitens verschiedener Experten besorgt geäußert wird, daß die Politik den Rehabereich „kaputt zu sparen" droht und dadurch zugleich (ungewollt?!) den Weg in eine Zweiklassenmedizin ebnet: diejenigen, die rehabilitative Maßnahmen am nötigsten brauchen, können sie sich immer weniger leisten.

Gerade in diesem Feld hat psychosomatische Forschung einen eminent sozialpolitischen Auftrag: unmißverständlich deutlich zu machen, welche Konsequenzen sich aus solchen politisch motivierten Fehlentwicklungen im Gesundheitswesen ergeben. Sorgfältig durchgeführte Kosten-Nutzen-Analysen dürften relativ rasch nachweisen, daß die kurzfristigen Einsparungen im Rehabereich durch Abbau der Behandlungskapazität sehr bald aufgezehrt werden durch die Mehrkosten, die die unbehandelten Patienten im Akutbereich (ambulant wie stationär) verursachen. Es spricht einiges dafür, daß die Folgekosten hier deutlich höher ausfallen werden als die erzielbaren Einsparungen im Rehabereich. Letztlich werden so die Kosten für die Krankenkassen nur vom Reha- in den Akutbereich umverteilt. Bei aller Wichtigkeit der Kostenfrage sollte aber last not least vor allem die Gefahr gesehen werden, daß bei dieser Konstellation immer mehr Patienten keine an sich indizierte psychosomatische Fachbehandlung erhalten, sondern statt dessen dem erhöhten Risiko von Chronifizierungsprozessen ausgesetzt werden.

Damit diese Ausführungen aber nicht einseitig verstanden werden, ist ebenfalls deutlich darauf hinzuweisen, daß der Rückgang der Bettenkapazität nicht nur beklagenswerte Auswirkungen hat. Es gab und gibt durchaus Kliniken, wo bezüglich der Standards der therapeutischen Versorgung höchste Skepsis angebracht ist. Es gibt durchaus dubiose Trägergesellschaften, die mit minimalem investiven Aufwand ein Maximum an Profit bzw. Rendite herausschlagen wollen. Je wohlklingender die angebotenen Therapieverfahren in Hochglanzprospekten solcher Kliniken, um so sicherer kann man davon ausgehen, daß diese bar jeder empirisch geprüften Wirksamkeit sind. Will man diese Mißstände ernsthaft abstellen, müssen Leitlinien bzw. Qualitätsstandards für eine fundierte stationäre Psychotherapie formuliert werden, die dann als Maßstab dienen können (z. B. bei Pflegesatzverhandlungen mit den Krankenkassen). Kliniken, die solche verbindlichen (minimalen) Qualitätsstandards nicht einhalten können oder wollen, müssen dann auch akzeptieren, daß sie seitens der Krankenkassen bzw. Rentenversicherungsträger keine Patienten mehr zugewiesen bekommen. Um hier aber möglichen Mißverständnissen vorzubeugen: die noch in Konsensuskonferenzen zu erstellenden Qualitätsstandards werden je nach zu behandelndem Krankheitsbild unterschiedlich ausfallen, womit auch ein Spielraum geschaffen wird, daß für aufwendige Spezialbehandlungen (z. B. für Anorexia nervosa oder ausgeprägte Persönlichkeitsstörungen) ein entsprechend erhöhter Pflegesatz erforderlich ist.

Erfreulich ist, daß sich 1997 erstmalig eine Expertenrunde getroffen hat mit dem Auftrag, den empirischen Forschungsstand von stationärer Psychotherapie eingehend zu sichten und zu. Auf der Grundlage dieser Prüfung sollen schließlich im Rahmen einer Konsensuskonferenz Empfehlungen bzw. Leitlinien für Qualitätsstandards von stationärer Psychotherapie formuliert werden bewerten (Schepank et al. 1997). Solche Leitlinien können z. B. beinhalten, welche konkreten therapeutischen Maßnahmen bei einem bestimmten Krankheitsbild (etwa Anorexia nervosa) für unerläßlich gehalten werden, welche Zeitdauer dafür sinnvoll zu veranschlagen ist und welche Therapieziele sich dabei üblicherweise erreichen lassen. Vorstellbar ist auch, daß für manche Krankheitsbilder Empfehlungen für Intervallbehandlungen ausgesprochen werden, oder auch im Akutbereich Mischformen von stationärer und teilstationärer Behandlung (z. B. Tagesklinik). Viele dieser Empfehlungen lassen sich gegenwärtig im Rahmen der sogenannten „Evidenz-basierten Medizin" nur auf der Stufe von Expertenmeinungen angeben (vgl. Woolf, 1994). Damit wird zugleich aber auch ein dringender Bedarf für weitere Forschung markiert, welche hoffen läßt, in absehbarer Zukunft zu empirisch besser abgesicherten Aussagen kommen zu können.

Im folgenden nun sollen einige Problemfelder stationärer Psychotherapieforschung skizziert werden, die in der gegenwärtigen Diskussion der „scientific community" eine wesentliche Rolle spielen.

- Insgesamt ist positiv festzuhalten, daß die Zahl relevanter Publikationen über empirische Studien innerhalb der letzten Jahren deutlich zugenommen hat (mehr als 40 in den letzten drei Jahren – davor über einen Zeitraum von vier Jahrzehnten ca. 50 vergleichbare Publikationen). Im Vergleich zu den früheren Studien ist in den vergangenen Jahren ein hohes methodisches Niveau erreicht worden, auch mit Blick auf die in der statistischen Auswertung

Zum empirischen Forschungsstand von stationärer Psychotherapie

1. **Zahl der Publikationen empirischer Studien in den letzten Jahren deutlich gestiegen**

2. **Qualitätssicherung bzw. Qualitätskontrolle**

3. **Differentielle Indikation von stationärer Psychotherapie**
   - **psychodynamisch versus behavioral**
   - **störungsspezifische Indikation? (ja/nein)**

4. **Etablierung von Expertenrunden/Konsensustreffen**

5. **Kosten-Nutzen-Analysen von stationärer Psychotherapie**
   - **Akut- versus Rehabilitationsbereich**
   - **kurativ versus rehabilitativ**
   - **stationär versus ambulant bzw. teilstationär**
   - **Kosten-Nutzen-Relation bei der Behandlung ich-strukturell schwer gestörter Patienten**

6. **Kombination versus Integration versus "Ekklektizismus"**

7. **Expertengruppe zu Methodenfragen**
   - **der empirischen Forschung von stationärer Psychotherapie**
   - **des Verhältnisses von naturalistischen Studien zu kontrollierten randomisierten Studien**
   - **des Verhältnisses von ideographischen versus nomothetischen**
   - **der Forschungsmethoden**
   - **der Chaostheorie: stationäre Psychotherapie als Modellfall eines „seltsamen Attraktors"**

Abb. 1

eingesetzten Analyseverfahren. Gegenwärtig läßt sich wieder ein Trend beobachten, neuerlich und differenzierter als bisher die Effektivität und Effizienz von stationärer Psychotherapie zu belegen, was zeitweise wegen deren vermeintlich gut belegter nicht mehr so erforderlich schien (vgl. Bassler, 1997). Der verschärfte Konkurrenzdruck und die gestiegenen Ansprüche der Kostenträger machen jedoch Legitimationsforschung wieder besonders aktuell. Insbesondere wird dabei das Augenmerk auf konkurrierende ambulante bzw. teilstationäre Therapiekonzepte gerichtet werden, wahrscheinlich spezifiziert nach einzelnen Krankheitsbildern.

- Je mehr sich in den nächsten Jahren der Markt der Therapieangebote diversifiziert, um so mehr werden sich auch Anbieter finden, die mit entsprechend preisgünstigen Behandlungskonzepten für einzelne Krankheitsbilder bei den Kostenträgern werben. Dies dürfte sich sowohl im kurativen wie rehabilitativen Bereich etablieren. De facto besteht aber nach wie vor ein großes Forschungsdefizit hinsichtlich der Frage, mit welchem Aufwand an personellen wie zeitlichen Ressourcen wir bei welchen Krankheitsbildern welche therapeutischen Ergebnisse realistisch erreichen können. Implizit ist damit auch die Frage einer differentiellen Indikation für mehr psychodynamische bzw. behaviorale Therapiekonzepte angesprochen. Der Trend geht gegenwärtig eindeutig in die Richtung, daß schulenübergreifende Therapiekonzepte entwickelt werden, d. h. die klassische Zuordnung einzelner Kliniken nach Präferenz für die eine oder andere Therapieschule nicht mehr greift. Leider wird aber unter dem gegenwärtigen Verdrängungswettbewerb am Markt häufig ein „Ettikettenschwindel" betrieben. So ist es üblich geworden, daß fast alle Kliniken sog. „integrative Therapiekonzepte" anbieten, wobei unterstellt wird, daß durch die Kombination von (vermeintlich) wirksamen Ingredienzien aus verschiedenen Therapieansätzen man gleichsam naturwüchsig eine optimierte Behandlungsmethode herausdestillieren kann. Dem ist aber nicht so. Im Gegenteil: eher ist zu fürchten, daß man mit diesem Vorgehen auf die Stufe eines unreflektierten Eklektizismus zurückfällt. Verschiedene für sich allein genommen bewährte und wirksame Therapieelemente müssen sich keineswegs nur synergistisch ergänzen (wie manche wohl stillschweigend anzunehmen scheinen), sondern können sich ebensogut antagonistisch zueinander verhalten – zum Schaden für den Patienten.

- Der gegenwärtige Forschungstrend orientiert sich besonders an der Untersuchung von gut operationalisierten Krankheitsentitäten, was vor allem pragmatische Gründe hat: man hofft, auf diese Weise zu diagnostisch homogeneren Patientenstichproben zu kommen. Die Aussagen, die sich auf der Grundlage solcher Studien machen lassen, beziehen sich entsprechend auf spezifische Krankheitsbilder und die Erfolgschancen verschiedener gut definierter Behandlungssettings.
- Sichtbarer Ausdruck dieser Entwicklung ist, daß in den letzten Monaten zahlreiche Konsensuskonferenzen von Experten etabliert wurden. In diesen Expertengremien sollen Leitlinien bzw. Empfehlungen formuliert werden, die in der klinischen Praxis sinnvoll und erfolgversprechend umsetzbar sind. Gegenwärtig wird heftig darum gerungen, auf welchen Fundus „gesicherten Wissens" dabei zurückgegriffen werden kann bzw. was überhaupt im Rahmen von Psychotherapieforschung als „gesichertes Wissen" gelten darf. Hier spielen Fragen nach der wissenschaftlichen Dignität der in die Analyse einbezogenen Studien eine entscheidende Rolle: sind beispielsweise Ergebnisse auf der Grundlage von kontrollierten Studien grundsätzlich höher zu bewerten als etwa Befunde aus naturalistischen Studien bzw. aggregierten Kasuistiken? Welche Forschungsmethoden sind jeweils als gegenstandsadäquat zu betrachten – qualitativ-ideographische oder quantifizierend-nomothetische?

Soweit zur mehr formalen Diskussion der Forschungsprobleme von stationärer Psychotherapie.

Konkrete und für die klinische Praxis interessante konzeptionelle Fortschritte werden gegenwärtig in der Entwicklung von kombinierten (psychodynamischen und behavioralen) Behandlungskonzepten bei einzelnen Krankheitsbildern erreicht: für die Behandlung von Angststörungen, bei denen die Vermeidung angstauslösender Situationen/Objekte im Vordergrund steht, zeichnet sich beispielsweise ab, daß eine psychodynamisch fundierte Psychotherapie ohne die Einbeziehung konfrontativer Techniken nicht auskommt – einfach deshalb, weil die empirische Forschungslage überzeugend die große Wirksamkeit von Konfrontationstechniken in vivo belegt. In unserer eigenen Klinik haben wir seit rund einem Jahr ein Pilotprojekt begonnen, bei dem psychodynamische Psychotherapie allein mit psychodynamischer Psychotherapie in Kombination mit Verhaltenstherapie (vor allem Expositionstechniken) verglichen wurde – aufgrund unserer klinischen Vorerfahrungen in der Behandlung von Angststörungen führten wir diese Vergleichstudie am Beispiel der Agoraphobie mit Panikstörung durch (vgl. Hoffmann et al., 1998; Nickel et al., 1998; Petrak et al., 1998).

Die Ergebnisse (ausgedrückt in Effektstärken – vgl. Cohen, 1988) sind aufgrund der kleinen Fallzahlen nur als ein erster heuristischer Eindruck zu bewerten. Sie zeigen insgesamt eine sehr ausgeprägte Wirksamkeitssteigerung von psychodynamischer Psychotherapie, wenn sie mit Expositionstechniken kombiniert wird. In unserem Beispiel wurde die Behandlung in gemeinsamer Absprache von je einem psychodynamisch und behavioral ausgebildeten Therapeuten durchgeführt. Auf der Grundlage dieses Pilotprojektes planen wir, möglichst bald eine kontrollierte Therapiestudie bei der DFG zu beantragen.

Es ist gut vorstellbar, daß sich prinzipiell mit einem gleichen Vorgehen soziale Phobien, Zwangsstörungen, in modifizierter Form auch Eßstörungen besser als bisher behandeln lassen – wofür sich bei den schwereren Verläufen dieser Erkrankungen gerade der stationäre

Psychodynamische und behaviorale Therapie (PA + VT) versus psychodynamische Therapie (PA) allein (Vergleich Anfang versus Abschluß von stationärer Psychotherapie)

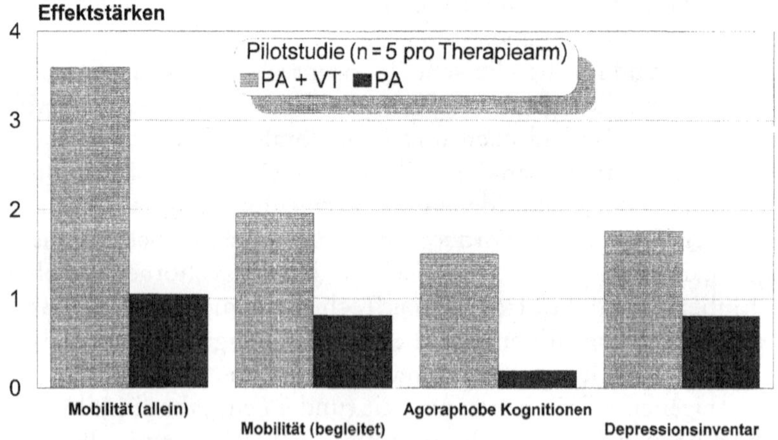

Abb. 2

Rahmen mit der Möglichkeit einer vergleichsweise unkomplizierten Arbeitsteilung der einzelnen Therapeuten anbietet.

Für die nächste Zukunft scheint besonders die Weiterentwicklung von mehr störungsspezifischen Therapiekonzepten erfolgversprechend, insbesondere, weil hier mit gut geplanten Studiendesigns gute Chancen auf Drittmitteleinwerbung bestehen dürften.

Eine wichtige Forschungsperspektive in dieser Richtung sollte sein, daß wir schließlich auf der Grundlage von empirisch abgesicherten Studienergebnissen in der Tat zu eindeutigen Empfehlungen hinsichtlich wirksamer Behandlungsstrategien kommen können. Wahrscheinlich werden diese Empfehlungen für zahlreiche Krankheitsbilder kombinierte Therapiekonzepte favorisieren, was für viele Therapeuten ein tiefgreifendes Umdenken (und Umlernen) erforderlich macht. Hier haben besonders die Ausbildungsinstitute eine verantwortungsvolle Aufgabe – auch mit Blick auf die Curricula, in denen bislang nur in seltenen Fällen neben der eigenen Therapierichtung zumindest theoretische Grundkenntnisse in anderen wesentlichen Therapieverfahren vermittelt werden.

Hinsichtlich der weiteren Zukunftsperspektiven für empirische Forschung von stationärer Psychotherapie möchte ich abschließend folgendes anmerken:

Es ist von großer Dringlichkeit, daß sich auf der Ebene von Expertentreffen eine Verständigung darüber erreichen läßt, welche Forschungsmethoden und -strategien im Bereich von stationärer Psychotherapie wissenschaftlich angemessen sind. Damit ist insbesondere gemeint das Spannungsverhältnis zwischen ideographischen und nomothetischen Forschungsmethoden (gerade mit Blick auf die Evaluierung des therapeutischen Prozesses im komplexen stationären Rahmen), ebenso aber auch das Problem, welche Studiendesigns am ehesten klinisch relevante Ergebnisse erwarten lassen (randomisierte, kontrollierte Studien versus naturalistischen Studien). Ein besonderer Akzent ist auch auf die Frage nach dem wissenschaftlich-methodischen Stellenwert von Einzelfallforschung zu legen.

In der Vergangenheit waren es gerade Kasuistiken bzw. Einzelfallstudien, die klinisch fruchtbare Diskussionen und Konzeptbildungen angestoßen haben. Soweit man sich der methodisch bedingten Beschränkungen bewußt bleibt und aus dem Einzelfall nicht unzulässige Generalisierungen und Typologien als „sakrosankte Gewißheiten" abzuleiten versucht ist, können gerade solche Einzelfallstudien weitere Forschungen mit klinisch interessanten Fragestellungen initiieren – womit zugleich auch die heuristische Dimension von qualitativer Forschung angesprochen ist.

Möglicherweise ist man in den Sozialwissenschaften mit dieser Diskussion schon deutlich weiter gekommen als wir bisher realisiert haben – ein intensivierter Wissens- und Erfahrungstransfer wäre hier sicher von großem praktischen Nutzen für alle Beteiligten.

Nach wie vor ungelöst ist die Frage, ob wir gegenwärtig schon über Modelle bzw. Methoden verfügen, die ein vertieftes Verständnis der Komplexität von stationärer Psychotherapie erlauben (vgl. Senf, 1988) oder, mit anderen Worten, die vielleicht die Chance eröffnen, das „Spezifische" des stationären Rahmens im Vergleich etwa zur ambulanten Therapie herauszuarbeiten. Die meisten Kliniker sind überzeugt (meist intuitiv), daß das komplexe stationäre Feld emergente therapeutische Potenzen entfaltet, die sich im ambulanten Setting so nicht realisieren lassen. Implizit ist dabei auch die Frage nach der spezifischen Indikation für stationäre Psychotherapie gestellt, sowohl hinsichtlich angemessener therapeutischer Intensität als auch Dauer der Behandlung (Bassler et al., 1995). Von klinisch besonderem Interesse ist schließlich auch die Erklärung der Beobachtung, wie es dazu kommen kann, daß manchmal ein neu hinzugekommener Patient auf Station (oder Gruppe) ausreicht, das bis dahin herrschende „Stationsklima" vollkommen zu verändern und unterschiedlichste Prozesse bei den Mitpatienten auszulösen – ein Effekt, der mit den klassischen aus der Therapieforschung bekannten Patienten- bzw. Therapeutenvariablen nicht befriedigend erklärbar ist (vgl. Luborsky et al., 1980, 1985; Orlinsky & Howard, 1986), sondern ergänzend vielleicht chaostheoretische Überlegungen fruchtbar mit einbezogen werden könnten. In derem Kontext wäre das stationäre Feld als eine Art „seltsamer Attraktor" aufzufassen, der in zu spezifizierender Weise den Möglichkeitshorizont von Therapieverläufen moderiert. Eine praktische Konsequenz dieser Überlegungen wäre dann auch, bei der Aufnahme von Patienten in besonderer Weise zu berücksichtigen, welche anderen Patienten (mit welchen Krankheitsbildern) gerade auf Station sind. Nach wie vor wissen wir über diese komplexen Mehrpersonen-Interaktionseffekte im stationären Rahmen nur wenig, um zu differenzierten Indikationsempfehlungen zu kommen – hier besteht gerade wegen des zunehmenden Kostendrucks (Thema „Fallpauschale", standartisierte Behandlungsangebote je nach Krankheitsbild) ein dringender Forschungsbedarf. Gesundheitspolitisch ist dies von hoher Brisanz, da seitens der Kostenträger darüber hinaus ein großes Interesse besteht, die Behandlung möglichst vieler Krankheitsbilder (die bisher im stationären Rahmen erfolgte) unter Preisgabe differentieller Indikationskriterien allein in den ambulanten Sektor zu verlegen. Ebenso steht zur Debatte, wie die bislang übliche durchschnittliche Dauer von stationärer Psychotherapie drastisch reduziert werden könnte. Schließlich wird auch zunehmend kritischer nachgedacht über die minimal erforderliche therapeutische „Strukturqualität", d. h. welche therapeutische Kompetenz und Engagement die Behandlung spezieller Krankheitsbilder bedarf.

Literaturverzeichnis

Bassler, M., Hoffmann, S. O. (1994): Trends in der empirischen Forschung über stationäre Psychotherapie – Bericht über die „Mainzer Werkstatt" zur empirischen Forschung über stationäre Psychotherapie. Psychotherapeut 39, S. 174-176.

Bassler, M., Krauthauser, H., Hoffmann, S. O. (1995): Welche Faktoren beeinflussen die Dauer von stationärer Psychotherapie? Psychotherapie, Psychosomatik, Medizinische Psychologie 45, S. 167-175.

Bassler, M., Strauß, B.: Forschungsparadigmen von stationärer Psychotherapie – einige Thesen. Vortrag auf 10. Mainzer Werkstatt über empirische Forschung von stationärer Psychotherapie. Mainz, 22.11.1997.

Cohen, J. (1988): Statistical power analysis for the behavioral sciences. Hillsdale: Erlbaum.

Ermann, M. (1988): Die stationäre Langzeitpsychotherapie als psychoanalytischer Prozeß. In: Schepank, H., Tress, W. (Hg.): Die stationäre Psychotherapie und ihr Rahmen. Berlin, Heidelberg, New York, London, Tokyo: Springer.

Grawe ,K., Donati R., Bernauer F.: Psychotherapie im Wandel. Von der Konfession zur Profession. Göttingen – Bern – Toronto – Seattle: Hogrefe, 2. Aufl. 1994.

Hoffmann, S. O., Egle, U. T., Bassle,r M., Nickel, R., Petrak, F., Porsch, U. (1988): Wechselwirkung differenter Therapieteile innerhalb einer stationären psychodynamisch-verhaltenstherapeutischen Kombinationsbehandlung. Psychotherapeut

Luborsky, L., Mintz, J., Auerbach, A., Crits-Christoph, P., Bachrach, H., Todd, T., Johnson, M., Cohen, M., O'Brien, C. P. (1980): Predicting the outcome of psychotherapy. Findings of the Penn Psychotherapy Project. Arch. Gen. Psychiatry 37, S. 471-481.

Luborsky, L., McLellan, T., Woody, G. E., O'Brien, C. P., Auerbach, A. (1985): Therapist success and its determinants. Arch. Gen. Psychiat. 42, S. 602-611.

Nickel, R., Petrak, F., Bassler, M., Hoffmann, S. O. in Druck (1998): Stationäre psychodynamisch-verhaltenstherapeutische Kombinationsbehandlung. Fallbericht zur Behandlung eines Patienten mit Angststörung. Psychotherapeut.

Orlinsky, D. E., Howard, K. J.: Process and outcome in psychotherapy. In: Handbook of psychotherapy and behavior change (3. Aufl.) Garfield, S. L., Bergin, A. E. New York (Hg.): Wiley 1986, S. 311-384.

Petrak F., Nickel, R., Bassler, M., Hoffmann, S. O. , in Druck (1998): Fallbeispiel einer behavioral-psychodynamischen Kombinationsbehandlung. Psychotherapeut.

Schepank, H.: Leiter der Leitlinienkommission „Stationäre Psychotherapie" bis 5.6.1998 – Weiterführung durch Senf, W. (Essen) und Lieberz, K. (Mannheim). Unter Mitarbeit zahlreicher Kollegen Erstellung von Leitlinien für den gesamten Bereich von stationärer Psychotherapie.
Senf, W: Theorie der stationären Psychotherapie. Stuttgart: Thieme 1988.
Woolf, S. H. (1992): Practice guidelines, a new reality in medicine. II. Methods of developing guidelines. Arch. Intern. Med. 152, S. 946-952.

Der Beitrag der Konzentrativen Bewegungstherapie (KBT) im Gesamtbehandlungsplan der stationären Psychotherapie

Markus Hochgerner

Warum bewegungsorientierte Psychotherapie bei psychosomatisch Erkrankten?

Der psychsomatisch erkrankte Patient leidet

(1) über seine symptombedingten Empfindungen hinaus unter einer Störung seiner Beziehung zum ganzen Körper. Zugleich sind jedoch seine übergeordneten, adaptiven Ich-Funktionen intakt. Er präsentiert sich als meist gut bis überangepaßter, auch leistungsorientierter Mensch, der „nur leider ein Symptom" hat.

(2) Es ist eine eklatante Trennung seiner kognitiven Fähigkeiten vom Körpererleben festzustellen. Darunter leider auch der Bedeutungsgehalt der Sprache, die oft zu gefühlsentleerten, „entkörperten" Mitteilungen führt.

(3) Der Patient ist außerstande, einen Zusammenhang zwischen seiner sozialen, psychischen und körperlichen Siutation herzustellen. Seine Selbst- und Fremdwahrnehmung basiert nicht auf einer gesicherten sensomotorischen Hintergrunderfahrung, sondern wirkt unberührt und seltsam flach, gleichsam funktional bestimmt – nur das Symptom verweist auf das „andere", jedoch nicht symbolisch präsent, sondern fremd und sinnentleert bedrohlich.

Die KBT als psychotherapeutisches Verfahren kommt den Patienten in der stationär-psychotherapeutischen Behandlung zuerst ein Stück entgegen:

Die Klärung emotionaler Erlebnisse und deren kognitive Einordnung wird über basale Körperselbstwahrnehmung vorbereitet. Im angeleiteten sensomotorischen Selbsterleben wird die Körpererfahrung erweitert und differenziert – als Grundlage für verbesserte Sprech- und Denkleistungen im Übergang von sensomotorischer (primärprozeßhafter) zu begrifflicher (sekundärprozeßhafter) Intelligenz (Piaget, 1973, 1974, 1992) und damit möglicher Verbalisierung: siehe dazu Fallbeispiel 1 (Seite 56, Piaget, 1973, 1974, 1992 und Cserny, 1989).

Verbale Mitteilungen werden als Ergebnis eines Wahrnehmungs- und Ausdrucksdialogs und fallweiser symbolischer Darstellung im Wahrnehmen und Erleben vorbereitet, entwickelt und begründet: siehe dazu Fallbeispiel 2 (Seite 61).

Im Zentrum der KBT steht die Arbeit am Körpererleben und die konkrete Arbeit am Körperbild und damit verbundene lebensgeschichtliche und aktuelle psychodynamische Bearbeitung (siehe Fallbeispiel 2). Differenzierteres Körpererleben erlaubt verbesserte Selbstwahrnehmung auch in der therapeutischen Gruppe, im sozialen Feld und zum Therapeuten hin. Übertragungs-, Widerstands- und Abwehrgeschehen werden somit oft erstmals ich-dyston erlebbar und der therapeutischen Bearbeitung zugänglich.

In Übereinstimmung mit tiefenpsychologischen Verfahren erscheint ein Durcharbeiten der emotionalen Konflikte auf der Körperebene allein nicht möglich: Erst die kognitive Erfassung, erweitertes Verstehen und affektive Einordnung ermöglichen eine Distanzierung von malignen Erlebens-, Verarbeitungs- und Verhaltensmustern sowie Veränderungen in Richtung Heilung: siehe Fallbeispiel 3 (Seite 66).

Die Arbeit am Körper ermöglicht es, vom Durchagieren zum Durchphantasieren (Plassmann, 1993) zu kommen, sich aus malignem regressivem Selbsterleben zu befreien. Wie Gattmann in seiner katamnestischen Studie an über 700 stationären Psychosomatikpatienten zeigt (Gattmann, 1986), wird dieser psychotherapeutische Ansatz am Körperselbsterleben von den Patienten sehr geschätzt: Die Patienten stufen nach 8wöchigem stationären Aufenthalt die KBT als subjektiv wirksamstes Therapieangebot ein.

Das Pendeln zwischen primärprozeßhaftem Körperselbsterleben und sprachlicher Verarbeitung schafft im therapeutischen Prozeß eine Brücke zu angemessener Regression, die in einem „echten Neubeginn mündet und zur Entdeckung neuer Möglichkeiten führt" (Balint, 1968), ohne in Infantilisierung und maligner Regression zu enden. Die Symbolisierungsfähigkeit der Patienten wird angeregt und damit eine symbolisierende Distanz, bessere Versprachlichung und die Erhöhung des semiotischen Niveaus (Plassmann, 1993) erreicht: Distanzierung aus bisher unbegreifbaren Affekten und deren autonomere Handhabung wird in zunehmender therapeutischer Progression wahrnehmbar, benennbar und im therapeutischen Dialog begreifbar; es entsteht eine gemeinsame hermeneutische Suchbewegung zwischen Patient und Therapeut, der so zum Vermittler zwischen primär- und sekundärprozeßhaftem Niveau wird.

Themen im KBT-Therapieverlauf
Insbesondere A. Metzgolich (Metzgolich, 1990) und P. Fürstenau (Fürstenau, 1992) folgend beschreibe ich im weiteren ein 4phasiges Therapiemodell, das thematische, einander überlappende Themenschwerpunkte setzt. Selbst in einem relativ knappen 6wöchigen Setting darf meines Erachtens keines dieser Themen ausgespart werden, auch wenn es in dieser Zeit in erster Linie um eine Erweiterung der Motivation zur Psychotherapie gehen muß – bei gleichzeitiger fokaler Bearbeitung von zentralen Konflikten. Kurze Fallvignetten sollen die einzelnen Phasen nachvollziehbar machen.

Erstes Thema: Sensibilisierung und Vertrauen

Am Beginn der therpeutischen Arbeit geht es in der stationären Gruppe um die Herstellung eines grundsätzlichen emotionalen Rückhalts, der letztlich zu Gruppenkohäsion, Akzeptanz und Identifikation mit der Gruppe führen kann. Erste Momente individueller Selbstöffnung bei gleichzeitiger Wertschätzung durch den Therapeuten und die Gruppe werden angeregt. Patienten sprechen konkret ihre Lebenszusammenhänge und ihr Selbsterleben an. Die Gruppe lernt Feedback und Sharingverhalten. Der Therapeut interveniert mehr klärend/verstehend. Deutungen werden vorerst sehr sparsam, meist aktual, nicht genetisch gegeben. Auf dem Hintergrund vermehrten Selbsterlebens kann eine erste Sensibilisierung für körperlich-seelisch-soziale Zusammenhänge entwickelt werden. Biographische Zusammenhänge werden aufgegriffen, benannt und wenig konfrontierend zurückgespiegelt. Das „Hier und Jetzt" steht im Mittelpunkt des Erlebens.

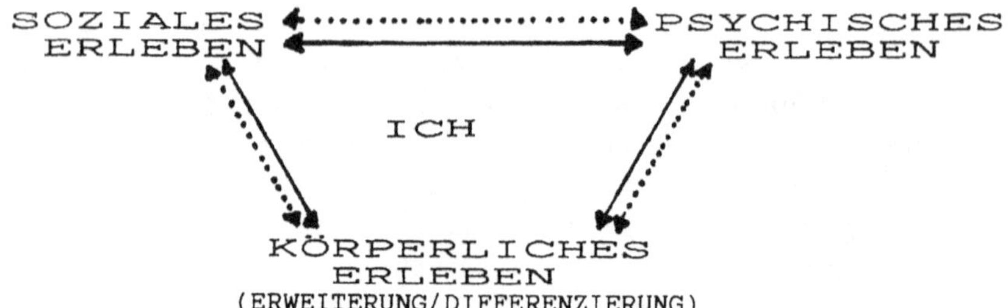

WAHRNEHMUNGSFOCUS DES PATIENTEN: ————→
ZEITLICHE DIMENSION: IM HIER UND JETZT ··········→

Abbildung 1 : Soziales, psychisches und körperliches Erleben werden erweitert, differenziert und in Beziehung gesetzt

Abb. 1

Wirkprinzipien

Sensibilisierung der Sinne für differenziertere Selbst- und Objektwahrnehmung ermöglicht verbesserte Klärungsarbeit bezüglich Motivation, Verhaltens- und Erlebensweisen.

Der Umgang mit den gesunden Persönlichkeitsanteilen des Patienten bewirkt die Aktivierung von Ressourcen.

Vertiefte Selbst- und Fremdwahrnehmung und Handeln als eine der Erinnerung dienende Assoziation bewirken das Bewußtwerden unbewußten Materials im Sinne einer Problemaktualisierung (Pokorny, Hochgerner et al., 1996).

Fallbeispiel 1: Erleben bio-psycho-sozialer Zusammenhänge/Erste Selbstöffnung/Beginnendes Übertragungsgeschehen

Eine erste KBT-Stunde mit der neu aufgenommenen Patientengruppe – die erste Gruppensitzung überhaupt. Nach einem einleitenden kurzen Gespräch über Erwartungen/Befürchtungen bezüglich „Bewegungstherapie", geführt im Sesselkreis im Gruppenraum, gibt der Therapeut (Th) ein erstes bewegungstherapeutisches Angebot: „Stehen Sie bitte auf, und suchen Sie sich mit Ihrem Sessel den Platz im Raum, der Ihnen am angenehmsten erscheint." 10 Patienten machen sich auf den Weg, suchen, werden aufgefordert, verschiedenes zu probieren und letztlich zu wählen. In der Gruppe: Petra, 19 Jahre, Bulimia nervosa. Während der Therapeut auf seinem Platz im

Sesselkreis sitzen bleibt, wählt Petra im Gruppenraum einen Eckplatz, möglichst weit weg von der Fensterfront, schräg hinter dem Therapeuten, nicht weit zur Tür. Die Patienten werden aufgefordert, auch körperlich zu spüren, wie sich dieser gute Platz auf sie auswirkt – und dann Paralellen zu ihrem Leben herzustellen. Th: „Haben Sie so einen ‚guten' Platz im Leben oder hatten Sie einen? Oder ist es mehr ein Wunschplatz?" Petra schmiegt sich in ihren Sessel, wirkt interessiert, ernst. Immer wieder beobachtet sie genau, ob und wie der Therapeut sie wahrnimmt. Nach Beendigung dieses Angebotes sprechen die Patienten über ihr Erleben. Petra berichtet über die angenehm geschützte Situation auf ihrem Platz: „Den Rücken frei, totale Kontrolle über den Raum, die Tür nahe, da kann ich jederzeit flüchten." Nach Befragung durch den Therapeuten bezüglich ihres körperlichen Erlebens auf diesem Platz berichtet sie, ein ganz wohliges Gefühl im Rücken gehabt zu haben: „Ich konnte mich richtig an die Lehne anschmiegen!" Th: „Haben Sie im Leben so einen Platz, wo Sie sich so wohlfühlen und anlehnen, sich sozusagen Rückendeckung holen?" Die Patientin wirkt plötzlich verwundert und traurig: „Nein, aber bei meiner Mutter hätte ich das immer gerne gehabt!" Th: „Dann war das also mehr ein Wunschplatz, den Sie sich da gesucht und gefunden haben?" – „ Ja, stimmt. Meine Schwester, die hat so einen Platz bei Mutter!"

Th: „Sie haben, scheint mir, immer wieder geschaut, ob ich mich zu Ihnen umdrehe und Sie sehe?" Petra: „Ja, das war mir total unangenehm!" Th: „Haben Sie eine Idee, was da Unangenehmes hätte kommen können?" Petra befürchtete, ich könne es „ungehörig" finden, daß sie sich „in eine Ecke verdrückt". Auf meine Frage, ob da jemand in ihrem Leben sie wohl auch so kritisch sehen würde, wie sie meine Reaktion befürchtete, sagt sie: „Ja, der Vater, ihm kann man kaum etwas recht machen! Er kommt auch immer in mein Zimmer und macht mir Vorhaltungen …". Th: „Haben Sie da körperlich etwas bemerkt, als ich zu Ihnen geschaut habe?" Petra berichtet von einer deutlichen Verspannung und kann von dieser Verspannung auf eine Anspannung dem Vater gegenüber – „Ja, manchmal richtige Angst ihm gegenüber" – schließen.

Diskussion:
Petra gelingt es gleich zu Beginn, wichtige lebensgeschichtliche Zusammenhänge in die Gruppe einzubringen, und sie bekommt von

der Gruppe positive Reaktionen. Sie fühlt sich durch dieses Erleben im weiteren Verlauf der Therapie bestärkt. In der subjektiven Platzgestaltung werden bereits erste lebensgeschichtliche Zusammenhänge symbolisch nach einer freien Handlungsassoziation im Raum mit dem Angebot des Therapeuten möglich. Der Therapeut steht sowohl für defizitär erlebte Mutteranteile (er hat ja das Angebot, das zu Wohlbefinden geführt hat, ermöglicht), zugleich aber entsteht auch erstes negatives Übertragungsgeschehen in der Assoziation zum strengen, kontrollierenden Vater. Petra bezieht sich im Laufe der Therapie mehrfach auf dieses Erleben in der ersten Stunde. Erste Zusammenhänge zwischen sozialer und psychischer Befindlichkeit konnten erlebbar gemacht werden – jedoch erst, nachdem mit dem Therapeuten das damit verbundene Körpererleben angesprochen, rekapituliert und eingeordnet werden konnte. Der Hinweis, daß Verspannung im Körper mit „Spannung" dem Vater gegenüber und letztlich mit Angst verbunden sein könnte, war für Petra neu. In einer späteren Stunde sagt sie: „Die Sehnsucht nach der Mutter liegt mir im Magen und bei der Spannung dem Vater gegenüber – da vergeht mir der Hunger komplett."

Zweites Thema : Regression/Rekapitulation der Primärfamilie

Auf dem Hintergrund gestärkten Vertrauens innerhalb der Gruppe und in das therapeutische Team werden nun Erlebens- und Interaktionsmuster zunehmend im Kontext des frühen Erlebens als Übertragungs-, Widerstands- und Abwehrgeschehen angesprochen und bearbeitet.

Zentral erscheint die Rekapitulation der Primärfamilie und die damit verbundene Verstrickung der Patientin in maligne Interaktionsmuster. Wie können durch die KBT die Patienten in angemessener Weise an dieses Erleben herangeführt und darin begleitet werden?

Hier ist es möglich, die therapeutische Arbeit über gezielten Umgang mit dem Körperbild zu entwickeln. Im Gegensatz zum neurophysiologisch strukturierten „Körperschema" als neurophysiologischem Äquivalent der Wahrnehmungsreize zeigen sich im „Körperbild" – dem libidinös besetzten Körperselbsterleben – die damit verbundenen und verinnerlichten Selbst- und Objektrepräsentanzen. Das Körperbild steht somit vermittelnd und affektiv bestimmend zwischen der somatisch strukturierten „Körperlichkeit" und dem neurophysiologischen „Körperschema", eine Art Leibgedächtnis entsteht und kann therapeutisch aktiviert und bearbeitet werden: (siehe Fallbeispiel 2).

Die Arbeit am Körperbild ist aus entwicklungspsychologischer Sicht, pathogenetischen Gesichtspunkten und behandlungstechnisch sinnvoll:

Die libidinöse Besetzung des Körpers erfolgt entwicklungsgeschichtlich in drei Schritten: Zuerst wird im frühen Säuglingsalter die orale Achse im Körper (Mund/Verdauungstrakt/Anus) libidinös besetzt. Übergreifend dazu werden neben dem Säugen der Hautsinn und die Propriozeptoren angeregt, und es wird erstes Selbsterleben im Austausch mit der Pflegeperson ermöglicht. Erst danach wird die willkürliche Muskulatur und die Knochenstruktur in der beginnenden intentionalen Bewegung des Kleinkindes libidinös besetzt. So erfolgt, vereinfacht gesprochen, die libidinöse Besetzung im Kontakt mit den Pflegepersonen von innen nach außen – das Ansprechen dieser Körperzonen im vertieften Körperselbsterleben kann damit verbundene Affekte aus verschiedenen Lebensaltern bis in die vorsprachliche Zeit erlebbar machen. G. Lempa (1992) zeigt uns, wie der Säugling und das Kleinkind sich den eigenen Körper allmählich aneignet – zuerst wird Kontrolle über die Nahrungsaufnahme, danach über die Bewegung, dann über die Ausscheidung, zuletzt über die Körperpflege erlangt. Dieser Prozeß in den ersten 10 Lebensjahren ist mit unzähligen Mutter-Kind-Interaktionen verbunden, die durch wechelseitig ausgelöste körperliche Interventionen erfolgen. Das sich internalisierende Selbst- und Fremdbild und die affektive Tönung ist entscheidend dadurch geprägt – je früher und näher am Primärprozeß, desto stärker. Hier entstehen benigne oder maligne im Körpererleben begründete Introjekte, die in der psychosomatischen Erkrankung zentrale Bedeutung haben können.

Die Pathogenese psychosomatischer Reaktionsbildung zeigt oftmals Traumatisierungen, Verletzungen, Störungen im Umgang mit Körperlichkeit. Der Körper kann zum Kampfplatz im frühen Beziehungserleben oder zum Selbstobjekt primärer Bezugspersonen werden.

Wie uns P. Kutter zeigt (in Mattke, 1995), herrschen archaische Interaktionsmuster in den frühen Beziehungen vor, die als beschlagnahmender, verweigernder und verachtend-eindringender Beziehungsmodus beschrieben werden. Kutter stellt im Hinblick auf diesen Kampf um den Körper fest, daß der Patient Organe oder Organsysteme im Kampf mit dem übermächtigen verinnerlichten Primärobjekt opfert – im Versuch, seine Autonomie zu retten. Dies wird in der klinischen Praxis überdeutlich bestätigt. Der Körper wird somit zur „Deponie für psychisch Ungeklärtes" (Plassmann, 1993).

Behandlungstechnisch erscheint es nun sinnvoll, gerade wenn im psychosomatischen Reaktionsmuster der Ausdruck des Verdrängten in der körperlichen Reaktionsbildung nahe am Primärprozeßhaften liegt oder eine Übertragungspsychosomatose im therapeutischen Prozeß entsteht (Mattke, 1995), dieses Körperselbsterleben gezielt anzusprechen, den damit verbundenen affektiven Gehalt zugänglich,

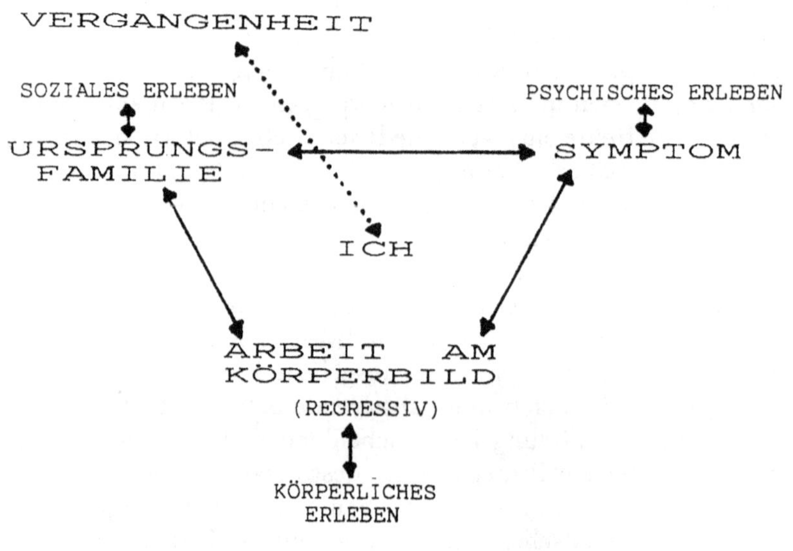

Abbildung 2: Regressive Arbeit am Körperbild ermöglicht die Zusammenschau von Körpererleben und Symptomgestaltung auf dem Hintergrund früher internalisierter Objekt- und Selbstrepräsentanzen in der Ursprungsfamilie

Abb. 2

begreifbar, symbolisch und mit Worten ausdrückbar zu machen und damit an den kommunikativen Prozeß zurückzubinden – ganz im Sinne Plassmanns „semiotischer Progression" (Plassmann, 1993), womit erreicht wird, daß durch ein verbessertes Erlebens- und damit verbundenes differenzierteres Ausdrucksniveau nun Durchsprechen und Durchphantasieren statt „Durchagieren" möglich wird. Zentrale Aufgabe ist es hier, eine Regression zu erzielen, die auf behandelbarem Niveau bleibt und nicht in maligne Dynamiken abgleitet. Über die immer wiederkehrenden Arbeitsschritte: Körperwahrnehmung – symbolisierender Ausdruck des Erlebten – Interaktion auf sprachlichem Niveau und therapeutische Bearbeitung im Klären/Konfrontieren/Deuten kann die KBT damit ihren Beitrag in der stationären Psychotherapie leisten. Diese Vorgehensweise wird von den Patienten zwar als fordernd erlebt, zugleich jedoch als hilfreich bewertet und gut angenommen.

Wirkprinzipien

Mobilisierung der pathologischen Selbst- und Objektrepräsentanzen in einer schrittweisen Vergegenwärtigung und Neuverarbeitung innerhalb der therapeutischen Beziehung/des therapeutischen Raumes.

Arbeit an der Symbolisierung und Versprachlichung fördert den Trennungs- und Individuationsprozeß.

Korrigierende körperliche und emotionale Erfahrungen im Bereich von Basisdefiziten bewirken Nachreifungsprozesse (Autonomiegewinn).

Veränderung der Wahrnehmung bewirkt Veränderung der Abwehr: Bewußtwerden von Emotionen und Affekten kann zu kathartischen Prozessen führen.

Fallbeispiel 2: Regressive Arbeit am Körperbild

Der Therapeut (Th) läßt die Patienten einen angenehmen Platz am Boden gestalten, den sie danach für etwa 20 Minuten beliegen. Im Liegen wird die feste Unterlage und das Erleben des Liegens angesprochen. Danach wird als Thema der Stunde, „Eine Reise durch den Körper", angekündigt: Vom Kopf aus beginnend werden, dem Nahrungskanal folgend, alle Organe und deren Funktionen angesprochen. Die Patienten können mit ihren Händen eventuell auch die Lage verschiedener Organe am Körper lokalisieren. Ebenso werden nach den Organsystemen des Rumpfes die Extremitäten angesprochen und in ihren Aufgaben benannt. Immer wieder werden die Patienten gebeten, gewahr zu werden, ob das eben fokussierte Organ ihnen sicher und „angenehm" erscheint oder mehr „ein Ort der Besorgnis" ist. Nach der Körperreise werden die Patienten angeregt, eine „Körperlandkarte" in ihrer Vorstellung entstehen zu lassen, in der sich die angenehmen und unangenehmen Körperregionen in zwei verschiedenen Farben zeigen (Th: „Welche Farbe würde da jeweils für Sie passen?") und sich dieses Bild zu merken. Jetzt kündigt der Therapeut an, er werde demnächst bei jedem einzelnen Patienten vorbeikommen und „einen Gegenstand in die Nähe der rechten Hand legen". Der Therapeut legt kleine Sandsäckchen, etwa 200 g schwer, neben die Patienten, die diesen Gegenstand nun aufgreifen, sich mit ihm vertraut machen. Danach schlägt der Therapeut vor, „den Gegenstand auf eine Körperstelle zu legen, an die Sie in letzter Zeit öfters gedacht haben". Nachdem dies geschehen ist und die Stelle noch einmal deutlich in ihren verschiedenen Qualitäten wahrgenommen wurde (z.B. hart oder weich, bewegt oder unbewegt durch die Atmung? ...), schlägt der Therapeut noch eine „Vorstellungsübung" vor.

Th: „Stellen Sie sich vor, die Stelle, auf der eben der Gegenstand liegt, könnte sprechen – was würde diese Stelle zum Gegenstand sagen?" … Und wenn der Gegenstand antworten könnte? Und was würde wohl die Stelle darauf sagen?". Die Säckchen werden danach beiseite gelegt, die Patienten kommen ins Sitzen und zeichnen ein Bild mit Wachskreiden nach ihrer Erinnerung der vorher entstandenen „Körperlandkarte". Die Stelle des Dialogs mit dem Gegenstand wird ebenfalls eingezeichnet, und die Sätze werden notiert. Danach werden die jeweiligen Erlebnisse anhand der Bilder und Sätze durchgesprochen.

Peter, 28 J., Diagnose: Morbus Crohn.

Nach massiver Symptomatik vor 10 Jahren und Stabilisierung im Verlauf einer langjährigen Psychotherapie traten im letzten Halbjahr erneut heftige Entzündungsschübe auf. Als akute Auslösesituation beschreibt der Patient die bevorstehende Pensionierung der Mutter, mit der er in einem nun schon gelösteren Kontakt, aber noch immer ambivalenten Verhältnis lebt. Der Patient befürchtet, daß die Mutter all ihre Wünsche an ihn richten werde, wenn sie nicht mehr geregelt arbeitet. Er zeichnet folgendes Bild:

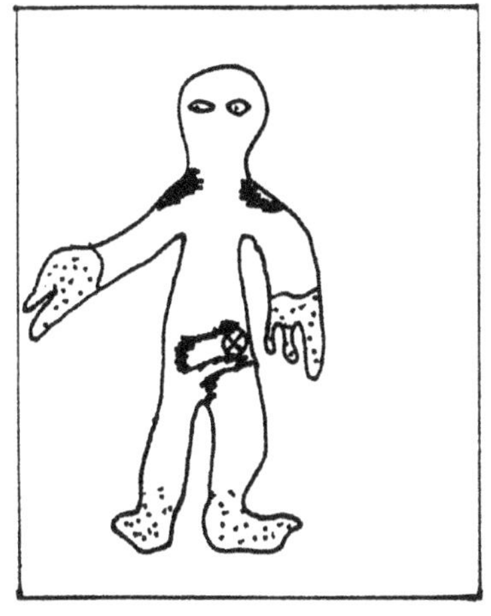

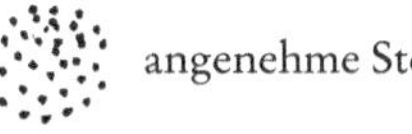

⊗ Sätze im Dialog mit der Körperstelle:
Darm: „Geh weg, du belastest mich!"
Säckchen: „Aber nein, ich mache doch nur Spaß!"
Darm: „?" (bleibt stumm)

Abbildung 3 : Darstellung zum Körpererleben nach einem Angebot zur differenzierten Körperinnenraumwahrnehmung mit Focussierung des Verdauungstraktes.Ein phantasierter Dialog mit einer dem Patienten bedeutsam erscheinenden Körperzone wird angeboten.

Abb. 3

Im therapeutischen Gespräch wird zuerst vom Patienten ein Zusammenhang zwischen dem „stummen Darm" und dem „verschlossenen Mund" hergestellt. „Mein Darm sagt nichts auf diesen Spaß, ... und ich sage auch nix!" Th: „Wem gegenüber wäre Sprechen besonders wichtig?" Peter: „Meiner Mutter gegenüber, da halte ich noch viel, viel mehr zurück, als ich mir jemals eingestanden habe! Das ist ja grauenhaft!" Wut und Ohnmachtsgefühle werden nun ansprechbar. Peter werden nun noch deutlicher Zusammenhänge zwischen der ihn nicht respektierenden, zugleich vereinnahmenden Mutter und seiner Aggressionshemmung deutlich. Er richtet im nächsten Schritt die Aggression zuerst gegen sich („Ich war zu blöd, in den 10 Jahren Therapie etwas zu lernen!") und kommt über den dargestellten rechten Fuß („der so kümmerlich ist") und die ausgestreckte Hand („ ... da war nie ein Vater, der mir die Hand gegeben hätte ...") auf frühe Gefühle der Verlassenheit und Einsamkeit zu sprechen.

Der Patient geht mit „voller Wut im Bauch, aber jetzt weiß ich es wieder!" aus der Therapie und wird von den Mitpatienten sehr ermutigt, weiter an seiner Loslösung aus den elterlichen Beziehungen zu arbeiten.

Diskussion:
Über das Liegen, das pflegliche Ansprechen jedes Körperteiles durch den Therapeuten und die Innenraumwahrnehmung werden sehr früh libidinös besetzte Körperzonen angesprochen. Der Gegenstand wird vom Therapeuten gegeben – ein Akt, der als nährend oder bedrohlich erlebt werden kann; die Verbindung einer Körperregion mit dem Säckchen aktiviert frühe Atmosphären des tonischen (Handlungs-)dialogs mit primären Bezugspersonen. Dies löst assoziativ im inneren Dialog stärkende oder bedrohliche Botschaften aus, die meist sehr prägnant auf die Lebensgeschichte übersetzbar sind. In der Gestaltung der Körperlandkarte wird, je nach Wahl der Farben, der Gestaltung positiver oder negativer Anteile des Selbsterlebens Raum gegeben. Durch die Übersetzung in bildhaftes (symbolisierendes) Gestalten und die verbale Übersetzung im Gespräch an einem assoziativ gewählten Punkt des Körpers wird bereits erste „Übersetzungsarbeit" hin zur verbalen Bearbeitung geleistet, primäres Affekterleben nach außen gebracht, dargestellt und damit handhabbarer.

Drittes Thema : Progression/Übungsphase

Auf dem Hintergrund gesicherten Gruppenerlebens und fokussierter Rekonstruktion früher Erfahrungen wird nunmehr die Station, die therapeutische Gruppe zum Übungsfeld für neues Selbst- und Beziehungserleben und dient der Einübung verbesserter sozialer Kompetenz und verbesserter Aggressionsfähigkeit auf der Basis eines erweiterten Selbstverständnisses. Ziel ist weiters eine erste Korrektur des meist übersteigerten Ideal-Selbst hin zu einer vermehrten Annahme des Real-Selbst.

In einer quantitativen Studie an 176 Patienten der Station konnte eine signifikante Verbesserung des Realitätsbewußtseins und der Aggressionsfähigkeit nachgewiesen werden (Hochgerner, Pany-Posch et al., 1998).

Auseinandersetzungen in der Gruppe, mit Menschen aus dem Lebensfeld und eine erste Planung des Lebens nach dem Aufenthalt mit der Entwicklung einer mittleren Zukunftsperspektive werden angeregt.

In der KBT werden interaktionelle Angebote gemacht, die einerseits Raum zur Aktualisierung bekannter Handlungsmuster geben – aber auch korrigierende Erfahrungen ermöglichen.

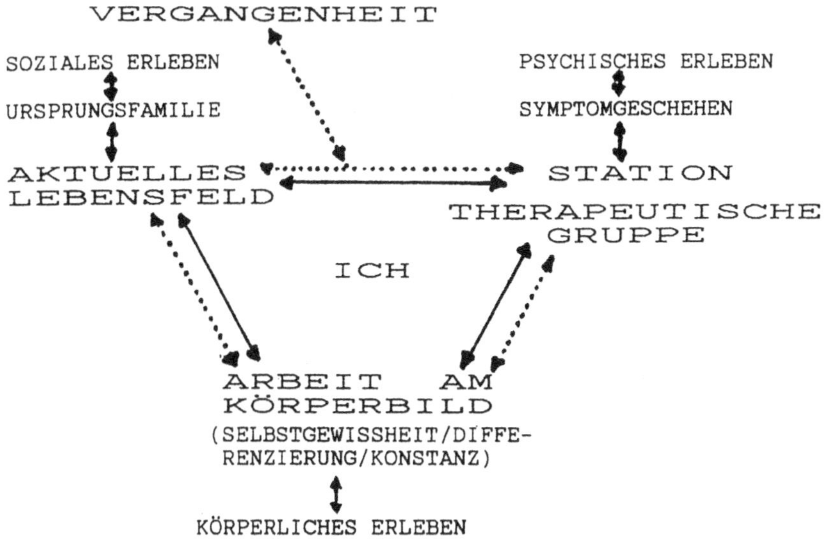

WAHRNEHMUNGSFOCUS DES PATIENTEN: ⟶
ZEITLICHE DIMENSION:VERGANGENHEIT/GEGENWART ⋯⋯⟶

Abbildung 4:

Auf dem Hintergrund der Rekapitulation der Primärfamilie steht das Verhalten im aktuellen Lebensfeld und in der therapeutischen Station und der therapeutischen Gruppe im Zentrum. Korrigierende Erfahrungen im Körpererleben und Sozialverhalten werden angeregt.

Abb. 4

Wirkprinzipien

Vertiefte Selbst- und Objektwahrnehmung bewirkt Ich-Stärkung und aktiviert Selbstheilungspotentiale. Impulse zur aktiven Problembewältigung werden unterstützend begleitet und Lösungsschritte gezielt im Probehandeln vorbereitet.

Probehandeln (Modellfunktion des Therapeuten, der Gruppe) bewirkt Lernprozesse, setzt kreatives Potential frei.

Die Durcharbeitung des psychophysischen Materials im Gespräch und in neuen Handlungsabläufen in der therapeutischen Situation bewirkt (körperlich wahrgenommene, affektiv berührte) Einsicht und Persönlichkeitsreifung.

Fallbeispiel 3: Reinszenierung und korrigierende Erfahrung im Gruppenprozeß

Die Gruppe arbeitet am Angebot, mit einem Stab (je nach Wahl zwischen 80 cm und 220 cm) Erfahrungen zu machen: Der Stab wird in seinen Eigenschaften erforscht: Elastizität/Stärke/Länge etc. Die Patienten stützen sich auch auf den Stab; Th: „Wieviel Gewicht gebe ich in den Stab ...gebe ich auch im Leben Gewicht ab, an wen kann ich auch hier in der Gruppe Gewicht abgeben? ... Erforschen Sie auch die harten Seiten des Stabes? ... Und mit wem ist es manchmal auch hart in der Gruppe? ..." Danach regt der Therapeut an, mit einem Grupenmitglied, „dem Sie vertrauen", zusammenzukommen, danach die Stäbe an einer Stelle in Kontakt zu bringen und „die Stäbe (durch Drehen, Rollen, Klopfen, weitere Formen des Bewegens) ins Gespräch zu bringen." „... alles, was ich sagen möchte, sage ich durch den Stab!" Nach einiger Zeit erfolgt ein Wechsel „zu einem Gruppenmitglied, wo im Moment etwas offen ist", erneutes „Gespräch durch die Stäbe".

Danach Austausch in der Gruppe und paarweise Bearbeitung der Interaktionen, die durch die Stäbe entstanden waren. Peter, 28 Jahre, Morbus Crohn (siehe Fallbeispiel 2) berichtet, daß er sehr angenehmen Kontakt zu einer älteren Gruppenteilnehmerin, Frau M., im ersten „vertrauten" Kontakt finden konnte, im zweiten Experiment dann zuerst etwas „Offenes" mit einer ihm schwierigen Gruppenteilnehmerin klären wollte, aber plötzlich nicht wußte, wie er das machen könne. Sehr zu seinem Erstaunen erwidert die erste Partnerin, daß ihr der Stabkontakt mit ihm sehr unangenehm gewesen sei, da sie gerne „ein stärkeres Gegenüber" gehabt hätte, wo sie auch Gegenkraft zu ihrer Kraft hätte wahrnehmen können. „Es war langweilig mit Dir!" Peters Verwirrung steigerte sich noch, als auch die zweite Gruppenteilnehmerin berichtet, ihr sei es ähnlich ergangen, sie hätte schon „was auszukämpfen gehabt" mit Peter, aber er sei – mit seinem Stab ja förmlich an ihrem geklebt, „ich konnte mit Dir tun und lassen, was ich will – da nehme ich Dich nicht mehr ernst!" Peter wird nachdenklich: „Ich bleibe schon wieder stumm, genau wie damals im Körperbild – dabei habe ich (zur zweiten Teilnehmerin gewandt) eine Mordswut auf Dich." Th.: „Da ist Ihnen klar geworden, daß Sie in Ihr altes Muster zurückgefallen sind, plötzlich keinen Ausdruck mehr für Wut und Ärger zu finden. Aber wie war das mit Frau M., da scheinen Sie mir jetzt erstaunt, daß Sie da auf eine

Frau stoßen, die einen kräftigen Mann als Gegenüber möchte..." Frau M. unterbricht den Therapeuten und setzt fort: „... und keinen braven Sohn, der macht, was er glaubt, daß Mama möchte!" Peter schwankt zwischen Zorn, Beschämung und Interesse. Th: „Peter und Frau M. – kommen Sie noch einmal mit Ihren Stäben ins Stehen, in die Haltung wie zuvor, knapp bevor es Ihnen, Frau M., ‚langweilig' wurde..." Peter und Frau M. experimentieren in leichtem, schwingendem Stabkontakt. Th: „Was wäre jetzt wohl, wenn Sie interessant statt langweilig fortsetzten?" Spontan haben beide den gleichen Impuls: Die Stäbe werden heftig gegeneinander gedrückt, der eine versucht, den anderen wegzudrücken. Die Atmosphäre ist lebendig, kämpferisch, die Gruppe äußert sich aufmunternd zu beiden Teilnehmern. Th: „Übersetzen Sie Ihre Bewegung in einen Satz!" Peter: „Geh weg!" Frau M: „Jetzt, wo es gerade Spaß macht? Nein!" Plötzlich aktiviert Peter seine ganze Kraft, die lustvolle Atmosphäre ist im Nu verflogen. Jetzt ist es ein Kampf. Erstmals verteidigt Peter, wie er im Nachgespräch berichtet, seine Grenzen. Jetzt wird deutlich, daß das Thema aus der Arbeit am Körperbild (Fallbeispiel 2) sich in der Interaktion neu inszeniert hat. Der Wunsch Peters nach Abstand wurde nicht respektiert, zu einem Teil von Frau M., wie sie berichtet, auch nicht ernst genommen, denn sie habe Spaß am Rangeln gehabt. „Wie meine Mutter, die hat auch immer ihren Spaß!" sagt Peter. Er ist stolz, „sich nicht über den Tisch gezogen" zu fühlen.

Um so mehr ist er erstaunt, daß sein Verhalten nun von Frau M. und den anderen Frauen in der Gruppe respektiert und wertgeschätzt und nicht entwertet wird. Er übersetzt sein Erleben in den Vorsatz, ein real anstehendes Klärungsgespräch mit der Mutter „ganz offen zu führen".

Diskussion

Konkretes Handeln mit Gegenständen gibt Gelegenheit zur vertieften Selbstwahrnehmung und im symbolischen Umgang Gelegenheit zur Reinszenierung inneren Erlebens. Es ist Ausgangspunkt für korrigierende Erfahrungen im Sinne eines Probehandelns. Dies kann sich spontan ergeben oder auch vom Therapeuten (im Sinne einer Handlungs„deutung") vorgeschlagen werden. Im Probehandeln werden nochmals frühe (und aktuelle) Konflikte mit der Mutter wiederbelebt, jedoch in einer progressiven Weise verarbeitet.

Viertes Thema: Abschied

Im letzten Abschnitt der Gruppe wird verstärkt an den Themen Lösung – Trennung – Abschied gearbeitet. Angebote, in denen Nähe erlebt werden kann, führen immer wieder zu Momenten, in denen Lösen und Trennen Thema wird. Gleichzeitig werden Ansätze zu aktiver Problembewältigung gefördert: Wählen, Entscheiden, Verantwortung übernehmen steht nun im Mittelpunkt der therapeutischen Arbeit, die sich auch mit der nächsten und mittleren Zukunft der Patienten beschäftigt. Förderliche und hemmende Vorgehensweisen bei einer kompetenteren Lebens- und Beziehungsgestaltung werden auf dem Hintergrund der familiären Beziehungserfahrungen und den wiederholenden/korrigierenden Erfahrungen in der Gruppe benannt und in Probehandeln übersetzt (siehe Fallbeispiel 4).

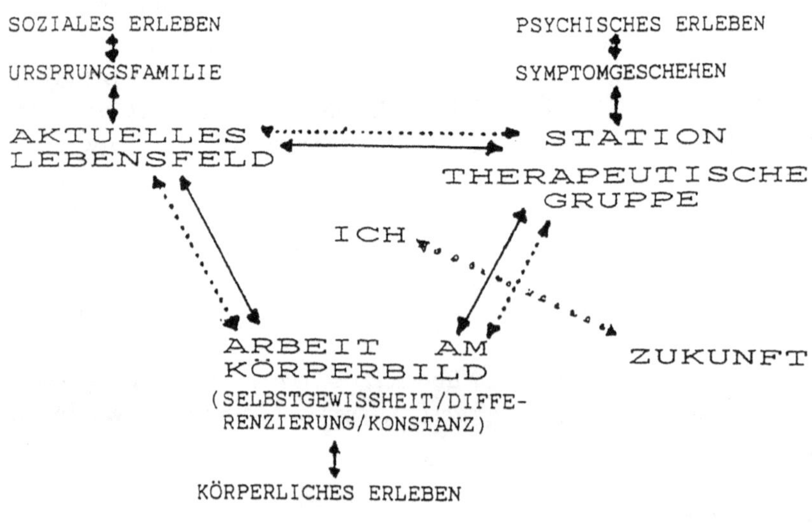

Abbildung 5: Abschied und Lösen aus der stationären Situation und die Planung zukünftiger Lebenssituationen im aktuellen Lebensfeld stehen im Mittelpunkt des Erlebens

Abb. 5

Wirkprinzipien
Verbessertes Erleben der Selbst-Konstanz bewirkt besseres Erleben der Objektkonstanz.

Erhöhte Selbstgewißheit ermöglicht verbessertes Erleben von Trauerreaktionen.

Korrigierende emotionale Erfahrungen unter besonderer Beachtung leiblich-szenischer Vergegenwärtigung ermöglicht das „Nachholen" früher Defizite durch Überwindung in einer reiferen Beziehungsgestaltung.

Verbesserte libidinöse Besetzung des Körpers stützt vermehrte Selbstachtung und situationsgerechteres Selbst-Management.

Fallbeispiel 4: Rückschau – Umschau – Vorschau
In der vorletzten (elften) Gruppenstunde einer 6wöchigen Gruppe werden die Patienten gebeten, im Raum zu gehen und dabei in Gedanken noch einmal zurückzugehen an den Platz, den sie sich in der ersten Stunde gewählt hatten (Fallbeispiel 1). Th: „Was war Ihr guter Platz? Und: Welche Hoffnungen/Befürchtungen haben Sie in diese Gruppe mitgebracht? ..."

"Gehen Sie noch einmal im Raum und in Gedanken durch die Gruppenzeit: Mit wem war ich nahe/vertraut zu Beginn/in der Mitte/jetzt am Ende der gemeinsamen Zeit? ... Gehen Sie nochmals ein Stück durch den Raum mit den Menschen, die sie auf Ihrem Weg durch die Gruppe besonders begleitet haben ...". Wir sehen wieder Petra (Fallbeispiel 1, 19 Jahre, Bulimia nervosa). Sie steht auf ihrem Eckplatz im Raum, den sie in der ersten Stunde gewählt hatte, lächelt. Sie geht mit zwei anderen Frauen durch den Raum, spricht angeregt über gemeinsames Erleben. Th: „Gehen Sie bitte wieder alleine durch den Raum, fassen Sie für sich die Gruppe zusammen: Was nehme ich mit aus der Gruppenzeit, was mir für die Zukunft wichtig erscheint?... Suchen Sie bitte einen Gegenstand aus, der dafür steht." Im Gruppenraum befinden sich mehrere Körbe mit verschiedenen harten, weichen, großen, kleinen Gegenständen, z. B. Glasmurmeln, Bälle, Holzstücke, Bauklötze, Tücher, kleine Figuren etc. Petra wählt einen etwa faustgroßen, sehr sprungstarken Hartgummiball, zweifarbig und leicht durchscheinend. Sie läßt ihn einige Male auf dem Boden aufspringen. Th: „Jetzt wählen Sie bitte noch einen Gegenstand, der dafür steht, was Sie mit diesem Aufenthalt hier zurücklassen!" Petra wählt eine kleine durchsichtige Glaskugel und einen (aus

Fallbeispiel 2 bekannten) Sandsack. Der Therapeut hat in der Zwischenzeit zwei Matten auf den Boden gelegt, die Gruppe findet sich auf den Matten ein, bespricht in Zweiergesprächen, was für sie mit den Gegenständen an Erleben verbunden ist.

Th:„ Lassen Sie nun den Gegenstand, der dafür steht, was Sie zurücklassen, auf der Matte, stellen Sie sich vor, die Matte, auf der Sie nun alle stehen, symbolisiert die gemeinsame Gruppenzeit, und die Grenze der Matte ist die Grenze Ihres Aufenthaltes hier. Gehen Sie nun erste Schritte in die Zukunft ... über den Mattenrand hinaus ..., wie fühlen sich die ersten Schritte an ..., wie wird mein Weg die nächsten Wochen sein ..., worauf muß ich besonders achten ..., und achten Sie auf den Gegenstand in Ihrer Hand, der dafür steht, was Sie mitnehmen: ‚Wie wird mich das, was ich mitnehme, auf meinem Weg unterstützen?'"

Die Patienten gehen erste Schritte über die Mattenränder in den Raum. Nachdenklich sieht Petra die anderen Patienten ebenfalls durch den Raum gehen. Sie hält den Gummiball fest in der Hand. Noch einmal läßt sie ihn zu Boden fallen und fängt ihn wieder auf. Im Nachgespräch berichtet sie: „Mir ist ganz warm geworden beim gemeinsamen Gehen durch den Raum. Das erste Mal in meinem Leben, daß ich wirklich den Eindruck hatte: Da sind Menschen, die mich mögen um meiner selbst willen. Was ich hierlasse, ist diese kleine Glaskugel, so blaß und hart habe ich mich immer gefühlt, ich habe die Farben meiner Umgebung immer angenommen ...,

und der Sandsack, der steht für die Schwere meiner Sehnsucht zur Mutter ... davon möchte ich mich auch langsam distanzieren ... und diesen bunten Ball nehme ich mit. Ich bin nicht mehr so hart zu mir wie zu Beginn der Gruppenzeit hier, jetzt habe ich wieder eine Idee von meinen bunten Seiten bekommen – so bunt wie dieser Ball. Mit den anderen in der Gruppe herumspringen, das tut so gut!" Sie läßt den Ball noch zu anderen Gruppenmitgliedern springen, die ihn wieder zurückrollen. Petra: „Ich war dann so traurig, als wir von der Matte heruntergestiegen sind, da habe ich gespürt, daß es hier zu Ende geht, und meine Schritte waren so unsicher ... jeder geht bald wieder seinen Weg ... Als ich den Ball noch einmal aufspringen ließ, dachte ich mir: ‚Und ich gehe meinen Weg, ich zerbreche nicht so schnell !'" Petra möchte den Ball bis zur nächsten und letzten Stunde noch mit sich nehmen. Th: „Nehmen Sie den Ball mit, halten Sie ihn ab und zu in der Hand, und achten Sie darauf, wo das, was Sie mit dem Ball erleben, in Ihrem kommenden Leben Platz haben wird!" In der letzten Stunde bringt Petra den Ball zurück und berichtet, daß insbesondere das Thema „Auszug von zu Hause" sie noch weiter beschäftigt hat. Sie hatte sich konkret entschlossen, den Auszug für die nächsten Monate zu planen.

Diskussion:
In der Rückschau auf die Gruppenzeit werden förderliche und hemmende Erfahrungen noch einmal in den Gegenständen symbolisch dargestellt. Im Gehen im Raum wird Nähe und Distanz – Miteinander-Sein und Sich-voneinander-Lösen – erfahren.

Die Gruppe auf der Matte führt die Gruppenteilnehmer noch einmal sehr nah zusammen – in der Kontrasterfahrung zum Gehen über die Matten (Zeit-)grenze wird das Ende der Therapie sehr deutlich erlebbar. Aus dieser Umschau über die Beziehungen, die entstanden sind, und der Trennungserfahrung wird noch Vorschau auf die nächsten Lebensschritte ansprechbar. In Angeboten dieser Art kann verbesserte Objekt- und Selbstkonstanz erfahrbar werden, ebenso können hochambivalente Gefühle hinsichtlich Abschied und Trauer erlebt und angesprochen werden. Vermeidung von Trauer und Zorn werden so besser thematisierbar und führen leichter zu situationsgerechter Verarbeitung, die letztlich Ich-Stärkung bewirkt.

Literatur

Balint, M. (1970): Regression. Stuttgart: Klett.
Bardé, B. (1993): Die psychotherapeutische Behandlung des Patienten durch das Team. In: Bardé, B., Mattke, D.: Therapeutische Teams. Göttingen: Vandenhoeck & Ruprecht.
Becker, H. (1995): Körpererleben und Entfremdung. In: Brähler, E.: Körpererleben. Gießen: Psychosozial-Verlag.
Becker, H. (1997): Konzentrative Bewegungstherapie. Gießen: Psychosozial-Verlag.
Budjuhn, A. (1992): Die psychosomatischen Verfahren. Dortmund: Modernes Leben.
Cserny, S. (1989): Das Leib–Seele–Problem. Diss. nat., Univ. Salzburg.
Ehrenfeld, L. (1991): Erinnerungen an Elsa Gindler. In: Zeitler, P.: (gleicher Titel), Mauerkircherstr. 11, 81679 München.
Fürstenau, P. (1992): Entwicklungsförderung durch Therapie. München: Pfeiffer.
Gattmann, P. (1986): Pathologie des psychosomatischen Reaktionsmusters. Wien, New York: Springer.
Heller, G. (1949): Über meine Arbeit am Chrinchton Royal Hospital. In: Stolze, H. (1984): Konzentrative Bewegungstherapie. Berlin: Mensch und Leben.
Hochgerner, M., Pany-Posch, I., Piringer, S., Weiss, P., Voracek, M. (1998): Somatopsychosoziale Therapie als integriertes Gesamtkonzept zur Behandlung psychosomatisch Erkrankter. Eine Untersuchung zum Erfolg stationärer psychosoma-

tischer Behandlung. Spital d. Barmherzigen Schwestern, 1060 Wien, Stumpergasse 13. In: Psychotherapie Forum 6, S. 1-19, Wien, New York: Springer.
Hochgerner, M. (1994): Das Ich ist vor allem ein körperliches. In: Hutterer-Krisch, R.: Psychotherapie mit psychotischen Menschen. Wien, New York: Springer.
Hochgerner, M. (1995): Regression und Progression in der mittelfristigen stationären psychosomatischen Psychotherapie. In: Hochgerner, M.,Wildberger, E.: Psychotherapie in der Psychosomatik. Wien: Facultas.
Hochgerner, M. et al. (1996): In: Sonneck, G. (Hg.): Anwendungen der Psychotherapie. Wien: Facultas.
Lempa, G. (1992): Zur psychoanalytischen Theorie der psychotischen Reaktionsbildung. In: Mentzos, S. (Hg.): Psychose und Konflikt. Göttingen: Vandenhoeck & Ruprecht.
Mattke, D. (1995): Wie arbeitet die dynamische Gruppenpsychotherapie mit psychosomatisch Kranken im klinischen Kontext? In: Hochgerner, M., Wildberger, E.: Psychotherapie in der Psychosomatik. Wien: Facultas.
Mentzos, S. (1988): Neurotische Konfliktverarbeitung. Frankfurt/M.: Fischer.
Metzgolich, A. (1990): Konzentrative Bewegungstherapie. In: Hellwig, A., Schoof, M.: Psychotherapie und Rehabilitation in der Klinik. Göttingen: Vandenhoeck & Ruprecht.
Ogden, Th. (1995): Frühe Formen des Erlebens. Wien, New York: Springer.
Piaget, J. (1973): Das Erwachen der Intelligenz beim Kinde. Stuttgart: Klett.
Piaget, J. (1974): Der Aufbau der Wirklichkeit beim Kinde. Stuttgart: Klett.
Piaget, J. (1992): Psychologie der Intelligenz. Stuttgart: Klett.
Plassmann, R. (1993): Organwelten. In: Psyche, 47, S. 261-282.
Pokorny, V., Hochgerner, M., Cserny, V. (1996): Konzentrative Bewegungstherapie. Wien: Facultas.
Rauchfleisch, U. (1996): Menschen in psychosozialer Not. Göttingen, Zürich: Vandenhoeck & Ruprecht.
Weiss, P., Hochgerner, M. (1997): Psychotherapie im Zwangskontext. In: Wagner, E., Werdenich, W. (Hg.): Forensische Psychotherapie: Wien: Facultas.
Zwiebel, R. (1987): Psychosomatische Tagesklinik. In: Bardé, B., Mattke, D.: Therapeutische Teams. Göttingen: Vandenhoeck & Ruprecht, S. 58.

Von der Anwendung der Psychoanalyse in der Klinik zu integrativen Behandlungsmodellen

Paul L. Janssen

Die Geschichte der methodischen Entwicklung der stationären psychoanalytischen Therapie ist die Geschichte der Anwendung eines ursprünglich ausschließlich für die ambulante Zweierbeziehung konzipierten Verfahrens, der Psychoanalyse, in der psychoanalytischen Gruppentherapie, der therapeutischen Gemeinschaft und in der stationären Psychotherapie. Diese Geschichte ist nahezu 80 Jahre alt (vgl. Janssen, 1987). Bei der Konzeptualisierung spielt das Verständnis der therapeutischen Beziehung in der Realität des stationären Settings, insbesondere das Verständnis der Übertragungs- und Gegenübertragungprozesse, eine entscheidende Rolle, aber auch die Weiterentwicklung der psychoanalytischen Theorie und Behandlungstechnik wie die Reflexion institutioneller Rahmenbedingungen. In den 40 Jahren nach dem Krieg hat sich eine eigenständige stationäre psychoanalytische Therapie, die heute Teil des gesamten Versorgungssystems der stationären Psychotherapeutischen Medizin ist, entwickelt.

Von ihrem methodischen Selbstverständnis her berücksichtigt die stationäre psychoanalytische Therapie heute

- die allgemeinen stationären Rahmenbedingungen,
- die multimodalen und multiprofessionellen Therapieangebote,
- die speziellen Formen der Übertragung in der stationären Therapie,
- die integrativen Aufgaben des multiprofessionellen Teams.

1. Allgemeine Rahmenbedingungen der stationären psychoanalytischen Therapie

Jede psychoanalytische Therapie läßt sich durch ein spezielles Setting charakterisieren. Dieses stellt den Rahmen für den therapeutischen Prozeß dar. In der ambulanten Praxis wird für die klassische Psychoanalyse ein Setting zum Ausgangspunkt gewählt, in dem die reaktivierten Übertragungen in der Beziehung zum Psychotherapeuten zur Darstellung kommen können. Die Übertragung im Krankenhaus findet jedoch unter komplexeren Rahmenbedingungen statt, sowohl hinsichtlich der Person als auch hinsichtlich der Settingangebote.

Die Rahmenbedingungen des Krankenhauses sind von nichttherapeutischen Belangen des Krankenhaus wie Wirtschaftlichkeit, Vorgaben von Gesetzgebung, Krankenhausträger und Verwaltung geprägt. *Diese Rahmenbedingungen erster Ordnung stellen die Beziehungsrealität* des Settings dar, auf die der Therapeut begrenzten Einfluß hat.

Die therapeutischen Rahmenbedingungen sind des weiteren durch die institutionellen Charakteristika geprägt. Die Psychotherapie in der Klinik geschieht prinzipiell in einem multipersonalen Beziehungsfeld, in Form verschiedener Interaktionsmöglichkeiten mit verschiedenen Berufsgruppen und mit der Patientengruppe. Die Übertragungen sind also im Kontext mit den Gruppenprozessen zu sehen.

Im ambulanten Setting ist der therapeutische Raum vom Lebens- zum Berufsraum deutlich getrennt. Durch die beruflichen Tätigkeiten und die Aktivitäten im sozialen Umfeld ist der Tag des Patienten strukturiert. Dies ist im Krankenhaus nicht gesichert. Die Therapeuten und das Stationspersonal sind jederzeit verfügbar, im ambulanten Setting hingegen nur begrenzt. Diese allgemeinen Rahmenbedingungen prägen auch die Organisationsprinzpien des therapeutischen Raumes.

2. Die Strukturen des multiprofessionellen und multimodalen therapeutischen Raumes in der stationären psychoanalytischen Therapie

Neben den oben erwähnten institutionellen Bedingungen kommen auch analytisch-therapeutische Grundpositionen in den Organisationsformen zum Ausdruck (vgl. Janssen, 1987). Im wesentlichen lassen sich drei analytisch-therapeutische Grundpositionen, die die Struktur der Gesamtbehandlungskonzeption bestimmen, unterscheiden:

2. 1. Die analytisch-therapeutischen Beziehungen werden von den übrigen Behandlungsmaßnahmen auf der Station abgegrenzt entsprechend dem Vorbild der ambulanten psychoanalytischen Praxis und dem Primat der höchstpersönlichen Beziehung zum Therapeuten. Wegen des Schweregrades der Erkrankung (z. B. erforderliche somatische Behandlungen, symptomatische Einschränkungen, Alkohol- und Medikamentenmißbrauch, antisoziales Verhalten u. a.) ist ein stationärer Aufenthalt indiziert. Der therapeutische Raum der Einzeltherapie wird von der Station gänzlich getrennt. Damit sollen die Übertragungsprozesse so aufrechterhalten werden wie im ambulanten Setting. Der Therapeut soll alle Informationen aus dem stationären Setting erhalten, ohne Wissen des Patienten nichts aus der Behandlung dem Personal der Station mitteilen (generelle Diskretion).

In dieser Konzeption wird die Übertragung auf den Therapeuten als zentraler therapeutischer Faktor gesehen, die gruppendynamische Einbettung der Übertragung aber im stationären Rahmen ausgeblendet (vgl. Danckwardt, 1976; Ermann, 1979; Ehl u. Tress, 1988). Solche Konzepte werden bis heute praktiziert (Skogstad u. Hinshelwood, 1998).

2.2. In anderen psychoanalytisch-therapeutischen Grundkonzeptionen wird ein Therapieraum vom Realraum getrennt und letzterer entweder nach dem Prinzip der therapeutischen Gemeinschaft (Main, 1946; Hilpert et al., 1981) oder nach Prinzipien der soziotherapeutischen Gruppenarbeit organisiert. Solche Konzepte folgen (vgl. z. B. Enke, 1965; Hau, 1968) der Annahme der sogenannten „Bipolarität in der klinischen Psychotherapie". Die Soziotherapie auf der Station orientiert sich an der Realität der Station. Das Personal ist aufgefordert, sich realitätsorientiert zu verhalten. Nur im Therapieraum soll mit der Übertragung gearbeitet werden.

In solchen Konzeptionen wird angestrebt, die Übertragungsprozesse im therapeutischen Raum (Gruppentherapie, Einzeltherapie) zu zentrieren. Übertragungsspaltungen und ichschwächende Regressionen sollen vermindert werden (vgl. Janssen u. Quint, 1977).

2.3. Die sogenannten integrativen Konzepte organisieren das multipersonale Beziehungsfeld in der Gruppensituation im Krankenhaus als Netzwerk von therapeutischen Beziehungen, in denen „dispergierende Übertragungsprozesse" (Janssen, 1985, 1987) im therapeutischen Setting sichtbar gemacht werden können. Nach einem dualen Verständnis von Psychoanalyse werden sie als Nebenübertragung oder als Extratransferenz (Gill, 1982) verstanden, nach dem gruppenanalytischen Konzept als multilaterale Übertragung (Foulkes, 1964).

Integrative Modelle wollen möglichst vollständig die sich im multipersonalen Beziehungsfeld entwickelnden Beziehungsmuster und die darin neben den Arbeits- und Realbeziehungen enthaltenen infantilen Objektbeziehungsanteile bzw. Übertragungsanteile erfassen. Bei den strukturell ichgestörten Patienten bekommen diese Objektbeziehungsmuster, die in den Objektwahlen innerhalb der stationären Bezugsgruppe reaktiviert werden, den bekannten primitiven Charakter.

In den integrativen Modellen wird die stationäre psychoanalytische Therapie als Behandlung in einem Team konzipiert. Dieses Behandlungsteam, das nach bestimmten Prinzipien organisiert ist, nimmt die therapeutische Aufgabe insgesamt wahr (vgl. Janssen, 1989). Jedes Beziehungsfeld hat in der Gesamtkonzeption eine rahmenbezogene und therapeutische Aufgabe. Im Team werden mit Hilfe des beratenden Psychoanalytikers die Beziehungsmuster analysiert und integriert betrachtet.
Aufgaben des Behandlungsteams sind:

1. Aufrechterhaltung der Rahmenbedingungen des Settings. Gruppen- Einzeltherapie, extraverbale Therapie, Stationsversorgung und Realität.
2. Aufrechterhaltung einer therapeutisch förderlichen Umgebung von haltenden Beziehungen und Realitätswahrnehmung.
3. Gestaltung und Sicherung der Therapieraumgrenzen.
4. Förderung der Einsicht in die Inszenierungen und Übertragungen.
5. Balance von Nähe und Distanz zwischen Patienten und Team.
6. Aufrechterhaltung der Beziehungsgleichwertigkeit im Team.

Diese rahmenbezogenen und therapeutischen Aufgaben des Teams werden miteinander abgestimmt und aufeinander bezogen und in unterschiedlichen Settings wahrgenommen. Grundsätzlich lassen sich drei Ebenen der Therapie unterscheiden:

- Die Ebene der physischen „Holding function", der physischen Versorgung im Sinne der somatischen Behandlung und Pflege, d.h. der sogenannten Beziehungspflege. Beziehungspflege impliziert interaktionelle Therapieangebote der Gruppen der Pflegenden, orientiert am Rahmen und am täglichen Leben auf der Station. Weiterhin gehören zu dieser Ebene die Bewegungstherapie und die physikalischen Therapien.

- Die Ebene der extraverbalen Symbolbildung in der Gestaltungs- und Musiktherapie. Grundidee dieser Therapie ist, die kreativen Ich-Aktivitäten des Patienten zur „symbolischen Vergegenständlichung" in nichtsprachlicher Ausdrucksform anzuregen (vgl. Janssen, 1982).
- Die Ebene der analytischen Gruppen- und Einzeltherapie, meist in Kombination. In diesem Setting werden die mehrdimensionalen Übertragungsprozesse interpretativ durchgearbeitet, aber auch supportive und rahmenbezogene Interventionen eingesetzt.

In allen bekannten Konzeptionen stationärer psychoanalytischer Therapie sind die vorgestellten Strukturen des therapeutischen Raums den Realitäten angepaßt; mal überwiegen die einzeltherapeutischen, mal bipolare Aspekte, mal integrative Aspekte (vgl. König, 1995). Immer aber wird der therapeutische Raum so konzeptualisiert, daß die therapeutische Arbeit an den Übertragungs- und Gegenübertragungsprozessen möglich ist, interaktionelle Reinszenierungen erfaßt und geklärt werden können und auch neue Erfahrungen gemacht werden. Das sind zugleich die prinzipiellen Ziele der stationären psychoanalytischen Therapie.

3. Die Übertragungsprozesse in der stationären psychoanalytischen Therapie

Das Verständnis der Übertragungsprozesse im stationären Setting ist prägend für die gewählte Strukturierung des therapeutischen Raums. Die Übertragungsbereitschaft ist nicht nur Produkt des therapeutischen Settings, sondern kann in allen menschlichen Beziehungen manifest werden, besonders in Beziehung zu bedeutsamen anderen (Gill, 1982). Für die Patienten ist die stationäre Aufnahme eine Herausnahme aus den üblichen Lebensbedingungen und ein Eintauchen in die Großgruppensituation der Klinik. Dies hat eine Labilisierung unbewußter interpersoneller Arrangements (Mentzos, 1976) außerhalb der Klinik zur Folge. In den multipersonalen Beziehungsangeboten der Klinik versucht nun der Patient, neben den Arbeits- und Realitätsbeziehungen zu Therapeuten und Mitpatienten auch die internalisierten Objektbeziehungsmuster in interpersonalen Arrangements wieder herzustellen.

Das Team läßt solche Versuche des Patienten sich entwickeln, begleitet sie verbalisierend, ohne jedoch auf die Wiederholungswünsche des Patienten einzugehen. Das Team kann die Reinszenierung infantiler Objektbeziehungsmuster im Verhalten, in den Objektwahlen, den Interaktionen, schließlich auch an den verbalisierten Vorstellungen und Wünschen der Patienten erfassen und sie von den Arbeitsbeziehungen abgrenzen.

Charakteristisch für die stationäre psychoanalytische Therapie ist daher die Erfassung der *interaktionellen Reinszenierung im Hier und Jetzt, im Verhalten, in Interaktionen, Aktionen und Objektwahlen.* Übertragung wird also weitgehend nach diesem Konzept als Reaktivierung und Externalisierung von internalisierten Objektbeziehungen verstanden, die sich im multipersonalen Beziehungsfeld der klinischen Situation in verschiedenen Beziehungen wiederfinden lassen und fast nie in der Beziehung zu dem jeweiligen Therapeuten alleine. Daher gilt die *Grundregel für das Team:* sich über Beobachtung, Erfahrung, Gefühle und Affekte in den verschiedenen therapeutischen Feldern kontinuierlich und offen auszutauschen.

In der ambulanten Behandlung hat der Therapeut es meist mit sukzessiv sich entfaltenden Übertragungsmustern zu tun. Im Vergleich dazu können sich im stationären Raum verschiedene Formen von Übertragungen gleichzeitig und nebeneinander, also *simultan,* zeigen. Ich habe dieses Phänomen als *multidimensionale Übertragung* (Janssen, 1987) bezeichnet. Es ist das charakteristische Übertragungsmuster für viele Patienten in der stationären Therapie.

Bei anderen Patienten ist die Übertragung *eindimensional,* d. h. sie übertragen entweder auf die Institution Wünsche nach einer oral spendenden Mutter, oder in der Beziehung zu verschiedenen Therapeuten zeigen sich oral-passive oder symbiotische Übertragungsmuster. Solche Übertragungsformen können auch in der Gruppentherapie als gemeinsame Phantasie aller Patienten auftreten.

Für die Borderline-Patienten ist die *Spaltungsübertragung* charakteristisch. Nicht jede Form der multidimensionalen Übertragung ist als Spaltungsübertragung zu betrachten, sondern nur diejenige, die bei Patienten mit Borderline-Persönlichkeitsorganisationen auftreten (Kernberg, 1975). In den Spaltungsübertragungen werden nicht integrierte gute und böse Objektrepräsentanzen auf verschiedene Therapeuten projiziert. Die daraus sich ergebende Beziehungsdynamik und die Inszenierungen sind an anderer Stelle ausführlich beschrieben (Janssen, 1987; Janssen et al., 1989). Schließlich gibt es auch in der stationären Psychotherapie Beziehungsmuster, die nicht als Übertragungen bezeichnet werden können. Dies ist nicht nur der Fall bei psychotisch dekompensierenden Patienten, die gänzlich auf einen unmittelbar handelnden Umgang angewiesen sind (vgl. Matakas, 1988), sondern auch bei manchen psychosomatischen Patienten. Solche Patienten können dann nur über eine Körpertherapie erreicht werden (Janssen et al., 1989).

Für viele schwer gestörte Patienten hat die stationäre Psychotherapie mit ihren pflegenden, versorgenden und diatrophischen Ebenen eine spezielle, den Psychotherapie- und Übertragungsprozeß fördernde Wirkung. Die Wende von der Somatisierung zur psychischen Aktion – z.B. zur Projektion – ist entscheidend für die Durcharbeitung der negativen Objekterfahrung, die in der Somatisierung gebunden ist.

4. Integrierende, aufgabenbezogene psychoanalytische Gruppenarbeit im multiprofessionellen Team

Der gesamte Übertragungsprozeß, reaktiviert in der Gruppensituation der Klinik, spiegelt sich in den komplementären Gegenübertragungen im Team. Komplementäre Gegenübertragungsprozesse spielen zum einen in der jeweiligen therapeutischen Beziehung eine Rolle, insbesondere aber in dem Team, in dem die Gegenübertragungsreaktionen bewußt oder unbewußt eingebracht werden. Für das Team ist besonders die Bearbeitung der überidealisierenden, aber auch der ablehnenden, distanzierenden und narzißtisch gekränkten Gegenübertragungsgefühle, die sich gegen symbiotische, inkooperative oder Spaltungsübertragungen richten, ein besonderes Problem. Signale für die Gegenübertragung sind nicht immer nur die verbalisierten Vorstellungen und Phantasien, sondern insbesondere auch Handlungen wie z. B. die Bevorzugung des Patienten bei positiver Gegenübertragung oder bei negativer Gegenübertragung die Verlegungsabsicht, das Nichteinhalten des Settings seitens des Teams.

Gelingt es dem Team nicht, eine pflegende Haltung aufrechtzuerhalten und bisher für unvereinbar gehaltene positive oder negative Beziehungsmuster zu ertragen, kann es auch dem Patienten nicht die *Erfahrung* vermitteln, die dieser in seiner früheren Erfahrung vermißt hat, nämlich die haltende, beruhigende und integrierende Fähigkeit der elterlichen Objekte.

In der stationären psychoanalytischen Therapie ist daher ein wesentlicher Wirkfaktor, daß das Team einen therapeutischen Raum aufrecht und zur Verfügung hält, eine „bewahrende Umwelt" (Modell, 1981) bzw. einen fördernden und verläßlich-haltenden Raum (Winnicott, 1974), in dem Ich-Entwicklung möglich wird. Dies geschieht durch eine regelmäßige Gruppenarbeit im Team (vgl. Janssen, 1987, 1989). Entscheidend für die Wirksamkeit des Teams ist, daß die Teamarbeit ausschließlich patientenbezogen ist und in dem Team eine authentische und identitätserhaltende Darstellung jedes Teammitgliedes ermöglicht wird.

Die in den letzten 50 Jahren entwickelten Grundkonzeptionen stationärer psychoanalytischer Therapie sind Teil der stationären Versorgung in der Psychotherapeutischen Medizin. Fachärzte für Psychiatrie, Internisten oder andere, die eine psychoanalytische Ausbildung hatten oder in dieser waren, leiteten Abteilungen für Psychotherapie oder Psychosomatik oder auch große Fachkliniken. Sie schufen sich die Möglichkeit, auch stationär psychoanalytisch zu arbeiten. Daraus ergab sich die Entwicklung der multiprofessionellen und multimodalen stationären Psychotherapie als eigenständige Behandlungsform (Schepank u. Tress, 1988), deren einer Zweig die stationäre psychoanalytische Therapie geworden ist.

Bedingungen für die integrative Kompetenz des Teams auf der Ebene der Arbeitsgruppe

Aufrechterhaltung der Kontinuität	Über regelmäßige Teambesprechungen mit Präsenzpflicht für jeden, der an dem therapeutischen Prozeß beteiligt ist
„Primäre Aufgabe"	Über kontinuierliche patientenbezogene Beratung mit Aspekten der Strukturierung, Erhaltung des Besprechungsrahmens, der Arbeitsmotivation desTeams, der Fokussierung von Konflikten, der Interpretation der Szene, der Herstellung von Verbindungen zwischen therapeutischen Feldern, der Konfrontation mit Vermeidungen u. a.
Authentizität und Subjektivität	Über offenen Austausch, über Beobachtungen, Erfahrungen, Gefühle, Arbeit an den Gegenübertragungsreaktionen, Diskretionsregel gilt nur nach außen
Therapeutische Identität	Über Gleichwertigkeit jedes Beziehungsfeldes, Erhaltung des therapeutischen Raumes für jedes Feld, Aufklärung der dynamischen Gründe bei Übergriffen, nicht patientenbezogene Dominanz
Therapeutische Arbeit	Über Zusammenführung und Interpretation der entfalteten Szene der Übertragungs- und Gegenübertragungsmuster.
„Holding function"	Über Arbeit an der Erhaltung des Rahmens für den therapeutischen Prozeß, regelmäßige Diskussion über sogenannte Settingsfragen, Identifikation mit den klinischen Rahmenbedingungen.

Abb. 1

Literatur

Danckwardt, J. F. (1976): Stationäre Behandlung, Katamnese und sekundäre Prävention neurotischer Störungen. In: Nervenarzt, 47, S. 225-231.

Enke, H. (1965): Bipolare Gruppenpsychotherapie als Möglichkeit psychoanalytischer Arbeit in der stationären Psychotherapie. In: Z. Psychother. med. Psych., 15, S. 116-121.

Ehl, M., Tress W. (1988): Die stationäre psychoanalytische Behandlung von Patienten mit strukturellen Ich-Störungen. In: Z. Psychosom. Med., 34, S. 309-324.

Ermann, M. (1979): Gemeinsame Funktionen therapeutischer Beziehungen bei stationärer Anwendung der Psychoanalyse. In: Z. Psychosom. Med. Psychoanal., 25, S. 333-341.

Foulkes, S. H. (1964): Gruppenanalytische Psychotherapie. München: Kindler (1974).

Gill, M. (1982): Analysis of Transference. Bd. 1 New York: Int. Univ. Press.

Hau, T. F. (1968): Stationäre Psychotherapie: Ihre Indikation und ihre Anforderungen an die psychoanalytische Technik. In: Z. Psychosom. Med. Psychoanal., 14, S. 25.

Hilpert, H., Schwarz, R., Beese, F. (Hg.) (1981) : Psychotherapie in der Klinik. Von der therapeutischen Gemeinschaft zur stationären Psychotherapie. Berlin, Heidelberg, New York: Springer.

Janssen, P. L., Quint, H. (1977): Stationäre analytische Gruppe. Psychotherapie im Rahmen einer neuropsychiatrischen Klinik. In: Gruppenpsychoth. Gruppendyn., 11, S. 211-243.

Janssen, P. L. (1982): Psychoanalytisch orientierte Mal- und Musiktherapie im Rahmen stationärer Psychotherapie. In: Psyche, 36, S. 541-570.

Janssen, P. L. (1985): Auf dem Wege zu einer integrativen analytisch-psychotherapeutischen Krankenhausbehandlung. In: Forum Psychoanal., 1, S. 293-307.

Janssen, P. L. (1987): Psychoanalytische Therapie in der Klinik. Stuttgart: Klett-Cotta.

Janssen, P. L. (1989): Behandlung im Team aus psychoanalytischer Sicht. In: Prax. Psychoth. Psychosom. 1989, S. 325-335.

Janssen, P. L., Wienen, G., Rath, H., Hekele, G., Paar, G. H. (1989): Zur stationären psychoanalytischen Therapie strukturell ichgestörter Patienten im „Essener Modell". In: Janssen, P. L., Paar, G. H. (Hg.): Reichweite der psychoanalytischen Therapie. Berlin, Heidelberg, New York: Springer, S. 93-106.

Kernberg, O. F. (1975): Borderline-Störungen und pathologischer Narzißmus. Frankfurt: Suhrkamp (3. Aufl., 1979).

König, K. (1995): Einführung in die stationäre Psychotherapie. Göttingen und Zürich: Vandenhoeck & Ruprecht.

Main, T. F. (1946): The Hospital as a Therapeutic Institution. In: Bull, Menn. Clinic, 10, S. 66.

Matakas, F. (1988): Psychoanalyse in der Anstalt. In: Psyche, 42, S. 133-158.

Mentzos, St. (1976): Interpersonale und institutionalisierte Abwehr. Frankfurt/M. (Suhrkamp).

Modell, A. H. (1981): Die „bewahrende Umwelt" und die therapeutische Funktion der Psychoanalyse. Psyche, 35, S. 788-808.

Schepank, H., Tress, W. (1988): Die stationäre Psychotherapie und ihr Rahmen. Berlin, Heidelberg, New York: Springer.

Skogstad, W., Hinshelwood B. (1998): Stationäre Psychotherapie am Cassel Hospital: Das Krankenhaus im äußeren Rahmen und im seelischen Erleben. Psychotherapeut (im Druck).

Gibt es unterschiedliche Verlaufstypen in der stationären Psychotherapie?

Isa Sammet, Henning Schauenburg,
Marion Voges, Uta Jörns

Einleitung

Im Zuge der Etablierung stationärer Psychotherapie wurde in den letzten Jahren vor allem die Evaluation der Ergebnisqualität in Prä-Post-Studien sowie die Erforschung von Prädiktoren des Therapieverlaufs vorangetrieben (z. B. Lamprecht und Schmidt, 1990; Schmidt, 1991). Diese Ansätze ermöglichen eine orientierende empirische Überprüfung und Objektivierung klinischer Veränderungen und damit eine Legitimierung klinischer Tätigkeit. Diese Therapie-Erfolgsforschung liefert durch die Vorher-Nachher-Messungen allerdings lediglich Momentaufnahmen, die nur einen kleinen Ausschnitt aus dem therapeutischen Geschehen abbilden. Sollen therapeutische Prozesse verstanden und ihre Einflußfaktoren einschließlich prädiktiver Aspekte erkannt werden, ist die Betrachtung von therapeutischen *Verläufen* unerläßlich (Strauß u. Burgmeier-Lohse, 1994; Rogosa u. a., 1982; Gottman u. Rushe, 1993; vgl. auch Schauenburg u. Sammet ,1995).

Der folgende Forschungsansatz versucht, die *Entwicklung* bestimmter Aspekte stationärer Psychotherapie zu beschreiben sowie ihr Zusammenwirken und ihren Einfluß auf den Verlauf der Symptombelastung zu erfassen. Allerdings sind die komplexen interaktionellen Abläufe schon im einzeltherapeutischen Setting nur schwer faßbar. Dies gilt um so mehr für stationäre Behandlungen, bei denen in einem integrierten Konzept viele Personenbeziehungen und Therapieangebote die Situation zusätzlich unüberschaubar machen. Aus der Vielzahl möglicher Zugangsweisen zur Untersuchung dieser komplexen Systeme ist, geleitet von theoretischen Vorannahmen und empirisch fundierten Vorkenntnissen, ein Beobachtungsraster auszuwählen, das der Operationalisierung von Beobachtungsgrößen dient. Im Bewußtsein, nur Teildimensionen der komplexen Vorgänge zu erfassen, haben wir Aspekte zur Beobachtung ausgewählt, die die Wahrnehmung des Patienten hinsichtlich des stationären Aufenthalts betreffen. Durch wöchentliche Patientenselbsteinschätzungen wollen wir den Verlauf des Erlebens verschiedener Merkmale stationärer Therapie betrachten und auf Zusammenhänge prüfen. Dies soll dazu beitragen, Einflußfaktoren zu erkennen, die zu einer Reduktion der Symptomatik oder Änderung pathogener Verhaltensmuster führen. Die Methode der Patientenselbsteinschätzung hat dabei den Vorteil, auch bedeutsame Erfahrungen außerhalb des Therapieraums, etwa im Kontakt mit Mitpatienten, erfragen zu können, die einer Fremdbeobachtung nicht ohne weiteres zugänglich sind.

Wir haben also nicht den Anspruch, das stationäre Geschehen in seiner komplexen Gesamtheit zu erfassen, wollen aber relevante Ausschnitte davon abbilden. Unser Anspruch besteht außerdem nicht darin, Zusammenhänge von allgemeiner Gültigkeit zu finden. Vielmehr gehen wir davon aus, daß das stationäre therapeutische Angebot in Abhängigkeit von der individuellen Persönlichkeit und des spezifischen Lebenskontexts der Patienten differenziell wirkt. Wir möchten statt dessen empirisch prüfen, ob sich hinsichtlich bestimmter Prozeßmerkmale (wie z. B. Symptom- oder Kompetenzentwicklung) charakteristische Verlaufs*typen* finden lassen, die für bestimmte Patientengruppen gelten. Ein weiterführendes Ziel ist, den Einfluß von Kovariaten wie Persönlichkeitsstrukturniveau oder interpersonelles Beziehungsverhalten auf diese Verlaufstypen zu prüfen.

Zielsetzung des Projekts

Innerhalb dieses theoretischen Rahmens entwickelten wir folgende konkrete Zielsetzungen:

1. Entwicklung eines Patientenfragebogens, der therapieerfolgsrelevante Dimensionen des Erlebens stationärer Therapie erfaßt und sich als Instrument zur Wiederholungsmessung für Verlaufserhebungen eignet.
2. Evaluation stationärer Therapieverläufe anhand des entwickelten Fragebogens, der von den Patienten unserer Station wöchentlich beantwortet wird. Die Entwicklung der Symptomatik und anderer therapieerfolgsbezogener Merkmale soll beschrieben, nach Möglichkeit typologisiert und auf Zusammenhänge mit vermuteten Wirkfaktoren stationärer Therapie überprüft werden.

Beschreibung des Therapie-Verlaufs-Fragebogens TVP

Der noch in der Konstruktion befindliche Therapie-Verlaufs-Fragebogen TVP („Therapie-Verlauf Patient") besteht in seiner derzeitigen Form aus 56 Items, die auf einer 6stufigen Likert-Skala zu beantworten sind. Die *Items* wurden selbst konstruiert oder aus bewährten Fragebögen entnommen (z. B. aus dem Fragebogen zur Klientenerwartung von Höger (1995), dem Fragebogen zur Generalisierten Kompetenzerwartung von Schwarzer (1994), dem Helping Alliance Questionnaire (Alexander u. Luborsky, 1986; vgl. auch Bassler u. a., 1995), dem Gruppenerfahrungsbogen von Strauß und Eckert [im Druck]). Der Fragebogen liegt zur Zeit in der zweiten Version vor. Diese wurde an einer Querschnittstichprobe von n = 198 Psychotherapiepatienten aus 6 Kliniken[1] auf Praktikabilität und Faktorenstruktur überprüft. Nach faktorenanalytischer Auswertung werden folgende Konstrukte des Erlebens stationärer Therapie erfaßt:

A) Therapie-Erfolgsmerkmale

1. Besserungserleben
2. Bereitschaft zu emotionaler Öffnung
3. Gefühl der Selbstwirksamkeit

B) „Wirkfaktoren" stationärer Therapie

4. Beziehung zu EinzeltherapeutIn
5. Beziehung zum Stationsteam
6. Beziehung zu Mitpatienten (Kohäsion)
7. Orientierung an Mitpatienten (Identifikation)
8. Allgemeines Zuwendungsbedürfnis
9. Belastungsgefühl durch therapeutisches Angebot
10. Erleben des Stationssettings („Stationsregeln")

Die Skalen versuchen im wesentlichen die bekannten gruppentherapeutischen Wirkfaktoren zu erfassen, wie sie von Yalom (1989) konzeptualisiert wurden. Die Skalen 1–3 verstehen wir als Merkmale, die das Kompetenz- und Besserungsgefühl erfassen und damit Aspekte des Therapieerfolgs abbilden (Beispielfragen zu den Konstrukten finden sich in Tabelle 1). Die Skalen 4-10 beziehen sich auf von uns vermutete Wirkfaktoren stationärer Therapie.

[1] Klinik für Psychosomatik und Psychotherapie der Universität Göttingen, Landesklinik Teupitz, Niedersächsisches Landeskrankenhaus Tiefenbrunn, Parklandklinik Bad Wildungen, Privat-Nervenklinik Dr. Frontheim, Liebenburg

Tab. 1:

Beispielfragen zu den Skalen des Therapie-Verlaufs-Fragebogens TVP

Zur Illustration der Skalen des TVP werden jeweils zwei Beispielfragen genannt. Diese beziehen sich gemäß der Instruktion immer auf das Erleben in der letzten Woche. Sie sind auf 6stufigen Skalen („stimmt gar nicht" bis „stimmt genau") zu beantworten.

1. *Besserungserleben*
Ich kann bereits absehen, daß ich vielleicht Probleme bewältigen kann, wegen derer ich zur Behandlung kam.
Ich glaube, daß mir die Behandlung geholfen hat.

2. *Bereitschaft zu emotionaler Öffnung*
Ich konnte leicht über das sprechen, was mich bewegt.
Ich fühlte mich bedrängt, zu viel über meine Gefühle zu sprechen. (Item mit negativer Polung)

3. *Gefühl der Selbstwirksamkeit*
Schwierigkeiten sah ich gelassen entgegen, weil ich mich immer auf meine Fähigkeiten verlassen konnte.
Was auch immer passierte, ich kam klar.

4. *Beziehung zu EinzeltherapeutIn*
Ich hatte das Gefühl, daß mein/e EinzeltherapeutIn mich versteht.
Ich hatte das Gefühl, daß ich mich auf meine/n EinzeltherapeutIn verlassen kann.

5. *Beziehung zum Stationsteam*
Ich erlebte die meisten Mitarbeiter des therapeutischen Teams als sehr um die Patienten bemüht.
Von einigen Mitarbeitern des therapeutischen Teams fühlte ich mich nicht ernst genommen. (Item mit negativer Polung)

6. *Beziehung zu Mitpatienten („Kohäsion")*
Es herrschte eine feindselig-gespannte Stimmung unter den meisten Patienten (Item mit negativer Polung).
Ich fühlte, daß die anderen Patienten mich akzeptieren.

7. *Orientierung an Mitpatienten („Identifikation")*
Zu sehen, wie anderen die Therapie hilft, hat mir Hoffnung gegeben.
Zu erleben, wie schlecht es anderen geht, hat mich belastet. (Item mit negativer Polung)

8. *Allgemeines Zuwendungsbedürfnis*
Ich fühlte mich entmutigt, weil sich keiner um mich kümmerte.
Ich habe mir gewünscht, daß Therapeut und Team auch außerhalb der offiziellen Termine möglichst viel für mich da sein könnten.

9. *Belastungsgefühl durch therapeutisches Angebot*
Manchmal schaltete ich gedanklich ab, weil mir die therapeutischen Rückmeldungen zuviel wurden. Ich konnte nichts mehr aufnehmen.
Ich hätte mir mehr therapeutische Sitzungen gewünscht. (Item mit negativer Polung)

10. *Erleben des Stationssettings („Stationsregeln")*
Die Stationsregeln engten mich ein, und ich konnte mich nur unzureichend entfalten. (Item mit negativer Polung)
Ich erlebte die Stationsregeln als hilfreich bei der Lösung meiner Probleme oder der Probleme der Mitpatienten.

Die besondere Schwierigkeit, die sich aus dem Ziel ergibt, ein Instrument zur Änderungsmessung zu konstruieren, liegt im Reliabilitätsproblem. Konstrukte müssen einerseits *zu einem gegebenen Zeitpunkt* reliabel erfaßt werden, andererseits müssen sie änderungssensibel sein. Dadurch ergibt sich die Notwendigkeit zu zweigleisigem Vorgehen: Die Items müssen im Quer- und Längsschnitt auf Tauglichkeit geprüft und wechselweise modifiziert werden. Dadurch kann sich dann die Faktorenstruktur wieder ändern. Verbindliche Aussagen zu den Gütekriterien stehen deswegen noch aus. Die Auswertung von Verläufen dient deswegen in erster Linie noch der Fragebogenkonstruktion. Sie läßt aber bereits einen Ausblick auf die Art der in einer späteren Projektphase zu erwartenden Ergebnisse zu. Im folgenden Abschnitt werden erste Resultate von Verlaufsbetrachtungen vorgestellt. Sie sollen zeigen, welche Fragestellungen mit Hilfe von Verlaufsmessungen beantwortet werden können.

Pilotstudie zur Betrachtung von Therapieverläufen

Stichprobe

In die Pilotstudie zur Erfassung von Therapieverläufen wurden 30 Patienten (19 Frauen, 11 Männer, Durchschnittsalter 28 Jahre) aufgenommen, die in der Klinik für Psychosomatik und Psychotherapie der Universität Göttingen nach einem psychodynamisch orientierten interaktiven Konzept aus Einzel- und Gruppen- sowie Gestaltungs- und Bewegungstherapie stationär psychotherapeutisch behandelt wurden. Als Selektionskriterium galt eine Behandlungsdauer von mehr als 8 Wochen. Hauptdiagnosen nach ICD-10 waren depressive Episoden (8), Anpassungsstörungen (1), Angststörungen (2), dissoziative Störungen (2), somatoforme Störungen (5), Eßstörungen (5), Persönlichkeitsstörungen (7). Die PatientInnen beantworteten einmal wöchentlich den Therapie-Verlaufs-Fragebogen TVP sowie zur Erhebung des Symptombelastungsdrucks das Brief Symptom Inventory, eine Kurzfassung der Symptom-Checklist SCL-90-R. Die durchschnittliche Behandlungsdauer dieser Stichprobe lag bei 95 Tagen mit einer Standardabweichung von 23 Tagen. So lagen pro Patient also durchschnittlich 13 Erhebungszeitpunkte vor.

Fragestellungen und Auswertungsmethodik

In einem ersten Auswertungsschritt sollten die Verläufe des Symptombelastungsdrucks sowie der Kompetenzerwartung auf Einzelfallebene beschrieben werden, um genauere Kenntnisse über zeitliche Ablaufmuster von Veränderungen mit ihren interindividuellen Variationen zu gewinnen. Hierfür wurden nach statistischen Kriterien Regressionsgeraden oder -kurven an die individuellen Verläufe dieser Merkmale angepaßt. Gemäß der statistischen Zuordnung wurden anschließend ähnliche Verläufe zu Verlaufstypen zusammengefaßt mit dem Ziel, charakteristische Verlaufsmuster zu identifizieren.

Um einen Ausblick auf Möglichkeiten der Prüfung von Zusammenhangshypothesen über den Verlauf *zweier* Merkmale zu geben, wurden exemplarisch die Verläufe von Symptombelastungsdruck und Kompetenzerwartung auf Einzelfallebene korreliert. Diese Merkmale wurden wegen der Vorannahme über eine gegenläufige Entwicklung zur Überprüfung ausgewählt. Kompetenzerwartung meint dabei die Selbsteinschätzung des Patienten hinsichtlich seiner Fähigkeiten, seine Probleme lösen zu können. Die Hypothese ist, daß ein Patient um so weniger unter Symptomen leidet, je mehr er eigene Problemlösefähigkeiten wahrnimmt. Wegen des Vorteils, die Korrelation der Verläufe für jeden einzelnen Patienten verfügbar zu haben, können später differenzielle Effekte bezüglich der Höhe des korrelativen Zusammenhangs in Abhängigkeit von Prädiktorvariablen geprüft werden.

Für eine erste Orientierung über die Zusammenhänge der Verläufe *mehrerer* Merkmale wurden, ebenfalls auf Einzelfallebene, P-Faktorenanalysen gerechnet. Diese fassen Merkmale mit ähnlichen Verläufen zu gemeinsamen Faktoren zusammen. Die Zielsetzung besteht darin, durch kumulative Betrachtung der Faktorlösungen aller Patienten häufige Wechselwirkungen im Verlauf der untersuchten Merkmale zu erkennen. Im folgenden Abschnitt werden die p-faktorenanalytischen Ergebnisse von zwei Patienten beispielhaft vorgestellt und im Zusammenhang mit der klinischen Fallgeschichte in Form von Kasuistiken diskutiert.

Ergebnisse

Verlauf des Symptombelastungsdrucks und der Kompetenzerwartung

Nach statistischer Anpassung von Regressionsgeraden oder -kurven an die individuellen Werte des Symptombelastungsdrucks, der wöchentlich mit dem Brief Symptom Inventory BSI erhoben wurde, ergaben sich für die 30 Patienten der Stichprobe sehr unterschiedliche Verlaufstypen. Insgesamt ordneten wir 8 verschiedene Modelle mit Polynomen bis zum 4. Grad zu, wobei für 7 Patienten zum Beispiel aufgrund der Problematik extremer Ausreißerwerte keine eindeutige Zuweisung eines Verlaufstypus möglich war. Abb. 1 zeigt

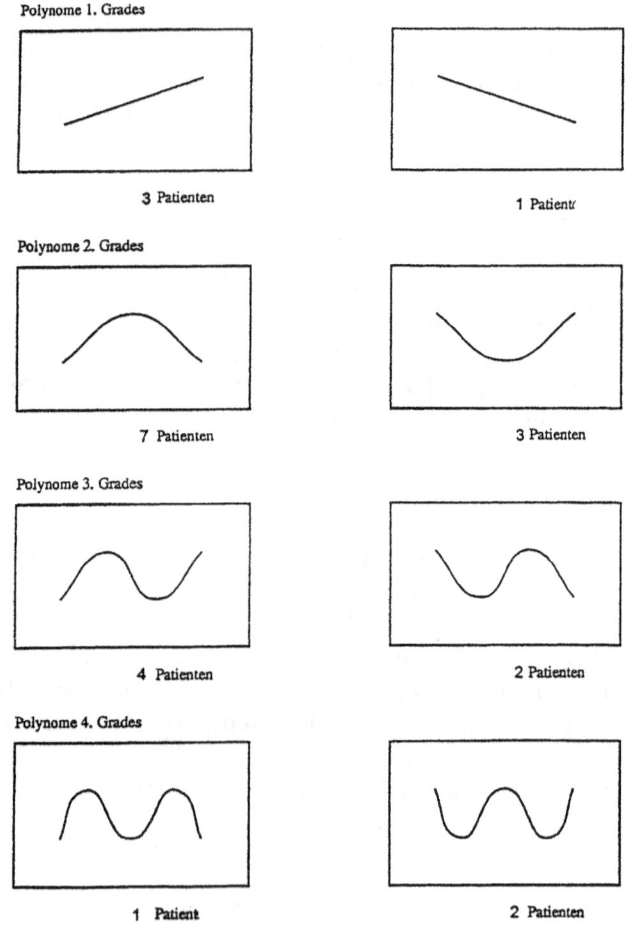

Abb. 1: Typische Verläufe des Symptombelastungsdrucks während stationärer Psychotherapie
(Die Abszisse zeigt Behandlungswochen, die Ordinate Zunahme in der Symptombelastung)

Abb. 1

die absolute Häufigkeit der Verlaufstypen. Dabei ist zu beachten, daß *idealisierte* Kurvenverläufe dargestellt sind, also lediglich die Polynom-*Form* unabhängig von der absoluten Höhe des Anfangs- und Endwerts berücksichtigt wird. Das bedeutet, daß Patienten nicht die *gesamte* Kurve durchlaufen müssen, um einem bestimmten Typus zugeordnet zu werden, und daß sie eventuell ein unterschiedliches Ausmaß an Symptomveränderung haben können, wenn sie einer gemeinsamen Gruppe angehören. Bei dieser ersten Verlaufsbetrachtung interessierte nur die Form, um Aussagen über die Bedeutung der initialen Symptomentwicklung für die Prädiktion des weiteren Verlaufs treffen zu können.

Nur 4 Patienten zeigten einen linearen Verlauf, 3 davon mit aufsteigendem, der andere mit absteigendem Trend. Für die übrigen Patienten trafen kurvilineare Verlaufsmodelle am besten zu. Die größte Gruppe mit 7 Patienten zeigt einen umgekehrt U-förmigen Verlauf mit initialem Symptomanstieg und Besserung in der weiteren Entwicklung.

Die wesentliche Konsequenz aus diesem Ergebnis ist, daß durch die initiale Symptomentwicklung der weitere Verlauf *nicht* prognostiziert werden kann. Eine relativ große Gruppe von Patienten der Stichprobe wurde anfänglich offensichtlich destabilisiert, was dann aber in eine Phase der Konsolidierung mündete. Insgesamt läßt sich jedoch aus dem Verlauf der Symptomatik am Anfang der Fortgang der Therapie nicht vorhersehen, wenigstens solange nicht andere Prädiktoren gefunden werden können, die den Verlauf mitbestimmen. Eine anfängliche Verschlechterung der Beschwerden kann sich fortsetzen oder genauso gut in eine Besserung münden. Dieses Resultat läßt den klinisch nachvollziehbaren Schluß zu, daß die Symptombelastung allein kein geeignetes Kriterium ist, in einem frühen Stadium der Therapie über deren weitere Dauer zu entscheiden.

Ähnliches gilt für den Verlauf der Kompetenzerwartung (vgl. Abb. 2). Hier lassen sich in analogem Vorgehen ähnliche Verlaufsmuster mit großer individueller Variation feststellen. Die größte Gruppe von 7 Patienten zeigt einen U-förmigen Verlauf, was bedeutet, daß während der Therapie zunächst das Zutrauen zu eigenen Problemlösefähigkeiten verlorengeht, um sich vor Therapieende wieder einzustellen. Dieses Ergebnis – zusammen mit den Resultaten zur Symptombelastung – läßt spekulieren, daß es bei einer bestimmten

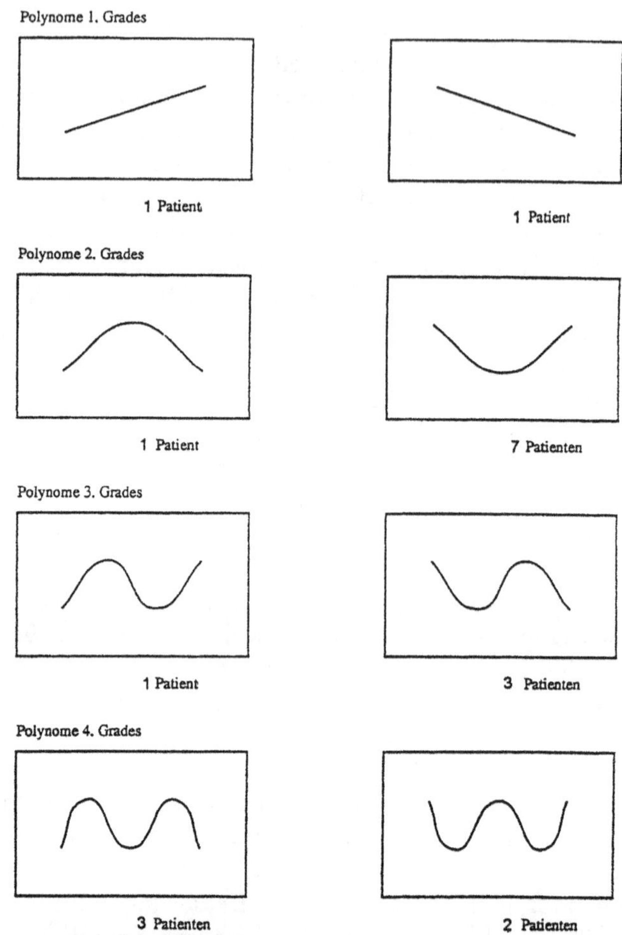

Abb 2: Typische Verläufe der Kompetenzerwartung während stationärer Psychotherapie
(Die Abszisse zeigt Behandlungswochen, die Ordinate Zunahme im Kompetenzgefühl)

Abb. 2

Gruppe von Patienten durch die stationäre Aufnahme zu einer Sensibilisierung für interaktionelle Probleme kommt, was die Kompetenzerwartung zunächst sinken und die Symptombelastung steigen läßt. Gegen Therapieende reorganisieren sie sich. Bisher gibt es aber noch keinen differenziellen Hinweis auf Kriterien der Zuordnung zu dieser Gruppe.

Korrelative Zusammenhänge zwischen dem Verlauf des Symptombelastungsdrucks und der Kompetenzerwartung

Auf individueller Ebene wurden die korrelativen Zusammenhänge zwischen den Verläufen von Kompetenzerwartung und Symptombelastungsdruck errechnet. Es ergab sich ein durchschnittlicher Korrelationskoeffizient von $r_m = -.54$, (Standardabweichung $s_r = .28$), d. h., erwartungsgemäß reduziert sich der Symptombelastungsdruck mit steigender Kompetenzerwartung und umgekehrt.

Diese Durchschnittsbildung erweist sich bei Betrachtung individueller Zahlen allerdings als irreführend. Tatsächlich gibt es eine große individuelle Variation im Zusammenhangsmaß beider Merkmale. Während für einige Patienten das Kompetenzgefühl ohne Belang für den Symptomverlauf ist, besteht für die meisten ein ganz ausgeprägter Zusammenhang (vgl. Tab. 2).

Eine Erklärung für die individuell unterschiedlich hohen Korrelationen steht noch aus. Der hohe Zusammenhang zwischen den beiden Merkmalen, wie er für die meisten Patienten gilt, beschreibt die bekannte Assoziation zwischen Symptomatik und dem Gefühl der eigenen Hilflosigkeit. Allerdings gibt es nach diesen Ergebnissen auch Patienten, die unabhängig von ihrer Symptomatik noch eigene Ressourcen wahrnehmen. Es sollte überprüft werden, ob es sich dabei um eine bestimmte Patientengruppe handelt und inwieweit diese aufgrund der eigenen Kompetenzerwartung mehr als andere von der Therapie profitiert.

Kasuistiken

Um die klinische Bedeutung der Verlaufsbetrachtung mehrerer Erlebensaspekte stationärer Therapie aufzuzeigen, werden zwei Fälle diskutiert:

Tab. 2:

Höhe des korrelativen Zusammenhangs zwischen Symptombelastung und Kompetenzerwartung

Höhe der Korrelation	Anzahl der Patienten
-1.0 – -0.71	11
-0.7 – -0.51	7
-0.5 – -0.21	7
-0.2 – 0	4
+0.01 – +0.2	1

Patient 1 bietet ein gutes Beispiel für eine therapiebedingte Sensibilisierung der Wahrnehmung. Es handelt sich um einen 21jährigen Facharbeiter mit funktionellen Oberbauchbeschwerden ohne sonstige Symptome. Er zeigt eine lineare Zunahme des initial niedrigen Symptombelastungsdrucks bei gleichzeitig linearer Abnahme der initial hohen Kompetenzerwartung. Unserer klinischen Einschätzung zufolge hängt die „Verschlechterung" in Form erhöhten Symptombelastungsdrucks mit der Zunahme von bewußt erlebter Angst, die vorher in der Symptomatik gebunden war, zusammen. Trotz dieses Verlaufs besteht nach klinischer Beurteilung ein positives Therapieergebnis. Der Patient nahm allmählich seine interpersonellen Schwierigkeiten differenzierter wahr, was zur Lösung seiner Konflikte, allerdings auch zu größerem Leidensdruck beitrug. Er begann am Ende der Therapie, seine Ziele zu realisieren, löste sich vom Elternhaus und zog in eine andere Stadt, was längerfristig zu seiner Stabilisierung beitragen dürfte.

Zur Identifikation ähnlicher Verlaufstypen für die Erlebensvariablen der stationären Therapie wurde über die Verläufe der verschiedenen Skalen des TVP und den BSI-Gesamtwert eine P-Faktorenanalyse gerechnet, wodurch Merkmale mit ähnlichen Verläufen zusammengefaßt werden. Trotz der Kürze der Zeitreihen mit der relativ geringen Anzahl von Meßzeitpunkten (16 Wochen) und der damit verbundenen Unsicherheit der zugrundeliegenden Korrelationskoeffizienten ergibt sich durch dieses Verfahren Klarheit für das verwirrende Geflecht der Abläufe, wie sich graphisch gut zeigen läßt (vgl. Abb. 3).

Es wurden 4 Faktoren extrahiert, d.h. die insgesamt 11 betrachteten Erlebensdimensionen zeigen 4 verschiedene Verlaufsmuster. Folgende Merkmale verliefen ähnlich oder genau entgegengesetzt (was ebenfalls zu Ladungen auf dem gleichen Faktor führt):

Tab. 3:

Faktorlösung der Verläufe einzelner Erlebensaspekte stationärer Therapie für Patient 1

Faktor 1	Faktor 2	Faktor 3	Faktor 4
Symptombelastung Orientierung an and. Stationsregeln (neg.) Kompetenzerw. (neg.)	einzeltherap. Beziehung Besserungserleben	Teambeziehung Öffnung	Zuwendungsbedürfnis Kohäsion (neg.)

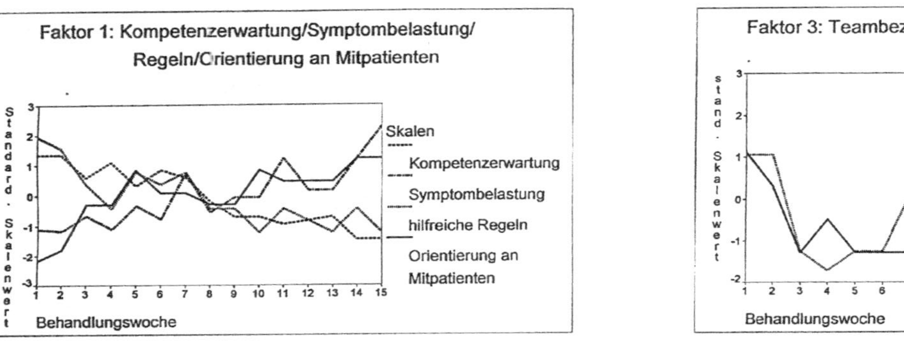

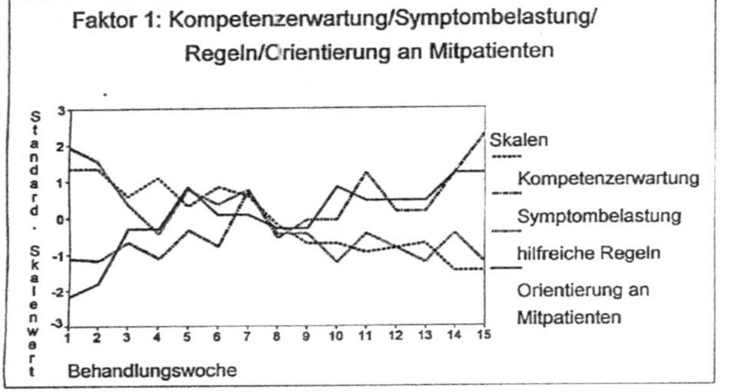

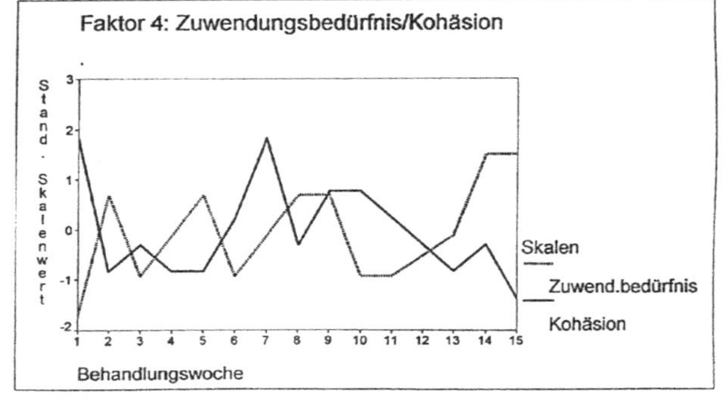

Abb. 3: Einzelfallanalytische Darstellung ähnlicher Verläufe von Erlebensaspekten stationärer Therapie

Gemäß der p-faktorenanalytischen Ergebnisse, die eine 4-Faktorlösung ergaben, wurden ähnliche Verläufe eines Patienten zusammengefaßt und graphisch dargestellt. (Zu beachten ist, daß Merkmale auch dann auf einem Faktor laden, wenn sie gegenläufig sind, also negativ korreliert sind, wie z. B. Symptombelastung und Kompetenzerwartung auf Faktor 1.)

Abb. 3

Für diesen Patienten gilt: Mit zunehmend sensibler Wahrnehmung von Mitpatienten sinkt die Einschätzung eigener Kompetenzen, was den Symptomdruck erhöht. Gleichzeitig fühlt er sich durch die Stationsregeln zunehmend eingeschränkt (was gut zu seinem sich allmählich entwickelnden Entschluß paßt, das ihn einschränkende Elternhaus zu verlassen).

Das Besserungserleben ist mit der Güte der einzeltherapeutischen Beziehung verknüpft. Es steigt während der Behandlungsdauer leicht an, und der Patient fühlt sich am Ende trotz des größeren Symptombelastungsdrucks im Vergleich zum Therapieanfang gebessert. Die vertrauensvolle Beziehung zum therapeutischen Team und die emotionale Öffnungsbereitschaft bestimmen sich gegenseitig. Dagegen steigt das Zuwendungsbedürfnis, wenn sich die Gruppenkohäsion verschlechtert und umgekehrt.

Abschließend kann für diesen Patienten in der Zusammenschau mit dem positiven klinischen Eindruck gesagt werden, daß zwar sein Besserungsgefühl am meisten mit der einzeltherapeutischen Beziehung in Zusammenhang steht, was ein Ergebnis darstellt, das sich gut mit dem für die Einzeltherapie als gesichert geltenden Wissen über die Bedeutung der therapeutischen Allianz hinsichtlich des Therapieerfolgs vereinbaren läßt. Andererseits zeigt sich, daß der Symptomdruck und die Kompetenzerwartung mit dem stationären Setting sowie der Orientierung an Mitpatienten in Zusammenhang steht. Dies spricht bei diesem Patienten dafür, daß die Mitpatienten, aber auch die Stationsregeln wesentliche Wirkfaktoren für seine Veränderung darstellen. Das heißt, daß die stationäre Therapie bei diesem Patienten spezielle Änderungsprozesse in Gang gebracht hat und indiziert war. Die Ergebnisse zeigen aber auch die bekannte Problematik der Interpretation reiner Prä-Post-Messungen. Danach würde er gemäß den Ergebnissen des BSI als „signifikant verschlechtert" beurteilt werden. Die zusätzliche Betrachtung der Prozeßparameter liefert aber Hinweise für die von uns klinisch vermutete Sensibilisierung, die die „symptomatische Verschlechterung" in einem anderen, positiveren Licht erscheinen läßt.

Patient 2 ist ein 25jähriger Jurastudent mit einer extremen Leistungsorientierung und „unverständlichen" Arbeitsstörung. In der ersten Hälfte der Therapie dekompensierte er. Er wurde zunehmend depressiv einschließlich suizidaler Gedanken. Dies geschah durch die Konfrontation mit der inneren Leere bei extremer Außenorientierung und gleichzeitiger Realisierung von langdauernden Verlassenheitsgefühlen. Das Akzptieren von Hilfe war ihm zunächst nicht möglich. Nach mehreren Wochen, in denen er intensive Zuwendung durch Mitpatienten sowie Halt durch das Team erfuhr, kam es zu einem Rückgang der Symptome.

Die p-faktorenanalytische Prüfung ergab folgende Faktoren ähnlicher Verläufe:

Tab. 4:

Faktorlösung der Verläufe einzelner Erlebensaspekte stationärer Therapie für Patient 2

Faktor 1	Faktor 2	Faktor 3
Kompetenzerwartung Öffnung einzelther. Beziehung Überlastung (neg.)	Symptombelastung Kohäsion(neg.) Stationsregeln	Besserungserleben Teambeziehung Zuwendungsbedürfnis(neg.)

Die Kompetenzerwartung und die Öffnungsbereitschaft fallen mit einer (allerdings nur leichten) Verschlechterung der therapeutischen Beziehung. Gleichzeitig steigt der Wunsch nach mehr therapeutischen Angeboten. Darin spiegelt sich vielleicht eine Enttäuschung über die bei großer Bedürftigkeit des Patienten aus seiner Sicht zu geringe Verfügbarkeit des Therapeuten. Denn der Anstieg des Wunsches nach mehr Therapiemaßnahmen fällt zeitlich in etwa zusammen mit dem Beginn der Teilnahme an der stationären Gruppentherapie, die aber nach unserem Stationskonzept gleichzeitig eine Verkürzung der einzeltherapeutischen Sitzungen bedeutet.

Faktor 2 bestätigt den Eindruck des Klinikers, wonach der Symptomdruck deutlich nachläßt, wenn der Patient sich von der Gruppe der Mitpatienten akzeptiert und angenommen fühlt. Faktor 3 zeigt, ebenfalls in Bestätigung des klinischen Eindrucks, daß das Besserungserleben eng mit der Beziehung zum Team verknüpft ist. Das Zuwendungsbedürfnis ist dann am größten, wenn die Teambeziehung schlecht ist, und umgekehrt.

Diese zweite Falldarstellung demonstriert, daß der zweite Patient sich in anderer Weise der stationären Therapie zum Zwecke seiner Gesundung bedient. Während der erste Patient hauptsächlich von der Orientierung an Mitpatienten zu profitieren scheint, was über eine Verbesserung der Wahrnehmung zwar den Symptomdruck erhöht und die Kompetenzerwartung senkt, aber gleichzeitig ein Besserungsempfinden einleitet, zieht Patient 2 vor allem Nutzen aus der Zuwendung von seiten der Mitpatienten und des Teams.

Diskussion und Ausblick

Wie in den vorgestellten Kasuistiken bietet die Verlaufserfassung erstens eine Möglichkeit, die therapeutische Entwicklung auf Einzelfallebene zu verstehen. Der retrospektive Zugang zum Erleben des Patienten dürfte sich insbesondere bei Fallbesprechungen von Patienten mit auffälligen Therapieverläufen (z. B. Therapieabbruch, Symptomverschlechterung oder auffällig schnelle Besserung etc.) als hilfreich für das Verständnis des therapeutischen Prozesses erweisen.

Es ist aber keineswegs unser Ziel, bei Einzelfallanalysen zu verharren. Vielmehr werden wir in Aggregation der Einzelfälle prüfen, ob typische Faktorenstrukturen der Verläufe verschiedener Patientengruppen auffindbar sind. Eine passende Methode zur Gruppierung von Verläufen liegt vor allem auch mit dem Verfahren des Hierarchisch Linearen Modellierens (HLM) nach Bryk und Raudenbush (1987) vor, das die Prüfung des Einflusses verschiedener Merkmale (wie zum Beispiel das Ausmaß des initialen Symptombelastungsdrucks oder weiterer Prädiktormerkmale wie Persönlichkeitsstrukturniveau, Bindungsstil usw.) auf die Verläufe zuläßt. In unserer künftigen Auswertungsmethodik werden wir auf dieses Verfahren zurückgreifen, um die Daten auch gruppenstatistisch auswerten zu können.

Sollte unser Vorhaben der Typisierung der Verläufe von Wirk- und Effektvariablen erfolgreich sein, ließe dies weitere Einblicke zu, wie sich Patienten eine stationäre Therapie auf unterschiedliche Weise zunutze machen. Dies würde das Wissen um patientenspezifisch relevante Änderungsfaktoren erweitern und auch den klinischen Blick dafür schärfen. Nicht zuletzt könnte dieses Wissen auf empirisch abgesicherter Basis dann dazu benutzt werden, die Indikation zur stationären Therapie gegenüber der ambulanten Behandlung noch weiter zu differenzieren.

Literatur

Alexander, L. B., Luborsky, L. (1986): The Penn Helping Alliance Scales. In: Greenberg, L. S., Pinsof, W. (Hg.): In the psychotherapeutic process: a research handbook. New York: Guilford Press, S. 325-366.

Bassler, M., Potratz, B., Krauthauser, H. (1995): Der „Helping Alliance Questionnaire" HAQ von Luborsky. In: Psychotherapeut, 40, S. 23-32.
Bryk, A. W., Raudenbush, S. W. (1987): Application of Hierarchical Linear Models to assessing change. In: Psychological Bulletin, 101, S. 147-158.
Gottman, J. M., Rushe, R. H. (1993): The analysis of change: issues, fallacies and new ideas. In: J. Consult. Clin. Psychol., 61, S. 907-910.
Höger, D. (1995): Unterschiede in Beziehungserwartungen von Klienten. In: GwG Zeitschrift, 100, S. 47-54.
Lamprecht, F., Schmidt, J. (1990): Das Zauberberg-Projekt: Zwischen Verzauberung und Ernüchterung. In: Ahrens, S. (Hg.): Entwicklung und Perspektiven der Psychosomatik. Heidelberg: Springer.
Rogosa, D., Brandt, D., Zimowsky, M. (1982): A growth curve approach to the measurement of change. In: Psychological Bulletin, 92, S. 726-748.
Schauenburg, H., Sammet, I. (1995): Faktorenstruktur eines Fragebogens zum Erleben stationärer Psychotherapie. Poster auf der Mainzer Werkstatt für stationäre Psychotherapie, November 1995.
Schmidt, J. (1991): Evaluation einer psychosomatischen Klinik. Frankfurt/M.: VAS.
Schwarzer, R. (1994): Optimistische Kompetenzerwartung: Zur Erfassung einer personellen Bewältigungsressource. In: Diagnostica, 40, S. 105-123.
Strauß, B., Burgmeier-Lohse, M. (1994): Stationäre Langzeitgruppentherapie. Heidelberg: Asanger.
Yalom, I. D. (1989): Theorie und Praxis der Gruppenpsychotherapie. München: Pfeiffer.

Der milieutherapeutische Beitrag der Pflege im Kontext stationärer Psychotherapie

Christel von Scheidt

Die Situation der Pflegenden in der Gruppe der Behandler und Behandlerinnen

In meinem Beitrag möchte ich zu Anfang die Aufgaben beschreiben, die Pflegende im Kontext stationärer Psychotherapie in der Regel übernehmen, sowie Probleme, die im Rahmen eines multiprofessionellen Teams entstehen können. Dabei beziehe ich mich sowohl auf Literaturquellen als auch auf meine Erfahrungen mit Teilnehmerinnen und Teilnehmern der zweijährigen Fachweiterbildung für psychiatrische Pflege, die von der Fort- und Weiterbildungsstätte der Klinik Wittgenstein angeboten wird.

Anschließend werde ich einige Aspekte aus dem potentiell möglichen Aufgabenspektrum der Pflege vorstellen, die bislang im Rahmen der stationären Psychotherapie wenig genutzt werden.

Ich werde dann abschließend Möglichkeiten aufzeigen, wie der Weg beschritten werden könnte, die potentiell zur Verfügung stehenden Ressourcen der Pflege in den Kontext der stationären Psychotherapie zu integrieren.

Da ich mich in meinem Beitrag mit dem Tätigkeitsbereich der Pflege beschäftige, werde ich ihn auch mit Hilfe einer Struktur vortragen, die die Pflege zur Verfügung stellt.

Professionelle Pflege folgt den Schritten des sogenannten Pflegeprozesses. Er ist eines der wesentlichen „Handwerkszeuge" pflegerischer Arbeit mit Patientinnen und Patienten (Felgner, 1988).
Der Pflegeprozeß folgt einem verallgemeinerbaren, neutralen Problemlösungsprozeß:
1. Informationssammlung;
2. Erkennen von Problemen und Ressourcen;
3. Festlegen der Pflegeziele;

4. Planen der Pflegemaßnahmen;
5. Durchführen der Pflegemaßnahmen;
6. Beurteilen der Wirkung der Pflegemaßnahmen – Evaluation; (siehe dazu auch Abb. 1).

Diese Schritte, die ich zu einem späteren Zeitpunkt ausführlicher beschreiben werde, lege ich meinen Ausführungen als Struktur zugrunde.

1. Informationssammlung

Der Titel meines Beitrags lautet: Der milieutherapeutische Beitrag der Pflege im Kontext stationärer Psychotherapie. Ich verstehe unter Milieutherapie unter anderem die Summe möglicher Lernerfahrungen für Patientinnen/Patienten im Kontext stationärer Psychothe-

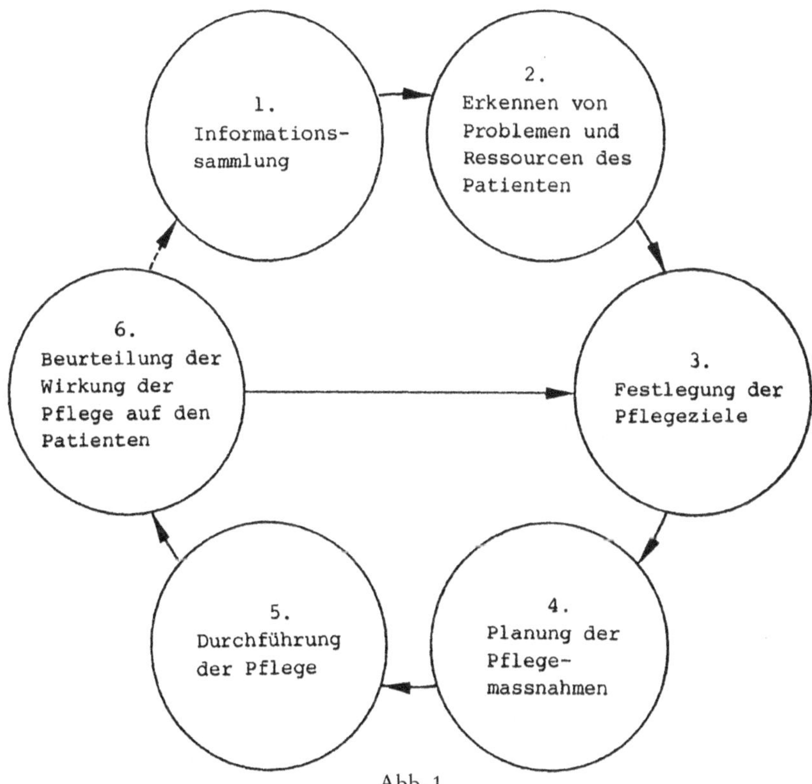

Abb. 1

rapie. Da ich davon ausgehe, daß potentiell in jeder zwischenmenschlichen Begegnung Lernerfahrungen möglich sind, können aus meiner Sicht prinzipiell alle pflegerischen Tätigkeiten und Handlungen als milieutherapeutischer Beitrag betrachtet werden.

Aus diversen Fachartikeln, Büchern zur stationären Psychotherapie und einem Lehrbuch für Psychosomatik und Psychotherapie für Krankenpflegeberufe läßt sich entnehmen, daß der Tätigkeitsbereich der Pflegenden in der stationären Psychotherapie im wesentlichen aus folgenden Aufgaben besteht:

1. bezogen auf Patientinnen und Patienten:
   - administrative Aufgaben;
   - somatische Pflege;
   - Beziehungsangebote machen;
   - Vorbild sein;
   - Gesprächsbereitschaft zeigen und Begleitung anbieten;
   - Vertreten der Stations- und/oder Hausordnung;
   - Schaffen einer therapeutischen Atmosphäre;
   - Beobachten und Erfassen von physischer und psychischer Befindlichkeit;
   - Wahrnehmen von Reinszenierungen und Verhalten in Interaktionen;
   - Wahrnehmungen zur Verfügung stellen (Feedback);
   - Anregung zur Reflexion und verbalen Äußerung;
   - Fördern einzelner Patientinnen/Patienten (beispielsweise in sozialen Kompetenzen);
   - Gruppenangebote;
   - Hilfestellung bei Konfliktklärungen;
   - Vermitteln zwischen Patientinnen/Patienten und dem Team;
2. bezogen auf das Team:
   - Mitgestalten von Visiten und Konferenzen;
   - Mitgestalten von Supervisionen und Fallbesprechungen;
   - Einbringen von Erfahrungen mit Patientinnen/Patienten in Interaktionen;
   - Dokumentation;

   (vgl. Bauer, 1993; Bauer u. Wiersma, 1996; Böker–Scharnhölz, 1978; Felgner, 1988; Hellwig et al., 1993; Janssen, 1987; Knitl, 1989).

Bei den aufgezeigten Aufgaben ist die Schwerpunktsetzung, Gewichtung und Ausrichtung jeweils abhängig vom Klinik- bzw. Therapiekonzept.

Analytisch–bipolare Konzepte konstatieren eine Trennung von psychotherapeutischem und Realraum. Im Realraum haben die Pflegenden die Verantwortung für das Organisieren und Gestalten des Lebensraumes auf einer Station.

Analytisch–integrative Konzepte gehen davon aus, daß jedes Teammitglied therapeutische Aufgaben übernimmt, und polarisieren nicht in Therapie- und Realraum. Die Behandlung einer Patientin findet innerhalb einer Gruppe von Patientinnen und Patienten durch eine Gruppe von Therapeutinnen und Therapeuten statt, die jeweils in Beziehung miteinander stehen.

Im Kontext *verhaltenstherapeutischer Konzepte* übernimmt jedes Teammitglied therapeutische Aufgaben. Die Pflegenden kontrollieren das Einhalten von Absprachen hinsichtlich Behandlungsplänen und -zielen. Sie sind in ihrer Arbeit mit den Patientinnen und Patienten überwiegend soziotherapeutisch tätig (Bauer u. Wiersma, 1996; Janssen, 1987; Senf, 1988).

Die Informationen, die ich im Laufe der letzten Jahre über Teilnehmerinnen und Teilnehmer der Fachweiterbildung für psychiatrische Pflege aus dem Arbeitsfeld der stationären Psychotherapie hinsichtlich ihrer Aufgaben gewinnen konnte, bestätigen das bisher beschriebene Tätigkeitsspektrum. Darüber hinaus ist für mich aber auch sehr eindrücklich geworden, daß ein großer Teil der Pflegenden sich – gerade beim Einstieg in diesen Arbeitsbereich – den Anforderungen nicht gewachsen fühlt. Sind diese Anfangsschwierigkeiten überwunden, tritt das Problem in den Vordergrund, den Aufgabenbereich der Pflege sowohl inhaltlich als auch strukturell konkret gegenüber den anderen Berufsgruppen abzugrenzen.

Dies führt oftmals zu Unsicherheiten auf seiten der Pflegenden und zu Konflikten wie Konkurrenz oder Verweigerung der Kooperation mit anderen Berufsgruppen, insbesondere mit dem psychotherapeutischen oder ärztlichen Bereich.

Diese Situationsanalyse – ich möchte sie als fehlende Berufsidentität und unklare Rollendefinition bezeichnen – und ihre Auswirkungen werden auch in der entsprechenden Fachliteratur beschrieben (vgl. Bardé u. Mattke, 1991; Bauer, 1993; Bauer u. Wiersma, 1996; Felgner, 1988; Hellwig et al., 1993; Knitl, 1989, Tress et al., 1988). Für das Entstehen dieser Problematik möchte ich an dieser Stelle zwei Gründe anführen. Zum einen vermittelt die pflegerische Erstausbildung oftmals selbst für die rein somatische Pflege ein zu geringes Maß an psychosozialen Kompetenzen (vgl. Eikelbeck u. von Scheidt, 1991). Zum anderen werden in der Literatur zur stationären Psychotherapie Grundlagen der Krankenpflege, die für eine eigene Berufsidentität förderlich sein könnten – wie beispielsweise der Pflegeprozeß und auch Pflegetheorien –, nicht erwähnt.

In der Praxis werden spezifische Fort- und Weiterbildungsmaßnahmen angeboten, die sich am jeweiligen psychotherapeutischen Konzept orientieren. Dadurch erlangen die Pflegenden mit Sicherheit eine fundierte Basis für ihre Tätigkeit. Jedoch bleibt hier für mich fraglich, ob sich auf diesem Weg eine eigene pflegerische Berufsidentität entwickeln läßt.

2. Erkennen von Problemen und Ressourcen

2.1 Probleme

Auf der Basis der vorgestellten Informationssammlung lassen sich für mich die folgenden Probleme definieren:

1. die pflegerische Erstausbildung bietet für die Tätigkeit in der stationären Psychotherapie eine unzureichende Basis;
2. pflegerische Aufgaben werden vor allem durch das therapeutische Konzept der Einrichtung festgelegt und
3. pflegewissenschaftliche Aspekte wie Pflegemodelle oder Pflegetheorien und das Handwerkszeug der Pflege wie beispielsweise der Pflegeprozeß werden wenig berücksichtigt bzw. angewandt;
4. Pflegende in der stationären Psychotherapie haben oftmals Schwierigkeiten damit, die eigene Berufsrolle zu definieren bzw. eine eigene Berufsidentität zu entwickeln;
5. die unklare Rollendefinition führt zu Konflikten im Team.

2.2 Ressourcen

Unter dem Titel „Ressourcen" möchte ich einige grundlegende Elemente der Pflege vorstellen, die meiner Erfahrung nach eine Bereicherung für die pflegerische Arbeit selbst und die Arbeit im Behandlungsteam darstellen können.

2.2.1 Pflegeprozeß

Zu Anfang habe ich kurz den Pflegeprozeß als eine wesentliche Grundlage professioneller pflegerischer Arbeit beschrieben. Ziel des Pflegeprozesses ist es, die pflegerische Arbeit zu systematisieren und auf den Bedarf der Patientin/des Patienten abzustimmen, die Patientin/den Patienten in die Pflege mit einzubeziehen und die pflegerische Arbeit in ihrer Wirkung überprüfbar zu machen. Ich werde im folgenden näher auf die einzelnen Schritte des Pflegeprozesses eingehen (siehe dazu auch Abb. 1).

Der erste Schritt dient der *Informationssammlung*. Einerseits geht es darum, die normalen Lebensgewohnheiten und Fähigkeiten der Patientin/des Patienten kennenzulernen, um sie bei der pflegerischen Arbeit berücksichtigen zu können. Andererseits dient die Informationssammlung dazu, daß sich Pflegende ein umfassendes Bild von den Einschränkungen machen können, mit denen die Patientin/der Patient in die Klinik kommt. In diesem Schritt wird der IST–Zustand bei der Aufnahme erfaßt. Weitere wesentliche Aspekte dieser pflegerischen Handlung sind die Beziehungsaufnahme und das Informieren der Patientin/des Patienten über alles Wissenswerte bezüglich des stationären Aufenthaltes.

Auf der Basis der Informationssammlung werden im zweiten Schritt *Probleme* definiert. Das heißt, es werden die Bereiche des alltäglichen Lebens beschrieben, die die Patientin/der Patient selbst nicht erfüllen bzw. ausführen kann und bei denen Unterstützung und Entwicklung erforderlich sind.

Neben den Problemen werden auch die Fähigkeiten, Möglichkeiten – sprich die *Ressourcen* der Patientin/des Patienten – dargestellt, die aufrechterhalten bzw. noch gefördert und die zur Bewältigung der aufgeführten Probleme herangezogen werden können.

Nach der Problem- und Ressourcenbeschreibung werden – soweit möglich – gemeinsam mit der Patientin/dem Patienten konkrete, realistische und möglichst überprüfbare *Ziele* festgelegt, die während des stationären Aufenthalts erreicht werden sollen. Das gemeinsame Festlegen der Ziele wird besonders mit Blick auf Motivation, Compliance und Selbständigkeit betont. Wenn über die Informationssammlung der IST-Zustand ermittelt wird, wird durch die Zieldefinition der SOLL-Zustand beschrieben.

Im nächsten Schritt werden unter Einbeziehung der Ressourcen geeignete *Pflegemaßnahmen* ausgewählt, mit deren Hilfe die Ziele erreicht werden sollen.

Bei der *Durchführung* der Pflegemaßnahmen stehen – neben der Beobachtung ihrer Wirkung bzw. der Reaktion der Patientin/des Patienten auf die Maßnahmen – die Motivation und Begleitung durch die Pflegenden im Vordergrund.

Die *Evaluation* oder Beurteilung der Wirkung der Pflegemaßnahmen erfolgt über das Ausmaß der Zielerreichung. Können einige oder mehrere Ziele nicht erreicht werden, ist eine Neuanpassung des Pflegeplans erforderlich (siehe Abb. 2). Ursachen dafür können beispielsweise darin begründet sein, daß die Informationssammlung lückenhaft war, die Ausgangssituation verkannt wurde, die Ziele zu hoch angesetzt wurden, die Pflegemaßnahmen nicht angemessen waren oder unerwartete Komplikationen aufgetreten sind (Fiechter u. Meier, 1981; Needham, 1991; Rath u. Biesenthal, 1994).

Der Pflegeprozeß stellt die Basis für eine geplante und gezielte Pflege dar. Sie wurde bereits 1985 im Krankenpflegegesetz und in der Ausbildungs- und Prüfungsverordnung für die Berufe in der Krankenpflege als Aufgabenbereich der Pflege und als Ausbildungsziel gesetzlich festgelegt (Kurtenbach, Golombek u. Siebers, 1986). Auch die 1995 verabschiedete Weiterbildungs- und Prüfungsverordnung zu Fachpflegekräften in der Psychiatrie für NRW nennt als eines der Weiterbildungsziele die Fähigkeit, eine „geplante psychiatrische Pflege unter Berücksichtigung der persönlichen und sozialen Belange des kranken Menschen und des Pflegeprozesses" durchführen zu können (§ 1 Abs. 3 WeiVPsy), wobei in der Pflege „die psychische, physische, soziale und kulturelle Situation des einzelnen Menschen und sein soziales Umfeld ... zu berücksichtigen" sind (§ 1 Abs. 1 WeiVPsy).

Nun ist der Pflegeprozeß – wie bereits eingangs erwähnt – ein neutrales Problemlösungsverfahren. Insofern ist es notwendig, auf einer gemeinsamen pflegerisch–theoretischen Grundlage zu arbeiten, damit sich die Vorgehensweise der Pflegenden in einer Einrichtung inhaltlich und praktisch möglichst einheitlich gestalten läßt. Dazu

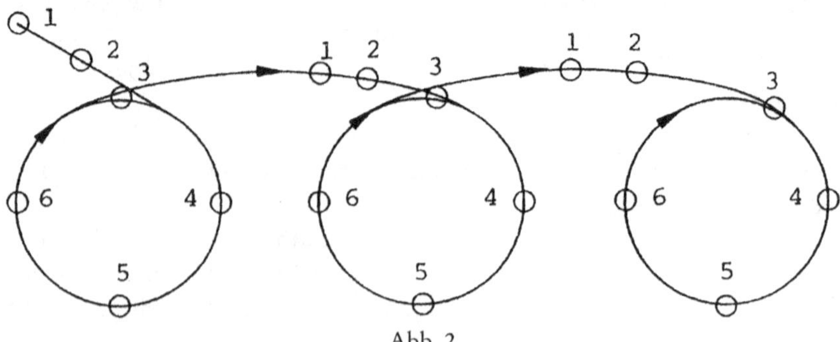

Abb. 2

steht eine Reihe von Modellen und Theorien in der Krankenpflege zur Verfügung, die seit Mitte dieses Jahrhunderts entwickelt worden sind.

2.2.2 Pflegemodelle und -theorien

Ein *Pflegemodell* wird definiert als ... „systematisch konstruiertes, auf einer wissenschaftlichen Grundlage basierendes und logisch aufgebautes Konzept, das die grundsätzlichen Komponenten der Krankenpflege, ihre theoretische Basis und die erforderlichen Werthaltungen bei der Anwendung in der Praxis definiert" (Riehl u. Roy, zitiert nach Aggleton u. Chalmers, 1989, S. 4).

Eine *Pflegetheorie* wird definiert als ... „eine Gruppe von Konzepten, Definitionen und Aussagen, die einen systematischen Überblick der Phänomene entwerfen, indem sie spezifische Beziehungen zwischen den Konzepten skizzieren, um sie zu beschreiben, erklären und vorherzusagen" (Marriner-Tomey, 1992, S. 23).

Modelle und Theorien in der Krankenpflege füllen die folgenden Punkte jeweils unterschiedlich mit Inhalt:
- Menschenbild (meist implizit);
- Definition von Gesundheit/Krankheit;
- Probleme, die pflegerisches Handeln erfordern;
- Grundlagen für die Pflegeanamnese;
- Ziele der Pflege und deren Planung;
- Kernpunkte der Ausführung der geplanten Pflege;
- Beurteilung der Pflege;
- Rolle der Pflegenden;

(vgl. Aggleton u. Chalmers, 1989; Fawcett, 1996; Marriner-Tomey, 1992; Steppe, 1990/1991).

Innerhalb der theoretischen Ansätze in der Krankenpflege lassen sich verschiedene Kategorien beschreiben:

Humanistische Ansätze

gehen von einem Individuum aus, das prinzipiell nach Unabhängigkeit/Selbständigkeit strebt und bestimmte Bedürfnisse hat, die befriedigt sein müssen, um ein Wohlbefinden zu erreichen.

Die Aufgabe der Pflegenden liegt nun darin, der Patientin/dem Patienten dabei behilflich zu sein, die eigenen Bedürfnisse zu erkennen, erfüllen zu können und zu einer größtmöglichen Unabhängigkeit/Selbständigkeit zu gelangen (Ansätze von Henderson, Roper et al., Orem).

Interaktionistische Ansätze
gehen von der Wichtigkeit der zwischenmenschlichen Beziehung aus, in der sich die beteiligten Personen mit dem, was sie sagen oder tun, wechselseitig beeinflussen.

Insofern wird die Beziehung auch als Kern der Pflege gesehen. Dazu ist es erforderlich, daß die Pflegeperson das eigene Verhalten versteht. Nur dann kann sie die Patientin/den Patienten dabei unterstützen, von ihr wahrgenommene Schwierigkeiten zu erkennen, die sich u. a. in der Beziehungsgestaltung zu anderen Menschen verdeutlichen können.

Je nach Hilfsbedürftigkeit werden der Pflegeperson durch die Patientin/den Patienten unterschiedliche Rollen zugeschrieben bzw. muß sie unterschiedliche Rollen einnehmen (z. B. Lehrerin, Ersatz für ..., Beraterin) (Ansatz von Peplau).

Systemische Ansätze
sehen sowohl den Menschen selbst als auch den Menschen und seine Umwelt als Systeme, deren einzelne Elemente (Subsysteme) in wechselseitiger Beziehung zueinander stehen.

Die Pflegende hat die Aufgabe, Problemquellen für ein Ungleichgewicht in einem System zu identifizieren und geeignete Maßnahmen zu ergreifen, die das Gleichgewicht aufrechterhalten bzw. wiederherstellen können. Das Gleichgewicht kann sowohl in einer Einzelperson, in der Familie oder in einer Gruppe gestört sein (Ansatz von Neumann).

Die einzelnen Ansätze unterscheiden sich aufgrund der unterschiedlichen Perspektiven in ihrer als notwendig erachteten Herangehensweise an die Pflegepraxis. Dabei ist es allerdings nicht so, daß die verschiedenen Ansätze die Inhalte und Sichtweisen der anderen als nicht gegeben betrachten würden. So gehen beispielsweise Vertreterinnen des Humanistischen Ansatzes auch davon aus, daß es einen Einfluß der Beziehungen zwischen Menschen bzw. zwischen Umwelt und Mensch gibt, die für den Menschen von Bedeutung sind. Sie setzen jedoch einen anderen Schwerpunkt und schreiben dadurch den Pflegenden in ihrem Arbeitsfeld entsprechende Aufgaben zu (Marriner–Tomey, 1992). Die meisten dieser Modelle und Theorien stammen aus dem angloamerikanischen Raum. Die Pflegepraxis dort unterscheidet sich zum Teil sehr von der hiesigen. Insofern ist es schwierig, diese theoretischen Ansätze als Grundlage der pflegerischen Arbeit in der Bundesrepublik Deutschland heranzuziehen. Dennoch kann die Auseinandersetzung mit diesen Ansätzen dabei behilflich sein – beispielsweise in einer Klinik, einem Krankenhaus oder auf einer Station –, durch Veränderung und Anpassung eines Modells oder auch durch die Integration einzelner Anteile verschiedener theoretischer Ansätze, eine eigene theoretische Grundlage für das pflegerische Handeln zu erarbeiten.

2.2.3 Grundhaltung und Aufgaben der Pflegenden

Hinsichtlich der Grundhaltung und Aufgaben der Pflegenden hat Needham (1991) „Postulate für die psychiatrische Krankenpflege" formuliert, die meines Erachtens auch in der pflegerischen Arbeit im Kontext stationärer Psychotherapie ihren Platz haben sollten. In diese Postulate hat er sowohl Aspekte des Pflegeprozesses als auch der Pflegemodelle/-theorien eingearbeitet.

Er geht davon aus, daß der Mensch von den Pflegenden mit seinen biologischen, psychischen, sozialen und spirituellen Aspekten gesehen werden sollte. Wobei diese Aspekte als Elemente eines Systems zu betrachten sind, die fortlaufend in einer wechselseitigen Beziehung zueinander stehen, in der sie sich ständig gegenseitig beeinflussen (Needham, 1991):

1. Der Mensch bewegt sich in einem Spannungsfeld zwischen Abhängigkeit und Unabhängigkeit.
   Die psychiatrische Krankenpflege verhilft dem Menschen zu möglichst großer Unabhängigkeit.
2. Der kranke Mensch hat auch gesunde Anteile.
   Die psychiatrische Krankenpflege bemüht sich sowohl um die kranken als auch um die gesunden Anteile des Patienten.
3. Jeder Mensch ist ein Individuum mit seinen eigenen Erlebnissen, Problemen, gesunden Anteilen usw.
   In der psychiatrischen Krankenpflege werden Probleme und Ressourcen des Patienten erfaßt und in der individuellen Pflegeplanung berücksichtigt.
4. Der Mensch ist als offenes System zu betrachten, das in einer interaktionellen Beziehung zu seiner Umwelt steht.
   Die psychiatrische Krankenpflege legt besonderen Wert auf interpersonelles Geschehen: Die Pflegeperson tritt hierdurch in eine Beziehung zum Patienten und fördert seine Fähigkeiten, mit anderen Menschen umzugehen.

5. Der Mensch als offenes System ist Teil eines größeren Systems – er ist eng verbunden mit seiner Umwelt.
   Die psychiatrische Krankenpflege sieht den Patienten in einem größeren Zusammenhang und berücksichtigt die Fähigkeiten und Ressourcen seiner Angehörigen und anderer Personen seines Umfeldes.
6. Jedes Individuum ist eine autonome Person mit ihrem eigenen Wertesystem, Menschenbild und der ihr eigenen Lebensauffassung.
   Die psychiatrische Krankenpflege versucht dem Menschenbild und der Lebensauffassung des Individuums Rechnung zu tragen.
7. Menschen in schweren psychischen Krisen wissen manchmal nicht, was für sie gut ist, und sie sind manchmal angewiesen auf „unverlangte Hilfe" und Fremdbestimmung, manchmal sogar gegen ihren Willen.
   Die psychiatrische Krankenpflege erwägt gründlich (meist mit anderen Berufsgruppen zusammen), *in welchen Fällen „unverlangte Hilfe" gerechtfertigt und notwendig ist.*
8. Die Genesung eines Menschen erfolgt rascher, wenn dieser einen Eigenbeitrag dazu leistet.
   Die psychiatrische Krankenpflege ermuntert den Patienten, Verantwortung im Behandlungsprozeß zu übernehmen und einen Eigenbeitrag zu leisten.
9. Krankheit kann die Fähigkeit des Menschen, seine alltäglichen Lebensaktivitäten zu bewältigen, beeinträchtigen.
   Die psychiatrische Krankenpflege verhilft dem Patienten zu einer bestmöglichen, wenn möglich selbständigen Ausübung seiner Lebensaktivitäten
   (Needham 1991, S. 67 ff.; die Hervorhebungen entsprechen dem Original).

3. Ziele

Für mich ergeben sich aus dem bisher Gesagten folgende Ziele:

1. Pflegende verfügen über ausreichendes psychosoziales Wissen und entsprechende Kompetenzen hinsichtlich der Krankheitsbilder (entsprechend Problem 1);
2. andere Berufsgruppen kennen die Basis pflegerischer Arbeit;
3. Pflegende haben ein Pflegeleitbild in Anlehnung an das Klinikkonzept (entsprechend Problem 2);

4. Pflegende arbeiten nach dem Pflegeprozeß auf einer pflegetheoretischen Basis;
5. Pflegende arbeiten nach dem Pflegeprozeß im Kontext des Gesamtbehandlungsplans (entsprechend Problem 3);
6. Pflegende haben eine eigene Berufsidentität (entsprechend Problem 4 und 5).

4. Maßnahmen zur Zielerreichung

Ich werde im folgenden zu den aufgeführten Zielen Maßnahmen vorstellen, die eine Zielerreichung möglich machen können.

Ziel 1: Pflegende verfügen über ausreichendes psychosoziales Wissen und entsprechende Kompetenzen hinsichtlich der Krankheitsbilder

Für die Tätigkeit der Pflegenden in der stationären Psychotherapie sind für mich unter anderem die folgenden Kompetenzen erforderlich:

- Kenntnis und Wahrnehmungsfähigkeit der *Einflußfaktoren sozialer Wahrnehmung und Interaktion* wie beispielsweise Stereotype, Vorurteile, Übertragungs- und Gegenübertragungsphänomene (sowohl bei anderen Personen als auch bei sich selbst), Gruppendynamik und Gruppenprozesse;
- Fähigkeit zur *personenzentrierten Gesprächsführung* mit ihrer Grundhaltung positiver Wertschätzung und Akzeptanz des Gegenübers, sich als Person in ein Gespräch einzubringen und dem Gegenüber den Raum zur eigenen Problembewältigung einzuräumen;
- *Gruppenfähigkeiten* wie Kooperations- und Konfliktfähigkeit;
- Grundlegende Kenntnisse hinsichtlich Entstehung, Verlauf und Bewältigung/Therapie von *psychischen Erkrankungen*

Zu diesen aufgeführten Bereichen könnten einerseits gezielte *Fortbildungsveranstaltungen* angeboten werden. Andererseits erachte ich eine ständige Begleitung durch *erfahrene Kolleginnen und Kollegen* sowie durch *Supervision* und *Fallbesprechungen* für außerordentlich sinnvoll.

Ziel 2: Andere Berufsgruppen kennen die Basis pflegerischer Arbeit

Um dieses Ziel zu erreichen, wären Informationsveranstaltungen hilfreich.

Ziel 3: Pflegende haben ein Pflegeleitbild in Anlehnung an das Klinikkonzept

In einem Pflegeleitbild werden *Werte* und *Ziele* einer Einrichtung (z. B. Klinikkonzept) für den Arbeitsbereich der Pflegenden konkretisiert und formuliert mit Angaben zu *pflegerischem Handeln* und geforderten *Kompetenzen.*

Für das Erarbeiten eines Pflegeleitbildes – unter Berücksichtigung der Philosophie des Trägers, der Rahmenbedingungen und der gesetzlichen Vorgaben – können Pflegemodelle oder Pflegetheorien herangezogen werden.

Ein Pflegeleitbild definiert eine klare Berufsrolle, gibt Orientierung und kann das Selbstbewußtsein der Pflegenden auch in Richtung einer eigenen Berufsidentität fördern (Schader, 1994).

Zu diesem Zweck könnte sich beispielsweise eine Arbeitsgruppe bilden, die sich mit Pflegetheorien auseinandersetzt. Unter Berücksichtigung des Klinikkonzeptes könnte beispielsweise ein geeigneter pflegetheoretischen Ansatz auswählt bzw. an die Gegebenheiten anpaßt werden. Wie weiter oben bereits erwähnt, kann es auch sinnvoll sein, durch die Integration einzelner Anteile verschiedener theoretischer Ansätze eine eigene theoretische Grundlage zu erarbeiten. Diese Grundlage kann dann für das Erarbeiten eines Pflegeleitbild herangezogen werden.

Ziel 4: Pflegende arbeiten nach dem Pflegeprozeß auf der Basis eines Pflegemodells/einer Pflegetheorie

Um sinnvoll mit dem Pflegeprozeß arbeiten zu können, ist – wie bereits erwähnt – ein Pflegemodell oder eine Pflegetheorie als Basis notwendig. Die Entscheidung für einen bestimmten theoretischen Ansatz ist durch das Erarbeiten eines Pflegeleitbildes bereits getroffen.

Für das Einführen des Pflegeprozesses bedarf es großer Geduld. Es sind *Fortbildungen* nötig, aber auch eine enge *Betreuung* und Begleitung der Pflegenden in ihrer Praxis. Dabei sollten die Erwartungen nicht zu hoch angesetzt werden. Für Krankenschwestern/Krankenpfleger, die bislang noch nicht nach dieser Arbeitsmethode vorgegangen sind, kann es eine grundlegende Veränderung ihres bisherigen pflegerischen Handelns bedeuten. Dies kann Verunsicherung und auch Ablehnung dieser Methode hervorrufen.

Eine Möglichkeit des Vorgehens sehe ich darin, den Pflegeprozeß auf einer oder zwei *Modellstationen* einzuführen, die Interesse und Motivation dafür aufbringen. Dort könnten die Krankenschwestern/Krankenpfleger anfangs mit zwei bis drei Patientinnen/Patienten nach dem Pflegeprozeß arbeiten, bis sie sich in dieser Vorgehensweise sicher fühlen. Danach kann die Zahl der Patientinnen/Patienten allmählich erhöht werden. Eine positive Resonanz dieser Modellstationen kann dann motivierend für andere Stationen sein.

Ziel 5: Pflegende arbeiten nach dem Pflegeprozeß im Kontext des Gesamtbehandlungsplans

Im Sinne eines multiprofessionellen Behandlungsansatzes ist auch aus pflegerischer Sicht eine enge Zusammenarbeit der verschiedenen Berufsgruppen unumgänglich. Behandlungsziele müssen gemeinsam aufgestellt und aufeinander abgestimmt werden. Wird jeder Berufsgruppe eine Eigenständigkeit und Bedeutung im Team zugesprochen, muß der Gesamtbehandlungsplan auch eine *gemeinsame Entscheidung* sein.

Um dies zu erreichen, ist es meines Erachtens nach wichtig, daß sich zu Anfang des stationären Aufenthaltes einer Patientin/eines Patienten alle an der Behandlung beteiligten Personen zusammensetzen und auf der Basis *aller verfügbaren Informationen gemeinsam* einen Gesamtbehandlungsplan entwickeln.

Ziel 6: Pflegende haben eine eigene Berufsidentität

Ich gehe davon aus, daß – sofern die bislang aufgeführten Ziele erreicht werden konnten – sich bereits eine eigene Berufsidentität der Pflegenden hat entwickeln können.

5. Evaluation

Im letzten Schritt komme ich nun zur Bewertung durchgeführter Maßnahmen. Mit einer Evaluation kann überprüft werden, ob die gesetzten Ziele erreicht wurden. Auf alle aufgeführten Ziele einzugehen, würde an dieser Stelle den Rahmen sprengen,
daher möchte ich eine mögliche Vorgehensweise an einem Beispiel vorstellen:

Ziel 1: Pflegende verfügen über ausreichendes psychosoziales Wissen und entsprechende Kompetenzen hinsichtlich der Krankheitsbilder

Das Fehlen dieses Wissens und dieser Kompetenzen führt einerseits sicherlich zu Unsicherheiten auf seiten der Pflegenden und andererseits zu Unstimmigkeiten und Konflikten im Team.

Ist beispielsweise eine Fortbildungsreihe zum Themenkomplex *Einflußfaktoren sozialer Wahrnehmung und Interaktion* geplant, kann die Vorgehensweise folgendermaßen aussehen:

1. Bevor die Fortbildungsreihe startet, wird ein sogenannter Pre-Test gemacht. Das heißt, zum einen werden die Pflegenden beispielsweise hinsichtlich ihrer Sicherheit und Zufriedenheit im Umgang mit Patientinnen/Patienten und der Zusammenarbeit im Team befragt. Zum anderen sind Informationen der Teammitglieder der anderen Berufsgruppen bezüglich der Zusammenarbeit mit den Pflegenden zu erfassen.
2. Die Fortbildungsreihe wird durchgeführt.
3. Die gleiche Befragung wie im Pre-Test wird in einem sogenannten Post-Test noch einmal durchgeführt.

Anhand des Vergleichs der beiden Befragungsreihen kann einerseits das Ausmaß der Veränderungen festgestellt werden. Andererseits wird deutlich, ob die Fortbildungsmaßnahmen ausreichend waren, um das gesetzte Ziel zu erreichen.

Eingangs habe ich erwähnt, daß ich mit dem Begriff der Milieutherapie die Möglichkeit lebendiger Lernbedingungen eng verknüpft sehe. Darunter verstehe ich sowohl Lernmöglichkeiten für Patientinnen und Patienten als auch für alle, die im Kontext der Milieutherapie im stationären Rahmen tätig sind.

Pflegende in der stationären Psychotherapie sind in diesem Arbeitsfeld u. a. auch darauf angewiesen, von therapeutischer und ärztlicher Seite zu lernen. Ich würde mich freuen, wenn ich durch meinen Beitrag einen Teil dazu beitragen konnte, bei den nichtpflegerischen Berufsgruppen ein Interesse für das zu wecken, was Krankenpflege ist und sein kann. Denn Interesse sehe ich als eine notwendige Voraussetzung für fruchtbare wechselseitige Lernprozesse.

Literatur

Aggleton, P., Chalmers, H. (1989): Pflegemodelle und Pflegeprozeß. In: Deutsche Krankenpflege Zeitschrift (Beilage), 42, S. 1-32 (übersetzt von S. Philbert–Hasuche).

Bardé, B., Mattke, D. (1991): Das Problem der Macht in psychoanalytisch-therapeutischen Teams. In: Gruppenpsychotherapie und Gruppendynamik, 27, S. 120-140.

Bauer, R. (1993): Krankenpflege in der Psychotherapie und Psychosomatik. In: Deutsche Krankenpflege Zeitschrift, 46, S. 536-540.

Bauer, R., Wiersma, I. (1996): Zur Identität von Pflegekräften in der Psychosomatik. In: Psych. Pflege heute, 2, S. 133-136.

Böker–Scharnhölz, M. (1978): Über das Selbstverständnis des Krankenpflegepersonals in der klinischen Psychotherapie. In: Beese, F.: Stationäre Psychotherapie. Göttingen, Zürich: Vandenhoeck & Ruprecht.

Eikelbeck, M.-L., Scheidt, Ch. v. (1991): Das Fach Psychologie in der Krankenpflegeausbildung – Eine Bildungsbedarfs- und Bildungsbedürfnisanalyse. Ruhr-Universität Bochum: Diplomarbeit.

Fawcett, J. (1996): Pflegemodelle im Überblick. Bern, Göttingen, Toronto, Seattle: Huber.

Felgner, L. (1988): Pflege als Handwerk für den Alltag. In: Die Schwester/Der Pfleger, 27, S. 602-605.

Fiechter, V., Meier, M. (1981): Pflegeplanung. Anleitung für die Praxis. Basel: Recom.

Hellwig, A., et al. (1993): Lehrbuch Psychosomatik und Psychotherapie für Krankenpflegeberufe. Göttingen, Zürich: Vandenhoeck & Ruprecht.

Horch, U., Turkfeld, H. (1988): Arbeitsbereich der Krankenschwester – Versuch einer Standortbestimmung. In: Becker, H., Senf, W. (Hg.): Praxis der stationären Psychotherapie. Stuttgart, New York: Thieme.

Janssen, P. L. (1987): Psychoanalytische Therapie in der Klinik. Stuttgart: Klett-Cotta.

Knitl, F. (1989): Krankenpflege auf einer psychoanalytisch orientierten psychosomatischen Station. In: Die Schwester/Der Pfleger, 28, S. 1018-1020.

Kurtenbach, H., Golombek, G., Siebers, H. (1986): Krankenpflegegesetz mit Ausbildungs- und Prüfungsverordnung für die Berufe in der Krankenpflege. Köln: Kohlhammer.

Marriner-Tomey, A. (1992): Pflegetheoretikerinnen und ihr Werk. Basel: Recom.

Needham, I. (1988): Pflegeplanung in der Psychiatrie. Basel: Recom.

Rath, E., Biesenthal, U. (1994): Pflegeplanung und Dokumentation. In: Pflege Zeitschrift (Beilage), 47, S. 1-13.

Schader, A. (1994): Der Pflegeprozeß als Instrument der Qualitätssicherung im Krankenhaus. In: Pflege Zeitschrift (Beilage), 47, S. 13-22.

Senf, W. (1988): Theorie der stationären Psychotherapie. In: Becker, H., Senf, W. (Hg.): Praxis der stationären Psychotherapie. Stuttgart, New York: Thieme.

Steppe, H. (1990/1991): Pflegemodelle in der Praxis. Folge 1-10. In: Die Schwester/Der Pfleger, S. 29 u. 30.

Tress, W., Schmitt, G., Roth-Theissen, H. (1988): Die Funktion der Pflegekräfte. In: Schepank, H., Tress, W. (Hg.): Die stationäre Psychotherapie und ihr Rahmen. Berlin, Heidelberg, New York, London, Paris, Tokyo: Springer.

Institutionelle Aspekte der stationären psychodynamischen Psychotherapie

Wolfgang Schneider

Institutionen stellen relevante Rahmenbedingungen sozialer Handlungsabläufe oder Prozesse dar und beeinflussen diese auf vielschichtigen Wegen. Dies gilt natürlich auch für das Feld der Psychotherapie, wobei die institutionellen Einflüsse bei der stationären Psychotherapie wahrscheinlich komplexer und weitreichender sind als bei der ambulanten Psychotherapie. In der aktuellen sozialen und ökonomischen Situation, die durch materielle Engpässe sowie zunehmende Reglementierung und Definition von Behandlungszielen und -methoden seitens der Geldgeber gekennzeichnet ist, scheint eine Reflexion dieses Kontextes relevanter denn je, da sich diese Faktoren sicherlich direkt oder indirekt auf die therapeutischen Handlungsmuster niederschlagen werden.

Ein Verständnis von Institutionen im Gesamt ihrer Strukturen, ihrer Normen, Rollenzuschreibungen und Interaktionsregeln erfordert *unterschiedliche Perspektiven, die soziologische, ökonomische und die „sozial"psychologischen Aspekte* von Institutionen umfassen. Sozioökonomische Faktoren und psychologische Mechanismen greifen komplex ineinander und sind doch für die Funktionsweise und die Entwicklung von Institutionen nicht generell als gleichrangig anzusehen. So ist der Beitrag von ökonomischen, sozialen und psychologischen Variablen an der Entwicklung einer konkreten Institution nur schwer zu bestimmen. Institutionen können sich bezüglich ihrer Hintergrundbedingungen – den hier angesprochenen Faktoren – generell unterscheiden, aber auch für eine spezifische Institution kann der Einfluß der ökonomischen, sozialen und psychologischen Bedingungen über die Zeit variieren.

1. Ein Automobilwerk als Institution ist ausgesprochen vom ökonomischen Gesichtspunkt geprägt; demgegenüber spielen z.B. bei kirchlichen Institutionen häufig soziale Faktoren eine herausragende Rolle, obwohl natürlich die ökonomischen Aspekte auch hier nicht zu vernachlässigen sind.

2. Eine Klinik kann z.B. in Phasen, in denen sie eine gesunde finanzielle Basis aufweist, den sozialen und psychologischen Prozessen – nehmen wir eine psychotherapeutische Institution an – viel Spielraum einräumen; gerät die Klinik jedoch gravierend in ökonomische Bedrängnis, relativiert sich infolge dieses Drucks in der Regel der Entwicklungsspielraum von soziologischen und psychologischen Prozessen.

Zuallererst hat eine Institution einen Auftrag. Sie produziert, bildet aus, verwaltet oder behandelt. Hier benötigt die Institution eine rationale Arbeitsteilung, geregelte Planungs- und Entscheidungsprozesse, Maßnahmen zur Qualitätssicherung. Dazu entwickelt die Institution ein Werte- und Normsystem, das wiederum auf die institutionellen Prozesse einwirkt, sowie Rollenzuschreibungen und Interaktionsregeln. Diese bilden den Rahmen für die institutionell vorherrschenden Identifikationen und Handlungsmuster.

Schülein (1996) sieht Institutionen durch einen *Doppelprozeß* charakterisiert, der einen *produktiven Anteil* umfaßt, der durch die Themen (Aufgaben) der Institution, die Herstellung von Waren, die Behandlung von Patienten oder die Produktion von Forschungsergebnissen zu beschreiben ist, und einen *reproduktiven Anteil* beinhaltet, der zur Aufrechterhaltung und Entwicklung der Institution notwendig ist. Der reproduktive Prozeß umfaßt die Identität der Institution, ihre Binnenstruktur, aber auch den Austausch mit der Umwelt. Er weist Funktionen wie die Abgrenzung nach außen und Regelungen des Zugangs (Personal, Patienten, Themen) auf. Des weiteren umfaßt der reproduktive Prozeß Themendefinitionen, die Selektion und Sozialisation von Mitgliedern, die Entwicklung von Interaktionsformen und -regeln, Normen und Machtverhältnissen und Legitimationsprozesse. Aber auch die informellen Strukturen und alle sonstigen sozialen und psychologischen Prozesse, die nach Mentzos (1976) auch „das institutionelle Unbewußte" umfassen, gehören zum reproduktiven Prozeß.

Auf beiden Prozeßebenen *operieren Institutionen mit zwei basalen Modi*, die Schülein als *instrumentelle und reflexive Praxis* bezeichnet. Die instrumentelle Praxis beinhaltet das institutionelle Handeln nach bewährten Mustern und Regeln. Die reflexive Praxis kontrolliert und evaluiert das instrumentelle Handeln bzw. verändert es. Die reflexive Praxis wird dann weiter differenziert in eine *objektreflexive*, hier wird der dem Individuum äußere Gegenstand reflektiert, und in eine *selbstreflexive Praxis*, bei der sich die reflexiven Anteile der Institution, einzelne oder definierte Gruppen und das Objekt des institutionellen Handelns zumindest partiell überschneiden. Diese Selbstreflexion wird dann noch einmal unterschieden in eine *pragmatische, alltäglich stattfindende Selbstreflexion der Individuen oder Gruppen einer Institution und eine systematisierte*, die institutionell intendiert und organisiert ist. Auf diese letzte Differenzierung werde ich später bei der Erörterung der Möglichkeiten und Grenzen von Teamreflexion im Kontext der stationären, psychodynamisch orientierten Psychotherapie noch einmal zu sprechen kommen.

Wenn wir über eine psychotherapeutische Institution sprechen – insbesondere eine psychodynamisch orientierte – unterscheidet sich der produktive Prozeß erheblich von einer warenproduzierenden Institution. *Patient und Therapeut sind nicht eindeutig getrennt.* Der *Behandlungsauftrag, auch wenn er ein partialisierter ist (z. B. die Symptombeseitigung), wird in der Regel nur schwer vom Kontext, dem Ganzen, getrennt.* Die Rollen und Handlungsansätze der verschiedenen Behandlergruppen sind nicht scharf getrennt. Aus diesen Bedingungen ergibt sich dringend die Notwendigkeit zur Selbstreflexion, aber die Widersprüchlichkeit des Gegenstandes schlägt sich auf der Ebene der Selbstreflexion und der Kommunikation nieder. Erschwerend kommt hinzu, daß sich in diesen Institutionen häufig eine erhebliche Konfundierung von Prozessen der systematischen und der pragmatischen Selbstreflexion ergibt, die eine Tendenz zur Destabilisierung in sich birgt.

Welche relevanten institutionellen Rahmenbedingungen determinieren die stationäre Psychotherapie, und wie wirken sie sich aktuell auf diese aus?

Vor jeder Diskussion von Konzepten stationärer Psychotherapie, ihren Schwierigkeiten und Möglichkeiten, erscheint ein Blick auf die institutionellen Rahmenbdingungen aus der Metaperspektive angemessen.

Den *institutionellen Kontext* bilden das Gesundheitssystem oder die sozialrechtlichen Voraussetzungen und die sich daraus ableitenden Behandlungsaufträge und Indikationsstellungen wie z. B. die Behandlung von Krankheiten oder die Wiederherstellung der Erwerbsfähigkeit im Rahmen der Rehabilitation. Aber über die Definition, was Gegenstand einer psychotherapeutischen Behandlung sein soll, wird nicht nur die Auswahl von Patienten bestimmt, sondern es werden auch über das Zur-Verfügung-Stellen von materiellen Ressourcen die therapeutischen Konzepte und Handlungsbedingungen beeinflußt.

So war die *Anerkennung von Neurosen als Krankheiten im sozialrechtlichen Sinn* die Voraussetzungen dafür, daß diese ambulant und stationär psychotherapeutisch behandelt und entsprechende Therapiekonzepte entwickelt wurden. Die *zeitliche Begrenzung der Behandlungsdauer* (aktuell eine initiale Reduzierung von 6 auf 4 Wochen) in der psychosomatisch/psychotherapeutischen Rehabilitation wird auf Dauer die Behandlungsrealität verändern. Die Auswirkungen der materiellen Engpässe im Rahmen der Gesundheitsstrukturreform haben ja in den letzten Jahren zunehmend ihre Konsequenzen für die institutionellen Handlungsspielräume und Entfaltungsmöglichkeiten gezeigt. Kurzarbeit und Schließungen von Einrichtungen im Feld der Rehabilitationsfachkliniken stellen natürlich Eckpunkte dar, die sich nicht nur auf die akut davon betroffenen Institutionen und deren Mitarbeiter auswirken, sondern auch auf andere Einrichtungen. Ich werde weiter unten noch einmal auf diesen Gesichtspunkt näher eingehen.

Definition von Behandlungsszielen: Die Ziele psychotherapeutischer Behandlungen verändern sich sowohl auf dem Hintergrund der materiellen Knappheit, die nicht nur konzeptionell andere Ziele, sondern auch, wie bereits angesprochen, über die Einengung von psychotherapeutischen Handlungsspielräumen (Behandlungsdauer, ambulant wie stationär). Dazu kommen *wissenschaftliche Positionen zu den Fragen der Effektivität und Wirkweise von Psychotherapie*. In diesem Zusammenhang muß ganz klar formuliert werden, daß sich die *Standards in bezug auf Psychotherapie, ihre Ziele und Methoden, den Nachweis ihrer Effektivität sowie der Relation von Kosten und Nutzen in den letzten zehn bis zwanzig Jahren gravierend verändert haben.*

Aufgrund des gesellschaftlichen Drucks sind die Ziele psychotherapeutischer Behandlungen kompakter geworden. *Sie orientieren sich an Begriffen der Sozialgesetzgebung (Krankheit und Erwerbsfähigkeitsminderung) und beinhalten die Aufhebung dieser nicht erwünschten Zustände und Prozesse.* Inhaltlich orientieren sich die Ziele stärker an – meßbaren – Symptomen im psychischen und somatischen Bereich bzw. an harten Daten wie Arbeitsunfähigkeit oder Berentung. Zu dieser Entwicklung passen scheinbar verhaltenstherapeutische, oftmals störungsspezifisch ausgerichtete Behandlungsmodelle optimal, die für sich beanspruchen, kostengünstiger und effizienter psychische und psychosomatische Probleme behandeln zu können. Dieser Anspruch wird unterlegt mit Befunden der „vergleichenden Psychotherapieforschung", die – so z. B. die Ergebnisse der Berner Metaanalyse (Grawe et al., 1994) – die behavioral-kognitiven Methoden gegenüber den psychodynamisch orientierten Therapieansätzen eindeutig im Vorteil sieht. Auch wenn die Ergebnisse der Psychotherapievergleiche, wenn man sie differenziert beleuchtet, durchaus zurückhaltender interpretiert werden sollten (Lambert u. Bergin, 1994; Seligman, 1996), sieht die *Realität stationärer Psychotherapie im Vergleich zur Behandlungsrealität der siebziger und des Beginns der achtziger Jahre durchaus anders* aus. Die stationären Behandlungskonzepte eines Großteils von psychodynamisch ausgerichteten psychotherapeutischen Kliniken sind durchaus *multimethodal oder mehrdimensional* angelegt. Diese Entwicklung ist ein Ergebnis aus klinischen Erfahrungen in der Arbeit mit den unterschiedlichsten Patientengruppen und therapeutischen Problemstellungen (Praxisshift), der Rezeption wissenschaftlicher Standards und den Anforderungen der Träger der Behandlungseinheiten.

Diese Faktoren stellen Rahmenbedingungen dar, die sich nachhaltig auf die institutionellen Handlungsmuster (produktive wie reproduktive) niederschlagen.

Neben den hier genannten übergeordneten institutionellen Rahmenbedingungen stationärer Psychotherapie, die für alle derartigen Institutionen Gültigkeit haben, kommen weitere institutionelle Bedingungen hinzu, bezüglich derer sich die konkreten Einrichtung unterscheiden.

Die *geographische Lage der Klinik*: Häufig sind Rehabilitationskliniken weit vom Heimatort der Patienten entfernt und liegen in der Regel in landschaftlich reizvollen Gegenden. Die „Heimatferne" hat grundsätzlich unterschiedliche Auswirkungen, die z.B. über die damit verbundenen seltenen Gelegenheiten zur Beurlaubung nach Hause oder den Besuch von Verwandten und Bekannten vermittelt werden. Diese Situation muß nicht notwendig negativ sein, hat jedoch selbstverständlich Folgen für den Behandlungsprozeß. Problematischer erscheint die überregionale Behandlung aufgrund ihrer in der

Regel mangelhaften Anbindung an die örtlichen Therapieversorgungsstrukturen, die häufig eine geplante Nachbehandlung und einen gemeinsam konzeptualisierten Gesamtbehandlungsplan erschweren. Die geographische Lage hat durchaus auch Einflüsse auf das Personal bzw. die Personalselektion, z. B. über ein spezifisches Angebot an Mitarbeitern, die Ausbildungs- und Weiterbildungsangebote, Freizeitangebote für Mitarbeiter; gerade die akademischen Mitarbeiter kommen häufig aus Städten und orientieren sich in ihren Bedürfnissen an deren Angeboten. Der geographische Standort wirkt sich auch auf das subjektive Wohlbefinden und gegebenenfalls auf die Motivation der Mitarbeiter aus.

Die ökologischen Bedingungen der Klinik: Dieser Aspekt bezieht sich auf die baulichen Gegebenheiten der Behandlungsinstitution und die räumliche bzw. landschaftliche Einbettung der Klinik. Kächele (1993) spricht von therapeutischer Umwelt. Die Architektur des Gebäudes, z. B. seine Eingliederung in ein Großklinikum, wie die Beschaffenheit, Anordnung und Ausstattung der Therapie- und Patientenzimmer determinieren in vielfältiger Weise emotionale und kognitive Prozesse sowohl auf seiten der Behandelten wie der Behandler und nehmen so einen Einfluß auf die Behandlung. Dabei ist selbstverständlich, daß die Auswirkungen dieser Variablen auf die einzelnen nicht gleichgerichtet sind. Eine systematische Reflexion dieser Rahmenbedingungen und ihres Einflusses auf den therapeutischen Prozeß ist so unter dem Aspekt der individuellen Bewertung nur begrenzt möglich.

Soweit die psychotherapeutische Institution in größere Einheiten, z. B. Universitätskliniken, eingebunden ist, bestehen u. U. Einflüsse seitens anderer Einrichtungen (z. B. Laborpersonal, medizinisch-technisches Personal, Krankengymnasten, Pförtner). Falls die psychotherapeutische Institution nicht eigenständig (bezogen auf Sachmittel wie die ärztliche Befugnis) ist, können erhebliche Irritationen und Komplikationen auf der Ebene der Therapieplanung und Durchführung resultieren.

Die *Trennung vom gewohnten sozialen Umfeld*: Diese Veränderung des gewohnten interaktionellen Bezugsrahmens wird häufig eine relevante Funktion bei relevanten therapeutischen Entwicklungsprozessen haben. Die Entlastung von immer wiederkehrenden (repetitiven) Interaktionsfiguren kann u. U. auf seiten des Patienten die Reflexion und Distanzierung von individuellen maladaptiven

Beziehungsmustern erleichtern. Gleichzeitig besteht jedoch die Gefahr, daß die Separation des psychotherapeutischen Prozesses vom sozialen Bezugsfeld eine kontraproduktive Variable darstellt, die eine Reintegration des Patienten in seinen alltäglichen Kontext erschweren kann.

Wenn wir hier den Fokus auf die vielgestaltigen Beziehungsmuster im stationären Behandlungssetting gelegt haben, muß weiter berücksichtigt werden, daß in der Regel in der stationären Psychotherapie eine Vielzahl unterschiedlicher Psychotherapieverfahren oder ergänzender Behandlungsangebote (wie z. B. Kreativtherapie oder Krankengymnastik) zur Verfügung stehen und vom Patienten wahrgenommen werden, die wahrscheinlich nicht nur über den Beziehungsaspekt veränderungsrelevant sind, sondern *u. U. einen spezifischen Einfluß auf therapiebedeutsame Merkmalsbereiche* aufweisen. Auch diese Aspekte müssen bei der Analyse des stationären psychotherapeutischen Settings und seiner Wirksamkeit berücksichtigt werden.

Wir sehen, daß die institutionellen Faktoren in komplexer und vielfältiger Weise psychotherapeutische Prozesse auf den verschiedensten Ebenen beeinflussen. Alle diese Perspektiven könnten grundsätzlich Gegenstand der Reflexion sein. Ich möchte mich im folgenden mit den Auswirkungen der oben charakterisierten Entwicklung auf die Personalseite, das Team, befassen.

In der stationären psychoanalytisch orientierten Psychotherapie sind zwei grundlegende Modelle beschrieben worden, das bipolare Modell und das integrative Modell (Janssen, 1988; Becker u. Senf, 1988).

Diese Modelle wurden zur Charakterisierung von stationären Behandlungskonzepten entwickelt, die im Schwerpunkt eine psychodynamische Orientierung aufweisen.

Für das *bipolare Modell* wird eine Unterteilung von *Therapie- und Realitätsraum* beschrieben. Die Institution sei durch polare Handlungsräume charakterisiert, die auf der einen Seite psychoanalytische Haltungen und andererseits Realitätsverhalten umfassen.

Beim *integrativen Modell* (Janssen, 1988, S.74) besteht der Grundgedanke darin, daß der Patient jeden aus dem Behandlerteam in seine unbewußten Beziehungsmuster einbeziehen kann und daß die gesamte Palette unbewußter Beziehungskonstellationen in der therapeutischen Bearbeitung zu berücksichtigen ist. Von der Problematik der Spaltung bei der stationären Behandlung von Borderline-Patienten ausgehend, wird die Notwendigkeit der Integration von Therapie- und Realraum begründet. Das stationäre Setting wird als ein multipersonales Übertragungssystem verstanden, das primitive Abwehr- und Objektbeziehungsmuster bedingt sowie Spaltungsübertragungen auslöst. Die Integration soll durch die „Durchlässigkeit" von Therapie- und Realraum erfolgen. Dafür werden alle Berufsgruppen in die Therapie einbezogen mit dem Ziel, jede Beziehungssituation, die der Patient herstellt, als gleichwertig zu reflektieren und zu behandeln. Getragen wird diese Arbeitsorientierung durch regelmäßige Konferenzen aller therapeutisch Tätigen und die therapeutische Bearbeitung des Agierens des Patienten im Real- und im analytisch-therapeutischen Raum.

Auf dieser Grundlage sind folgende Funktionen für das Team zur Förderung therapeutischer Prozesse beschrieben worden (Janssen, 1987, S. 156):

- *Gestaltung und Aufrechterhaltung der Rahmenbedingungen (Settings); grenzen- und haltgebend;*
- *Förderung der therapeutischen Arbeitsbeziehung und der Realitätsbeziehung während des therapeutischen Prozesses;*
- *Förderung der mütterlich-haltenden und diatrophischen Beziehungen in Phasen der Regression mit primitiven Übertragungen und Prozessen der Ich-Dekompensation;*
- *Interpretation und Durcharbeitung der reinszenierten Konflikte.*

Dieses Verständnis der Teamaufgaben, der Rollen- und Funktionszuschreibungen sowie der Interaktionsmodi der verschiedenen Berufsgruppen und Einzelpersonen räumt der Reflexion von Übertragungs- und Gegenübertragungsprozessen den zentralen Stellenwert ein, auf dessen Grundlage sich dann die „stützenden" und die „verstehend-expressiven" therapeutischen Vorgehensweisen konzeptualisieren und im Prozeß umsetzen lassen sollen. Nun habe ich weiter oben argumentiert, daß *die stationäre Psychotherapie heute doch eher einem mehrdimensionalen oder multimethodalen Konzept folgt, bei dem neben psychodynamisch orientierten diagnostischen und therapeutischen Vorgehensweisen auch therapeutische Interventionen umgesetzt* werden, die auf einem grundlegend von der Psychoanalyse verschiedenen theoretischen Modell aufbauen. Bevorzugt werden dies verhaltenstherapeutische Methoden sein, die vielfältig bei der Behandlung unterschiedlichster Patientengruppen und Problemstellungen eingesetzt werden. Diese *Integration von schulendifferen-*

ten Therapiemethoden verändert notwendig den Reflexionshorizont sowie die Beziehungsfiguren, die sich zwischen den Patienten und dem Personal realisieren, aber auch innerhalb des Personals abspielen.

Die Gründe dafür sind vielschichtig: Die Ausbildungen der Therapeuten unterschiedlicher Richtungen sind divergent; damit verbunden sind Unterschiede in der Begriffs- und Theoriebildung. Relevante Norm- und Wertorientierungen sind ebenfalls verschieden. Patientenverhalten oder -handlungen werden von den Mitarbeitern mit unterschiedlicher therapeutischer Ausrichtung divergent wahrgenommen und beschrieben. Die Ziele der therapeutischen Interventionen unterscheiden sich so u. U. auch gravierend bei den Mitarbeitern.

Es wird weiter im Kontext der stationären Psychotherapie notwendig sein, die *unterschiedlichen Facetten des Patienten so umfassend wie möglich zu reflektieren,* wobei sich der Problemhorizont erweitert hat, soweit die psychoanalytische Perspektive wie auch z. B. das verhaltenstherapeutische Verständnis ernsthaft und kompetent berücksichtigt werden. Dies bedeutet, *daß beide Ansätze als prinzipiell gleichrangig verstanden und behandelt werden und nicht die eine, in der Regel häufiger die verhaltenstherapeutische Methode, als bloßes „Anhängsel" an die psychodynamische Orientierung begriffen wird.* Das *Nebeneinander unterschiedlicher therapeutischer Ansätze verändert die Behandlungsrealität und die Beziehungsgestaltung in der Therapie gravierend und erfordert in einer gewissen Weise andere Konzepte des Verstehens und auch des Miteinander-Sprechens.*

Diese Aufgaben muß das Team leisten. Dies bedeutet z. B., *daß der oben angeführte Katalog von Teamaufgaben verändert werden muß.* Es geht dabei sicherlich nicht nur um eine einfache Erweiterung der Funktion des Teams, z. B. im Sinne der Planung eines systematischen Programms zur Angstbehandlung (Desensibilisierung, Flooding oder Attribuierungstraining), sondern um eine mehr oder weniger weit gefaßte *Neuformulierung von Problemen.* Die Beweglichkeit, Offenheit und Motivlage der in diesen Prozeß involvierten Mitarbeiter wird die Reichweite dieser Entwicklung jedenfalls entscheidend bestimmen.

Wie weit diese Prozesse der Integration von unterschiedlichen Therapieansätzen tatsächlich zu realisieren sind, in welchem Ausmaß die bislang unterschiedlichen Krankheits- und Behandlungskonzepte in neue theoretische und handlungsbezogene Kontexte gestellt werden können, dies sind heute sicherlich noch offene, aber zentrale

Fragen. Westmeyer (1982) hat im Zusammenhang mit der Diskussion um das Problem der differentiellen Therapieindikation davor gewarnt, im Bereich der Psychotherapie dem wissenschaftstheoretischen Modell der „Einheitswissenschaft" nachzueifern. Dies bedeutet das Akzeptieren des Nebeneinanders unterschiedlicher theoretischer und praktischer psychotherapeutischer Modelle, ohne vorschnelle und theoretisch wie praktisch unbefriedigende Versuche einer Integration in einem gemeinsamen Verständnismodell. Integration stellt einen Prozeß sowohl auf der theoretischen wie auf der Handlungsebene dar, dessen Ziel nicht notwendig die umfassende Ineinanderführung von unterschiedlichen theoretischen Therapiemodellen sein muß.

Wie weit dieser Prozeß zu führen ist, sollte konstruktiv auf allen möglichen praktischen wie theoretischen Ebenen exploriert werden. Programmatisches Ausgrenzen von Reflexionshorizonten ist m. E. gerade in diesem Feld angesichts des realen Diskussionsstandes, aber auch der empirischen Befundlage und der Therapiepraxis nicht angezeigt. Lambert und Bergin (1994) fragen z. B., inwieweit die Tatsache, daß die empirische Psychotherapieforschung insgesamt nur wenig überzeugende Hinweise für eine generelle Überlegenheit der einen Methode über die andere ergeben hat, nicht in dem Sachverhalt begründet sein könnte, daß unterschiedliche Therapiemethoden einen „gemeinsamen Wirkfaktor" aufweisen, der in den jeweiligen Veränderungstheorien und Umständen nicht benannt wird (S. 161).

Wenn es um die Themen der Integration von Behandlungskonzepten und Handlungsmustern in der Therapie geht, ist die Frage der Integration der an der Therapie beteiligten Teammitglieder in den Gesamtbehandlungsablauf von Bedeutung.

Konkret heißt dies z. B.: Ist der Verhaltenstherapeut genausoviel „wert" wie der Psychoanalytiker? Wir kennen die Frage natürlich auch aus den traditionell psychodynamisch orientierten Settings. Hier heißt es z. B.: Sind die Bewegungstherapeutin, der Kreativtherapeut oder die Krankenschwester bzw. ihre Beiträge und Handlungsangebote für den therapeutischen Prozeß genausoviel Wert wie der ärztliche oder psychologische Psychotherapeut?

Thematisch befinden wir uns auf dem von Schülein benannten Level der *Selbstreflexion*. Diese Selbstreflexion hat einerseits einen systematischen Aspekt: die institutionell formulierten Rollen-, Aufgabenzuschreibungen, Interaktionsregeln und damit verbundenen hierarchischen Strukturen oder Machtpositionen und die formalisierten Strukturen des Austauschs (Team, Visite, Supervision). Andererseits gibt es den pragmatischen Anteil der Selbstreflexion, der alltäglich auf der Ebene des einzelnen oder auf der informellen Subgruppenebene stattfindet. Themen können sein: Neid, Konkurrenz, Aggression, depressive Inhalte, Intrige, Bewunderung, Identifikation, Idealisierung etc.

Konflikte innerhalb der Institution (hier der therapeutischen Einheit im engeren Sinne) können auf unterschiedlichen Ebenen angesiedelt sein:

- innerhalb des Teams;
- innerhalb spezifischer Berufsgruppen (zwischen somatisch und psychotherapeutisch tätigen Ärzten);
- zwischen Berufsgruppen (Ärzte und Psychologen); hier spielen häufig differente Karriereaussichten eine Rolle;
- zwischen Akademikern und Nichtakademikern (Ärzte und Psychologen sowie Schwestern, Bewegungstherapeuten); für die Pflege in der Psychotherapie wird häufig berichtet, daß sie für dieses spezifische Aufgabenfeld unterprofessionalisiert sei, d.h. zu wenig spezifische und differenzierte Funktionen aufweise. Hinzu kommen hierarchische Abhängigkeiten und Sprachbarrieren, die die Tätigkeit des Pflegepersonals in derartigen Einrichtungen oftmals in besonderer Weise belasten;
- zwischen unterschiedlichen psychotherapeutischen Ansätzen, die durchaus berufsgruppenübergreifend sein können. Ein besonderes Problem stellt häufig die Wertigkeit der körperzentrierten Behandlungsansätze oder der kreativen Therapie (Mal-, Musiktherapie) dar. Betroffen sind dann natürlich nicht nur die konkreten therapeutischen Verfahren, sondern auch die sie umsetzenden Therapeuten und Therapeutinnen.

Diese Konflikte gruppieren sich um Fragen der persönlichen oder gruppenbezogenen Macht, um Geld und berufliche Perspektive. Auch die Zeitstruktur und die Freiheit der Arbeitsgestaltung differieren zwischen den verschiedenen Berufsgruppen. Psychologisch bedeutsam sind vor allem narzißtische Gratifikationen, aber auch Probleme der Autonomie/Abhängigkeit und der Kontrolle bzw. Unterwerfung (siehe auch Bardé u. Mattke, 1991).

Diese Konflikte und die damit verbundenen Gefühle und Gruppenprozesse dürfen generell nicht nur als Ausdruck der Probleme des

Patienten verstanden werden. So ist es wichtig, zwischen der Neurose des Patienten und der des Teams bzw. der Institution oder einzelner Teammitglieder zu unterscheiden.

Das *Potential an systematischer Reflexionsmöglichkeit* in einem Team oder in einer Institution ist eine Funktion von

1. der „Gesundheit" der Institution, die ich durch die Merkmale ökonomische, soziologische und psychologische Ressourcen determiniert sehe. Dem ökonomischen und dem sozialen Faktor (z. B. Personalbemessung, Art der verfügbaren Berufsgruppen, Art der Interaktionen: Teambesprechungen, Supervision, Visite etc.), der stark von den wirtschaftlichen Rahmenbedingungen abhängt, kommt dabei die größte Bedeutung zu.
2. der psychischen Stabilität und konstruktiven Fähigkeit zur Arbeit im Team seitens der einzelnen Mitarbeiterinnen und Mitarbeiter in der Institution. Diese ist grundsätzlich nicht unabhängig von den institutionellen Arbeitsbedingungen zu sehen, obwohl es natürlich auch Mitarbeiter geben kann, die weitgehend losgelöst von ihren aktuellen Lebens- und Arbeitsbedingungen relevante Schwierigkeiten bezüglich einer adäquaten psychosozialen Anpassung aufweisen.

Wenn die Möglichkeit zu einer weitgehend ungestörten Selbstreflexion systematischer und individueller Art etwa aufgrund knapper wirtschaftlicher Ressourcen, die aktuell z. B. Kurzarbeit und drohende Arbeitslosigkeit in Kliniken bedeuten können, eingeschränkt sind, kommt es zu vielfältigen zufälligen oder systematischen Verzerrungen oder Skotomisierungen in den institutionellen Handlungen.

Diese Problemhorizonte, die institutionellen und individuellen Belastungen der Mitarbeiter, müßten nun als solche reflektiert und in ihrer Bedeutung für den therapeutischen Reflexions- und Handlungsprozeß verstanden werden. Sie lassen sich jedoch in der Regel nur begrenzt aus dem therapeutischen Prozeß „eliminieren", sondern stellen häufig eine – nicht intendierte und nur begrenzt beeinflußbare – therapeutische Rahmenbedingung dar.

Literatur

Bardé, B., Mattke, D. (1991): Das Problem der Macht in psychoanalytisch-therapeutischen Teams. In: Gruppenpsychotherapie und Gruppendynamik, 27, S. 120-140.

Becker, H., Senf, W. (1987): Praxis der stationären Psychotherapie. Stuttgart: Thieme.

Grawe, K., Donati, R., Bernauer, F. (1994): Psychotherapie im Wandel. Von der Konfession zur Profession. Göttingen: Hogrefe.
Lambert, M. J., Bergin, A. E. (1994): The Effectiveness of Psychotherapy. In: Bergin, A. E., Garfield, S. L. (Hg.): Handbook of Psychotherapy and Behavior Change. John Wiley & Sons, S. 143-189.
Janssen, P. L. (1987): Psychoanalytische Therapie in der Klinik. Stuttgart: Klett.
Kächele, H. (1994): Die therapeutische Umwelt in der stationären Psychotherapie. In: Schmitt, G., Seifert, Th., Kächele, H.: Stationäre analytische Psychotherapie. Stuttgart, New York: Schattauer, S. 41-48.
Mentzos, S. (1976): Interpersonale und institutionalisierte Abwehr. Frankfurt/M.: Suhrkamp.
Schülein, J. A. (1996): Psychoanalyse als Institution. Über Schwierigkeiten der Institutionalisierung selbstreflexiver Praxis. In: Bruns, G. (Hg.): Psychoanalyse im Kontext. Opladen: Westdeutscher Verlag, S. 35-62.
Seligman, M. E. (1996): The effectiveness of psychotherapy. The Consumer Reports Study (Review). Am. Psychol., 50, S. 965-974.
Westmeyer, H. (1982): Allgemeine methodologische Probleme der Indikation in der Psychotherapie. In: Baumann, U. (Hg.): Indikation zur Psychotherapie. München, Wien, Baltimore: Urban & Schwarzenberg, S. 187-198.

Stationäre Kunsttherapie

Gertraud Schottenloher

„Wer macht was?" war die Frage, die uns in Forum I gestellt wurde. Was ist also der spezifische Beitrag der Kunsttherapie im stationären Therapiesetting?

Der Kunsttherapeut setzt in seiner therapeutischen Arbeit an den „gesunden" Ich-Anteilen der Patienten und Patientinnen an und unterstützt diese im aktiv bildnerischen Prozeß. Nicht der Mangel, nicht die Krankheit stehen im Vordergrund der gemeinsamen Arbeit, sondern die Ressourcen und kreativen Fähigkeiten, die es dem Patienten ermöglichen, eigenverantwortlich und autonom seine Ideen darzustellen und zu verwirklichen. So findet dieser einen neuen Zugang zu sich selbst und zu seinen Möglichkeiten, aus sich selbst heraus etwas zu erschaffen. Er findet neue Formen der Verarbeitung seiner Probleme in der Gestaltung, die ihn nicht als Patienten stigmatisieren, sondern ihn in seinem schöpferischen Potential sichtbar werden lassen. Gleichzeitig holt ihn die bildnerische Arbeit aus seiner Isolierung, verbindet ihn mit Betrachtern und mitgestaltenden Patienten und auch mit seiner eigenen Geschichte, die ebenso Teil der Bilder ist wie die Gegenwart. Das Selbstvertrauen wächst, sonst Unsagbares kann ausgedrückt und bearbeitet werden und damit seine krankmachende Wirkung verlieren. Was in der bildnerischen Arbeit an Ausdauer, Einfühlung, Vertrauen, Einsicht, Gefühl für Kompetenz, Neugierde, Unternehmungsgeist etc. entwickelt wird, kann in das Alltagsleben übertragen werden. In der künstlerischen Arbeit wird selbständig oder unter Anleitung durch die Kunsttherapeuten und Kunsttherapeutinnen eine Lösung für die bildnerischen Probleme gesucht und meistens gefunden. Das kann plötzlich geschehen und mit einem „Glückserlebnis" verbunden sein oder auch lange harte Arbeit mit verzweiflungsvollen Phasen bedeuten. Doch auch dann bewirkt die Lösungsfindung eine tiefe Zufriedenheit.

Diese Erfolge stärken das Selbstvertrauen, das Durchhaltevermögen und den Willen, Probleme zu lösen. Nicht die Beschwerden und die damit verbundene, oft festgefahrene Haltung stehen im kunsttherapeutischen Atelier im Zentrum der Aufmerksamkeit, sondern die Ressourcen und die Fähigkeit, neue Wege und Lösungen zu finden.

Offensichtlich liegt in der bildnerischen Arbeit ein therapeutisches Element, das die Kräfte der Selbstregulation und Selbstorganisation stimuliert. Dies konnte in verschiedenen von Kunsttherapeuten durchgeführten Projekten beobachtet werden. Zum Beispiel erlitt während eines achtwöchigen kunsttherapeutischen Projekts, das in einer geschlossenen psychiatrischen Abteilung eines Landeskrankenhauses durchgeführt wurde, kein Patient und keine Patientin einen psychotischen Schub. Alle Patienten verbesserten sich in Befinden und Verhalten so sehr, daß sie nach Beendigung des Projekts auf offene Abteilungen verlegt werden konnten.

In ambulanten und stationären Therapien konnte beobachtet werden, daß durch die kunsttherapeutische Behandlung der bildnerische Prozeß an die Stelle von Symptomen treten kann. So lernte z. B. eine bulimische Patientin, „Freßanfälle" dadurch aufzufangen, daß sie sich an ihren Arbeitstisch begab und malte, statt zum Kühlschrank zu gehen und zu „fressen". Vergleichbares konnte ich bei Angstpatientinnen beobachten. Wenn sie lernten, bei den ersten Anzeichen einer Angstattacke zu malen, konnte nicht nur der Panikanfall verhindert werden, sondern die Bilder boten gleichzeitig vielfältiges Material zur Verarbeitung der Angstinhalte und zur Bewältigung der Situation.

Bei psychosomatisch Erkrankten zeigt sich oft, daß der therapeutisch begleitete bildnerische Prozeß direkt zu den psychischen Wurzeln der Erkrankung führt. Dadurch entwickelt sich emotional wie rational eine Krankheitseinsicht. Parallel dazu wird die Phantasietätigkeit stimuliert. Die Krankheitsursachen werden nicht nur aufgedeckt und benannt, sondern gleichzeitig in der Phantasie und im bildnerisch-kreativen Prozeß bearbeitet und verändert. Der kunsttherapeutische Prozeß kann als Probehandlung betrachtet werden, die es erlaubt, neue Wege zu gehen, sowohl mit sich selbst als auch in der Begegnung mit anderen. Psychodynamisch gesehen bewirkt dies eine Verschiebung von Energie, die zur Lösung des Konflikts und damit des Symptoms führen kann.

Für Patienten und Patientinnen mit Borderline-Störungen oder Mißbrauchserfahrungen kann es ein heilsamer Vorgang sein, wenn sie ihre Wut und ihren Haß in Bildern äußern können, bis hin zur symbolischen bildhaften Zerstörung der gehaßten Person. Eine wesentliche Erfahrung dabei ist, daß auf dem Papier überdimensional und überwältigend erlebte Gefühle steuerbar werden und der Gestaltende ihnen zunehmend weniger ausgeliefert ist. Er wird langsam Herr in seinem eigenen Haus, und statt von Gefühlen beherrscht zu werden, benutzt er die mobilisierte Energie, um bildnerisch etwas auszudrücken. Haben sich die überwältigend destruktiven Anteile im Bild ausgelebt, können neue Formen der Zuwendung im Bild aufkeimen. Voraussetzung für diesen Prozeß ist, daß der Therapeut sich mit in die Schattenwelt begibt und die Auseinandersetzung mit ihr mitträgt.

Auch Schmerzpatienten, depressive oder an einer unheilbaren Krankheit leidende Patienten können in der Kunsttherapie eine Alternative zu ihren bisherigen Umgangsformen mit Problemen finden. Die intensive Konzentration auf den gestalterischen Prozeß bindet die Aufmerksamkeit an konstruktives Tun. Damit wird letztere gleichzeitig dem Leiden entzogen. So entsteht ohne Leugnung der Krankheit ein konstruktiver Bereich um und neben dem Leiden, das somit gleichzeitig ausgedrückt wie relativiert werden kann. Dem bildnerisch Tätigen stellt sich eine produktive, sinnvolle Aufgabe, die der Opferrolle durch die Krankheit ein Gegengewicht verleiht oder sogar zur Alternative wird.

An zwei sehr unterschiedlichen Beispielen soll gezeigt werden, wie die „Intelligenz" des Gestaltungsprozesses an Lösungen arbeitet und diese auch findet.

Eine Patientin mit einer schweren Borderline-Störung litt sehr unter dem Phänomen einer extremen Spaltung in Gut und Böse, die in ihren Gedanken und Bildern immer wieder auftauchte. In ihren Bildern zeigte sich diese häufig als vertikaler Balken, der das Bild in zwei Hälften trennte. Sie äußerte das Verlangen, beide Bildhälften zu verbinden, und ich ermutigte sie darin, zeichnerisch zu experimentieren. Sie malte zunächst neben den vertikalen schwarzen Balken in der Mitte des Bildes einen zweiten in oranger Farbe. Sie war nicht zufrieden, denn der Balken wurde zwar breiter, doch beide Hälften blieben weiterhin getrennt. Sie unterlegte in einem nächsten Bild den Balken mit Orange, so daß sich rechts und links von ihm Orange befand (Abb. 1 a). Doch auch dieser Lösungsversuch stellte sie nicht zufrieden. Als nächstes fügte sie einen schwarzen Querbalken hinzu, so daß eine Kreuzform entstand (Abb. 1 b). Sie erlebte nun die Bildhälften ein wenig verbundener, doch nicht in ausreichendem Maß. Im nächsten Bild (Abb. 1 c) ergänzte sie den Balken mit einem Kreis, in dessen eine Bildhälfte sie in Schwarz alle ihre negativen Eigenschaf-

Abb. 1 a

Abb. 1 b

ten schrieb. Die andere Bildhälfte füllte sie in Rot mit den erwünschten positiven Eigenschaften. Auf diese Weise hob sie zwar formal die Spaltung des Bildes noch etwas mehr auf. Inhaltlich betonte sie diese jedoch wieder. Da hatte sie bildnerisch den entscheidenden Einfall, der für sie die Lösung darstellte: sie malte zwei kleinere Kreise, die sie mit Schwarz bzw. Orange ausfüllte und mit einem schwarzen horizontalen Balken verband (Abb. 1 d). Sie malte sich selbst auf dem Balken gehend und stellte erleichtert fest: „Ich kann ja zwischen beiden Polen hin- und hergehen." Die Starre löste sich in Bewegung auf, und die Integration war gelungen. Eine solche Lösung ist nicht nur formal, sondern umfaßt die emotionale Ebene im Erleben und die geistige im Erkennen.

Das zweite Beispiel (Abb. 2 a-2 k) zeigt, wie ein Angstanfall durch Malen aufgefangen und bearbeitet wurde. Lassen wir die Malerin selbst zu Wort kommen:

Bewältigung einer Angst

„... Während des Malens merke ich, wie plötzlich eine dunkle unbenennbare Angst in mir aufsteigt und sich ausbreitet. Ich entschließe

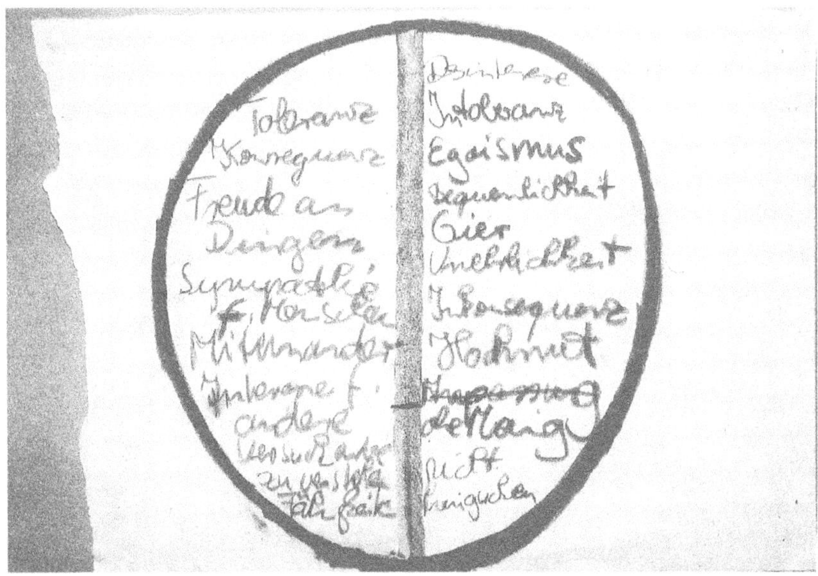

Abb. 1 c

Abb. 1 d

Abb. 2 a

Abb. 2 b

mich, diese Angst jetzt sofort – ehe sie mich mit ihrer Erstarrung und Lähmung überwältigen kann – mit Pinsel und Farbe auszudrücken. Mit schnellen Pinselschlägen entsteht Bild nach Bild:

Auf dem ersten Blatt geht eine kleine dunkle Gestalt mit großen Schritten durch ein einsames Land (Abb. 2 a). Erschreckt bleibt sie stehen. Im Gebüsch lauert etwas Unbekanntes (Abb. 2 b). Ein Tier löst sich aus dem Gesträuch. Die Gestalt läuft davon, vom Tier verfolgt (Abb. 2 c). Um einen Baum herum ensteht ein gefährliches Hetzen und Jagen (Abb. 2 d). Schließlich stehen sich beide Auge in Auge gegenüber. Das Tier zeigt seine Zähne – und eine lange phallische Zunge – und die Gestalt ebenfalls (Abb. 2 e-2 g)! Nach dieser lust-angstvollen Begegnung hat sich das Tier – es ist jetzt viel kleiner geworden – niedergelassen. Die Gestalt, größer und farbiger geworden und jetzt deutlich als Frau erkennbar, beugt sich zum Tier herunter und streichelt es mit immer noch sehr erschreckten Augen (Abb. 2 h).

Dann treten Frau und Tier gemeinsam ihren „Heimweg" an (Abb. 2 i). Als die Frau müde wird, trägt das Tier sie auf seinem Rücken (Abb. 2 j). Auf dem letzten Blatt ruhen sich beide gemeinsam aus (Abb. 2 k).

Abb. 2 c

Abb. 2 d

Abb. 2 e

Abb. 2 f

Abb. 2 g

Abb. 2 h

Abb. 2 i

Abb. 2 j

Abb. 2 k

Nach dieser Bilderserie, die höchstens 40 Minuten dauert, bin ich wie umgewandelt. Zunächst war es die Entscheidung, die Angst zu malen, die mich in Bewegung brachte und die sonst gewohnte Erstarrung durchbrach.

Während des sehr flüssigen Malprozesses wechsle ich von der Opferrolle: ‚die Angst beherrscht mich', in die einer Zeugin, indem ich bewußt teilhabe an der Möglichkeit einer Gestaltung der Angst durch: Anschauen, Begegnung, Berühren und Verbünden mit ihr."[1]

Das Beispiel zeigt, wie der spontane Malprozeß unbewältigte Gefühle freisetzt und die damit verbundenen Inhalte ins Bild bringt. Die Gefühle werden dabei weder verdrängt noch überwältigen sie die Malerin, was auf den ichsyntonen Akt des Malens zurückzuführen ist. Sie werden ausgedrückt, in der Distanz des Bildes angeschaut und Veränderungen zugänglich. Zur Angst gesellt sich Lust. Während der Konfrontation und Begegnung zwischen Ungeheuer und Frau findet ein Ausgleich statt: Das Ungeheuer wird kleiner, die menschliche

[1] Veröffentlicht in Schottenloher, G.: Alle zwei Minuten ein Bild. „Messpainting", ein fast japanisches Experiment, in: Schottenloher, G. u. Schnell, H. (Hg.) (1994): WennWorte fehlen, sprechen Bilder. Bildnerisches Gestalten und Therapie. München, S. 83-84

Gestalt größer. Beide werden im Verlauf des Prozesses als Teile des Selbst erkannt. Die Malerin kann sich im Bild, das keine Gewalt über sie hat, ihren animalischen und aggressiven Anteilen, ihrem „Schatten", stellen, sich mit ihnen versöhnen und sie integrieren. So werden sie zum tragenden Teil der Person: Das Tier trägt die Frau. Der anschließende gemeinsame Schlaf sichert den Vollzug dieser Vereinigung.

Das Malen allein genügt in der Regel nicht. Für Veränderungsprozesse dieser Art ist normalerweise die stützende Führung eines Therapeuten oder einer Therapeutin notwendig. Die Abwehr, sich auf solche furchterregenden Auseinandersetzungen tiefergehend einzulassen, ist meist zu stark, um sie alleine zu bewältigen.

Worauf läßt sich die verändernde Wirkung des bildnerischen Tuns zurückführen? Die Beobachtung verschiedener kunsttherapeutischer Behandlungen und Projekte zeigt folgendes:

Der Künstler spricht eine Bildsprache. Er ist stark am Form- und Farbgebungsprozeß orientiert. Im therapeutischen Zusammenhang orientiert er sich dabei nicht an ästhetischen Kriterien, sondern daran, was der Patient ausdrücken will und kann. Er unterstützt diesen Willen und dieses Vermögen und gibt, wenn nötig, die technischen Anleitungen dazu. In dem Maße, in dem der formal-ästhetische Gesichtspunkt in den Hintergrund rückt, tritt der persönliche Ausdruck hervor, der dann in der Dialektik des Prozesses wieder eine formale Gestaltung findet, die den Patienten letztendlich zufriedenstellt. In diesem Prozeß drücken sich Geschichte, Prägung und Struktur des Gestaltenden aus. Sie äußern sich unmittelbar und werden vom Patienten direkt verstanden oder erschließen sich in der gemeinsamen Bildbetrachtung mit dem Therapeuten und den Mitpatienten. Das Unsichtbare wird sichtbar, auch wenn es oft nicht in Worte gefaßt werden kann. Im Bild ist eine eigene Form der Transformation möglich. Alles kann sich verwandeln. Gefühltes Chaos, psychisch noch Ungestaltetes erhält objektivierte sichtbare Form, die, losgelöst vom Träger, weiterbearbeitet werden kann. Was in anderen Lebensbereichen, z.B. im sozialen Kontakt, unmöglich erscheint, wird auf dem Papier möglich. Die Bilder hängen sich an die Gedanken und beeinflussen sie. In diesem, in der Regel ungeübten, das heißt auch unverbildeten Bereich sammelt sich plötzlich, was sonst im Leben verdrängt wird, und fordert zur Auseinandersetzung auf. Oder: es drängen sich Formen und Inhalte auf das Papier, von denen der

Malende im Leben überflutet und überschwemmt wird. Auf dem Papier kann er sie ordnen und „zähmen" und wieder Herr über sie werden. Die Objektivierung im Bild ist mit einer Neutralisierung verbunden, die neue Aspekte und unerwartete Formgebungen ermöglicht. Da Form und Inhalt nicht zu trennen sind, verwandelt sich mit der neuen Form auch der Inhalt. So ist die künstlerische Arbeit an der Form gleichzeitig auch Arbeit am Inhalt.

Damit dieser Verwandlungsprozeß geschehen kann, ist eine bestimmte Atmosphäre nötig, die man vielleicht künstlerische Atmosphäre nennen könnte. Sie besteht in der Akzeptanz des jeweiligen Kunsttherapeuten gegenüber allen bildnerischen Äußerungsformen (ob abstrakt oder gegenständlich), in seinem intuitiven Verstehen der Bilder und ihrer Inhalte, in seiner eigenen Bereitschaft, einmal Geformtes wieder zu verändern, in seiner Neugier und seinem unvoreingenommenen Interesse am Geäußerten. Die Möglichkeit zur Veränderung wird von seiner Fähigkeit, sich auf leidvolle Erfahrungen einzulassen und diesen in sich selbst einen konstruktiven integrierenden Raum zu geben, getragen. In diesem Prozeß verschwindet die Frage, ob das Ergebnis gefällt, zugunsten eines existentiellen Ausdrucks. Das konzentrierte, unmittelbare Tun steht im Vordergrund sowie das Bemühen, die Hindernisse beiseite zu räumen, die einer flexiblen Entfaltung von Ideen im Bild im Wege stehen.

Für die Patienten und Patientinnen scheint der künstlerisch-therapeutische Prozeß, wie vielfach beobachtet, in erster Linie folgende Konsequenzen zu haben: Sie werden autonomer und selbstbewußter. Sie entwickeln mehr Vertrauen in ihre Fähigkeit, Probleme zu bewältigen. Sie beginnen, stärker nach Lösungen zu suchen und alte Verhaltensmuster aufzubrechen. Sie werden sozialer und auch sprachlich gewandter. Sie können ihre Situation besser ausdrücken und verstehen. Die Unterstützung der „gesunden Ich-Anteile" verlagert die Aufmerksamkeit von Leiden und Mängeln weg zu Ausdruckswillen und Gestaltungsfähigkeit. Diese Verlagerung geschieht nicht nur bei den Patienten, sondern häufig auch bei Klinikpersonal und Mitpatienten.

Das bildnerische Gestalten ist nicht nur eine Möglichkeit, in vorsprachliche Bereiche zu gehen und dort unmittelbar dynamische Prozesse zu bewirken, es fördert auch die aktiv-progressiven Anteile des Gestaltenden. Er setzt aktiv innere Bilder um, verändert sie, gestaltet sie, muß sich mit dem oft widerspenstigen Material auseinandersetzen, muß viele Entscheidungen fällen, muß ein anfänglich leeres Blatt oder einen rohen Stein mit aller Ungewißheit, was daraus wird, bearbeiten. Die begleitenden Kunsttherapeuten geben zwar Hilfestellungen, nehmen damit aber Entscheidungen nicht ab. Durch ihre therapeutische Schulung verhindern sie, daß der bildnerische Prozeß in Abwehr oder Agieren stagniert.

Noch ist wenig oder kaum erforscht, was es eigentlich ist, das die bildnerische Arbeit therapeutisch so wirksam macht. Wir können uns nur auf die Beobachtungen aus zahlreichen Projekten und Behandlungen stützen. Sicher ist, daß ein wesentlicher Teil die Kombination von autonomer bildnerischer Arbeit seitens der Patienten und die wohlwollend begleitende, unterstützende oder konfrontierende Aufmerksamkeit des anwesenden Therapeuten ist. Der Kunsttherapeut stellt dabei sein eigenes Unbewußtes atmosphärisch zur Verfügung und trägt in ihm die Konflikte, das Ringen und die Verwandlung des Patienten mit. Seine bewußte Durchdringung des Prozesses ermöglicht ihm die entsprechenden bildnerisch-therapeutischen Interventionen. So hat er am bildnerischen Ergebnis der Patienten einen Anteil, ohne selbst in den bildnerischen Prozeß direkt eingreifen zu müssen.

Die Verwandlungskraft des bildnerischen Prozesses, seine Präsenz im „Hier und Jetzt", seine Orientierung an Lösungen und seine Fähigkeit zur Integration scheinen in Verbindung mit der therapeutischen Beziehung die besondere Wirksamkeit der künstlerisch-therapeutischen Arbeit auszumachen. Lösungswege, die auf diese Weise „im kreativen Subsystem des Ichs"[2] gefunden werden, können offensichtlich in die Gesamtpersönlichkeit integriert und auf andere Bereiche übertragen werden.

[2] D. Beres, zitiert nach Kraft, H. (1984): Psychoanalyse, Kunst und Kreativität heute. Köln, S. 26

Prozeß und Ergebnis stationärer Gruppenpsychotherapie – Lehren aus einer empirischen Studie

Bernhard Strauß

Die Frage, *„wer"* in der Psychotherapie im Krankenhaus *„was"* macht, ist naturgemäß hochkomplex. Die empirische Forschung in der stationären Psychotherapie, die – gemessen am Stand der ambulanten psychotherapeutischen Versorgung – geradezu noch in den Kinderschuhen steckt, ist von einer Antwort auf diese Frage noch weit entfernt. Es ist ohnehin nicht zu vermuten, daß die uns zur Verfügung stehenden Instrumentarien und Forschungsstrategien ausreichend sind, um die Komplexität des Prozeßgeschehens in einer psychotherapeutischen Station wirklich umfassend abbilden zu können. Wahrscheinlich eignen sich qualitative Forschungsmethoden noch am ehesten, um diese komplexen Strukturen abzubilden (vgl. Bardé u. Mattke, 1993). Die quantitative Psychotherapieforschung sollte sich deshalb zunächst auf abgegrenzte Fragestellungen beschränken, von denen aber durchaus auch Hypothesen zur komplexen Struktur der Psychotherapie im Krankenhaus abgeleitet werden können.

In diesem Beitrag wird – ausgehend von einer empirischen Studie einer stationären, psychoanalytisch orientierten Gruppenpsychotherapie – der Versuch unternommen, Konsequenzen für die zukünftige Forschung in diesem Feld abzuleiten und einige Hypothesen zu formulieren, die sich auf die Frage „Wer macht was?" beziehen.

1. Schwerpunkte der Forschung in der stationären Psychotherapie

Angesichts der wachsenden Bedeutung der Ökonomie im Gesundheitswesen geriet die stationäre Psychotherapie in den vergangenen

Jahren zunehmend unter Rechtfertigungsdruck, was dazu führte, daß die lange Zeit im Vordergrund stehenden Überlegungen zur Entwicklung und Differenzierung von Behandlungskonzepten mehr und mehr abgelöst wurden durch die Diskussion und Anwendung von Forschungskonzepten. Dieser Wandel spiegelt sich in einer zunehmenden Zahl von Veröffentlichungen wider, die sich mit empirischer Forschung im stationären Bereich befassen (vgl. den Beitrag von Bassler in diesem Band). Die große Bedeutung von „Qualitätssicherung" in der Psychotherapie hat sich inzwischen wohl auch im stationären Bereich niedergeschlagen. Mittlerweile gibt es ein breites Spektrum an methodischen Ansätzen für Qualitätssicherung und Prozeß- sowie Ergebnisforschung in der stationären Psychotherapie.

Bezogen auf die Frage nach Gruppenvorgängen bei Patienten, Behandlern und innerhalb von Institutionen sind Forschungsansätze, die sich auf die gruppenpsychotherapeutische Behandlungsmaßnahmen im stationären Rahmen richten, sicherlich von besonderer Bedeutung. Die Bedeutung gruppendynamischer Prozesse innerhalb stationärer Psychotherapie, auch außerhalb genuin gruppenpsychotherapeutischer Angebote, wurde mehrfach betont (z. B. Senf, 1988; Bardé u. Mattke, 1993).

Nicht zuletzt aus ökonomischen Gründen liegt es nahe, daß in der Mehrzahl der in der BRD existierenden Kliniken – speziell mit tiefenpsychologischer Ausrichtung – gruppenpsychotherapeutische Behandlungsmethoden im engeren Sinne teilweise oder sogar ausschließlich angewandt werden. Die Untersuchung von Prozessen und Ergebnissen gruppenpsychotherapeutischer Maßnahmen in der stationären Psychotherapie sollte somit auch Aufschluß geben können über Gruppenvorgänge innerhalb der psychotherapeutischen Einrichtung, insbesondere wenn die Gruppentherapie das Kernstück eines Behandlungsprogramms darstellt.

Die große Bedeutung der Gruppenpsychotherapie ist ein wesentliches Merkmal des stationären Behandlungsprogrammes an der Universitätsklinik für Psychotherapie und Psychosomatik der Universität Kiel, wo in einer acht Betten umfassenden Station alle therapeutischen Maßnahmen gruppenbezogen angeboten werden (neben einer fünfmal wöchentlichen analytischen Gruppenpsychotherapie gilt dies auch für alle extraverbalen Behandlungsmethoden wie Gestaltungs-, Mal- und Tanztherapie).

2. Kurze Darstellung der „Kieler Gruppenpsychotherapiestudie"

Dies war Ausgangspunkt für ein Forschungsprojekt, das zwischen 1990 und 1992 in der Station der Klinik für Psychotherapie und Psychosomatik der Universität Kiel als naturalistische Psychotherapiestudie durchgeführt wurde. Das Projekt, im Detail bei Strauß und Burgmeier-Lohse (1994 a) dargestellt, hatte zum Ziel, eine Reihe von Fragestellungen zum Prozeß, zu den Wirkfaktoren und zum Ergebnis stationärer Gruppenpsychotherapie zu überprüfen. Alle in dem genannten Zeitraum behandelten Patientinnen und Patienten wurden bei ihrer Aufnahme, in der Mitte der Therapie, bei ihrer Entlassung und katamnestisch ausführlich untersucht. Darüber hinaus wurde eine aufwendige Verlaufs- und Prozeßdiagnostik durchgeführt, die es ermöglichen sollte, auch Prozeß-Ergebniszusammenhänge für das untersuchte Setting zu beschreiben.

Das Behandlungskonzept der Station bestand bereits seit Mitte der 70er Jahre und läßt sich als Variante des von Janssen (1987) beschriebenen integrativen Behandlungsmodells einer stationären, psychoanalytisch orientierten Psychotherapie beschreiben. Die Patientinnen und Patienten wurden zum Zeitpunkt der Untersuchung üblicherweise für sechs bis sieben Monate stationär aufgenommen und lebten in einer Art therapeutischer Wohngemeinschaft zusammen, die eine „slow-open-group" bildete. Die Gruppe setzte sich zusammen aus Patient(inn)en mit neurotischen Störungen, Eßstörungen sowie narzißtischen und Borderline-Persönlichkeitsstörungen. Dem Behandlungskonzept entsprechend wurden vor allem Patient(inn)en mit längerer Krankheitsgeschichte aufgenommen, die zudem durch ihre Problematik derart beeinträchtigt waren, daß sie außerhalb einer schützenden stationären Einrichtung wohl nicht zurechtgekommen wären.

Die Ergebnisse zur Effektivität des Behandlungsprogramms, zu den Wirkfaktoren und zu Prozeß-Ergebniszusammenhängen sind an anderer Stelle ausführlich dargestellt worden (vgl. Strauß u. Burgmeier-Lohse, 1994 a-c, 1995).

Im folgenden sollen einige Detailergebnisse herausgegriffen und im Hinblick auf die Frage diskutiert werden, welche Lehren sich hieraus für die Praxis der stationären Gruppenpsychotherapie und für ein Verständnis des institutionellen Gruppenprozesses ableiten lassen.

3. Lehren aus der „Kieler Gruppenpsychotherapiestudie"

3.1 Dauer der Behandlung und Behandlungsergebnis

Ein wesentliches Ergebnis der genannten Studie war, daß eine Langzeitgruppenpsychotherapie der beschriebenen Art, insgesamt gesehen, effektiv ist. Einschränkend ist allerdings zu sagen, daß die Effekte der Behandlung in ihrer Stärke differenziert zu sehen sind. So zeigte sich deutlich, daß eine symptomatische Verbesserung vor einer Besserung in persönlichkeitsbezogenen Variablen und (lange) vor einer Abnahme interpersonaler Schwierigkeiten zu beobachten war. Gerade bezogen auf Schwierigkeiten im Umgang mit anderen Menschen ergab sich – zunächst entgegen der Erwartung –, daß die stationäre Gruppenpsychotherapie unmittelbar bei der Entlassung der Patient(inn)en äußerst geringe Effekte zeigt. Lediglich 20 % der Patientinnen und Patienten erreichten das Kriterium für eine klinisch signifikante Veränderung im Bereich interpersonaler Schwierigkeiten, die mit dem Inventar zur Erfassung interpersonaler Probleme (Horowitz et al., 1994) erfaßt wurden. Die anfangs pessimistische Interpretation dieses Befundes läßt sich unter Zugrundelegung vergleichbarer Resultate aus der Psychotherapieforschung interpretieren. An dem von Lueger (1995) entwickelten Phasenmodel psychotherapeutischer Veränderungen, welches mittlerweile empirisch gut abgesichert ist, läßt sich ersehen, daß sich nach einer Verbesserung des allgemeinen Wohlbefindens (Remoralisierung) und einer Symptomminderung (Remediation) eine „Rehabilitation", also die Besserung des Zustandes in unterschiedlichen Lebensbereichen, einschließlich des Umgangs mit anderen Menschen, mit Abstand am spätesten erzielen läßt. Oftmals scheint die Rehabilitation (in diesem Sinne) erst weit nach dem Ende einer psychotherapeutischen Behandlung zu erfolgen.

Die Ergebnisse der Kieler Gruppenpsychotherapiestudie sprechen jedenfalls dafür, zeigte sich doch, daß der Prozentsatz der gebesserten Patient(inn)en im Hinblick auf interpersonale Probleme erst zum Katamnesezeitpunkt (einmal nach der Entlassung) jene Höhe erreichte, die zum Entlassungszeitpunkt bereits, bezogen auf die psychischen Symptome, zu verzeichnen war.

Als wichtige Konsequenz für die psychotherapeutische Praxis im stationären Rahmen wäre die für die Teamdynamik wichtige Einstellung abzuleiten, daß mit der stationären Psychotherapie nur ein Teil des Weges zu einer bedeutsamen Besserung des Zustandes von Patient(inn)en erreichbar ist. Möglicherweise ist es geradezu notwendig, eine Fortsetzung dieses Weges in der alltäglichen Umgebung der Betroffenen zu ermöglichen und damit die „Rehabilitation" einzuleiten. Als Konsequenz des o. g. Befundes wurde die stationäre gruppenpsychotherapeutische Behandlung an der untersuchten Einrichtung drastisch gekürzt (auf eine Standardbehandlungsdauer von jetzt drei gegenüber sechs Monaten).

3.2 Bedeutsame Prozeßkomponenten

Im Rahmen der beschriebenen Studie wurden sowohl die Therapeuten als auch die Patienten darum gebeten, ihr Selbst- und Gruppenerleben nach jeder Sitzung differenziert zu bewerten, was es ermöglichte, individuelle Verläufe der Selbstwahrnehmung und des Gruppenerlebens unterschiedlichen Therapieergebnissen zuzuordnen. Dieser Teil der Studie ist ausführlich bei Strauß und Burgmeier-Lohse (1994 c) beschrieben.

In Tabelle 1 werden die wesentlichen Ergebnisse noch einmal zusammengefaßt. Diskutiert man diese Ergebnisse unter dem Gesichtspunkt, daß sich in der therapeutischen Gruppe mit hoher Wahrscheinlichkeit institutionelle Gruppenprozesse abbilden, so sind insbesondere die Ergebnisse zur soziometrischen Position von Patientinnen und Patienten mit geringem Behandlungserfolg bemerkenswert. Die Zuweisung soziometrisch ungünstiger Positionen an ausgewählte Gruppenmitglieder reflektiert sicherlich den Mechanismus einer Delegation, der als Gruppenabwehrprozeß interpretiert werden kann. Es ist unzweifelhaft, daß diese Art der Abwehr auch in therapeutischen Teams wirksam ist, weswegen man soziometrischen Aspekten vermehrt Aufmerksamkeit schenken sollte.

3.3 Prognostische Faktoren: Die Sensibilität für zwischenmenschliche Probleme und die Ansprechbarkeit für das Behandlungskonzept

Insgesamt gesehen, erbrachte die Kieler Gruppenpsychotherapiestudie sehr wenig Hinweise auf relevante Ausgangsmerkmale, die von prognostischer Bedeutung für das Behandlungsergebnis sind. Eine Ausnahme war das Ausmaß an Sensibilität für interpersonale Schwierigkeiten (gemessen mit dem Inventar zur Erfassung interpersonaler Probleme) bei Behandlungsbeginn. Es zeigte sich eine Tendenz dafür, daß ein höheres Maß an zwischenmenschlichen Problemen bei Therapiebeginn sich insgesamt prognostisch günstig auswirkte. Diese

Tendenz ließ sich in einer multizentrischen Replikation der Untersuchung dieser Fragestellung (vgl. Davies-Osterkamp et al., 1996) bestätigen.

Im Hinblick auf die Vorgänge in der Gesamtgruppe bedeutsamer ist sicherlich das Ergebnis, das im Detail bei Strauß und Burgmeier-Lohse (1995) dargestellt ist. In einer post hoc durchgeführten Analyse zeigte sich, daß jene Patientinnen und Patienten, die von der Behandlung offensichtlich am meisten profitierten, bei der Formulierung ihrer Therapieziele zum Aufnahmezeitpunkt am meisten mit den Therapeuten übereinstimmten. Mehr noch: Basierend auf der Beobachtung, daß jene Patient(inn)en mit dem größeren Therapieerfolg offensichtlich die Gruppenerfahrungen mehr zu nutzen verstanden, die dem theoretischen Anspruch nach besonders charakteristisch sind für das untersuchte Setting, wurde dieser Zusammenhang empirisch genauer überprüft. Dabei wurden die Therapeuten, die für die Durchführung der Gruppentherapie verantwortlich waren, darum gebeten, in dem von Davies-Osterkamp et al. (1996) entwickelten sogenannten Düsseldorfer Wirkfaktorenbogen jene Items herauszusuchen, die ihrer Meinung nach besonders charakteristisch bzw. wesentlich für das gruppentherapeutische Vorgehen waren. In der Tat zeigte sich, daß die ausgewählten Items mit jenen übereinstimmten, die von den erfolgreicheren Patient(inn)en als besonders hilfreich erlebt wurden (z.B. Items, die sich auf die Rekapitulation familiärer Beziehungserfahrungen bezogen).

Die gefundenen Zusammenhänge lassen sich also als Beleg dafür interpretieren, daß die „Aufnahmebereitschaft" bzw. „Ansprechbarkeit" von Patient(inn)en für ein gegebenes Behandlungssetting offensichtlich einen wesentlichen Wirkfaktor in der stationären Psychotherapie darstellen (vgl. dazu Ambühl u. Grawe, 1988; Eckert u. Biermann-Ratjen, 1988). Dieses Ergebnis ist sicher auch von Relevanz für die Einschätzung der Bedeutung der Teamdynamik in der stationären Psychotherapie. Insbesondere eine Divergenz von Behandlungsangeboten zwischen den verschiedenen Professionen, die am Behandlungsprozeß beteiligt sind, dürfte sich aller Wahrscheinlichkeit nach ungünstig auf das Theapieergebnis einzelner Patient(inn)en auswirken.

3.4. Stationäre Psychotherapie und Lebensrealität

Ein Ergebnis von besonderer praktischer Relevanz bezog sich auf die Formulierung konkreter Therapieziele durch Patient(inn)en und Therapeut(inn)en. Im Zuge der Evaluation der gruppentherapeutischen Behandlung wurden beide Gruppen aufgefordert, Therapieziele zu formulieren und zu skalieren. Die freien Formulierungen wurden im Laufe des Forschungsprojektes kategorisiert und Zielen im Bereich des interpersonalen Verhaltens, symptombezogenen und auf das Alltagsleben bezogenen Therapiezielen, zugeordnet. Es zeigte sich, daß die Therapeut(inn)en eher dazu neigten, Therapieziele beziehungsorientiert zu konzipieren, während die Patient(inn)en primär konkrete Veränderungen ihrer Symptomatik als Ziel angaben. Auffallend aber war, daß weder die Patient(inn)en noch die Therapeut(inn)en häufig Therapieziele angaben, die sich auf das Alltagsleben der Patient(inn)en nach der Therapie richteten. Dieser erstaunliche Befund hat sich insofern auf die Behandlungskonzeption ausgewirkt, als dieser Aspekt zwischenzeitlich mehrfach fokussiert und – beispielsweise im Rahmen sozialtherapeutischer Maßnahmen – mehr in die Behandlung integriert wurde.

4. Schlußfolgerungen für qualitätssichernde Maßnahmen in der stationären Gruppenpsychotherapie und die Notwendigkeit allgemeiner Forschungsmodelle

Einige Lehren, die sich aus der Studie für konzeptuelle Überlegungen zu Problemen der Qualitätssicherung in der stationären Gruppenpsychotherapie ableiten lassen, sind an anderer Stelle bereits ausführlich beschrieben (Strauß, Kriebel u. Mattke, 1997).

Besonders vernachlässigt erscheinen in diesem Kontext Aspekte dessen, was heute gemeinhin als *Strukturqualität* bezeichnet wird, also Merkmale der Institution, die von potentiellem Einfluß auf die Qualität der dort angebotenen Behandlung sind. Köhle und Joraschky (1990) verwiesen mit der Feststellung, daß Struktur und Organisation medizinischer Institutionen sich auch unter dem Gesichtspunkt ihrer Auswirkungen auf die Kranken analysieren und modifizieren lassen müssen, auf die Bedeutung des institutionellen Rahmens hin:

- In der Untersuchung von Bardé und Mattke (1993) wurde eindrucksvoll gezeigt, wie sich beispielsweise *Regeln*, die von der Trägerschaft einer Klinik vorgegeben werden, spezifisch auf die Struktur der Klinik auswirken.

- Von wesentlichem Einfluß auf die Qualität der gruppenpsychotherapeutischen Behandlung dürfte die *gruppentherapeutische Tradition* einer Einrichtung sein, die wiederum eng verknüpft ist mit den dort geltenden Indikationsregeln. Es ist davon auszugehen, daß für die gruppentherapeutische Behandlung einer jeden Institution zumindest theoretisch ganz spezifische Indikationsregeln gelten, die aber aus praktischen oder wirtschaftlichen Gründen in der Regel nicht eingehalten werden können. Möglicherweise ist dies ein Grund dafür, daß speziell im gruppentherapeutischen Behandlungssetting (ambulant wie stationär) die Abbruchraten vergleichsweise hoch beziffert werden (vgl. z.B. Kordy u. Senf, 1992).
- Für die Strukturqualität bedeutsame Faktoren im Zusammenhang mit stationärer Gruppenpsychotherapie sind sowohl die *Ausbildung* als auch das *therapeutische Konzept* der Gruppentherapeut(inn)en. Man kann vermuten, daß in vielen stationären Einrichtungen tätige Gruppenpsychotherapeut(inn)en zunächst über keine fundierte gruppentherapeutische Ausbildung verfügen. Der Regelfall dürfte sein, daß Therapeut(inn)en, die sich in psychoanalytischer oder anderer Weiterbildung befinden, sozusagen verpflichtet werden, stationäre Gruppen zu leiten und erst über die klinische Erfahrung in die Rolle des Gruppentherapeuten hineinwachsen. Die meisten Therapeuten(inn)en sind also „dyadisch" sozialisiert, was sich auch in der Konzeptualisierung qualitätssichernder Maßnahmen im stationären Bereich, die überwiegend auf den einzelnen Patient(inn)en bzw. die Patient-Therapeut-Dyade fokussieren, widerspiegelt.
- Sind gruppenpsychotherapeutische Identitäten vorhanden, so wird in der Regel schwer feststellbar sein, wie sich diese Identität im Hinblick auf die Therapieziele und die therapeutischen Techniken – angesichts der Vielzahl von unterschiedlichen *Behandlungsmodellen* in diesem Bereich – tatsächlich manifestiert.
- Ein weiterer, für die Strukturqualtität bedeutsamer Aspekt, ist die Frage nach den *Einflüssen des therapeutischen Teams* auf die Behandlung (vgl. Bardé u. Mattke, 1993). Erst in jüngster Zeit wird damit begonnen, diese Einflüsse zu untersuchen und Hypothesen über die Beziehung zwischen Merkmalen des Behandlungsteams und dem Behandlungserfolg des Patient(inn)en zu formulieren. Bardé und Mattke beispielsweise berichten über eine Untersuchung von Spar (1976), in der sich zeigte, daß die Kooperativität und affek-

tive Expressivität von Patient(inn)en besonders von den Persönlichkeitsmerkmalen der jeweiligen Behandler bestimmt zu werden schienen, wobei insbesondere ein hohes Maß an internaler Kontrollüberzeugung auf seiten der Teammitglieder prognostisch günstig war. Ebenso konnte Spar zeigen, daß die Fähigkeit des Teamleiters, „ein förderliches Klima herzustellen", die Selbstexploration in der therapeutischen Gemeinschaft anzuregen vermochte.

- Erwähnt sei zuletzt noch das Konfliktpotential, das sich aus der inkonsistenten *Professionalisierung* des therapeutischen Teams ergibt, aus der u.a. eine Reihe subtiler Machtkonflikte resultieren können.

Zur Frage der *Prozeßqualität* in der stationären Gruppenpsychotherapie liegen mittlerweile eine ganze Reihe von Untersuchungen vor (vgl. Strauß, 1992). Im wesentlichen lassen sich die im Abschnitt 3 berichteten Ergebnisse über prognostisch günstige Prozeßmerkmale in die bereits vorhandenen Ergebnisse integrieren (Tab. 1).

Wenn es um die Evaluation von Behandlungsprogrammen, also um die *Ergebnisqualität*, geht, sind im Vorfeld eine Reihe von Fragen zu klären, die sich auf die Ziele des zu evaluierenden Behandlungsprogrammes und auf die zu erwartenden Effekte beziehen. Man kann vermuten, daß von einem gruppentherapeutisch organisierten stationären Setting noch andere Effekte zu erwarten sein werden als von einem auf das Individuum ausgerichteten, was aber in der empirischen Forschung zur stationären Psychotherapie bisher noch kaum berücksichtigt wurde. Auch in der oben beschriebenen Kieler Studie kam dieser Aspekt sicher noch zu kurz. In Anlehnung an Haubl (1994) könnte man etwas ketzerisch sagen, daß „empirische Untersuchungen zur Effizienz gruppentherapeutisch ausgerichteter stationärer Psychotherapien weitgehend wertlos sind, weil sie den Einfluß der emergenten Eigenschaften der Gruppe selbst in seinen Auswirkungen auf das Therapieergebnis nicht berücksichtigen".

In der Tat sind die meisten Forschungsstrategien und Rahmenkonzepte zur Psychotherapieevaluation (vgl. z.B. Schulte, 1993) primär auf die Einzeltherapie ausgerichtet. Erst in jüngster Zeit wurden spezifische Konzepte für die Ergebnisforschung in der Gruppentherapie entwickelt (z.B. Fuhriman u. Burlingame, 1994) bzw. jene Methoden zusammengetragen, die sich für die Bestimmung von Therapieergebnissen auf Gruppenebene eignen (z.B. Hess, 1996).

Tab. 1

Tab.1: Zusammenfassung von Prozeß-Ergebnis-Zusammenhängen

Prozeß-variablen	Patienten mit größtem	mittlerem	geringem Therapieerfolg
Soziometrische Position	Zwischenzeitlich besonders einflußreich (alpha)	Zwischenzeitlich besonders einflußreich (alpha)	
	Deutliche Zunahme der Wahlen in realistische Position (beta) Selten in negativer Position	Besonders beliebt gegen Ende der Therapie	Besonders häufig als störend (omega) und unbeliebt bezeichnet
Therapeutische Beziehung	Lineare Zunahme an Zuversicht und positiver Bewertung der Behandlung		Abnahme an Zuversicht und posit. Bewertung ab 2. Therapiehälfte
	Größte Variabilität in der Beurteilung der Beziehung zum Gruppentherapeuten		
Selbstwahrnehmung	Deutlichste Zunahme an reaktiver Emotionalität, Aktivität u. Selbststärke im Therapieverlauf		Weitgehend unverändert
Gruppenerleben	Besonders deutliche Zunahme an Selbständigkeit und Zuversicht Besonders wenig Zurückhaltung und Gehemmtheit i.d. 2. Therapiehälfte	Hohes Maß an Lernerfahrungen mit wenig Ärger und Kritik	Geringste Bezogenheit zur Gruppe
Bewertung des Gruppenklimas	Wahrnehmung des höchsten Maßes an Konflikt und des geringsten Maßes an Engagement		Unterdurchschnittliche Konflikt-wahrnehmung spez. in der 2. Therapiehälfte

Zwei Aspekte, die im Zusammenhang mit der Ergebnisqualität bedeutsam sein mögen, sollen hier besonders hervorgehoben werden:

- Zum einen ist die gerade in diesem Feld komplexe Interaktion von Prozeß- und Ergebnisaspekten zu nennen: Die Unterscheidung zwischen diesen Aspekten folgt dem herkömmlichen Kausalitätsprinzip von Ursache und Wirkung der Naturwissenschaften. Es ist jedoch fraglich, ob diese Wirksamkeitsannahme dem Geschehen in der Gruppenpsychotherapie wirklich gerecht wird. Viele therapeutische Veränderungen sind das Ergebnis interdependenter Prozesse. Daraus ergibt sich, daß auch die Bedeutung der Variablen bezüglich ihrer Abhängigkeit bzw. Unabhängigkeit neu bestimmt werden muß. Beispielsweise ist die Gruppenkohäsion sowohl eine Prozeßvariable als auch eine Ergebnisvariable, z.B. bei der Definition einer „erfolgreichen" Gruppe.
- Die in der Gruppentherapieforschung wohl traditionsreichste Richtung ist die Untersuchung von Heil-, Wirk- oder therapeutischen Faktoren, die sich im wesentlichen auf die von Yalom entwickelte Konzeption spezifischer Wirkfaktoren der gruppenpsychotherapeutischen Behandlung stützt. Wirkfaktorendiagnostik ist mittlerweile relativ differenziert und geeignet, Zusammenhänge zwischen gruppentherapiespezifischen Wirkprinzipien und dem Behandlungserfolg zu überprüfen, weswegen gerade im Gruppensetting die Wirkfaktorendiagnostik ein wesentlicher Aspekt zur Sicherung von Ergebnis- und Prozeßqualität sein könnte.

Bezogen auf die Konzeption von Forschung im Bereich stationärer Gruppenpsychotherapie – dies hat die Kieler Gruppenpsychotherapiestudie deutlich gezeigt –, mangelt es bislang an theoretischen, aber auch an Forschungsmodellen. Möglicherweise liegt dies daran, daß die Behandlungskonzeptionen unterschiedlicher Einrichtungen, aber auch unterschiedlicher Professionen, die am Prozeß stationärer Psychotherapie beteiligt sind, in hohem Maße unterschiedlich sind. Dies sollte aber nicht daran hindern, sich adäquater wissenschaftlicher Modelle zu bedienen, die eine Vereinheitlichung von Forschungsstrategien (und damit deren Vergleichbarkeit) ermöglichen.

In der Psychotherapieforschung, die sich überwiegend auf die ambulante Behandlung bezieht, ist mittlerweile ein Modell zur Integration von Forschungsbefunden etabliert, welches auf Orlinsky und Howard (1987) zurückgeht. In dieses sogenannte „Generic Model of Psychotherapy" wurden all jene Komponenten integriert, die bislang in wissenschaftlichen Untersuchungen zu Prozeß-Ergebnis-Zusammenhängen untersucht wurden. Dieses Modell, das global zwischen Input-, Prozeß- und Outputkomponenten unterscheidet, hat es beispielsweise Orlinsky et al. (1994) ermöglicht, Tausende von Einzelbefunden systematisch und aussagekräftig zu integrieren.

Der Versuch, dieses Modell für die stationäre Psychotherapie zu modifizieren, ist im Anhang zu diesem Beitrag wiedergegeben und zeigt, daß ein empirisch gestütztes, wissenschaftliches Modell durchaus für die stationäre Psychotherapie denkbar ist und unter Umständen auch einen vergleichbaren Zugang zu den einzelnen Komponenten des psychotherapeutischen Angebotes ermöglichen könnte.

Dies gilt auch für das in jüngster Zeit von Grawe (1995) postulierte allgemeine Modell der Psychotherapie, in dem vier wesentliche Wirkfaktoren unterschieden werden, nämlich die Ressourcenaktivierung (d.h. das Anknüpfen an die positiven Möglichkeiten, Eigenarten, Fähigkeiten und Motivationen des Patienten, einschließlich des Beziehungsverhaltens), die Problemaktualisierung (d.h. die Veränderung durch reales Erleben von Bedeutungsveränderungen im Therapieprozeß), die aktive Hilfe zur Problembewältigung sowie die motivationale Klärung (d.h. die Klärung der Bedeutung des Patientenerlebens und -verhaltens im Hinblick auf bewußte und unbewußte Ziele und Werte sowie die Förderung von Einsicht).

Dieses einfache Modell, das sich aber erheblich differenzieren läßt (vgl. z.B. Grawe, 1997), könnte sich sehr gut dazu eignen, auch die unterschiedlichen Ebenen des Prozesses von Psychotherapie im Krankenhaus inhaltlich zu beschreiben und empirisch zu differenzieren, was uns letztendlich der Frage näher bringen könnte, „wer" in der stationären Psychotherapie wirklich „was" macht.

Literatur

Ambühl, H., Grawe, K. (1988): Psychotherapeutisches Handeln als Verwirklichung therapeutischer Heuristiken. In: Psychotherapie, Psychosomatik, medizinische Psychologie, 38, S. 231-236.

Bardé, B., Mattke, D. (1993): Therapeutische Teams. Göttingen: Vandenhoek & Ruprecht.

Davies-Osterkamp, S. (1996): Der Düsseldorfer Wirkfaktorenfragebogen – ein Instrument zur differentiellen Beschreibung von Gruppenpsychotherapien. In: Strauß, B., Eckert, J., Tschuschke, V. (Hg.): Methoden der empirischen Gruppentherapieforschung – ein Handbuch. Opladen: Westdeutscher Verlag, S. 116-127.

Davies-Osterkamp, S., Strauß, B., Schmitz, N. (1996): Interpersonal problems as predictors of symptom-related treatment outcome in longterm psychotherapy. In: Psychotherapy Research, 6, S. 164-176.

Eckert, J., Biermann-Ratjen, E.-M. (1988): Stationäre Psychotherapie. In: Pfäfflin, F., Appelt, H., Krausz, M., Mohr, M. (Hg.): Der Mensch in der Psychiatrie. Heidelberg: Springer, S. 131-147.

Fuhriman, A., Burlingame, G. M. (1994): Group psychotherapy: Research and practice. In: Fuhriman, A., Burlingame, G. M. (Hg.): Handbook of Group Psychotherapy. New York: Wiley, S. 6-27.

Grawe, K. (1995): Grundriß einer allgemeinen Psychotherapie. In: Psychotherapeut, 40, S. 130-145.

Grawe, K. (1997): Research informed psychotherapy. In: Psychotherapy Research, 7, S. 1-19.

Haubl, R. (1994): Evaluation. In: Haubl, R., Lamott, F. (Hg.): Handbuch Gruppenanalyse. Berlin: Quintessenz, S. 138-143.

Hess, H. (1996): Zwei Verfahren zur Einschätzung der Wirksamkeit von Gruppenpsychotherapie. In Strauß, B., Eckert, J., Tschuschke, V. (Hg.): Methoden der empirischen Gruppentherapieforschung – ein Handbuch. Opladen: Westdeutscher Verlag, S. 142-158.

Horowitz, L. M., Strauß, B., Kordy, H. (1994): Inventar zur Erfassung interpersonaler Probleme (IIP-D). Weinheim: Beltz.

Janssen, P. L. (1987): Psychoanalytische Therapie in der Klinik. Stuttgart: Klett-Cotta.

Köhle, K., Joraschky, P. (1990): Institutionalisierung der psychosomatischen Medizin im klinischen Bereich. In: Th. v. Uexküll (Hg.): Psychosomatische Medizin München, Urban & Schwarzenberg, S. 415-460.

Kordy, H., Senf, W. (1992): Therapieabbrecher in geschlossenen Gruppen. In: Psychotherapie, Psychosomatik, medizinische Psychologie, 42, S. 127-133.

Lueger, R. J. (1995): Ein Phasenmodell der Veränderung in der Psychotherapie. In: Psychotherapeut, 40, S. 267-278.

Orlinsky, D., Howard, K. H. (1987): A generic model of psychotherapy. In: Journal of Integrative and Eccletic Psychotherapy, 6, S. 6-27.

Orlinsky, D., Grawe, K., Parls, B. (1994): Process and outcome in psychotherapy – Noch einmal. In: Bergin, A. E., Garfield, S. L. (Hg.): Handbook of psychotherapy and behavior change. New York: Wiley.

Schulte, D. (1993): Wie soll Therapieerfolg gemessen werden? In: Zeitschrift für Klinische Psychologie, 22, S. 374-393.

Senf, W. (1988): Theorie der stationären Psychotherapie. In: Becker, H., Senf, W. (Hg.): Praxis der stationären Psychotherapie. Stuttgart: Thieme.

Spar, J. E. (1976): The relationship between staff treatment team variables and patient improvement within an inpatient community. Dissertation, University of Miami, Fl.

Strauß, B. (1992): Empirische Untersuchungen zur stationären Gruppenpsychotherapie. In: Gruppenpsychotherapie und Gruppendynamik, 28, S. 125-149.

Strauß, B., Burgmeier-Lohse, M. (1994 a): Stationäre Langzeitgruppenpsychotherapie. Heidelberg: Asanger.

Strauß, B., Burgmeier-Lohse, M. (1994 b): Evaluation einer stationären Langzeitgruppenpsychotherapie. In: Psychotherapie, Psychosomatik, medizinische Psychologie, 44, S. 184-192.

Strauß, B., Burgmeier-Lohse, M. (1994 c): Prozeß-Ergebnis-Zusammenhänge in der analytisch orientierten Gruppenpsychotherapie. In: Psychotherapeut, 39, S. 239-250.

Strauß, B.,Burgmeier-Lohse, M. (1995): Merkmale der Passung zwischen Therapeut und Patient als Determinanten des Behandlungsergebnisses in der stationären Gruppenpsychotherapie. Zeitschrift für Psychosomatische Medizin und Psychoanalyse, 41, S. 127-140.

Strauß, B., Kriebel, R., Mattke, D. (1997): Probleme der Qualitätssicherung in der stationären Gruppenpsychotherapie. In: Psychotherapeut, 42 (im Druck).

Anhang

Modifikation des „Generic Model of Psychotherapy"
für das stationäre Setting

INPUT

Stationäres Versorgungssystem
Behandlungsrahmen:
-Aufbau des Programmes (z.B. bipolar vs. integrativ),
-Stellenwert einzelner Behandlungskomponenten (Setting)

Patientenmerkmale

therapiebezogen	*vs.*	*personal*
Indikation/ Prognose		Motivation, Behandlungs-erwartung, Psychodynamik

Therapeutenmerkmale

therapiebezogen	*vs.*	*personal*
Behandlungsmodell		Erfahrung, Ausbildung

PROZESS

Hintergrund: Atmosphäre auf der Station

Hintergrund: Therapeutische Gemeinschaft in der Station

Therapievertrag

a) Voraussetzungen
Gruppen- vs. Einzeltherapie (bzw.Kombination)
Zeitplan
Zeitliche Begrenzung
Bezahlung (Zusatzversicherungen)
Zusammensetzung des Teams (z.B. Kotherapie)
Stationsregeln (inkl. Kontakt zur "Außenwelt")
Schriftliche/mündliche Vereinbarungen (z.B. bez. Suchtmitteln etc.)

Behandlungsmodell

b) Implementation des Vertrages
Klarheit und Konsens bezügl. Behandlungsziel
Definition der Patientenrolle, evtl. Vorbereitung
Rolle des Therapeuten
Aufnahmezeitpunkt/Wartezeiten
Art der Beendigung der Behandlung
Supervision des Therapeuten
Stabilität des Arrangements und des Teams (Urlaubsregeln etc.)
Befolgen therapeutischer Normen (und mögliche Folgen bei Abweichung)

Supportive Ebene

Extraverbale Ebene

Therapeutische Maßnahmen

Problempräsentation (Patient)
-Fokus (auf Lebensprobleme etc.)

Kooperation (Patient)
-Ausmaß d. Widerstandes
-Affektive Reaktion
-Selbstexploration u. -öffnung
-Internalisierung d. Therapeutenfunktion (Identifikation)
-Zusammenarbeit mit der Gruppe

Schlußfolgerungen/Verständnis d. Therapeuten
-Fokus (Affekt, Hier und Jetzt, Kernkonflikte bezügl. Patient/Gruppe)

Interventionen des Therapeuten
-Veränderungsstrategien (z.B. Klarifikation, Deutung, Konfrontation, emotionale Präsenz, Selbstöffnung, Ratschläge, Exploration etc.)

Supportive Ebene

Extraverbale Ebene

Therapeutische Beziehung

Globale Beziehungsqualität
Patient:
zum Therapeuten (Helping Alliance)/zur Gruppe (Kohäsion, Bezogenheit), Rangdynamik
Therapeut:
Beitrag des Therapeuten zur "Bindung"

Persönliches Engagement:
Engagement des Patienten, Motivation
Engagement und Glaubwürdigkeit des Therapeuten
Reziprozität

Koordination der Interaktion:
Kollaboration des Therapeuten, Direktivität, Permissivität
Kollaboration des Patienten, Abhängigkeit, Kontrolle

Kommunikation:
Patient: Expressivität, Empathie, Möglichkeit zum Ausdruck von Emotion
Therapeut: Expressivität, Empathie
Reziprozität

Affekte auf Seiten des Patienten und des Therapeuten

Supportive Ebene

Extraverbale Ebene

Selbstbezogenheit des Patienten
Offenheit vs. Abwehr, Selbststärke
Allgemeine Zuversicht
Erfahrungen

Supportive Ebene

Extraverbale Ebene

Selbstbezogenheit des Therapeuten
Selbstkongruenz
Selbstakzeptanz

Zeitlicher Aspekt der Behandlung:
-Ablauf der Sitzungen (Akteure), Phasen des Gruppenprozesses
-Gesamtdauer der Behandlung

OUTPUT

Auswirkungen einer Sitzung
Patient: Einsicht, Lernerfahrungen,
Katharsis, Sicherheit,
Kompetenzzuwachs etc.
("Wirkfaktoren")

MIKROOUTCOME

Auswirkungen einer Sitzung
Therapeut: Verständnis einzelner Patienten,
des Gruppenprozesses
Erleben von Selbstwirksamkeit,
emotionaler Nähe etc.

Auswirkungen einer Sitzung
Therapeutische Gemeinschaft: Veränderungen
Gruppendynamik, Konflikte in der Gruppe etc.

MAKROOUTCOME

Patient: Kurzfristige Folgen der Therapie

Patient:
Aktuelles psych. Funktionsniveau
Aktuelle Lebensumstände

Patient: Soziales Netzwerk

Alltägliche Lebensereignisse

Patient: Langfristige Folgen der Therapie

Wirkfaktoren stationärer Gruppenpsychotherapie

Volker Tschuschke

Ungeachtet eines in den letzten Jahrzehnten fortschreitenden Methodeninventars, sind Verallgemeinerungen über den Wert von psychotherapeutischen Einzel- und Gruppenbehandlungen durch die immer noch stark limitierte Zahl von integrierten Prozeß-Ergebnis-Forschungen recht schwierig. Es mag sein, daß es die schiere Komplexität des gruppenpsychotherapeutischen Prozesses ist, die solche Forschung verhindert hat. Entsprechend ist es bislang kaum möglich, solche wichtigen Fragen zu beantworten wie: Wer profitiert am meisten von Gruppenbehandlungen? Was ist die Rolle des Gruppenleiters? Was sind die spezifischen therapeutischen Faktoren in unterschiedlichen Gruppen bei unterschiedlichen Patienten? Welche dieser Wirkfaktoren sind besonders wichtig in welchen Abschnitten der Gruppenentwicklung? Gibt es eine Hierarchie oder eine Abfolge unter den Wirkfaktoren? Für die stationäre Gruppenpsychotherapie stellt sich noch die veritable Frage, welchen Stellenwert die Gruppentherapie im Gesamt des komplexen Behandlungsangebots einnimmt.

Die nachfolgend dargelegten Untersuchungsergebnisse wurden anhand von zwei stationären analytischen Gruppenpsychotherapien gewonnen. Beide Gruppen fanden in einer psychotherapeutischen Klinik in normaler Klinikroutine statt, d. h. die Forschung griff weder in indikative noch therapeutische Entscheidungen ein, es fand eine Forschung im Sinne der Phase IV statt (Linden, 1987), bei der Therapien im natürlichen Setting und nicht im experimentell hergestellten universitären Raum mit Versuchspersonen durchgeführt werden.

Behandelte Gruppen und therapeutisches Setting

Zwei geschlossene analytische Langzeitgruppen wurden jeweils von denselben beiden erfahrenen männlichen Kotherapeuten geleitet.

Beide Therapeuten wiesen mehr als 15 Jahre analytische Praxis in Einzel- und Gruppenbehandlung auf und sind Lehranalytiker an einem analytischen Ausbildungsinstitut. Ihr therapeutisches Konzept folgte dem der Gruppenanalyse nach Foulkes (Foulkes u. Anthony, 1957). Das Behandlungskonzept der Klinik sah analytische Einzel- und/oder Gruppenbehandlung als zentrale Behandlungsmethoden vor. Daneben gab es einmal pro Woche eine Psychodrama-Gruppe sowie wahlweise Gestaltungs- und Bewegungstherapien. Die beiden hier dargestellten Gruppen erhielten als zentrale Behandlungsmethode die analytische Gruppenpsychotherapie mit jeweils vier Sitzungen à 90 Minuten Dauer über einen Zeitraum von ca. einem halben Jahr (keine Einzeltherapien). Gruppe I erreichte 83 und Gruppe II 94 Gruppensitzungen (Tschuschke u. Dies, 1997).

Beide Gruppen begannen mit jeweils zehn Patienten, fünf weiblichen, fünf männlichen, nach Diagnosen gemischt. Es handelte sich ausschließlich um Störungen der Achse I und/oder Achse II des DSM-IV. Psychosen und Süchte wurden nicht in der Klinik behandelt. Beide Gruppen hatten zwei vorzeitige Dropouts, Gruppe I nach ca. 20 Sitzungen. Beide Patienten wurden jeweils von nachrückenden Patienten ersetzt. Gruppe II hatte einen vorzeitigen Dropout nach ca. 25 Sitzungen, der ersetzt wurde, und einen Dropout nach ca. 65 Sitzungen. Diese Patientin wurde wegen des fortgeschrittenen Gruppenstadiums nicht ersetzt. In dieser Darstellung werden die 16 Patienten beider Gruppen – je acht in jeder Gruppe – ausführlich betrachtet, die die gesamte Behandlungszeit der Gruppen über Gruppenmitglied waren und die Behandlungen beendeten.

Forschungsmethoden

Ergebnis-Messungen

Therapeutische Veränderungen wurden über fünf Verfahren, auf drei Ebenen, erfaßt. Näheres ist an anderer Stelle detailliert beschrieben (Tschuschke, 1993; Tschuschke u. Dies, 1994; Tschuschke et al., 1996; Tschuschke u. Dies, 1997):

Patienten
- Gießen-Test (GT-S)
- Therapie-Ziele (Target Complaints)
- Symptom-Check-List 90 R (SCL-90 R)

Therapeuten
- Global Assessment Functioning Scale (Achse V des DSM-IV)

Unabhängiger Kliniker
- Goal Attainment Scaling

Die Methode des „Residual Gain Scoring" wurde für die Bestimmung der je Ergebnis-Methode erfolgreichen und nicht/wenig erfolgreichen Patienten angewandt (Luborsky, Crits-Christoph, Mintz u. Auerbach, 1988). So war es möglich, über alle Ergebnismethoden hinweg ein globales Ergebnismaß zu bestimmen; die Streuungen der einzelnen Methoden erlaubten dies, so daß die insgesamt erfolgreichen Patienten im Vergleich mit den wenig/nicht erfolgreichen Patienten im Hinblick auf eventuell differentielle prozessuale Therapieverläufe verglichen werden konnten (Tschuschke, 1993). Von jeder Gruppe wurden so jeweils vier erfolgreiche und vier weniger erfolgreiche Patienten bestimmt, insgesamt also acht erfolgreiche bzw. eher erfolgreiche und acht eher nicht erfolgreiche/wenig erfolgreiche Patienten.

Prozeß-Messungen
Fünf Wirkfaktoren sollten auf ihre Bedeutung für die therapeutischen Veränderungen der Patienten hin untersucht werden. Es handelt sich um folgende:
- Kohäsion (über „Stuttgarter Bogen")
- Selbstöffnung (über SYMLOG-Ratings)
- Feedback (interpersonales Lernen – input) (über SYMLOG-Ratings)
- Verhaltensänderungen (interpersonales Lernen – output) (über SYMLOG-Ratings)
- Rekapitulation der Primärfamilie (über KELLY-Repertory Grid)

„Rekapitulation der Primärfamilie" wurde sehr indirekt operationalisiert. Dieser Wirkfaktor ist nicht direkt beobachtbar und kann lediglich angenähert erschlossen werden. In diesem Falle wurden die Objekt- und Selbstrepräsentanzen der Patienten über die Kelly-Repertory-Grid-Methode erfaßt, u. a. eben auch die Objekte „Vater", „Mutter" und Selbstaspekte („Ideal-" und „Real-Selbst") neben anderen wichtigen sozialen Objekten (Tschuschke, 1993). Veränderungen in den intrapsychisch verankerten Beziehungen der Objekt- und

Selbstrepräsentanzen wurden als Indikator dafür genommen, daß – auf dem Wege der Übertragung? – Aspekte der Beziehung zu den Eltern und/oder Geschwistern bearbeitet wurden (und damit Aspekte der Primärfamilie).

Alle Sitzungen wurden vollständig videoaufgezeichnet. Jede zweite Sitzung wurde komplett mit der SYMLOG-Methode von unabhängigen Ratern prozeßbewertet, d.h. jede erkennbare verbale und nonverbale Äußerung eines jeden Gruppenmitglieds wurde bewertet. Auf diese Weise konnten die Wirkfaktoren „Selbstöffnung", „Feedback" und „Verhaltensänderungen" untersucht werden.

Weitere methodische Details können hier nicht dargestellt werden, sie werden ausführlich dargestellt in Tschuschke (1993).

Ergebnisse

Outcome

Tabelle 1 zeigt die Effektstärken für die acht erfolgreichen Patienten (vier pro Gruppe) und die acht wenig/nicht erfolgreichen Patienten (gleichfalls vier je Gruppe).

Die Effektstärken sind insgesamt eindrucksvoll hoch (Tillitski, 1990). Sie liegen deutlich über den durchschnittlich ermittelten Effektstärken psychotherapeutischer Behandlung. Dies mag zum einen an der intensiven Langzeitbehandlung liegen, vielleicht an den

Tab.1

Effektstärken (ES) der erfolgreichen und wenig/nicht erfolgreichen Patienten in fünf Ergebnismaßen (Prä- und Follow-up-Vergleiche, 18-Monate nach Therapieende) (Tschuschke u. Dies, 1997)

Erfolgreiche Ergebnis-Variable	Erfolgreiche Patienten (n = 8) ES	Wenig/nicht erfolgreiche Patienten (n = 8) ES
Symptom Checklist (Patient)	1.18	0.0
Gießen-Test (Patient)	0.35	- 0.11
Ziele (Patient)	6.19	2.59
Global Assessment Functioning (Therapeut)	5.37	3.81
Goal Attainment Scaling (Unabh. Kliniker)	3.39	1.32
Gesamtergebnis (Durchschnitt)	(3.30)	(1.51)

geschlossenen Gruppen, die mehr therapeutische Potenz zu entwickeln scheinen als Slow-open-Gruppen, zum anderen ist die subjektive Einschätzung der Therapieeffekte gerade bei Patienten (Therapieziele) und Behandlern (Global Assessment Functioning Scale) am höchsten und könnte einer Beurteilungs-Bias unterliegen. Die Werte der SCL-90 R und des unabhängigen Klinikers dürften eine realistischere Perspektive darstellen.

Dennoch läßt sich festhalten, daß auch die wenig bzw. „nicht" erfolgreichen Patienten in gewisser Weise und in Teilbereichen von der Behandlung profitiert haben. Die Gegenüberstellung von erfolgreichen und wenig erfolgreichen Patienten bedeutet also hier, daß keine zwei Extremgruppen betrachtet werden, sondern sich teilweise überlappende Gruppierungen mehr oder weniger erfolgreicher Patienten. Um so interpretierbarer sind die gefundenen Unterschiede, die im Vergleich mit eindeutig nicht erfolgreichen Patienten wohl noch drastischer ausgefallen wären.

Prozeß

Die erfolgreichen Patienten weisen in praktisch allen Wirkfaktoren andere Werte auf als die nicht/wenig erfolgreichen Patienten. Vor allem erweist sich der Prozeß als eine Abfolge von sich auseinander ergebenden Wirkfaktoren, die nicht zugleich wirksam werden. Nur bei Patienten, die den Therapieprozeß ihrer Gruppe für sich nutzen können, läßt sich das Inkrafttreten von Wirkfaktoren konstatieren. Die Abfolge kann modellhaft wie folgt skizziert werden:

1) Demnach scheint eine frühe gute emotionale Bezogenheit („emotionale Bezogenheit" oder „individuelle Kohäsion", besonders ausgedrückt durch das Gefühl, akzeptiert zu werden („acceptance"), nach Bloch und Crouch ein wichtiger Aspekt der „Kohäsion") in der therapeutischen Gruppe das Analogon zur guten „therapeutischen Allianz" in der Einzelpsychotherapie zu sein (Budman et al., 1990; MacKenzie u. Tschuschke, 1993; Yalom, 1995). Diese gute Bezogenheit scheint die Voraussetzung zu sein für das Wirksamwerden weiterer Wirkfaktoren. Es erhebt sich allerdings die Frage, ob „Kohäsion" mit ihren verschiedenen Facetten („esprit de corps", „Akzeptanz", „Unterstützung", vgl. Bloch u. Crouch, 1985) nicht eher eine sogenannte „Bedingung" für therapeutische Arbeit in der Gruppe ist denn ein eigenständiger Wirkfaktor im eigentlichen Sinne (vgl. hierzu auch Yalom, 1995).

2) Die Gruppenmitglieder mit höherer emotionaler Bezogenheit konnten – im Unterschied zu denjenigen mit niedrigerer Bezogenheit – sich frühzeitig öffnen (Wirkfaktor „Selbstöffnung" bei Bloch und Crouch, nicht eigenständiger Faktor bei Yalom) und erhielten entsprechend mehr und häufiger „Feedback" (Wirkfaktor „Interpersonales Lernen – input"), dabei sehr häufig auch sehr kritisches „Feedback" mit einem erheblichen Potential an Kränkung und Versunsicherung. Dennoch gingen diese Gruppenteilnehmer dieses Risiko ein. Das heißt, diese Patienten realisierten ein wesentlich höheres Maß an „interpersoneller Arbeit" (Tschuschke et al., 1996) bzw. „therapeutischer Arbeit" (Piper, McCallum u. Azim, 1992).
3) Im dritten Schritt lassen sich beginnende „Verhaltensänderungen" (Wirkfaktor „Interpersonales Lernen – output") bei diesen gut bezogenen und therapeutisch arbeitenden Patienten feststellen. Interessanterweise wurden recht frühzeitig (im ersten Drittel bzw. in der ersten Hälfte der Gruppendauer) individuell-pathologische Verhaltensmuster abgebaut, wie z.B. depressiv-lamentierendes, zwanghaft-dominantes oder narzißtisch-aufdringliches Verhalten (Tschuschke et al., 1994; Tschuschke u. Dies, 1997). Erst nach diesen Veränderungen waren dieselben Patienten in der Lage, sozial akzeptierteres und sozial verträgliches Verhalten aufzubauen, etwa Empathie, Unterstützung, Interesse an anderen und Beteiligung bei anderen in der Gruppe. Die beschriebenen „Verhaltensänderungen" ergaben sich fast ausschließlich bei erfolgreichen Gruppenteilnehmern (9 von 10 klinisch günstigen „Verhaltensänderungen" bei erfolgreichen und 5 von 6 ungünstigen bei nicht erfolgreichen Patienten).
4) Zeitlich ziemlich parallel zu den „Verhaltensänderungen" ergaben sich – wiederum fast ausschließlich bei erfolgreichen Patienten – intrapsychische Umstrukturierungen mit überdauerndem Charakter. Die oben kurz genannten ungünstigen Objekt- und Selbstrepäsentanzen (oder -vorstellungen) wurden in klinisch wünschbare Richtung hin korrigiert (Tschuschke, 1993; Tschuschke et al., 1994).

Es ergibt sich demnach ein sehr komplexes Muster von ineinandergreifenden Wirkfaktoren, die offenbar voneinander abhängig sind und erst zum Tragen kommen können, wenn gewisse Voraussetzungen erfüllt sind und sich wechselseitig bedingen. Damit ist der Faktor „Zeit" (bzw. „Zeitpunkt") in seiner Bedeutung für den therapeutischen Veränderungsprozeß von besonderer Bedeutung. Möglich sind gleichfalls Spezifika der jeweiligen Gruppenentwicklung, d.h. daß erst ein bestimmtes Stadium, das die Gruppe in ihrer Entwicklung erreichen muß (Tschuschke u. MacKenzie, 1989), unterschiedliche Wirkfaktoren verstärkt ins Spiel bringt.

Schlußfolgerungen

Diese vorläufigen Ergebnisse erlauben selbverständlich keine Schlußfolgerungen mit Verallgemeinerungscharakter. Dazu wären weitere Replikationsstudien mit vergleichbarer Prozeßforschungspräzision erforderlich. Dennoch verweisen die Ergebnisse hypothetisch auf mögliche gesetzmäßige Zusammenhänge im komplexen Prozeßgeschehen therapeutischer Gruppen, die mit Sicherheit nur über solche aufwendigen „Mehrebenen-Forschungen" entdeckt und systematisch genutzt werden können.

Es sei angemerkt, daß weitere Aspekte des therapeutischen Milieus einer psychotherapeutisch-psychosomatischen Klinik wie der untersuchten nicht zugleich erfaßt werden konnten. Zahlreiche informelle Kontakte und Subgruppenbildungen auf den Stationen sowie weitere therapeutische Angebote mögen ihrerseits zu den Behandlungseffekten beigetragen haben. Dennoch weisen die Ergebnisse der Prozeßuntersuchungen, die hier dargestellt wurden, eindeutig darauf hin, daß die analytische Gruppenpsychotherapie für die wesentlichen Behandlungseffekte maßgeblich war. Und zwar aus folgenden Gründen:

- Es fanden vier Sitzungen die Woche statt,
- nur eine Sitzung „Psychodrama" fand zusätzlich für beide Gruppen statt,
- weitere therapeutische Angebote wurden nicht im Gruppenverband – und wenn, dann nur vereinzelt und gelegentlich – in Anspruch genommen.

Vor allem aber konnten alle therapeutischen Effekte *im Behandlungsprozeß der analytischen Gruppen nachgewiesen* werden (aufgrund der präzisen Sitzungsauswertungen), d.h. es konnten die prozessualen Faktoren identifiziert werden, die den späteren Therapieeffekt (günstig oder ungünstig) moderierten: Warum, zu welchem Zeitpunkt, aufgrund von welchen interaktionellen und inhaltlichen Vorgängen setzten Veränderungsprozesse ein, auf welchen Ebenen und für wen in der Gruppe und mit welcher Konsequenz für Symptome, eigenes Verhalten, intrapsychische Strukturen sowie mit welchen Langzeiteffekten (18 Monate nach Behandlungsende)? Unterstellt, andere Therapien bzw. informelle Kontakte auf den einzelnen Stationen hätten Anstöße zur psychischen Veränderung gegeben, so läßt sich für die untersuchten Gruppen festhalten, daß diese Prozesse in die Gruppenarbeit jeweils hineingetragen und dort bearbeitet wurden.

Die Konsequenzen aus solchen Forschungsergebnissen weisen direkte therapeutische Relevanz auf. Sollten sich solche präzisen und genauen Messungen in weiteren vergleichbaren Studien replizieren lassen, müssen Gruppenleiter sich klarmachen, daß zum einen in den ersten Sitzungen entscheidende Weichen gestellt zu werden scheinen. Daß sie im Hinblick auf die anfangs besonders kritische Kohäsion in der Gruppe Gruppenmitglieder aktiver in den Prozeß integrieren müssen und daß sie bereits bei der Auswahl der Gruppenteilnehmer und bei den Indikationsüberlegungen mehr spezifische (Objekt-)Beziehungsfähigkeiten potentieller Gruppenteilnehmer berücksichtigen müssen. Einige Patienten scheinen vom Gruppensetting spezifisch profitieren zu können, während das für andere Patienten nicht zuzutreffen scheint.

Auf diesen letztgenannten Aspekt deuten auch die Ergebnisse von Piper et al. (1992) hin. Gruppenteilnehmer mit einer höheren „Psychological Mindedness" stiegen deutlich weniger aus Gruppentherapien aus und tendierten zu besserem Erfolg in den Gruppen. Ebenso ergab sich eine deutliche Beziehung zwischen „Psychological Mindedness" und Formen „therapeutischer Arbeit" in den Gruppenpsychotherapien. „Selbstbezogene Arbeit" – also eine Art „Selbstöffnung" – in der therapeutischen Gruppe war am stärksten mit günstigem Therapieergebnis verknüpft.

Das Ergebnis von Piper et al. wird auch durch die Stuttgarter Studie bestätigt. Patienten mit einer höheren „Selbstöffnung" in der ersten Therapiehälfte erhielten signifikant mehr „Feedback" (Wirkfaktor „Interpersonales Lernen – input"), realisierten also ein signifikant höheres Ausmaß an „interpersoneller Arbeit" („Selbstöffnung" und „Feedback" gemeinsam) und profitierten sehr viel mehr von der Behandlung als Gruppenmitglieder, für die das nicht zutraf oder die erst in der zweiten Therapiehälfte verstärkt „interpersonell arbeiteten" (Tschuschke et al., 1996).

In derselben Untersuchung wurden auch deutliche Hinweise gefunden, daß Aspekte des Wirkfaktors „Rekapitulation der Primärfamilie" eine bedeutsame Rolle im Hinblick auf den Therapieerfolg oder -mißerfolg spielten. Über Messungen intrapsychischer Objekt- und Selbstrepräsentanzen im Verlauf der Therapiegruppen konnte objektiviert werden, daß am ehesten später erfolgreiche Gruppenmitglieder die eingangs pathologisch konstellierten Objekt- und Selbstrepräsentanzen in eine klinisch wünschbare Richtung dauerhaft verändern konnten (katamnestisch abgesichert ein Jahr nach Therapieende). Veränderungen von „Vater"- und „Mutter"-Objektrepräsentanzen sowie eigener Selbstrepräsentanzen (Real- und Ideal-Ich) in Beziehung dazu erlauben zumindest die Schlußfolgerung, daß relevante Aspekte der Beziehungen zu diesen Objekten in der Gruppe bearbeitet und verändert werden konnten, eventuell via Übertragungsprozesse auf andere in der Gruppe. Auch konnten für die Zeitpunkte dieser Veränderungen Verbindungen zu den anderen Wirkfaktoren gefunden werden – wie z. B. dem zuvor erfolgten Ausmaß an „interpersoneller Arbeit", der Qualität der „Kohäsion" bzw. „emotionalen Bezogenheit" in der Gruppe und nachfolgenden „Verhaltensänderungen (Wirkfaktor „Interpersonales Lernen – output").

Auch die Kieler Gruppenpsychotherapiestudie wies die prozessuale Bedeutung von Wirkfaktoren nach (Strauß u. Burgmeier-Lohse, 1994). Es zeigte sich, daß prozeßbezogene Faktoren wie die soziometrische Position, das positive Gruppenerleben (ähnlich wie in dieser Studie) und zunehmende Aktivität prädiktiven Wert hatten im Hinblick auf das Behandlungsergebnis.

Im Gegensatz zu den anderen Untersuchungen weist die Kieler Studie erst im Verlauf der zweiten Therapiehälfte zunehmend ausgeprägtere Werte für erfolgreiche Gruppenmitglieder aus (in den Skalen GCQ-S, SB oder GEB: Konflikterleben, Selbständigkeit/Zuversicht, Aktivität, Selbststärke, reaktive Emotionalität). Hierzu ist anzumerken, daß es sich nicht um objektive Bewertungen trainierter Beobachter handelte, sondern um Selbsteinschätzungen der Patienten, mit den möglichen Einschränkungen im Hinblick auf eine adäquate Charakterisierung wirkrelevanter Faktoren bzw. Prozesse (Tschuschke et al., 1996 a).

Dagegen zeigen die Untersuchungen mit objektiven Prozeßbeurteilern in ähnlicher Weise, daß relevante Prozesse bereits vergleichsweise frühzeitig prädiktive Potenz aufweisen und spätere eher weniger (Budman et al., 1990; Piper et al., 1992; Tschuschke, 1993; Tschuschke et al., 1996; Tschuschke et al., 1994; Tschuschke u. Dies, 1997); im übrigen unabhängig von der veranschlagten Dauer und „Zeit-Dosis-Beziehung" (Sitzungsfrequenz) der Gruppen.

Literatur

Bloch, S., Crouch, E. (1985): Therapeutic Factors in Group Psychotherapy. New York: Oxford Press.

Budman, S. H., Soldz, S., Demby, A., Feldstein, M., Springer, T., Davis, M. (1990): Kohäsion, therapeutische Allianz und Therapieerfolg in der Gruppenpsychotherapie: Eine empirische Untersuchung. In: Tschuschke, V., Czogalik, D. (Hg.): Psychotherapie – welche Effekte verändern? Zur Frage der Wirkmechanismen therapeutischer Prozesse. Berlin: Springer.

Foulkes, S., Anthony, E. (1957): Group psychotherapy. The psychoanalytic approach. Middlesex, England: Penguin Books.

Linden, M. (1987): Phase IV-Forschung. Antidepressiva in der Nervenarzt-Praxis. Berlin: Springer.

Luborsky, L., Crits-Christoph, P., Mintz, J., Auerbach, A. (1988): Who will benefit from psychotherapy? Predicting therapeutic outcomes. New York: Basic Books.

MacKenzie, K., Tschuschke, V. (1993): Relatedness, group work, and outcome in long-term inpatient psychotherapy groups. In: The Journal of Psychotherapy: Practice and Research, 2 (2), S. 147-156.

Piper, W.E., McCallum, M., Azim, H. F. A. (1992): Adaptation through Short-Term Group Psychotherapy. New York: Guilford Press.

Strauß, B., Burgmeier-Lohse, M. (1994): Stationäre Langzeitgruppenpsychotherapie. Heidelberg: Asanger.

Tillitski, C. (1990): A meta-analysis of estimated effect sizes for group versus individual versus control treatments. In: International Journal of Group Psychotherapy, 40, S. 215-224.

Tschuschke, V. (1993): Wirkfaktoren stationärer Gruppenpsychotherapie-Prozeß-Ergebnis- Relationen. Göttingen: Vandenhoeck & Ruprecht.

Tschuschke, V. (1996): Prozeß-Ergebnis-Zusammenhänge und Wirkfaktorenforschung. In: Strauß, B., Eckert, J., Tschuschke, V. (Hg.): Methoden der empirischen Gruppenpsychotherapieforschung – ein Handbuch. Opladen: Westdeutscher Verlag, S. 52-75.

Tschuschke, V., MacKenzie, K. R., Haaser, B., Janke, G. (1996): Self-Disclosure, Feedback, and Outcome in Long-Term Inpatient Psychotherapy Groups. In: The Journal of Psychotherapy: Practice and Research, 5 (1), S. 35-44.

Tschuschke, V., Dies, R. (1994): Intensive Analysis of Therapeutic Factors and Outcome in Long-Term Inpatient Groups. In: International Journal of Group Psychotherapy, 44 (2), S. 185-208.

Tschuschke, V., Dies, R. (1997): The contribution of feedback to outcome in long-term group psychotherapy. In: Group, 21 (1), S. 3-15.

Tschuschke, V., MacKenzie, K. (1989): Empirical analysis of group development – A methodological report. In: Small Group Behavior, 20 (4), S. 419-427.

Yalom, I. (1995): The Theory and Practice of Group Psychotherapy (4. Aufl.). New York: Basic Books.

Forum II:

Die therapeutische Beziehung: Einige Entwicklungen in der Psychoanalyse, die unsere therapeutische Haltung beeinflußt und verändert haben – Konsequenzen für die klinische Situation

Vorwort zum Forum II

In der stationären Psychotherapie hat die Notwendigkeit der Behandlung schwer erkrankter Patienten zu vielfältigen Weiterentwicklungen der Konzepte geführt. Die Einbeziehung und die Entwicklung unterschiedlicher therapeutischer Ebenen haben psychoanalytisch begründete Behandlungsmodelle zunehmend erweitert und geöffnet: Behandlungstechnisch zeigt sich dies zum Beispiel ebenso in der verstärkten Berücksichtigung der Ressourcen der Patienten wie auch im Bemühen um das Verständnis präsymbolischer Prozesse und deren Übersetzung. Hier hat insbesondere auch die Körperpsychotherapie ihre große klinische Bedeutung.

Die Erweiterung zeigt sich aber auch in der Öffnung für neue Patientengruppen wie zum Beispiel den Alterspatienten. Die Berücksichtigung der Ergebnisse der Altersforschung hat neue psychoanalytische Entwicklungsmodelle in Gang gesetzt, die wiederum entsprechende therapeutische Möglichkeiten eröffnen.

Der Bogen der Veränderungen in den zurückliegenden 25 Jahren ist also weit gespannt.

Um so angemessener erschien uns eine Zwischenbilanz einiger dieser Entwicklungen innerhalb der psychoanalytischen Theoriebildung und ihres Einflusses auf unsere Haltung in den therapeutischen Prozessen und Beziehungen.

Die Beiträge orientieren sich also an den Wechselwirkungen der Theoriebildung und der Praxis therapeutischen Handelns. Sie sind, bis auf den einleitenden Vortrag von *H. Kächele* und *M. Hölzer*, als Koreferate konzipiert, die verschiedene Aspekte eines gemeinsamen Themas zentrieren.

Einleitend heben *H. Kächele* und *M. Hölzer* auf die Bedeutung der therapeutischen Umwelten für die therapeutische Beziehung ab. Sie untersuchen den Einfluß, den Anordnung und Ausgestaltung der konkreten Umgebung auf unsere metaphorischen Raumkonzepte haben können. Neben den Gestaltungsmöglichkeiten der therapeutischen Kultur, die entwickelt und beschrieben werden, weisen sie aber auch darauf hin, wie unvollständig unser Verständnis dieser therapeutischen Umwelten als Lebensräume noch ist.

Wie bedeutungsvoll das Erleben differenzierter Räume therapeutisch sein kann, zeigt auch der Beitrag von *C. Burkhardt* und *M. Schmidt*. Sie gehen der Frage nach, daß und wie Schritte der Verständigung Sicherheit in der therapeutischen Beziehung bewirken können, die ihrerseits als notwendige Voraussetzung zur Bewältigung und zum Verstehen gesehen wird.

An diesem Beispiel einer ambulanten Behandlung im Anschluß an die Krankenhausbehandlung stellte sich in der Diskussion aber auch die Frage des Übergangs von der stationären Behandlung als Ort der „Hochdosierung" in das ambulante Setting im Sinne einer „Niedrigdosierung": Wie erleben und integrieren Patienten diesen Wechsel von der einen in die andere therapeutische Umwelt?

Was hier im Übergang vom stationären zum ambulanten Raum beleuchtet wird, kann sich auch im stationären Setting selbst zeigen: daß nämlich gerade die Vielfältigkeit der therapeutischen Räume wechselnde Möglichkeiten eröffnet, Erfahrungen in unterschiedlichen affektiven Situationen in Gang zu setzen. Diese können ihrerseits die Symbolisierungsfähigkeit progressiv stimulieren, aber auch regressiv verändern. Entsprechend können die Ressourcen der Patienten in den Inszenierungen erkennbar und ihnen als Fähigkeiten wieder verfügbar werden.

Die Diskussion zeigte, daß die immer wieder auftauchende Frage: Was wirkt wie? sich vorläufig vielleicht am ehesten so beantworten läßt, daß gerade sowohl die Varianz des therapeutischen Angebots wie dessen Integration, abgestimmt auf die verschiedenen Patienten, hilfreich ist.

Einen solchen möglichen Erfahrungsraum haben in der Vergangenheit in der stationären Psychotherapie kontinuierlich die körperorientierten psychotherapeutischen Verfahren entwickelt.

H. Müller-Braunschweig, einer der Psychoanalytiker, die sich schon lange mit der Frage der Verbindung von Psychoanalyse und Körperpsychotherapie befassen, untersucht zunächst die Wirkfaktoren körperorientierter Psychotherapie und die Möglichkeit der Verwendung körpertherapeutischer Elemente in der analytischen Arbeit. Daraus ergibt sich ganz selbstverständlich, daß und wie der Körper des Therapeuten in die Behandlung als Empfänger und Sender im Übertragungsprozeß einbezogen ist. Austauschprozesse in der therapeutischen Beziehung, speziell im Rahmen der Körper-psychotherapie, laufen gewissermaßen „subkortikal" und regen Prozesse an, die dann der Übersetzung bedürfen. Diese Sichtweise erfährt neuerdings eine Bestätigung durch neurobiologische Befunde zur Speicherung traumatischer Erfahrungen als sensomotorische, visuelle und affektive Geschehen im limbischen System. *H. Müller-Braunschweig* entwickelt daraus Überlegungen zur Therapie schwer traumatisierter Patienten, bei denen die extraverbalen Behandlungsmethoden diese Ebenen der zerebralen Repräsentation „oft eher" erreichen. Er plädiert darauf aufbauend für ein elastisches und ggf. modifiziertes psychoanalytisches Vorgehen, das sich an den Möglichkeiten und Notwendigkeiten der Patienten orientiert.

S. Knoff stellt in ihrem Beitrag die therapeutische Beziehung in den Mittelpunkt der Konzentrativen Bewegungstherapie. Die KBT ist ein in der stationären Psychotherapie erprobtes und gut integriertes, eigenständiges körpertherapeutisches Verfahren, das hier im Verhältnis zur Psychoanalyse und in Abgrenzung zu anderen Methoden an Fallvignetten vorgestellt wird.

Wie die Übersetzung des Präsymbolischen zur symbolischen Form des Narrativs eben auch und gerade sensorische und psychomotische Elemente als Konstituenten – die wahrscheinlich lebenslang überdauern und Beziehungen mitgestalten – berücksichtigen muß, zeigen die beiden folgenden Beiträge:

K. Bell diskutiert die Bedeutung der Säuglingsforschung an zwei für die therapeutische Praxis relevanten Fragen:

Wie hat sie unser Verständnis des Wiederholungszwangs beeinflußt und wie das Verständnis von Erlebnisqualitäten aus dem Übertragungsprozeß? Vor diesem Hintergrund rücken wiederum die „affektiven Abstimmungen jenseits des verbalen Dialogs" und das Aufgreifen ihrer Störung stärker als bisher in den Blickpunkt und ins Zentrum des therapeutischen Geschehens.

Darauf aufbauend beschäftigt *F. Schemainda* sich mit der Entwicklung des narrativen Selbst im Kleinkindalter, d.h. es geht um einen Prozeß in einem Alter, in dem Symbolisierung schon möglich ist. Wenn der therapeutische Prozeß als Konarrativ aufgefaßt wird, lassen sich Analogien beobachten, aus denen sich „kurative Wirkungen" durch unser Interesse an den Geschichten der Patienten ableiten lassen. Ebenfalls weisen diese Analogien auf die große Bedeutung des gemeinsamen Rhythmus hin, dessen Verläßlichkeit vielleicht bei manchen schwergestörten Patienten wichtiger ist als der Inhalt und dessen Unterschiedlichkeiten und Rhythmusstörungen der besonderen Beachtung bedürfen.

Schließlich wird vom Säuglings- und Kleinalter der große Bogen zur Psychotherapie im höheren und hohen Lebensalter, zur Alterns-Psychotherapie geschlagen.

G. Heuft hat in der Universitätsklinik für Psychotherapie und Psychosomatik in Essen vor 8 Jahren damit begonnen, alte Patienten psychotherapeutisch und psychosomatisch zu behandeln. Auch hier haben sich Veränderungen in der Theorie der Entwicklungspsychologie ergeben, dennoch werden noch immer zu wenige alte Menschen psychotherapeutisch behandelt, obwohl die Behandlung mit Tranquilizern wesentlich teuerer und ineffektiver ist. *Heuft* stellt sein Entwicklungsmodell der Organisation psychischer Prozesse im Alter dar und skizziert die sich daraus ableitenden therapeutischen Möglichkeiten.

Daran anschließend referiert *H.-T. Sprengeler* zunächst epidemiologische und gerontologische Forschungsergebnisse. Obwohl der vorliegende Wissensstand eine Änderung der Sichtweise des Alterns notwendig macht, besteht gegenüber dieser Änderung eine nicht unerhebliche Abwehr auch auf Behandlerseite, deren Gründe er untersucht. An Fallbeispielen skizziert er, wie die therapeutischen Möglichkeiten das Ausgleichspotential älterer Menschen fördern können.

Soweit die orientierende Übersicht über die folgenden Beiträge.

Abschließend möchte ich allen danken, die einen lebhaften Austausch in diesem Forum möglich gemacht haben: den Referenten, den Diskutanten und der klinikinternen Vorbereitungsgruppe.

Roland Vandieken

Therapeutische Umwelten und therapeutische Beziehungen in der Psychotherapie

Horst Kächele, Michael Hölzer

In den meisten Filmen, in denen die Psychotherapie als psychoanalytische Schlangengrube gezeigt wird, liegt der Patient auf einer Boudoir-Couch, der Psychoanalytiker sitzt an seiner Seite, fixiert den liegenden Patienten scharf mit seiner Brille und notiert zugleich alles, was sein Opfer an freien Assoziationen produziert. Meist wird ein tiefernstes Frage-Antwort-Spiel geboten, welches eine billige Kopie von Freuds Stirndrucktechnik aus den Jahren vor der Entwicklung der Grundprinzipien der Psychoanalyse darstellt.

Dieses Klischee muß vom Regisseur produziert werden, will er die Szene in einem erkennbaren therapeutischen Raum lokalisieren. An diesem Klischee wird deutlich, daß von psychotherapeutischen Behandlungen zwar viele ruchlose Einzelheiten der Öffentlichkeit bekannt geworden sind, selten jedoch das Verständnis für die Funktion von einzelnen Merkmalen der therapeutischen Situation damit verbunden ist. Diese Merkmale therapeutischer Situationen werden zwangsläufig vielfältiger, wenn sich die Behandlung in einem stationären Rahmen abspielt.

Auch die psychotherapeutische Technik muß kunstgerecht inszeniert werden, wobei wir die Anregung, das Geschehen in der stationären Psychotherapie mit der Metapher des Schauspiels zu betrachten und als Gestaltungsprodukt zu konzeptualisieren, Habermas' Ausführungen zum Handwerker- und Bühnenmodell (1968, S. 300 ff.) entnehmen. Im Theater verabredet der Bühnenbildner mit dem Regisseur eine zeitlich-räumliche Rahmenkonzeption, innerhalb derer sich die Interpretation des Stückes bewegt. Dieser Rahmen stützt und begrenzt zugleich die Möglichkeiten der Auslegung des vorgegebenen Textes. Der Rahmen selbst stellt damit schon eine Auslegung des Textes dar, die jedoch im Vorgriff auf die Einzelarbeit zu erfolgen hat. In der stationären Therapie gewinnt die Rahmenmetapher eine weitaus umfassendere Bedeutung, weil sich hier der Lebensvollzug für kürzere oder längere Zeit gänzlich im Rahmen eines therapeutischen Settings abspielt.

In der Biologie und damit im Bereich körperlicher Krankheiten des Menschen arbeiten wir mit grundlegenden Denkmodellen, die nach Habermas dem Funktionskreis instrumentalen Handelns zugehören. Die Aufrechterhaltung eines Systemzustandes unter wechselnden äußeren und inneren Bedingungen gehört zu den Grundschemata, mit denen wir die biologischen Lebensprozesse verstehen und erklären können. Die pathologischen Abweichungen, die Krankheiten, sind Entgleisungen der Regulation. Krankheitstheorien und Behandlungskonzepte liefern die Eckpfeiler einer zweckrationalen Mittelorganisation im Dienste eines adaptiv gedachten Verhaltens. Die Psychoanalyse überschreitet nach Habermas dieses bloß biologisch-systemtheoretische Modell. Auch wenn die Symptome des Patienten Störungen des seelischen Funktionsablaufes darstellen, so ist dieser Funktionsablauf nicht allein im Rahmen eines systemtheoretischen Ansatzes zu fassen, selbst wenn dies in einzelnen Ansätzen durchaus sinnvoll erscheint. Neurotische Störungen sind zureichend nur als Störungen von Bildungsprozessen zu begreifen, die in psychoanalytischen Theorien von den komplizierten, unvermeidlich konfliktgebundenen Entwicklungsprozessen beschrieben werden.

> „Da sich die Lernprozesse in den Bahnen kommunikativen Handelns vollziehen, kann die Theorie die Form einer Erzählung annehmen, die die psychodynamische Entwicklung des Kindes als Handlungsablauf narrativ darstellt: Mit einer typischen Rollenverteilung, sukzessiv auftretenden Grundkonflikten, wiederkehrenden Mustern der Interaktion, mit Gefahren, Krisen, Lösungen, mit Triumphen und Niederlagen" (loc. cit., S. 316).

Psychoanalytische Therapie schlägt nun den Weg ein, den Bildungsprozeß des einzelnen, der sich im kommunikativ-handelnden Umgang mit wichtigen anderen vollzogen hat und dessen ungelöste Konflikte sich im Individuum als unbewußte Motive der Verfügung des Subjekts entzogen haben, auf einer Bühne so zu rekonstruieren, daß durch die Rekonstruktion eine Neukonstruktion möglich wird. Dazu wird ein Drama entfaltet, welches sich zwischen Patient und Therapeut abspielen muß, soll es therapeutisch wirksam sein. Dieses Drama findet auf der Bühne statt, die wir „psychoanalytische Situation" (Stone, 1967) nennen und deren Ausstattung vielgestaltiger ist, als dies das Klischee uns verrät. Die elementaren Ereignisse auf der psychoanalytischen Bühne erscheinen als Teile eines Zusammenhangs von Interaktionen, durch die ein „Sinn" realisiert wird (s. a. Thomä u. Kächele, 1985).

> „Diesen Sinn können wir nicht nach dem Handwerkermodell mit Zwecken gleichsetzen, die durch Mittel verwirklicht werden ... Es handelt sich um einen Sinn, der sich, obgleich nicht als solcher intendiert, durch kommunikatives Handeln hindurch bildet und reflexiv als lebensgeschichtliche Erfahrung artikuliert. So enthüllt sich im Fortgang eines Dramas ‚Sinn'. Im eigenen Bildungsprozeß sind wir freilich Schauspieler und Kritiker in einem. Am Ende muß uns, die wir in das Drama der Lebensgeschichte verstrickt sind, der Sinn des Vorganges selbst kritisch zu Bewußtsein kommen können; muß das Subjekt seine eigene Geschichte auch erzählen können und die Hemmungen, die der Selbstreflexion im Wege standen, begriffen haben" (Habermas, 1968, S. 317).

Gestaltungselemente der psychoanalytischen Situation müssen dieser Entfaltung des Dramas der eigenen Sinnfindung förderlich sein. Die Inszenierung in der stationären Therapie erfolgt dabei nicht nur als Zweipersonenstück in einem Zimmertheater. Denn im Unterschied zur tradierten Situation der Einzelanalyse übernimmt nicht ein Analytiker nacheinander die Rollen, die ihm der Patient unbewußt zuspielt, sondern eine Vielzahl von Personen – ein therapeutisches Team, Versorgungspersonal und Mitpatienten – stehen für die Besetzung der Rollen zur Verfügung.

Um den Patienten zu ermutigen, unbewußte Rollenerwartungen zu entfalten, ist die Herstellung vielfältiger, sich ergänzender und auch konkurrierender, tragender, hilfreicher Beziehungen notwendig. An verschiedenen Orten der stationären Bühne sind verschiedene Erfahrungsmöglichkeiten verfügbar zu halten und zu machen. Neben dem Zuhören und Abwarten, der Geduld und freundlichen Zuwendung als Formen der Förderung, stellen aktives Anbieten und Zugehen wichtige Ergänzungen der reflexiven Momente der Einzelbehandlungen dar.

Der stationäre Lebensraum übernimmt die Aufgabe, ein veränderungsförderliches Medium im Sinne einer Milieutherapie oder einer therapeutischen Gemeinschaft (Main, 1977) bereitzustellen. Die mancherorts beliebte Metapher der sozialen Nullsituation für die klassische psychoanalytische Situation wird damit in der stationären Therapie zur unbrauchbaren Sprachfigur. Deutungen bleiben keineswegs die einzigen Mittel, die dem Patienten ein Verstehen signalisieren und zuspielen, das über ein alltägliches, am Alltagsbewußtsein festhaltendes Verständnis hinausgreift. Schon die Spielregeln des stationären Klinikalltags werden nämlich unter der Hand zu Deutungen, die von den Patienten in eigener Regie auf sich angewandt werden. In unzähligen interaktiven Kontexten, die sich dem Reflexionsbemühen der analytischen Therapeuten entziehen, werden Bedeutungen verhandelt. Hilfs- oder Nebentherapeuten, Mitarbeiter des Pflegedienstes und nicht zuletzt Mitpatienten werden zu Schachfiguren, von denen nur ein naiver Analytiker noch annehmen könnte, sie seien nur die Bauern im Spiel. Längst sind sie Springer, Läufer oder Dame geworden, und ein klassisch orientierter Analytiker – wenn er je König war – mag sich manches Mal fragen, ob er überhaupt noch mitspielt, und wenn ja, in welcher Rolle.

Die wenigen verfügbaren explorativen Untersuchungen des stationären Beziehungsfeldes unterstreichen, daß die Patienten auch andere Veränderungsquellen attribuieren, als in der analytischen Behandlungstheorie aufgeführt werden.

Subjektive Bedeutung einzelner Behandlungskomponenten in der stationären Psychotherapie (Strauß, 1992).

1. Zusammenleben mit anderen Patienten
2. Gruppenpsychotherapie
   Gespräche mit Mitpatienten
4. Tanztherapie
5. Gespräche mit dem Pflegepersonal
6. Einzelgepräche mit dem Therapeuten i.R. nur am Beginn der Behandlung
7. Gestaltungstherapie
8. Maltherapie

Die Entwicklung therapeutischer Beziehungen bedarf immer eines besonderen Raumes. Ob dieser Raum nur metaphorisch zu lesen ist oder ob er besondere physische Umgebungsqualitäten haben muß, ist eine wichtige Frage. Unterlegt man der stationären Therapie z.B. ein bipolares Konzept, das eine Trennung von Real- und Übertragungsräumen (Enke, 1965) vorsieht, dann wird eine auch architektonisch fundierte Unterscheidung dieser Räume wichtig. Die von der Musiktherapeutin Loos (1986) einfühlsam beschriebenen Erfahrungen einer

Patientin in der Stuttgarter Psychotherapeutischen Klinik verdeutlichen in diesem Zusammenhang den Reichtum der möglichen Räume, Spiel-Räume, die in der stationären Therapie entdeckt werden können und die eine Bedingung der langsamen Bewegung von Veränderungsprozessen sind.

Das Konzept eines „personal space" (Sommer, 1969) könnte für die stationäre Psychotherapie besonders dort Bedeutung gewinnen, wo früh gestörte Patienten präambivalente Objektbeziehungen benötigen. Völlig zu Recht macht u. E. jedoch Trimborn (1983) auch auf die Möglichkeit der „Zerstörung des therapeutischen Raumes" im stationären Setting aufmerksam, auf die Gefahr der Überstimulation frühgestörter Patienten, für die heute so gerne die Modediagnose Borderline eingesetzt wird. Ein Zuviel an nicht integrierbaren Reizen setzt nach Trimborn nämlich eher Spaltungsmechanismen in Gang, anstatt ihrer Auflösung zu dienen. Externalisierende Abwehr und Agieren auf seiten des Patienten sowie unverstandene Gegenübertragungsreaktionen auf seiten des Teams stellen deswegen besondere Herausforderungen der stationären Therapie dar, soll ein Patient nicht als „unbehandelbar" ausgespuckt und so einer Retraumatisierung Vorschub geleistet werden. Die Vielfältigkeit der Übertragungsmöglichkeiten im stationären Setting hat also nicht zwingend positive Konsequenzen: Sie birgt erhebliche Gefahren, werden die verschiedenen Erfahrungs- und Übertragungsräume vom Team nicht stellvertretend für bzw. gemeinsam mit den Patienten integriert.

Konzepte wie „sociofugal" oder „sociopetal space" (Osmond, 1957) – gemeint sind Räume, die Kleingruppeninteraktion fördern oder verhindern – sind bei uns noch nicht angekommen, obwohl das erste Lehrbuch über „Environmental Psychology" bereits 1974 erschienen ist (Ittelson et al., 1974). Für die psychiatrische stationäre Therapie diskutierte ein Ulmer Architektenteam Spezialformen von Architektur (Mühlich-von Staden) immerhin schon 1978, denn die physikalisch-konkreten Elemente der Situation mögen mannigfach eingebunden sein in sprachliche Handlungen, sie haben in jedem Fall aber auch eine eigenständige Wirkung. Wie viele Elemente der nonverbalen Kommunikation wirken sie als stützende, fördernde oder auch hemmende Glieder, die durch sprachliche Mitteilungen leicht überlagert und anders akzentuiert werden können. Im Regieverständnis der psychoanalytischen Profession, die sich meist im informellen Austausch hierüber verständigt, wird ihnen aber doch eine große Bedeutung zugesprochen, weil sich der Raum auf der Ebene des unbewußten Geschehens mit frühkindlichen, wiederbelebbaren Umwelterfahrungen verbindet.

Gewiß können einem Gespräch bei einem Spaziergang in ruhiger Umgebung mit einem guten Freund psychotherapeutische Qualitäten zukommen. Für Adoleszente hat Zulliger (1957) diese Spaziergangstherapieform erprobt und sie für die besonderen Bedürfnisse mancher Jugendlichen geeignet gefunden. Durch eine laute, lärmende Umgebung werden die therapeutischen Möglichkeiten einer solchen Begegnung jedoch schon erheblich beschränkt. Und auch die Motorik des Gehens mag Einschränkungen oder Ablenkung mit sich bringen. Es gilt jedenfalls als ausgemacht, daß bewußte, alltägliche Beziehungsformen in einem Konkurrenzverhältnis zu dem Auftauchen sonst unbewußter Erlebnisformen stehen. Die Erfahrungen mit Hypnose, mit denen Freud bestens vertraut war, weisen z.B. auf die Notwendigkeit einer Ruheposition hin, bei der gerade die Einschränkung der Motorik erst jenen hypnotischen Rapport ermöglicht, auf den es zur Herstellung der Beeinflußbarkeit ankommt.

Die Couch als Markenzeichen der Psychoanalyse hat ihre Herkunft aus dieser Zeit; heute sie ist gut funktional zu begründen. Die Unterbrechung des Augenkontaktes zwischen Arzt und Patient verändert die kommunikative Situation hochgradig. Auch wenn diesem Regieeinfall nicht allein die Aufgabe zukommt, die Regression zu fördern, so räumt die Aufhebung des im alltäglichen Verkehr wichtigen visuellen Regulierungskontaktes dem sprachlichen Medium eine erhöhte Bedeutung ein (Moskovici u. Plon, 1966). In Becketts Stück „Glückliche Tage" wird diese Grenzsituation ständig von beiden Seiten auf ihre Tragfähigkeit hin untersucht. Sprechen kann Verbindung schaffen, aber in der Not verrenkt man sich den Kopf, um jemanden zu sehen und nicht nur zu hören. Darüber hinaus signalisiert die Couch auch eine Verschiedenheit der Aufgabenstellung für Arzt und Patient, eine Verschiedenheit, die auch als Machtgefälle vom Patienten gefürchtet und vom Arzt mißbraucht werden kann.

Nicht wenige Patienten, die unbewußt eine starke Abhängigkeitsproblematik fürchten, können sich erst gar nicht in die als Gefahrensituation erlebte Liegeposition hineinbegeben. Blitzschnell wird oft auch das Auf-der-Couch-Liegen als eine peinliche Beschämungssituation erlebt, in der einseitig der Analytiker alles sieht und der Patient sich die Reaktionen des Analytikers entstellt, vergröbert ausmalt.

Wenig beachtet wird oft, daß auch der Analytiker zwangsläufig eine andere Perspektive auf seinen Mitmenschen erhält, dessen Gesicht er bestenfalls schräg von hinten oben sieht, wenn er es nicht vorzieht, seinen Sessel so weit ab von der Couch zu rücken, daß auch er nur noch hört, was der Patient, angeleitet von der Grundregel der freien Assoziation, ihm mitteilt.

Eine vielgeübte Variation dieser Situation, die für die meisten Patienten weitaus angenehmer ist, besteht im Schräg-über-Eck-Sitzen, wo der Augenkontakt möglich ist und zugleich ein freier Raum für den Blick gegeben ist, der sich in einer Ecke des Zimmers oder aus einem Fenster in die Ferne verlieren kann. Einen Mittelweg haben wir in der Benutzung von drehbaren, breiten Sesseln gefunden, die stärker als feststehende Stühle ein Hinaus- und Hineinbewegen in die Augenkontaktebene ermöglichen und das Angebot einer Loslösung aus der Realbeziehung enthalten. Der sehr breite und tiefe Sessel schafft dem Patienten eine private Umwelt im Therapieraum, wo die Person mit dem Möbel fast verschmilzt.

Solche Überlegungen sind für die stationäre Therapie, in der das metaphorische Raumkonzept durch vielfältige, differenzierte Räume und deren Anordnung in ganzen Gebäudekomplexen repräsentiert wird, noch weiter aufzuschlüsseln. Denn die Klinik konkretisiert eine Institution, die von einem wiederum in sich komplexen Regelsystem strukturiert wird, das in der unvermeidlichen „Hausordnung"seinen profansten und zugleich vitalsten Ausdruck findet. Diese strukturiert, unterscheidet und fügt zusammen, was in der Einzeltherapie als Arbeitsbündnis leicht zu fassen ist. Die Ordnung eines Hauses verrät seinen Plan: Wo der Chef sein Zimmer hat, wer Haupt- und Neben- oder sogar nur Hilfstherapeut ist, wird auch durch architektonische Loyalität determiniert. Wer hat einmal die Wege nachgezeichnet, die Therapeuten und Schwestern, Pfleger und Hausmeister gehen, und dazwischen dann in anderer Farbe die Fußspuren der Patientinnen und Patienten markiert? Territoriale Demarkationen sind unsichtbar und doch sehr wirkungsvoll.

Der bekannte Film „Letztes Jahr in Marienbad" von A. Resnais situiert den Prozeß des Erinnerns und erfolglosen Durcharbeitens nicht nur im fürchterlichen Monolog seiner Protagonisten, sondern auch im überladenen Dekor des Schlosses, in dem die Heldin wie versteinert verharrt. Die Zeit dieses erfolglosen therapeutischen Prozesses tritt auf der Stelle, und wir werden gewahr, daß auch Zeit ein zentrales Merkmal des therapeutischen Raumes ist. In der ambulanten Einzeltherapie umfaßt dieser zugleich höchst artifizielle Zeit-Raum bei einer therapia maxima heutzutage fünf Stunden in der Woche. Was passiert aber zwischen diesen therapeutisch gestalteten Zeiten, und wie gestalten sich diese Zeitdosen im stationären Setting, wo die Zeit zwischen therapeutischen Treffen keineswegs Alltagszeit im ambulanten Sinne ist?

Unsere Begriffe, mit denen wir stationäre Therapieprozesse zu beschreiben gewohnt sind, sind hierfür noch nicht genügend ausdifferenziert. Gerade die Versuche, Übertragungs- und Realräume im stationären Setting voneinander abzugrenzen, werfen diesbezüglich vielfältige Probleme auf. Übertragung läßt sich bekanntlich nicht auf einen bestimmten Raum oder ein bestimmtes Objekt festlegen, sie „weht", wo sie will. Konzepte und Traditionen, die therapeutische und Real-Räume streng voneinander differenzierten (und die Bearbeitung von Übertragung damit für den Analytiker monopolisierten), sind deswegen eher integrativen Konzeptualisierungen stationärer Behandlungen gewichen (Janssen, 1987).

Schon dem kursorischen Betrachter, der als gelegentlicher Spaziergänger die Räume einer psychotherapeutischen Klinik durchquert, fallen die multiplen Gesprächssettings auf, die sich im Flur, in den Kontaktzonen, vor der Anmeldung oder auch draußen auf dem Parkplatz abspielen. Die Analyse der Institution „Klinik" kann deshalb nicht umfassend genug sein, denn nur von den Voraussetzungen der Einzelanalyse her diskutiert, scheinen Intimität und seelische Veränderung unlösbar verbunden zu sein. Dies könnte jedoch ein Irrtum sein.

Die Frage nach der Gestaltung und Lokalisierung therapeutischer Räume bzw. nach den Wechselwirkungen zwischen Gestaltung und Erleben rückt eine Vielzahl von Problemen ins Blickfeld, deren Bedeutung für die Realisierung therapeutischer Prozesse bislang unterschätzt wurde. Die hier aufgeführten Punkte sollen eine wichtige, wenn auch höchst unvollständige Sammlung darstellen:

- Welche Faktoren haben die Lokalisierung der heute über 12.000 Betten in der Psychosomatik/Psychotherapie vorwiegend in abgeschiedenen, jedoch oftmals touristisch attraktiven Orten begünstigt? Gilt das Argument der Wohnortnähe, von der Psychiatrie vehement vertreten, nicht auch für die stationäre Psychotherapie der schwer gestörten neurotischen und psychosomatischen Patienten? Kordy et al. (1989) berichten aus dem Heidelberger Projekt, daß Wohnortferne einer der Faktoren für vorzeitiges Ausscheiden war.

- Gibt es eine spezifische Architekturdiskussion für das Feld der Psychotherapie oder gilt „anything goes", weil es doch keinen Unterschied macht? Welches sind die Gründe, die die Gestaltung therapeutischer Räume zur Nebensache werden lassen, gilt doch sonst, daß die Bedeutung äußerer Elemente des Settings – als zum Rahmen der Behandlung gehörend – keinesfalls unterschätzt werden darf?
- Als die Psychosomatische Klinik Bogenhausen der Herzklinik im neuen Klinikum Bogenhausen weichen mußte und nach Harlaching in ein älteres Gebäude verlegt werden sollte, war zunächst das Gefühl der institutionellen Abwertung vorherrschend; heute hört man eher Zufriedenheit mit dem neuen Ambiente, das offenbar deutlich weniger High-Tech-Assoziationen weckt. Hat die bauliche Umwelt vielleicht sogar meßbare Effekte in diesem Feld?
- Sollten wir nicht genauer wissen, ob die Ausstattungen der Patientenzimmer, ob Einzel- oder Mehrbettzimmer eine therapeutische Funktion haben? Gibt es vielleicht sogar spezifische Indikationen für solche Zuweisungen, oder ist dies lediglich eine Frage der Ressourcenallokation bzw. des Sozialstatus unserer Patienten, wie komfortabel sie die mehrmonatige stationäre Psychotherapie verbringen?
- Welche Bedeutung hat die ganz konkrete Ausgestaltung von Therapieräumen? Nicht zuletzt Konstanz und Ruhe des Raumangebotes werden zu Indikatoren für die Ausgeglichenheit und Zuverlässigkeit des therapeutischen Milieus. Sollte z.B. ein Fernsehgerät zum Mobiliar gehören (und wo bzw. für wen und wie erreichbar sollte dieses dann lokalisiert werden?), oder sollen Zeit und Raum ganz der Selbstfindung und Individuation ohne äußere Ablenkung gewidmet werden?
- Welches Ausmaß an Regression (und welche Art von Regression) soll durch gestalterische Mittel in therapeutischen Räumen gefördert werden? Wie steht es mit der Verwendung der Couch im stationären Setting? Sicher ist es verdienstvoll, einen Patienten aus dem pathogenen Milieu herauszunehmen (Streeck u. Ahrens, 1996). Nur allzu leicht jedoch wirkt auch das neue Umfeld auf andere Weise pathogen, und das Schlagwort der malignen Regression –

induziert und unterhalten in einem eigentlich als förderlich gedachten Umfeld – bezeichnet ein leider verbreitetes Phänomen. Therapeutische Umwelt kann als jener Raum verstanden werden, in dem sich die Bedürfnisse und Wünsche entfalten und dort verhandelt werden müssen. Es ist sicher kein Zufall, daß psychoanalytische Psychosenforscher wie H. E. Searles (1960) sich mit der nichtmenschlichen Umwelt beschäftigt haben, die für schwerstgestörte Patienten eine Wirksamkeit erhält, die nicht über Deutungen auf symbolische Konstruktionen, wie unbewußte Phantasien etc., reduziert werden kann, sondern ihre eigenständige trophische, wachstumsfördernde Funktion hat. Auch Winnicott (1973), dem wir den Begriff des „Übergangsraumes"verdanken, hat in seiner Arbeit mit Kindern und seelisch schwer gestörten Patienten die Bedeutung dieser vorsprachlichen und nicht nur in menschlichen Beziehungen aufgehenden Wirklichkeit beschrieben.

Raumwirkung aktiviert andererseits nicht zwingend bei allen Patienten ein universal gleiches Schema; die konkrete Bedeutung des Raumes und deren lebensgeschichtliche Motivierung muß im einzelnen gesucht und identifiziert werden. Eine Interpretation der Erlebnisweisen des Raumes kann deswegen nicht für alle Patienten die gleiche sein. Lediglich in gewissem Umfang ist von einer objektiv vorgegebenen Raumwirkung auszugehen. Wie alle äußeren Bedingungen, muß diese Wirkung im therapeutischen Prozeß ihre Deutung erfahren, und es wird dem Patienten zu zeigen sein, wie er aus inneren, unbewußten Gründen den stationären Raum und seine Bewohner benutzt, um sein Lebenskonzept darin fortzuschreiben. Die Raumwirkung wird damit zu einer Wechselwirkung, an der eine sehr spezifische psychoanalytische Vorstellung über das Verhältnis von Äußerem und Innerem hängt, die als psychoanalytische Arbeitshypothese den Umgang mit Gestaltungsproblemen deutlich macht: Psychoanalyse arbeitet heute mit der radikalen Annahme einer motivationsgesteuerten Wahrnehmung und Verarbeitung der unbelebten und belebten sozialen Realität. Andererseits tut sich die psychoanalytische Behandlungstheorie immer noch praktisch schwer, die unbezweifelbare Wirkung umweltbezogener Strukturen und Prozesse auf innerseelische Vorgänge nicht nur theoretisch anzuerkennen.

Sie legitimiert dieses Vorgehen durch ihr Ziel, Unbewußtes bewußt zu machen, d.h. konflikthafte, unbewußte Motivationen in ihrer Auswirkung auf gegenwärtiges Erleben zu untersuchen und zu erhellen. Zwar verfügt die psychoanalytische Theorie in ihrem Instanzenmodell von Ich, Über-Ich und Es im Ich über eine Instanz, deren Funktionen und Aufgaben durchaus all jene Bereiche enthalten, die die nichtneurotische Realitätsbewältigung ausmachen. Sie hat auch in ihrer eigenen theoretischen Entwicklung einen Fortschritt von einer Triebpsychologie zu einer Ich-Psychologie zu verzeichnen, bei der die Anerkennung der Normalpsychologie einbezogen ist; darüber hinaus brachte die Objektbeziehungspsychologie ein vertieftes Verständnis der Beziehungsaktualität im therapeutischen Prozeß. Faktisch aber kann kaum von einer wirklichen Integration all des Wissens gesprochen werden, welches besonders die Sozialpsychologie zur Verfügung stellen kann (Graumann, 1972).

Im Rahmen unserer therapeutischen Aufgabe könnte es damit eine Erweiterung bedeuten, auch Untersuchungen einzubeziehen, die sich der Aufklärung der therapeutischen Kultur als gestaltetem Lebensraum zuwenden. Untersuchungen zur Topologie sozialer Handlungsfelder könnten hier methodische Anregungen geben (Kaminski u. Osterkamp, 1962). Denn die Idee der Gestaltung als Schaffung fördernder Lebensräume, wie sie im Bauhaus oder der Hochschule für Gestaltung (Krampen u. Kächele, 1986) zu finden war, ist der Psychoanalyse zunächst wesensmäßig fremd, unterstellt sie doch das Primat der unbewußten Motivierung, die sich alles Äußere aneignet und den unbewußten Motivationen entsprechend mit Bedeutung versieht: Dem Kinde ähnlich, dessen Spielwelt seiner Phantasie entspringt, das sich seine Übergangsobjekte schafft und einen Übergangsraum entwickelt, der den Beginn der Kultur markiert (Winnicott, 1973), vertritt die Psychoanalyse durch die Rolle der gestaltenden Phantasie den Primat der Subjektivität.

Vielleicht haben die Psychoanalytiker hier etwas dazuzulernen. Denn die Grundhaltung der gestalteten therapeutischen Bühne setzt demgegenüber auf eine große Wirksamkeit der Anordnung von Elementen in der Herstellung zwischenmenschlicher Beziehungen – seien dies Personen oder auch Dinge. Mitscherlichs (1971) Entwürfe zu einer psychoanalytischen Umweltpsychologie zeigen an, wo hier anzusetzen wäre. Mikroökologische Studien scheinen nicht nur für Untersuchungen der Freizeiträume, sondern auch für therapeutische Environments angezeigt (Schmitz-Scherzer u. Bierhoff, 1974). Der Begriff „therapeutische Umwelt" könnte dann auch zum Topos einer Verständigung werden, der sowohl von der psychoanalytischen

Entwicklungspsychologie aufgegriffen als auch von der – noch nicht existenten – Wissenschaft der Ökologie therapeutischer Räume bearbeitet werden könnte (s.a. Kaminski, 1976).

Der Mensch als umweltschaffendes Wesen braucht eine Daseinsform, in der genügend Reize vorhanden sind, welche zu Objektbeziehungen herausfordern. Zu viele Reize jedoch wirken desintegrierend, weswegen die Gestaltung therapeutischer Räume eine Gratwanderung darstellt auf der Suche nach der Balance zwischen Anreiz und Überreizung. „Die Aufgabe der Planung menschlicher Umwelt – wo immer sie anpacken mag – liegt in der Förderung der integrativen Leistungen." Diese Aufgabe gilt gleichermaßen für die Schaffung einer therapeutischen Umwelt wie für unsere alltägliche Welt, die es besser zu bestehen gilt.

Literatur

Enke, H. (1965): Bipolare Gruppenpsychotherapie als Möglichkeit psychoanalytischer Arbeit in der stationären Psychotherapie. In: Psychotherapie Medizinische Psychologie, 15, S. 116-121.

Graumann, C. F. (1972): Interaktion und Kommunikation. In: Graumann, C. F. (Hg.): Handbuch der Psychologie, Bd. 7/2: Sozialpsychologie. Göttingen: Hogrefe.

Habermas, J. (1968): Erkenntnis und Interesse. Frankfurt/M.: Suhrkamp.

Ittelson, W. H., Proshansky, L. G., Rivlin, L. G. (1970): Bedroom size and social interaction of the psychiatric ward. In: Environment and Behavior, 2, S. 255-270.

Janssen, P. (1987): Psychoanalytische Therapie in der Klinik. Stuttgart: Klett.

Kaminski, G. (Hg.) (1976): Umweltpsychologie. Stuttgart: Klett.

Kaminski, G., Osterkamp, U. (1962): Untersuchungen zur Topologie angewandter Handlungsfelder. In: Zeitschrift für experimentelle & angewandte Psychologie 9, S. 417-451.

Kordy, H., Senf, W., Baum, C. (1989): Drop-out in closed groups. Bern.

Krampen, M., Kächele, H. (Hg.) (1986): Umwelt, Gestaltung und Persönlichkeit. Hildesheim: Georg Olms.

Loos, G. (1986): Spiel-Räume. Stuttgart: Gustav Fischer.

Main, T. F. (1977): Das Konzept der therapeutischen Gemeinschaft: Wandlungen und Wechselfälle. In: Hilpert, H., Schwarz, R., Beese, F. (Hg.): Psychotherapie in der Klinik. Berlin, Heidelberg, Tokio New York: Springer Verlag.

Mitscherlich, A. (1971): Thesen zur Stadt der Zukunft. Frankfurt/M.: Suhrkamp.

Mühlich-von Staden, C. (1978): Psychiatrieplanung.

Wunstorf: Psychiatrie Verlag.

Moscovici, S., Plon, M. (1966): Les situations-colloques: Observations théoriques et expérimentales. In: Bulletin Psychology 19, S. 702-722.

Schmitz-Scherzer, R., Bierhoff, H. W. (1974): Recreational ecology and trends in the use of leisure facilities. In: Thomae, H., Ede, T. (Hg.): The adolescent and his environment. Basel: Karger, S. 91-108.

Searles, H. F. (1960): The Nonhuman Environment. New York: Intern. Univ. Press.

Sommer, R. (1969): Personal Space. Englewood Ciffs, NJ: Prentice-Hall.

Stone, L. (1967): The psychoanalytic situation and transference: Postscript to an earlier communication. In: Journal of the American Psychoanalytic Association, 15, S. 3-58.

Strauß, B. (1992): Empirische Untersuchungen zur stationären Gruppenpsychotherapie. In: Gruppenpsychotherapie und Gruppendynamik, 28, S. 125-149.
Streeck, U. (1991): Klinische Psychotherapie als Fokalbehandung. Z. psychosom. Med., 37, S. 3-13.
Streeck, U., Ahrens, S. (1996): Konzept und Indikation stationärer Psychotherapie. In: Ahrens, S. (Hg.): Lehrbuch der psychotherapeutischen Medizin. Stuttgart: Schattauer, S. 598-607.
Trimborn, W. (1983): Die Zerstörung des therapeutischen Raumes. Das Dilemma stationärer Psychotherapie bei Borderline-Patienten. In: Psyche, 37, S. 204-236.
Thomä, H., Kächele, H. (1985): Lehrbuch der psychoanalytischen Therapie, Bd. 1: Grundlagen. Heidelberg: Springer Verlag.
Winnicott, D. (1973): Vom Spiel zur Kreativität. Stuttgart: Klett Verlag.
Zulliger, H. (1957): Bausteine zur Kinderpsychotherapie und Kindertiefenpsychologie. Bern: Huber.

Die Entwicklung von Sicherheit in der therapeutischen Beziehung als Grundlage für die Bewältigung extremer Affekte und Spannungszustände

Christiane Burkhardt und Manfred G. Schmidt

Teil 1

Im März 1983 erschien in „Psyche" der Aufsatz von W. Trimborn: „Stationäre Behandlung von Borderline-Patienten" (W. Trimborn, 1983). Unter anderem war dies eine kritische Bilanz der psychoanalytisch orientierten stationären Psychotherapie bei schweren Persönlichkeitsstörungen. Trimborn beschrieb damals das Phänomen der „therapeutischen Einkreisung"; dies bedeutete, daß die therapeutische Beziehung eine nachweisbar kontraproduktive Wirkung entfaltete – aus den Versuchen, den Pt. zu verstehen, wurde allmählich eine therapeutische Verfolgung des Pt. Was Trimborn noch nicht genau beschreiben konnte, waren die Faktoren, die mehr oder weniger implizit dazu führten, daß eine solche Entwicklung eintrat. Dies ist inzwischen nach und nach formulierbar geworden, und es lassen sich daran einige Entwicklungen in der Psychoanalyse aufzeigen, die das Verständnis und den Umgang mit der therapeutischen Beziehung verändert haben.

In der Arbeit von Gerhard Schneider (1995) sind diese Entwicklungen im wesentlichen zusammengefaßt und finden im Titel seiner Arbeit einen paradigmatischen Ausdruck: „Möglichkeiten und Grenzen der Entwicklung der Symbolisierungsfähigkeit in der psychoanalytisch orientierten stationären Psychotherapie – ein störungsorientierter Ansatz zur stationären Psychotherapie" (G. Schneider, 1995). Heute ist klar formulierbar, daß die therapeutische Beziehung dann droht unfruchtbar bzw. kontraproduktiv zu werden, wenn sie das Symbolisierungsniveau der behandelten Pt. überschätzt, d. h. mit diesen Menschen so umgeht, als ob sie strukturierte neurotische Störungen hätten. Anders formuliert: es geht um die in einem bestimmten psychoanalytischen Konzeptverständnis implizite Unterschätzung des präverbalen – und zum Teil auch präsymbolischen Funktionierens seelischer Prozesse bei schweren psychischen Störungen.

Die Symbolisierung bleibt das Ziel im therapeutischen Prozeß – kann aber nicht immer vorausgesetzt werden in der therapeutischen Bearbeitung der anstehenden Probleme. Die Modellierung der therapeutischen Beziehung hat sich verlagert auf den Vorgang der Symbolisierung selbst und wie diese überhaupt erst entstehen kann und eben nicht, wie vorhandene Symbolisierungen in ihrer unbewußten Bedeutung entschlüsselt werden können. In seiner Zusammenfassung schreibt G. Schneider: „Distanz von der alltäglichen Lebenswelt, Diversität und Dichte des therapeutischen Angebots, spezielle Rahmenbedingungen der Station sowie die enge zeitliche Begrenztheit der stationären Behandlung erweisen sich hier als relevant, denn sie alle berühren theoretisch zentrale Momente, was die Entwicklung der Symbolisierungsfähigkeit betrifft. Insbesondere die für sie konstruktive Dialektik von Anwesenheit und Abwesenheit (Verlust)" (G. Schneider, 1995, S. 308).

Mit „Diversität des therapeutischen Angebots" meint Schneider u. a. die ausdrückliche Beachtung des präverbalen Handlungsraumes, in dem die handelnden Reinszenierungen, die „reenactments", oder auch die „Konkretisierungen" (I. Kogan, 1996) des Pt. zum Ausdruck kommen. Therapeutische Konzepte, die dieses Ausdrucksniveau von psychischen Störungen sehr ausdrücklich einbeziehen und berücksichtigen, sind das Konzept der „Therapie durch Entwicklungsförderung" (P. Fürstenau, 1992) oder auch das Prinzip „des interaktionellen Antwortens" (A. Heigl-Evers, 1994). In meiner eigenen Sprache nenne ich dies die Akzentverschiebung vom Verstehen in Richtung Verständigung, d. h., je schwerer jemand gestört ist, um so vorrangiger ist es, „Verständigung" mit dem Pt. herzustellen, ohne das Ziel des Verstehens von Bedeutung dabei aufzugeben (M. Schmidt, 1996).

Treurniet schreibt über dieselbe Unterscheidung aus einem noch anderen Blickwinkel, nämlich dem eines bestimmten professionellen Ich-Ideals: „Fast von Anfang an, ich denke hier an Ferenczi, Balint, Winnicott und ihre Schüler, gab es einen mehr beziehungsmäßigen interaktionellen und nonverbalen Aspekt, der doch noch bis vor kurzem immer in der Schäm-Dich-Ecke des Unanalytischen oder Psychotherapeutischen stand: Die therapeutische Wirkung der Objektbeziehung" (N. Treurniet, 1996, S. 114).

Zu erwähnen ist hier, daß die Säuglingsforschung die Berücksichtigung der präverbalen Konstituierung von Erfahrung und auch der

Symbolisierung selbst sehr in den Vordergrund gerückt hat. Dies gilt ebenso für die zentrale Bedeutung der „affektiven Abstimmungsprozesse" innerhalb der therapeutischen Beziehung, was auch die Affektforschung eindrucksvoll belegt, so zuletzt R. Krause, wenn er schreibt: „Bei den schweren Störungen wird der Affekt an die Beziehung bzw. das Selbst attachiert, bei den Gesunden und den Neurosen an die Objekte, über die gesprochen wird. Die gelungenen psychotherapeutischen Beziehungen unterscheiden sich u.a. darin von Alltagsbeziehungen, daß interaktiv nicht auf die affektiven Beziehungsangebote eingegangen wird, sondern vom Therapeuten diejenigen Affekte entwickelt werden, zu denen die Patienten nicht in der Lage sind, obgleich sie von der situativen Bedeutungsstruktur her dringend benötigt würden" (R. Krause, 1996).

Auch dies hat sich insgesamt verändert: Psychoanalytisch orientierte stationäre Psychotherapie versucht stärker und ausdrücklicher für sie relevante Forschungsbefunde aus verschiedenen Feldern zu berücksichtigen. Dies gilt auch für die Einbettung der therapeutischen Beziehung in den institutionellen – und den sehr wichtigen teamdynamischen Kontext (P. L. Janssen, 1987 und 1992; B. Barde und D. Mattke, 1993, sowie H. Schepank und W. Tress, 1988).

Zu erwähnen ist hier auch die Arbeit von A. Kächele und W. Steffens über Abwehr und Bewältigung – insbesondere die Akzentuierung der Möglichkeiten des Handelns und der Erfahrung neuer Möglichkeiten in konkreten Situationen (H. Kächele, W. Steffens, 1988, S. 41 ff.).

Die wahrscheinlich weitreichendste Veränderung im Verständnis und im Umgang mit der therapeutischen Beziehung erfolgte wohl durch die psychoanalytische Psychotherapieforschung, insbesondere durch die „Meisterungstheorie" von Weiss und Sampson (J. Weiss, H. Sampson, 1986).

Eine prägnante Zusammenfassung der Leitideen dieser Meisterungstheorie gibt Eagle (N. Eagle, 1988, S. 125 f.): „Statt anzunehmen, daß der Patient in erster Linie von dem Verlangen motiviert sei, unbewußt infantile Wünsche zu befriedigen, geht die Mount-Zion-Gruppe um Sampson und Weiss von der radikal verschiedenen Vorstellung aus, daß die Patienten in die Therapie mit dem bewußten und unbewußten Verlangen kommen, frühe Konflikte, Traumen und Ängste zu meistern, und mit unbewußten Plänen, wie dies erreicht werden könne. Zu diesem Zweck versucht der Patient, *sichere Voraussetzun-*

gen zu finden oder herzustellen, um seinen Plan verwirklichen zu können ... Dementsprechend veranstalten Patienten – weitgehend unbewußt – *Tests*, die der Therapeut entweder besteht oder nicht. Fällt er durch, folgt darauf eher gesteigerte Angst, es werden Abwehren mobilisiert, und abgewehrte unbewußte Inhalte tauchen in geringerer Zahl auf. Besteht er hingegen die Prüfung, so verringert sich die Angst, Gefühle vertiefen sich und es besteht eine größere Wahrscheinlichkeit, daß abgewehrte Inhalte verstärkt auftauchen" (Hervorhebung: M. G. S.).

Hiermit sind wir nun auch bei unserem Arbeitstitel: Die Entwicklung von Sicherheit in der therapeutischen Beziehung als Grundlage für die Bewältigung extremer Affekte und Spannungszustände.

Wegen des traumatischen Ursprungs vieler früher nicht gemeisterter Situationen, die wesentliche Teile der aktuellen Pathologie ausmachen, stehen eben keine ausreichend symbolisierungsfähigen Repräsentanzen zur Verfügung. Die bestehende starke Übertragungserwartung, z.B. in Form panisch katastrophiler Ängste, kann in „reenactments" im Handlungsraum zum Ausdruck kommen und die Entkräftung dieser konkretisierten Erwartungen erfolgt ebenfalls zunächst im Handlungsraum. So wirkt z.B. das ruhige, gelassene Verhalten und die stetige Präsenz des Therapeuten nicht aus sich heraus, sondern sie repräsentiert eine Entkräftung der Erwartung vom Pt., der Therapeut geht weg, verschwindet, rächt sich, ist beschädigt. So kann z. B. die massive Angst vor Objektverlust, die manchmal verbunden ist mit der Angst vor Selbstverlust, der affektive Motor der Reinszenierung sein. Es geht dann darum, den Verlust der Fähigkeit, selbst wieder Verbindungen zu Objekten herzustellen, aufzuheben. Es ist nicht nur eine frühe Trennungsangst, sondern auch die Erwartung, daß der Betreffende selbst nicht mehr in der Lage sein wird, eine Verbindung zum Objekt herzustellen oder aufrechtzuerhalten. Dies nennt Winnicott als eine der Ängste vor dem Zusammenbruch, nämlich den „Verlust der Fähigkeit, sich auf ein Objekt zu beziehen zu können" (D. W. Winnicott, 1991). Die Entkräftung dieser Erwartung, d.h. die Erfahrung, selber wieder Verbindungen herstellen zu können, wäre also in diesem Fall die Meisterung der früheren traumatischen Situation im Hier und Jetzt. Um solch eine katastrophile Spannungssituation und deren „reenactment" geht es auch in unserem nachfolgenden Beispiel, wo wir zu zeigen versuchen, wie aus einer handelnden Reinszenierung allmählich die Umrisse einer erzählbaren Geschichte werden (s.a. W. Bucci, 1996).

Interessanterweise findet sich auch in der Arbeit von Trimborn ein Hinweis auf eine solche katastrophile Angst, wenn er von der „Angst, herauszufallen" spricht, dabei aber interessanterweise die Mitglieder der Behandlungsteams meint. Er zitiert dabei M. Pohlen: „Der Therapeut ist durch seine Arbeit mit dem Herausgefallenen im klinischen Raum gegen seine eigene Angst vor dem Herausfallen geschützt" (zitiert nach W. Trimborn, 1983, S. 212).

Die traumatischen Aspekte beinhalten zwei Katastrophen: Die Erfahrung, „herauszufallen" und die Erfahrung, die vielleicht noch schlimmer ist, nicht selber wieder Verbindung, Anschluß, Zugehörigkeit herstellen zu können. Die rekonstruktiv klärende Arbeit bezüglich der traumatischen Angst, herauszufallen, ist oft noch relativ gut möglich – die Entkräftung der mehr oder weniger bewußten Überzeugung, selber keine Verbindung wieder herstellen zu können, ist oft sehr viel schwieriger.

Teil 2

Mit Beispielen aus einer analytischen Psychotherapie, die wir zu diesem Thema ausgewählt haben, möchten wir das eben Gesagte erläutern. Wir haben gemeinsam die Aspekte der Therapie, die uns zu diesem Thema heute wichtig erscheinen, herausgesucht. Häufig werde ich (Ch. Burkhardt) jedoch in der Ichform schreiben, weil ich diese Therapie durchführe.

Diese Therapie begann mit einem mehrmonatigen Aufenthalt in einer psychosomatischen Klinik stationär. In dem Schutz der Klinik hatte mit der Therapeutin dort die „Entwicklung der Symbolisierungsfähigkeit" (Schneider, 1995, S. 308) schon begonnen. Der Wechsel in den häuslichen Bereich und die Begrenzung des therapeutischen Kontakts auf anfangs 2 Stunden, später 3 Stunden waren die äußeren Bedingungen des Beginns der ambulanten Therapie.

Bei der Schilderung werde ich zwei Hauptlinien verfolgen:
„Was" liegt bei der Patientin vor?
„Wie" gehe ich in der therapeutischen Situation mit dem „Was"um?

„Was" liegt bei der Patientin vor?

Die Patientin gerät wiederholt in extreme Spannungszustände mit tiefer Verzweiflung, Hoffnungslosigkeit und Ratlosigkeit, verbunden mit einer Handlungsunfähigkeit und dem Verlust der Sicherheit.

Dieser Verlust der Sicherheit geht einher mit dem Verlust des Gefühls der Verbundenheit, wie ich das an anderer Stelle genannt habe (Burkhardt, 1997). Es geht um einen Verlust oder Mangel an Verbundenheit zu Bezugspersonen, einen Verlust oder Mangel von Verbundenheit zur eigenen Lebensgeschichte und einen Verlust oder Mangel von Verbundenheit des Selbst, d.h. Verlust der Kohäsion des Selbst. Dieser Verlust oder Mangel führte zum Erleben von tiefer Einsamkeit und Verlorenheitsgefühlen. Die Patientin nennt das „ich bin draußen". Dieses extreme Erleben hat eine immense Kraft in einer szenischen Entfaltung (Krause u. Merten, 1996), die die Therapie so schwierig gestalten und im stationären Bereich ganze Stationen und Teams „aufmischen" kann, wie ich das einmal nennen möchte.

Diese Verlorenheitsgefühle führten zu unterschiedlichen Rettungsversuchen aus dieser Situation und zu Gefährdungen in dieser Situation.

Als Rettungsversuche aus den extremen Verfassungen stehen der Patientin einige Möglichkeiten zur Verfügung, ihre Ressourcen. Zwei werde ich jetzt beschreiben: Einmal stellt die Patientin in extremen Gefühlen von Verlorenheit ein Gefühl der Verbundenheit her durch das Kleben des Affektes am Selbst (Krause u. Merten, 1996), seinen Ausdruck findet das in der Jammerdepression. Ein weiterer Rettungsversuch besteht in der aktiven Bewältigung des Verlorenheitsgefühls, indem sie in Selbstmordphantasien die Katastrophe selbst herbeiführt und damit aus dem ohnmächtigen Ausgeliefertsein heraustritt und mit ihrer Aggression verbunden bleibt.

Zu den Gefährdungen: Das Erleben der Patientin findet sehr schnell Ausdruck im Handlungsraum, d.h. zum Beispiel, es bleibt nicht bei Selbstmordphantasien, sondern es gibt mehrere Selbstmordversuche in der Genese. Auch die Jammerdepression wird in Handlung in den Beziehungen zu anderen Menschen umgesetzt, spielt interpersonell eine wichtige Rolle, zerstört Beziehungen.

„Wie" gehe ich nun in der therapeutischen Situation mit dem „Was" um? Hier möchte ich mich auf drei Aspekte beziehen.

Erstens den Mangel der Patientin erkennen, hier den Mangel an Verbundenheit in den verschiedenen Aspekten und in den verschiedenen Variationen und im Hier und Jetzt.

Zweitens die gesunden Ressourcen der Patientin (Fürstenau, 1992), ihre Rettungsversuche und Überlebensstrategien erkennen, würdigen, die Würdigung benennen, d.h. in den sprachlichen Raum bringen, also in Worte fassen, beschreibbar machen und damit an diese gesunden Ressourcen anknüpfen.

Drittens in der therapeutischen Beziehung die Entwicklung fördern (Fürstenau, 1992), zu der die Patientin bisher nicht in der Lage war, hier speziell das Erleben im Phantasieraum ermöglichen, da der Handlungsraum dann als eine weitere und nicht als die einzige Möglichkeit zur Verfügung steht.

Zu dem „Wie" gehe ich in der therapeutischen Situation mit dem „Was" um, möchte ich jetzt einige Beispiele anführen: Als erstes beziehe ich mich auf den Mangel an Gefühl von Verbundenheit im direkten Kontakt. Die Patientin äußerte anfangs nach manchen Stunden, im Verlauf der Therapie schon während der Stunden, daß sie sich sehr allein, „draußen" gefühlt habe in den Stunden, und diese Äußerungen waren sehr verzweifelt. Die Verzweiflung der Patientin erinnerte mich immer wieder an die Schilderung von Konrad Lorenz mit seinem Graugänschen Martina. Das Gänschen hatte beim Schlüpfen aus dem Ei Lorenz erblickt und ihn zu seiner Mutter erkoren. Wenn Lorenz nun auf das Piepsen des Gänsekindes nicht antwortete oder nicht sofort den richtigen Ton, den Stimmfühlungslaut, wie er es nennt, fand, wurde das Piepsen immer verzweifelter. In der therapeutischen Situation blieb das Ausmaß der Verzweiflung, die sich u. a. in drastischen Selbstmordphantasien äußerte, für beide Seiten, für die Patientin und für mich, längere Zeit unverständlich, weil ich ihr ja gegenüber gesessen hatte, ihr zugehört hatte, mit ihr gesprochen hatte. Allmählich ließen sich die Situationen, nach denen diese Verlorenheitsgefühle auftauchten, von mir beschreiben: Es war nach Situationen, in denen z. B. die Therapeutin gut gelaunt und frohgestimmt in die Stunde kam und die Patientin ausgesprochen traurig war oder die Patientin gut gelaunt war und die Therapeutin müde und abgespannt gewirkt hatte. Mit der Beschreibung dieser Situationen durch mich war eine Verständigung in Gang gekommen (Schmidt, 1996), die über einen langen Zeitraum „geübt" wurde, ohne daß schon ein Verstehen möglich gewesen wäre.

Das sind Beispiele mit einem groben Muster, dazu gab es andere Beispiele der Irritation, wenn die Patientin z. B. etwas gesagt hatte und die Therapeutin weder mimisch noch verbal offenbar auf das Gesagte geantwortet hatte. Die Patientin geriet in diese Verfassung, wenn sie keine Antwort (Heigl-Evers, u. Ott, 1994) erhalten hatte, dabei ging es anfangs, wie an dem Beispiel gezeigt, mehr um Antworten im präverbalen Bereich. Es ging dann darum, daß ich der Patientin beschreibe, daß sie die Entfernung in der anderen Gestimmtheit für unüberbrückbar hält, sich unwiderruflich verloren in diesem Moment fühlt und nicht die Sicherheit hat, selbst die Entfernung überwinden zu können. Über die Beschreibung der Situation von mir kam es zu einer Verständigung, und damit konnte wieder eine Verbundenheit hergestellt werden. Im Laufe der Therapie konnte sowohl die Verständigung als auch die Verbundenheit aktiv von der Patientin hergestellt werden: „Letzte Stunde ging es mir wieder so, sie guckten so vor sich hin, und dann konnte ich mir sagen, ‚jetzt denkt sie wieder erst einmal nach'." Damit konnte die Patientin selbst die Verbindung zu mir und über den sprachlichen Raum zu ihrem eigenen Phantasieraum (Winnicott, 1991) herstellen.

Das Erkennen des Mangels – die Patientin kann allein den Kontakt nicht herstellen oder halten – führte zu meinem aktiven Angebot; ich stellte anfangs die Beziehung immer wieder her.

Bis es aber so weit war, ist der Kontakt zur Klinik und insbesondere zur Therapeutin immens wichtig gewesen. Die Zusammenarbeit, die Verständigung der beiden Therapeutinnen machte es möglich, daß die Patientin sich in Notsituationen auf eine alte gute Erfahrung beziehen konnte, an der alten Verbundenheit wie an einem Sicherheitsseil hing und nicht abstürzen mußte; das hatte auch, wie wir noch sehen werden, lebensgeschichtliche Relevanz.

Als weiteres fiel mir bei den Patienten ein deutlicher Mangel an Verbundenheit zur eigenen Lebensgeschichte auf. Sie erzählte ihre sehr dramatische Lebensgeschichte wie einen Roman, den sie zwar kennt, der sie aber nicht weiter berührt. Meine Betroffenheit und mein Interesse an dieser Lebensgeschichte weckten das Interesse der Patientin, und sie machte sich auf den Weg, Genaueres über ihre Lebensgeschichte zu erfahren. Bei diesen Recherchen – die Eltern sind schon tot, deswegen gestaltete sich diese Suche etwas schwierig – entwickelte sie ein Mitgefühl mit dem kleinen Säugling, der mit 2 Monaten für 7 Monate wegen einer schweren Erkrankung in ein Krankenhaus in einer weit entfernten Stadt kam, ein Mitgefühl mit dem kleinen Mädchen, das sechs Jahre alt war, als der Vater starb.

Dieses Mitgefühl, anfangs das Mitgefühl der Therapeutin, allmählich das Mitgefühl der Patientin für die eigene Lebensgeschichte, war ein Weg, die Verbundenheit zur eigenen Lebensgeschichte und damit zu den eigenen Wurzeln zu stärken. Über den sprachlichen Raum konnten der Erinnerungsraum und der Phantasieraum erschlossen werden – ihr Leben wurde erzählbar.

Nun wende ich mich den Rettungsversuchen der Patientin aus diesen extremen Situationen und deren Veränderung im therapeutischen Prozeß zu: Eine Möglichkeit der Rettung war das Kleben des Affektes am Selbst, wie Krause und Merten (1996) das nennen, der Ausdruck der Jammerdepression. Damit konnte die Patientin eine Stabilisierung hervorrufen. Diese Form der Stabilisierung trat in Therapiestunden auch über einen langen Zeitraum auf, wenn die Verbindung zwischen der Patientin und der Therapeutin nicht ausreichend war. Dieses schien dann die „einzig sichere" Verbundenheit zu sein, die einzig verläßliche, eine altbekannte. Wobei die Benennung noch genauer gefaßt werden muß: Es ging auch um das Kleben eines Spannungszustandes, also nicht allein um das Kleben eines schon benennbaren Affektes, sondern eines Spannungszustandes, für den sie kaum Worte fand, den wir allmählich zu beschreiben versuchten: völliges Verlorensein, völlige Orientierungslosigkeit, die Patientin nannte es „ich bin draußen."

Das heißt, das Erleben der Getrenntheit führt hier zu einer affektiven Belastung, weil dieses Erleben verbunden ist mit der Vorstellung, selbst die Gemeinsamkeit nicht herstellen zu können und daß auch nicht in absehbarer Zeit Abhilfe geschaffen wird, was den Zusammenbruch der ursprünglich einheitlichen Selbst- und Objektempfindungen verhindern könnte (Dornes, 1993). War also das Weinen des Säuglings und ist das „Jammern" in den Stunden die Rettung vor dem völligen Zusammenbruch, dem Zerbröseln in mehrere Teil-Selbst?

An dieser Stelle möchte ich kurz eine Episode aus der Lebensgeschichte der Patientin schildern: Als die Patientin zwei Monate alt war, wurde eine lebensbedrohliche Erkrankung festgestellt, und das führte zur Einweisung in eine Klinik in einer weit entfernten Stadt. Der Aufenthalt dauerte sieben Monate. In diesen Monaten wurde die Patientin einmal in der Woche von ihrem Vater besucht; es ist nicht ganz sicher, ob er sie in den Arm nehmen durfte oder ob er sie nur hinter Glas sehen konnte.

Da die Patientin inzwischen selbst Mutter mehrerer Kinder ist, war es leicht möglich, über die Erfahrung mit den eigenen Kindern sich die Situation des Säuglings, d. h. der Patientin als Säugling, in den verschiedenen Variationen vorzustellen. Die plötzlich veränderte Situation für den Säugling, andere Gerüche, andere Geräusche, totale Fremdheit, allein in einem kleinen Kinderbettchen, dieses steht allein in einem Raum, völlig fremde Stimmen, völlig fremde Personen. Die Patientin erinnert sich dann nach einiger Zeit, daß ihr von der Familie berichtet wurde, die Mutter habe sich nach der Rückkehr der Patientin im Alter von 9 Monaten eine weiße Schürze und ein weißes Tuch um den Kopf binden müssen, damit die Patientin Nahrung zu sich nahm. Für den Säugling war das kein „Nach-Hause-Kommen", sondern der zweite rigorose und abrupte Wechsel aller Lebensumstände im ersten Lebensjahr. Durch die Erfahrung der Entwicklung der eigenen Kinder beginnt die Patientin erstaunt über die eigene Lebensgeschichte zu sein, und ganz allmählich verspürt sie auch Erschütterung. Anfangs war nur ich erschüttert. Mit dieser Erschütterung ist es möglich, einmal Verbindung zu sich als kleinem Mädchen, kleinem Säugling aufzunehmen und gleichzeitig auch eine Verbindung zu ihren Verlorenheits- und Verlassenheitsgefühlen in dieser extremen Form herzustellen. Die Affekte Traurigkeit, Erschütterung ersetzen jetzt die Spannungszustände. In dem Maße, wie die Patientin nun aktiv die Verbindungen zu den eigenen Wurzeln herstellen kann (Winnicott, 1991), nimmt die alte Form des Rettungsversuches aus diesen Katastrophensituationen das Jammern in den therapeutischen Stunden und auch außerhalb ab. Deutlich sichtbare Zeichen sind lebhaftere Mimik und Gestik und die veränderte Haltung.

Eine weitere Form des Versuchs der Rettung aus den Bedrohtheitsgefühlen sind die Selbstmordphantasien, die die Patientin über die gesamte Pubertät begleitet haben und zu Beginn der Therapie eine große Rolle spielten. In den Selbstmordphantasien führt die Patientin aktiv die Katastrophe herbei und gibt damit ihrer ohnmächtigen Wut Ausdruck. Ganz besonders deutlich wird das an der Selbstmordphantasie, sich vor einen Zug zu werfen und sich den Zusammenprall von Körper und Lokomotive vorzustellen. Die Möglichkeit, über die Phantasie zu sprechen und diese Phantasie subjektstufig zu betrachten, eröffnet wiederum die Möglichkeit für die Patientin, der eigenen Wut näher zu kommen und damit in ihrer Erfahrung von der Opferrolle in der Phantasie in die Täterrolle zu gelangen: ich springe auf die Schienen, ich bin die Lokomotive, die Rettung durch Aktivität.

Anschließend komme ich zu dem Umgang mit den Gefährdungen in der therapeutischen Situation: Die Gefährdung in den Verlorenheitsgefühlen kam zustande durch das schnelles Ausagieren dieser Panik im Handlungsraum, z.B. die wiederholten Selbstmordversuche. Sind sie zu verstehen als der Zusammenbruch, ein Herbeiführen des „ich bin draußen", ein Ende der unerträglichen Spannung?

Ich sage der Patientin, nachdem sie ihre Selbstmordgedanken geschildert hat, was in den Anfangsstunden sehr häufig geschah: „Ich werde Sie nicht hindern können, sich umzubringen, aber ich kann versuchen, Ihnen zu helfen, andere Lösungen zu finden." Die Patientin sieht mich daraufhin sehr ernst und aufmerksam an. In der folgenden Stunde geht es ihr sehr schlecht. Sie sagt, sie fühle sich nicht verstanden, sie habe Angst, die Therapie hier bringe ihr nichts, mit mir als Therapeutin habe das keinen Zweck usw. Die Patientin befindet sich in einer verzweifelten Lage und ist für mich schwer zu erreichen. Für mich war es dann wichtig, ihren Rettungsversuch nach dem Aufzeigen meiner Grenzen in dem Gefühl des Abgetrenntseins von der Therapeutin ernst zu nehmen. Sie bleibt verbunden mit ihrem Gespanntheitsgefühl und lehnt erst einmal alle Kontaktangebote der Therapeutin ab. Für mich blieb es dann wichtig, diesen alten und bekannten Rettungsmechanismus zu respektieren und auch so zu belassen, bis sich eine zusätzliche Möglichkeit zwischen der Patientin und mir entwickeln würde. Das heißt, die Patientin muß nicht etwas aufgeben, was ihr über drei Jahrzehnte ein Minimum an Sicherheit gegeben hat. Sie darf so, sie soll so bleiben, wie sie ist; so hat sie überlebt, und mit all dem gehe ich mit ihr auf die Suche nach neuen, besseren Lösungsmöglichkeiten. Ich gehe mit ihr auf die Suche, weil ich ihre Panik erkenne, ernst nehme, aber nicht teile. Das heißt, ich stehe weiter zur Verfügung, bleibe von mir aus im Kontakt oder versuche, auch in der Verfassung der Jammerdepression Kontakt herzustellen, obwohl das eine echte Herausforderung ist.

Damit wird eine weitere Gefährdung deutlich, nämlich der Kontaktabbruch in dieser Situation, weil die „immense szenische Kraft" (Krause u. Merten, 1996) in der Jammerdepression dazu führen könnte, sich als Therapeutin als Therapeut abgewertet und abgewiesen zu fühlen.

Die Patientin kommt aber zu den Stunden pünktlich, versäumt keine einzige Stunde. Damit zeigt sie, „agiert" sie, konkretisiert sie im Handeln (Kogan, 1996). Sie trägt zur Kontinuität des Kontaktes das bei, was ihr zu der Zeit möglich ist.

Wie unter den zwei vorangegangenen Punkten schon beschrieben, eröffnet sich durch den sprachlichen Kontakt zwischen der Patientin und der Therapeutin eine neue Möglichkeit. Affekte und die Differenzen zwischen Patientin und Therapeutin, die Lebensgeschichte der Patientin und die Beziehung der jetzigen Lebenssituation zu den alten Lebenserfahrungen werden beschreibbar und benennbar. Dadurch wird über den sprachlichen Raum in der Kommunikation zwischen Patientin und Therapeutin auch der Phantasieraum in den Stunden und allmählich der Phantasieraum für die Patientin eröffnet.

Die Patientin hatte in Situationen von Bedrängtheit hin und wieder meinen Anrufbeantworter angewählt und hatte durch das Hören meiner Stimme eine gewisse Beruhigung erlebt. Eines Tages konnte sie berichten, daß sie den Anrufbeantworter abgehört habe und diese Ruhe und Sicherheit auch nach Auflegen des Telefonhörers noch etwa 10 Minuten angehalten habe.

Etwa zur gleichen Zeit gelang der Patientin, was ich oben schon erwähnt hatte. Sie konnte in den Stunden selbst Sicherheit finden, wenn sie sich vorstellte, warum ich ihr so fern war.

Die Entwicklung der Sicherheit mußte anfangs in der beschriebenen Weise von mir ausgehen. Mit der Sicherheit in der therapeutischen Situation war die Erschließung des symbolischen Raumes und damit die Übernahme eigener Maßnahmen, für Sicherheit zu sorgen, möglich. Ihre Aktivität eröffnet jetzt die Möglichkeit, Kontakt zu meiner Stimme auf dem Anrufbeantworter oder in den Stunden Kontakt zu mir mit Überlegungen zu meiner Befindlichkeit herzustellen.

Zum Abschluß möchte ich noch einmal darauf hinweisen, welche enorme Kraft in der Übertragung des Panikerlebens und der Gespanntheitsgefühle steckt. Krause und Merten betonen in ihrer Arbeit (1996), daß bei schweren Störungen die „Übertragung nicht allein eine illusionäre Übertragung falscher Wahrnehmung auf ein unschuldiges Opfer", z. B. auch die Therapeutin oder den Therapeuten, sei, sondern daß es sich um „Schaffung von Szenen handle"; deswegen hätte sie diese „immense Kraft". Diese Kraft in der szenischen Übertragung führt dazu, daß im stationären Bereich das Team oder die ganze Station „aufgemischt" werden, wie ich das oben schon einmal nannte. Beim Wechsel von ambulanter zu stationärer Therapie oder umgekehrt könnte diese Kraft dazu führen, daß stationärer und ambulanter Therapeut nicht miteinander, sondern gegeneinander arbeiten.

Literatur

Bardé, B., Mattke, D. (1993): Therapeutische Teams. Göttingen: Vandenhoeck & Ruprecht.

Bucci, W. (1996): The power of the narrative in the psychotherapeutic process – a multiple code account. Vortrag in der Psychoanalytischen Arbeitsgemeinschaft Köln-Düsseldorf, Dezember 1996.

Burkhardt, Ch. (1997): Die Kunst, eine Frau zu sein. Erscheint demnächst in: Psychoanalyse der Liebe. Psychosozial-Verlag. Gießen.

Dornes, M. (1996): Der kompetente Säugling. Frankfurt/M.: Fischer Verlag.

Eagle, N. (1988): Neuere Entwicklungen in der Psychoanalyse. München, Wien: Verlag Internationale Psychoanalyse.

Ermann, M.: Die hilfreiche Beziehung in der Psychoanalyse. Göttingen: Vandenhoeck & Ruprecht.

Fürstenau, P. (1992): Entwicklungsförderung durch Therapie. Grundlage psychoanalytisch-systemischer Psychotherapie. München: Pfeifer.

Heigl-Evers, A., Ott, J. (1994): Prinzipien psychoanalytisch-interaktionellen Antwortens – Therapie schwergestörter Patienten. In: Streeck, U., Beil, K. (Hg.) 1994: Die Psychoanalyse schwerer psychischer Erkrankungen. München: Pfeifer. S. 325-335.

Janssen, P. L. (1987): Psychoanalytische Therapie in der Klinik. Stuttgart: Klett-Cotta.

Janssen, P. L.(1992): Psychotherapie durch das Team. Neuss: Janssen.

Kächele, H., Steffens, W. (1988): Abwehr und Bewältigung. Berlin, Heidelberg: Springer.

Kogan, J. (1996): Von der Konkretisierung durch Agieren zur Differenzierung. In: Forum der Psychoanalyse, Bd. 12, Heft 3, S. 226-241.

Krause, R., Merten, J. (1996): Affekte Beziehungsregulierung, Übertragung und Gegenübertragung, In: Zeitschrift für Psychosomatische Medizin und Psychoanalyse, 3, S. 261-280.

Luborsky, L. (1988): Einführung in die analytische Psychotherapie. Berlin, Heidelberg: Springer.

Schepank, H., Tress, W. (1988): Die stationäre Psychotherapie und ihr Rahmen. Berlin, Heidelberg: Springer.

Schmidt, M. (1996): Das Dilemma zwischen den Idealen der psychoanalytischen Ausbildung und den Anforderungen des psychoanalytischen Berufes. In: Bruns, G. (Hg.) (1996): Psychoanalyse im Kontext. Opladen: Westdeutscher Verlag, S. 63-73.

Schneider, G. (1995): Möglichkeiten und Grenzen der Symbolisierungsfähigkeit in der psychoanalytisch orientierten stationären Psychotherapie – ein störungsorientierter Ansatz in der stationären Psychotherapie. In: Schneider, G., Seidler, G. H. (Hg.) (1995): Internalisierung und Strukturbildung. Opladen: Westdeutscher Verlag, S. 279-312.

Treurniet, N. (1996): Über eine Ethik der psychoanalytischen Technik. In: Psyche, 1, S. 1-31.

Trimborn, W. (1983): Stationäre Behandlung von Borderline-Patienten. In: Psyche, 3.

Weiss, J., Sampson, H. (1986): The psychoanalytic Process. New York:

Winnicott, D. W. (1991): Die Angst vor dem Zusammenbruch. In: Psyche, 12.

Zur Funktion extraverbaler Psychotherapieformen in der Behandlung frühtraumatisierter Patienten

Theoretische und klinische Aspekte[1]

Hans Müller-Braunschweig

In einer psychotherapeutischen Klinik erfährt der Patient für einige Zeit die Wirkung verbaler und extraverbaler Verfahren. Die extraverbalen Methoden, die Körpergefühl, Bewegung, bildnerisches Gestalten, Imagination, Musik etc. als therapeutische Mittel verwenden, sind eine wichtig Ergänzung der verbalen Therapie. Die Ergebnisse können jeweils in Teambesprechungen verglichen und evtl. integriert werden.

In der folgenden Darstellung sollen zunächst einige Gedanken zur Wirkungsweise und zum theoretischen Hintergrund der extraverbalen Techniken in der stationären Psychotherapie vorgestellt werden. Es folgen Überlegungen zur Theorie und zur Behandlung traumatisierter Patienten mit dem Akzent auf frühen Traumatisierungen, da ich in der Behandlung von Patienten mit späterer Traumatisierung und posttraumatischer Belastungsstörung nur über sehr wenige (wenn auch eindrucksvolle) Behandlungserfahrungen verfüge. Der Traumabegriff wird diskutiert. Die Wirkung extraverbaler Behandlungsformen bei diesen frühen Störungen wird mit einigen Befunden der Säuglingsforschung und der Neurobiologie verbunden. Abschließend werden Hinweise zur Kombination verbaler und extraverbaler Methoden in der ambulanten Psychotherapie gegeben.

Meine Überlegungen sind weitgehend durch eine psychoanalytische Denkweise bestimmt. Spezifische Probleme dieser Gruppe von

---

[1] Da sich der in Bad Honnef gehaltene Vortrag vom Thema dieses Buches etwas entfernt, wurde ein anderer Titel gewählt und das Manuskript entsprechend geändert.

Patienten legen aber auch die Berücksichtigung von Methoden nahe, die eher verhaltenstherapeutisch geprägt sind bzw. Merkmale beider Richtungen aufweisen.

Zur Verwendung extraverbaler Methoden in der stationären Psychotherapie

Ich verwende den Ausdruck „extraverbal" in Anlehnung an Janssen (1982, S. 547), da es sich bei mal-, musik-, körperbezogener Psychotherapie etc. nicht nur um „nonverbale" Methoden handelt, sondern das Verbalisieren der Erlebnisse, die gerade bei diesen Verfahren häufig emotional sehr intensiv sind, notwendig und üblich ist.

Zu den analytisch-orientierten verbalen Psychotherapieformen in der stationären Einzel- und Gruppentherapie kommen also die Methoden hinzu, die bildnerisches und plastisches Gestalten, Musik, Körpererfahrung, szenische Darstellung und imaginatives Arbeiten einsetzen. Hier wird nicht nur vorwiegend mit dem Wort gearbeitet, sondern es werden visuelle, akustische, szenische und Bewegungserlebnisse dazu verwendet, einen Zugang zu bisher unintegrierten psychischen Anteilen zu finden.

Der stationäre Patient hält sich ständig, also „hochfrequent", in einem therapeutischen Umfeld auf, er bewegt sich in einer Gruppe, in der ein häufiger Austausch auch jenseits der psychotherapeutischen Angebote stattfindet. Hinzu kommt die schon genannte therapeutische Nutzung verschiedener Sinnesgebiete, die sich ebenfalls häufig in der Gruppe abspielt. Die Gruppensituation selbst wirkt schon in Richtung einer Lockerung der Abwehr. Diese Lockerung wird durch die Wirkung der extraverbalen Behandlungsformen verstärkt, die eine besonders enge Beziehung zum vorsprachlichen Erleben haben. Das kann dann bei frühgestörten Patienten mit Defiziten der vorsprachlichen Entwicklung besonders wirksam sein, bietet aber auch für andere Patientengruppen häufig eine Chance zur Auflockerung mehr oder weniger erstarrter, „gepanzerter" seelischer Strukturen und macht eine erste Annäherung an bisher unzugängliches inneres Erleben möglich. Diese Annäherung ist häufig auch ein Ausgangspunkt für die weitere ambulante Psychotherapie.

Für schwerer gestörte Patienten mit früh entstandenen Beeinträchtigungen (ihr Anteil nimmt in der stationären Behandlung in den letzten Jahren aus äußeren Gründen zu), ist der Aufenthalt auf einer

Station also aus mehreren Gründen vorteilhaft. Die nahe Beziehung extraverbaler Methoden zum frühen Erleben wurde schon erwähnt. Hinzu kommt die sowohl haltende als auch strukturierende Funktion der Station, die gerade für Patienten mit strukturellen Ich-Störungen notwendig ist. Die verhaltenstherapeutischen Maßnahmen wirken ebenfalls oft strukturierend. Sie werden bekanntlich (u. a.) bei Patienten mit Neigung zum Alkoholabusus oder bei Eßstörungen eingesetzt.

Die besondere Bedeutung, die extraverbale Methoden gerade für frühgestörte Patienten haben, ist nicht erstaunlich, da Sehen, Hören, Bewegung und Berührung vom Beginn des Lebens an – also *vor* der Sprachentwicklung – erlebt werden. Diese Sinnesgebiete und Aktivitäten spielen eine wichtige Rolle in der ersten Interaktion zwischen Mutter und Kind. Die Säuglingsforschung liefert dafür viele Beispiele. So beschreiben Beebe und Stern eine Szene, in der die Mutter den Säugling ständig stimuliert und ihn nicht in Ruhe lassen kann.

„Die Abwehr des Kindes dient der Mutter nicht als Hinweis darauf zu warten, sondern als Stimulus, den Kontakt weiter und mit andern Mitteln zu suchen. Schließlich schaut das Kind nur noch durch sie hindurch, wird lahm, stellt sich völlig uninteressiert und reagiert überhaupt nicht ... In dem Moment, in dem die Mutter den Kopf abwendet, richtet das Kind seinen Kopf auf. Das Ganze ... in Bruchteilen von Sekunden" (zit. nach Köhler in: Beebe u. Stern, 1990).

Köhler sagt dazu u. a., daß dieses Kind Erwartungen und Fehlregulationen aufbauen wird, „es wird negative Interaktionen erwarten, es wird chronisch extreme Affekt- und Erregungszustände erleben und sie abwehren, indem es zum Beispiel lahm wird." Man kann hinzufügen, daß diese unlustbetonten psychischen Ereignisse vom Säugling zusammen mit der eigenen Kopfbewegung erlebt werden, mit der er sich von der Mutter abwendet, wahrscheinlich auch mit eigener Muskelanspannung, mit optischen Eindrücken (dem Blick der Mutter), Tasterlebnissen etc. Diese motorischen und Sinneserlebnisse sind nicht vom psychischen Eindruck zu trennen. In einer späteren extraverbalen Therapie können sie einen ersten Zugang zu sonst nicht erlebbaren frühen Eindrücken darstellen. Das erwähnte „Lahmwerden" des Kindes könnte psychisch auch mit einer Dissoziation von seinen Gefühlen verbunden sein, mit der sich das Kind entlastet.

Wiederholte Abläufe dieser Art in einem frühen Lebensalter können sich, nach den neueren Ergebnissen der Hirnforschung, auch in der Hirnstruktur niederschlagen, da die Vernetzung des Gehirns auf Außeneindrücke reagiert und erst mit der Pubertät abgeschlossen ist. Änderungen nach der Pubertät – auch durch psychotherapeutische Lernprozesse jeder Art – können sich nur an den Synapsen abspielen und dauern auch deshalb länger (Singer, 1998; vgl. auch Spitzer, 1996).

Die basalen Emotionen sind also eng mit Sinneserlebnissen und der zwischenmenschlichen Situation verbunden, in der sie erlebt werden. Das wäre im erwähnten Beispiel die offensichtlich unlustbetont erlebte Überstimulation, verbunden mit der Berührung, der Nähe der Mutter, ihrem Blick etc. Vielleicht versucht das Kind dann negative Gefühle unwillkürlich auch durch Muskelanspannung zu dämpfen, vielleicht hält es den Atem an oder fühlt auch im „durch die Mutter Hindurchsehen" seinen Körper nicht mehr. Wir wissen es nicht sicher, können hier – wenn sich so ein Vorgang häufiger wiederholt – aber auch einen Ausgangspunkt späterer Gefühlsblockaden und psychosomatischer Fehlregulationen vermuten. Die Körperhaltung vieler Erwachsener (steifes Gehen, hochgezogene Schultern, gebückter Gang usw.) weist ebenfalls auf Erlebnisse hin, die sich schon sehr früh in diesen psychosomatischen „Haltungen" niedergeschlagen haben. Da diese häufig präverbal entstanden sind, ist ein verbaler psychotherapeutischer Zugang besonders schwierig oder sogar unmöglich. Das Einbeziehen des Körpererlebens, das szenische Darstellen und/oder Imaginieren in der therapeutischen Interaktion, also das Einbeziehen von Körper, Bild und Handlung als schon präverbal auftretenden Phänomenen, ist deshalb nicht selten notwendig, um einen Zugang zu frühen Erlebnissen zu ermöglichen, die in diesem Falle der eventuellen späteren emotionalen Blockierung zugrunde liegen. Häufig schafft das basale sinnlich-emotionale Erleben überhaupt erst die Basis für die Wirksamkeit einer verbalen Psychotherapie.

Die Erprobung extraverbaler Psychotherapie wurde in größerem Umfang erst durch die Gründung der psychosomatisch-psychotherapeutischen Kliniken möglich. Zu den häufig angewandten Methoden gehört hier die Konzentrative Bewegungstherapie (KBT). Einige wesentliche Merkmale der extraverbalen Psychotherapieformen lassen sich am Beispiel dieser Methode darstellen. Ihre Praxis wird in einem anderen Beitrag dieses Bandes detaillierter behandelt. Bewegung, eigenes Körpererleben, bildhafte Eindrücke und die Interaktion in der Gruppe spielen hier eine besondere Rolle. Die KBT wird heute an etwa 70 psychosomatisch-psychotherapeutischen Kliniken in Deutschland durchgeführt (Pokorny et al., 1996). In einer Studie von Tammen (1988) gaben 64,3 % der untersuchten Ulkuspatienten an, mit der KBT wichtige Erfahrungen gemacht zu haben, 28,6 % bewerteten dieses therapeutische Angebot im Vergleich zu Gesprächen als hilfreicher.

Beispiel: Eine depressive Patientin hat sich in der am Boden sitzenden Gruppe einen Platz zwischen der Heizung und der Leiterin gesucht. Es wird das Angebot gemacht, einzeln aufzustehen und in den Raum hinauszugehen. Die Patientin erhebt sich, geht einige Schritte in den Raum hinein, bleibt stehen und beginnt zu weinen. Dann dreht sie sich resigniert um und setzt sich wieder an den alten Platz. Es war ihr nicht möglich, sich von dem geschützten und wärmenden Platz zu lösen und in die „Weite des Raumes" hineinzugehen, in der sie sich „verloren" fühlte. Über den Verlauf und ihre Erlebnisse in dieser Situation wird anschließend in der Gruppe gesprochen.

An diesem Beispiel läßt sich demonstrieren, wie durch Bewegung (Gehen) und durch den visuellen Eindruck (der leere Raum vor ihr) ein zentrales emotionales Problem angeregt wird und in dieser Szene Gestalt annehmen kann. Damit wird auch der psychische Konflikt der Patientin (Angst vor Trennung aufgrund „eigener Schritte") agiert und dabei körperlich und psychisch lebendig.

Derartige Möglichkeiten bietet diese körperbezogene Methode auch, wenn es um Erlebnisse der Überflutung durch äußere Eindrücke geht. Es wird dann in der stationären und ambulanten Therapie wichtig sein, am deutlichen Spüren der Körpergrenzen zu arbeiten, die auch psychische Grenzen repräsentieren.

Dieses Problem stellt sich besonders oft bei traumatisierten Patienten. In der KBT lassen Therapeuten beispielsweise die eigenen Körpergrenzen mit Seilen legen. Sie lassen den Patienten dann evtl. ausprobieren, wie er in diese Grenzen „hineinpaßt". Er kann die Grenzen abschreiten, zunächst mit offenen Augen, es dann auch mit geschlossenen Augen versuchen. Letzteres erleichtert eine Konzentration auf das eigene Körpergefühl. In der Gestaltung des Umrisses werden oft Verletzungen oder wird Verletzbarkeit deutlich, im Versuch des „Hineinpassens" evtl. die Diskrepanz von bewußtem und unbewußtem Körperbild.

So etwas zeigt sich auch in Zeichnungen des eigenen Körpers. Besuden (1983) läßt von den Gruppenteilnehmern den eigenen Körper erst mit der linken, dann mit der rechten Hand zeichnen. In Anlehnung an Ferenzci weist sie darauf hin, daß die „linke Körperseite beim Rechtshänder unbewußten Einflüssen zugänglicher ist". Hier kann z. B. ein übergroß gezeichneter Kopf auf einem kleinen Körper auf Körperablehnung bei gleichzeitiger übermäßiger kognitiver Kontrolle hinweisen (die natürlich durch andere Verhaltens- und Erlebensweisen bestätigt werden müßte).

A. v. Arnim beschreibt einen Körperbildtest, bei dem aus einem Tonklumpen mit geschlossenen Augen eine menschliche Figur geformt wird. Das Formen mit geschlossenen Augen läßt wiederum die unbewußten Anteile des Körperbildes eher sichtbar werden (v. Arnim, 1998, S. 35).

Zum besseren Spüren ihrer Grenze können sich Patienten untereinander auch einfach mit einem „Igelball" (Oberfläche mit Ausbuchtungen) abrollen, können sich selbst oder sich gegenseitig abklopfen. Derartige Angebote sind bei Borderline- oder psychotischen Patienten hilfreich, die vom eigenen Körpergefühl und vom eigenen Erleben mehr oder weniger dissoziiert sind. Das kann auch in besonderem Maße bei traumatisierten Patienten der Fall sein, z. B. bei Patienten, die in der Kindheit sexuell mißbraucht wurden oder andere Formen äußerer Gewalt (Folter) erlebten. Viele dieser Patienten neigen zu selbstverletzendem Verhalten (vgl. v. Arnim, a. a. O.; Sachsse, 1995).

Neben der KBT werden heute an psychosomatisch-psychotherapeutischen Kliniken verschiedene Formen der körperorientierten Psychotherapie angewendet. Die Bioenergetik und die Neo-Reichianischen Methoden (vgl. Geißler, 1996), die „Körperbezogene Psychotherapie analytischer Orientierung" (Maaser et al., 1994), die Funktionelle Entspannung (FE) (v. Arnim, 1998), die Integrative Bewegungstherapie; in Verbindung mit der Verhaltenstherapie auch oft die Progressive Muskelrelaxation (Jacobson, 1990).

Anmerkungen zum Traumabegriff und zur stationären Therapie traumatischer Schädigung

Traumatisierung und damit zusammenhängendes selbstverletzendes Verhalten sind Themenbereiche, die in den letzten Jahren zu vielen Publikationen Anlaß gaben. In der psychoanalytischen Diskussion haben sie zu einem Wiedererwachen des Interesses an der Traumatheorie geführt.

Das Trauma wird im Sinne Freuds als psychische Reizüberflutung beschrieben, „die die gewohnte Funktionsweise des psychischen Apparates außer Kraft setzt und das Ich mit dem Zustand totaler Hilflosigkeit konfrontiert" (Schrader, 1993). Damit finden in der Psychoanalyse auch die Auswirkungen realer äußerer Einwirkungen wieder größeres Interesse, d.h. sie erhalten neben der gewohnten Beachtung z.B. unbewußter Phantasien wieder mehr Gewicht. Allerdings geht es dabei nicht, wie Schrader betont, „... um eine alternative Entscheidung zwischen unbewußter Phantasie und Realität, sondern darum, den Verbindungen und Wechselwirkungen zwischen beiden nachzugehen" (Schrader, 1993). Auch sind, wie die Autorin weiter ausführt, psychische Traumen in der menschlichen Entwicklung ubiquitär.

„Sie führen nicht nur zu traumatischen Neurosen oder posttraumatischen Belastungsstörungen (DSM III), die ständige schmerzliche oder ggf. erneut traumatische Erinnerungen, Wiederholungsträume oder andere Symptome und Einschränkungen beinhalten. Sie münden auch in hochspezifische Phantasiebildungen, Ich-Modifikationen und Störungen der Objektbeziehungen und des Selbstwertgefühls ein. Sie tragen zu psychosomatischen Störungen, Perversionen und Charakterstörungen bei ..." (Schrader, 1993). Wichtig erscheint dabei die Unterscheidung zwischen traumatisch-überflutenden Eindrücken und Dauerbelastungen, die zu entsprechenden „Erwartungen" (z.B. in der Interaktion) führen (s. die o.e. Säuglings-beobachtungen). Das Thema kann hier nicht weiter vertieft werden.

In diesem Hinweis werden als traumatische Einwirkungen offensichtlich auch Erlebnisse gesehen, die schon in der verletzlichen frühen Entwicklungsphase auf das Kind wirken. Ich erinnere an das oben erwähnte Beispiel „der verfolgenden Mutter". Wiederholen sich diese Erlebnisse immer wieder und führen sie zu überflutenden Eindrücken, die vom Kind nicht zu verarbeiten sind, können sie als traumatisch oder kumulativ-traumatisch bezeichnet werden. In ähnlicher Weise wirkt die häufig ausbleibende Reaktion einer depressiven Mutter auf die Signale des Kindes.

(Damit soll allerdings keine Ideologie der „bösen" oder „alleinschuldigen" Mutter gefördert werden. Die Gründe für ein derartiges Versagen der Interaktion können vielfältig sein, liegen oft nicht in der

Verantwortung der Mutter und sind außerdem nicht der einzige Grund für eine spätere Psychopathologie an der auch andere – z. B. genetische Faktoren – Anteil haben.)

Aber das frühe Erleben *hat* Auswirkungen, und die Säuglingsforschung liefert die Möglichkeit, einige der frühen negativen Lernvorgänge näher zu erfassen. Fischer et al. (1996) sprechen in diesem Zusammenhang von „Beziehungstraumen".

Ein Ablauf, der durch eine ausbleibende Reaktion der Mutter entsteht, wurde auch im sog. „still face"-Versuch an Säuglingen experimentell überprüft. Die Mutter zeigte in diesem Versuch keine mimische Reaktion auf die Kontaktsuche des Säuglings. Zunächst verstärkt der Säugling dann seine Bemühungen, eine Reaktion der Mutter zu erreichen (durch Lächeln, Bewegungen usw.). Dann zieht er sich offensichtlich aus der Interaktion zurück, u.a. werden die Augen „glasig", die Atmung wird flach (Gusella et al., 1988; zitiert nach Dornes, 1995). Die Körperbewegungen des Säuglings hören häufig auf. Das weist nun auch auf eine Abnahme der *inneren* Bewegung hin, die sozusagen „einfriert".

Hier sehen wir wieder, wie in einer bestimmten Situation der frühen Nähe der Mutter eine offensichtlich starke Veränderung des psychischen Zustandes („glasiger Blick") eintritt, der sich auch körperlich in flachem Atem und oft in Bewegungslosigkeit ausdrückt. Im eingangs erwähnten Beispiel der „überstimulierenden Mutter" wurde aufgrund dieser sichtbaren Veränderungen auf eine eventuelle Dissoziation des eigenen Erlebens geschlossen. Man kann auch an eine frühe Form der Derealisation und Depersonalisation denken, die gleichbedeutend mit einem psychischen Rückzug aus der Situation wäre.

Die häufige Wiederholung dieses Ablaufs könnte zur entsprechenden (noch diffusen) Erwartungen des Kindes führen, die sich später auch in unbewußten Phantasien niederschlagen. Verbal ausgedrückt z.B.: „Wenn ich menschliche Nähe zulasse, muß ich Gefühle von Ohnmacht, Schreck, Überwältigung erwarten."

Die Folgen dieser frühen kumulativen Traumatisierung werden, je nach Schwere, beim Erwachsenen vielfältig sein. Bei den leichteren (oft narzißtischen) Formen der Störung, in denen z.B. die berufliche Leistungsfähigkeit wenig oder gar nicht beeinträchtigt ist, hat man häufig den Eindruck, es gebe ein unbewußtes Programm mit dem festen Vorsatz: „So ein Gefühl der Kränkung und Ohnmacht will ich *nie* wieder erleben!" Das kann sich dann in dem ständigen Bestreben äußern, eine Situation mit einem oder mehreren Menschen ständig „in der Hand" zu behalten, sie also jederzeit kontrollieren zu können. Ein entspannter und näherer wechselseitiger Kontakt ist damit erschwert oder unmöglich gemacht. Das kann sich auch bis zur weitgehenden Abwehr von Gefühlen steigern, da diese ja passiv erlebt werden und mit der erwähnten Erwartung von Schmerz, Schreck etc. verbunden sind. Dadurch entsteht innere Leere, die in schwereren Fällen oft durch Suchtmittel aufgefüllt oder durch selbstverletzendes Verhalten verändert werden soll. „Das ... warmfließende Blut vermittelt das Gefühl von Grenze, Wärme, Lebendigkeit ..." (v. Arnim, a. a. O.).

Der Rückzug kann sich auch so auswirken, daß äußere Eindrücke möglichst nur noch „innen" durch Denk-Phantasiearbeit oder auch durch Körperveränderungen bewältigt werden soll. Gegebenenfalls wird das Trauma introjiziert und damit oft auch als „böses" Objekt personifiziert. Sachsse meint, das könne zu der Angst führen, das gute Objekt durch das böse Objekt endgültig zu vernichten. Doch könne das Trauma auch, wenn es in einer Person oder einer Objektbeziehung in dieser Weise personifiziert wird, durch „Traum, Spiel, Phantasie bearbeitet werden" (Sachsse, 1995; vgl. auch Küchenhoff, 1990).

Hier sehen wir wieder eine Verbindung zu den extraverbalen Methoden der stationären Therapie, die z. B. in der Gestaltungstherapie das Erlebnis vermitteln, mit Eindrücken aus der Außenwelt und den inneren Erlebnissen „umgehen" zu können, d. h. sie *aktiv* bearbeiten und verändern zu können, ohne das zunächst in einer direkten (und belastenden) Interaktion mit Menschen tun zu müssen (vgl. auch Janssen, 1982). Dies gilt auch für einige andere gestaltende Tätigkeiten.

Direktere Interaktion, aber diesmal als aktiv Handelnder, kann auch ein Patient erleben, wenn er in der inszenierenden Darstellung seiner Herkunftsfamilie, z. B. nach Pesso (1986), Gruppenmitglieder so aussucht, daß sie jeweils bestimmten Zügen der Herkunftsfamilie ähneln. Er kann sie dann so im Raum plazieren, daß sie sich jeweils näher oder entfernter von ihm befinden. Anschließend tritt er mit ihnen in Interaktion. Mit der Plazierung im Raum kann er nun selbst die Distanz zu diesen Personen bestimmen. Die reale räumliche Entfernung symbolisiert in diesem Augenblick jeweils sehr unmittelbar typische Beziehungsformen zu den einzelnen Familienmitgliedern wie gefürchtete und bedrohliche Nähe, erwünschte aber unerreichbare Nähe und vieles andere.

Besonders schwer traumatisch wirkende Eindrücke, wie z.B. wiederholter sexueller Mißbrauch in der Kindheit, werden heute häufig mit späteren schweren psychischen Störungen in Verbindung gebracht. Sachsse (1995) sieht in der Kindheit von Borderline-Patienten viele Realtraumata wie z.B. „Deprivation, aggressive Mißhandlung, Elternverlust, sexuellen Mißbrauch, Inzest". Die „Fähigkeit zur Verdrängung kann verhindert oder zerstört werden ... ängstigende Erinnerungen bis zur Hypermnesie verbleiben als ‚offene Wunde' an der seelischen Oberfläche und müssen durch Inszenierungen, ‚Agieren', selbstverletzendes Verhalten oder Suchtverhalten abgewehrt werden..." Diffuse Angst des Patienten kann auch ein Signal für eindringende traumatische Erinnerungen sein (Sachsse, 1995, S. 50).

R. Krause (1997, S. 32) erwähnt in diesem Zusammenhang zunächst die Regulierung von Wünschen, Impulsen etc. durch Abwehrmechanismen im Bereich der Neurose. Dieses einfache Regulierungsmodell könne aber für Psychosen, Charakterneurosen und Psychosomatosen nicht angewendet werden. Er nennt in diesem Zusammenhang auch kumulative Traumata, unter denen man besonders repetitive Beziehungserfahrungen erwähnen müsse. „Der Weg in die Persönlichkeitsstörung und die Organneurosen wird wohl eher über kumulative Traumata als über die traumatische Neurose im klassischen Sinne erfolgen." Offenbar rechnet Krause auch narzißtische Störungen dazu, die durch diese „repetitiven Beziehungserfahrungen" entstehen.

Es wären damit zu unterscheiden:

a) Die *traumatische* Einwirkung, der im Moment des Auftretens die psychische Verarbeitungsfähigkeit nicht gewachsen ist, die eine Überlastung des psychischen Systems darstellt, und die deshalb zunächst zu Panik, Übererregung oder Dissoziation (mit Abspaltung des affektiven Erlebens) führt (vgl. Perry et al., 1995) und sich in der folgenden Zeit in einer abgespaltenen psychischen Formation widerspiegelt, die sich in überfallartigen und flüchtigen Bruchstücken der schreckhaften Erinnerung („flash backs"), Alpträumen, Neigung zu dissoziativem Erleben oder innerer Erstarrung etc. zeigen kann (posttraumatische Belastungsstörung).
b) Die Folgen traumatischer Einwirkungen, die zu strukturellen Änderungen führen, z.B. zu tiefgehenden Blockaden von Gefühlen, da alles vermieden werden muß, was das ursprüngliche traumatische Erleben wieder erlebbar macht.

c) Die Folgen kumulativer Traumata, die auch zu Persönlichkeitsveränderungen führen, aber häufiger ohne die oben genannten Symptome. Hier geht es dann z.B. um die ständigen Versuche, eine Regulation des Selbstwertgefühls zu erreichen, u.a. das ständige Bedürfnis, sich durch Suche nach Bestätigung im narzißtischen Gleichgewicht zu halten, also eine narzißtische Störung (vgl. auch Hartmann, 1997).

Man könnte diese verschiedenen Ausprägungen auf einer Skala sehen, die von völliger Desintegration durch das traumatische Ereignis bis hin zu seiner partiellen Verarbeitung und Integration reicht; also von traumatischen Erlebnissen, die völlig desintegrierte und isolierte Spuren hinterlassen (mit dem plötzlichen Auftreten der alten Bilder des traumatischen Ereignisses), bis hin zu Erlebnissen, die in unbewußte Phantasiebildungen „eingebunden" sind, allerdings auch hier oft stark isoliert und schwer zu erreichen. Die frühen protektiven Maßnahmen gegen traumatisches Erleben können sich auch in den erwähnten strukturellen Veränderungen zeigen, z.B. einer bleibenden Abwehr gegen affektives Erleben, einer Neigung zu psychischer Unflexibilität bis hin zur Starre. Die Abwehr und das Denken können beeinträchtigt bleiben, sobald der frühere traumatische Komplex berührt wird. Je stärker das ursprüngliche traumatische Ereignis dann in symbolische Tätigkeit eingebunden werden kann, desto eher wird es seine pathogene Wirkung verlieren.

Neurobiologische Befunde

Als eine der Ursachen für die Wirksamkeit extraverbaler Verfahren kann die schon erwähnte Möglichkeit gesehen werden, aktiv mit den inneren Vorgängen umzugehen und ihnen nicht ohnmächtig ausgeliefert zu sein. Dieser aktive Vorgang benutzt außerdem präverbale Möglichkeiten der Kommunikation, die schon vor dem Spracherwerb auftreten.

Befunde der Neurobiologie tragen nun zur weiteren Erklärung dieser Wirkung bei. So konnten van der Kolk und Mitarbeiter durch bildgebende Verfahren nachweisen, daß „traumatische Erfahrungen – im Gegensatz zu normalen – im limbischen System als *sensomotorisches*, *visuelles* und *affektives* Geschehen gespeichert werden. Die exzessive Stimulierung verhindert das Aussteigen der Aktivierung in den Neokortex. Damit ist die kognitive Bewertung der Erfahrung

und ihre semantische Repräsentation gestört (Leuzinger-Bohleber, 1996, gesperrt v. m., H. M.-B.). Durch die beschriebenen extraverbalen Methoden, die mit diesen Sinnesgebieten arbeiten, können offenbar diese Eindrücke oft eher erreicht werden. Van der Kolk weist in diesem Sinne auf „neuere körperorientierte Therapien, die Verhaltenstherapie und EMDR (Eye Movement, Dessensitization and Reprocessing)" hin, die im „Vergleich zu herkömmlichen einsichtsorientierten Therapien besonders hilfreich" seien (1998).
Traumatische Erinnerungen können nicht integriert werden. „Die Untersuchten gaben an, daß die Erinnerung an das Trauma zuerst in Form sensomotorischer Rückblenden „flash back experiences" auftrat: als „visuelle olfaktorische ... auditive oder kinästhetische Eindrücke". Es werden Bruchstücke von Sinnesempfindungen gespeichert, „ ... die kaum oder gar keine sprachlichen Entsprechungen haben" (van der Kolk et al., 1998, S. 65).

Denken wir an die o. e. kumulativen Traumatisierungen, die oft subtilen Charakter haben, dann läßt sich eine Verbindung zur (ambulanten) Erfahrung vieler Analytiker herstellen, die über lange Zeit von manchen Patienten etwas über „vage" Empfindungen oder „irgend welche" Gefühle hören, die aber „wie hinter einer Nebelwand" verborgen sind. Zuweilen werden dann diese Gefühle im Verlauf der Behandlung etwas deutlicher erlebt. Oft bedarf dies aber sehr langer Zeiträume oder geschieht überhaupt nicht. Nach längerer Selbsterfahrung mit extraverbalen Therapieformen fühle ich in diesen Situationen oft das Bedürfnis, den Patienten szenische, körperorientierte oder visuelle Behandlungsformen erleben zu lassen (s. u.). M. Leuzinger-Bohleber (1996) und U. Volz (1994) haben allerdings eindrucksvoll über Annäherungen an frühe traumatische Eindrücke ihrer Patienten in der Analyse berichtet, die sie durch die Beachtung der Gegenübertragung erreichten. Dabei war u. a. das eigene Körpererleben sehr wichtig.

Dazu abschließend noch mehr; bleiben wir aber zunächst bei der stationären Therapie.

Das stationäre Therapiemodell von Sachsse

Bei der Behandlung der Folgen schwerer traumatischer Einwirkungen reicht auch der Aufenthalt in einer haltenden und strukturierenden stationären Umgebung und die erwähnte Anwendung extraverbaler Methoden oft nicht aus, zum Beispiel bei Patienten mit selbstverletzendem Verhalten. Für diese Patientengruppe hat Sachsse kürzlich Behandlungsformen beschrieben, die, denkt man an die oben erwähnte Mitwirkung traumatischer Eindrücke, auch bei anderer schwerer psychischer Symptomatik, also für weitere Patientengruppen, von Interesse sein könnten.

Sachsse beschreibt, daß bei Patienten mit selbstverletzendem Verhalten zunächst versucht wird, „alternativ zu den schlimmen Intrusionen und Alpträumen nur gute innere Bilder zu schaffen und sich darin zu trainieren, diese guten inneren Welten gezielt aufzusuchen" (vgl. auch Seithe, 1989). Zu diesen Imaginationen führen u. a. Übungen der KBT zur Grenzstabilisierung (s. o.). Wenn nach dieser Stabilisierungsphase eine Verschlechterung eintritt, wird das als Zeichen gesehen, daß nun traumatische Erfahrungen eindringen.

Für die Traumaexposition und die Traumasynthese wird dann die „hypnotherapeutische Bildschirmtechnik" eingesetzt: „Patientin und Therapeutin betrachten sich auf einem imaginierten Bildschirm gemeinsam die traumatischen Ereignisse wie in einem alten Film. Die Affekte sollen unter Kontrolle bleiben, während mit Hilfe einer Art Fernbedienung der Film immer wieder angehalten, betrachtet oder sogar zurückgespult wird." Das wird als „dissoziative Distanzierungstechnik" bezeichnet. In einem „emotional-dichten, körpernahen Moment können dann schließlich die Empfindungen zugelassen werden. Die Patienten werden dann dabei evtl. von der als Dritter anwesenden Schwester in den Arm genommen und gehalten. Eine weitere Methode ist die schon erwähnte Technik der Augenbewegung (EMDR) nach F. Shapiro, die in letzter Zeit ebenfalls sehr bekannt wurde. Der Patient konzentiert sich hierbei auf bestimmte Teile der traumatischen Erinnerung und folgt gleichzeitig mit den Augen den Fingerbewegungen des Therapeuten. Das kann emotional-intensive Verarbeitungsphasen auslösen (vgl. Hoffmann u. Musäus-Schürmann, 1997).

In dieser Weise wird hier ein eher verhaltenstherapeutisches Vorgehen sowohl mit der Methode der katathym-imaginativen Psychotherapie als auch mit der Möglichkeit real-haltenden Körperkontaktes verbunden, der ja auch in der körperorientierten Psychotherapie (wenn auch seltener als oft angenommen) eine Rolle spielen kann. Mit dieser Unterstützung können die früher ohnmächtig und allein erlebten überflutenden Affekte jetzt eher ertragen und zugelassen werden.

Die strukturierende und „übende" Situation der hypnotherapeutischen Bildschirmtechnik unterstützt die steuernden (Ich-)Funktionen bei der Bewältigung der traumatischen Situation.

Rein psychoanalytisch orientierte Maßnahmen sind bei diesen Patienten, zumindest in der Anfangsphase, meist zum Scheitern verurteilt. Denn die frühen protektiven Mechanismen, die gegen das ohnmächtig erlebte Trauma errichtet wurden, können in dieser Situation und „im freien Assoziieren" nicht aufgegeben werden. Allerdings müssen auch Methoden wie die Bildschirmtechnik und das EMDR in eine verläßliche Beziehung zum Therapeuten eingebunden sein. Damit bleiben sie keine bloße Technik. So gesehen kann dieses Verfahren auch eine Vorstufe zu einer längerfristigen Psychotherapie sein, in der dann eine weitere „langsame Revision traumatischer Prozesse" erfolgt, wie Fischer et al. (1996) sagen. Die Autoren weisen darauf hin, daß die psychotherapeutische Behandlung traumatisierter Patienten in einer Abfolge konstruktiver Schritte erfolgen könne, „in denen jeweils von einem neu gewonnenen oder wiedergewonnenen höheren Strukturniveau aus die frühere traumatische Erfahrung aufgearbeitet werden kann". Bei Beachtung dieser Voraussetzungen lasse sich auch „eine psychoanalytische Langzeittherapie für die Behandlung langfristig bestehender psychischer Traumatisierung empfehlen". Doch kann – möchte ich hinzufügen – ein flexibler Umgang mit dem Setting immer wieder wichtig werden.

Damit sind wir auch bei der ambulanten Therapie und ihren Möglichkeiten der Kombination mit extraverbalen Verfahren. Auf sie kann hier abschließend nur kurz hingewiesen werden.

Zur Anwendung extraverbaler Verfahren in der ambulanten Psychotherapie

Die Kombination extraverbaler Methoden mit verbaler psychoanalytisch-orientierter Psychotherapie in der stationären Praxis hatte auch Einfluß auf die Anwendung in der ambulanten Therapie. Denn die Tatsache, daß in psychotherapeutischen Kliniken eine ständige Wechselwirkung von verbaler Therapie und nonverbalen „Verfahren" beobachtet und im Team integriert wird, ließ den Gedanken weniger fremdartig erscheinen, derartige Kombinationen auch in der ambulanten Praxis zu versuchen. Auch äußerten Patienten nach der

Entlassung aus der stationären Behandlung häufiger den Wunsch nach einer Fortsetzung z. B. der körperorientierten Therapieformen.

Bei dem Versuch einer Kombination im ambulanten Bereich wirkten natürlich auch weitere Gründe mit: z. B. die jahrzehntelange praktische Erfahrung mit körperbezogener Psychotherapie, die aber häufig an einem Theoriemangel litt und u. a. deshalb an der psychoanalytischen Theorie interessiert war. Auf der Seite der Psychoanalyse spielte die verschiedentlich erwähnte Schwierigkeit eine Rolle, präverbale Inhalte in genügendem Ausmaß zu erreichen. Es wurde schon darauf hingewiesen, daß deshalb in der verbalen analytischen Psychotherapie eine kombinierte Behandlung häufig dann angestrebt wird, wenn über längere Zeit der Eindruck entsteht, daß verbaler Austausch, verbale Mitteilung allein – auch wenn sie vom Therapeuten empathisch und mit Gespür für die nonverbalen Abläufe durchgeführt wird – nicht „greift" und/oder das emotionale Erleben zu „dünn" bleibt, die vermuteten stärkeren Affekte dem Patienten nicht erlebbar werden.

Im folgenden noch einige Beispiele für die derartig kombinierte Arbeit in der ambulanten Therapie, die von einem Therapeuten oder als zeitweilig parallel laufende Therapie auch von einem in diesem extraverbalen Verfahren besonders ausgebildeten zweiten Therapeuten durchgeführt werden kann. Hinweise darauf finden sich u. a. bei Moser (1992), Worm (1994, 1997), v. Uexküll et al. (1997), Heisterkamp (1993, 1997), Geuter (1996), eine Übersicht bei Müller-Braunschweig (1997 a).

Bei einem differenzierten 38jährigen Patienten mit kumulativer Traumatisierung in der Kindheit war es von Beginn der hochfrequenten analytischen Behandlung an notwendig, das Setting flexibler zu gestalten, z. B. für längere Zeit den Stuhl neben die Couch zu rücken, ihn – wenn er den Wunsch äußerte – hinter dem Fußende der Couch „verborgen" auf dem Boden liegen oder im Zimmer umhergehen zu lassen. Nach dieser Zeit, die etwa eineinhalb Jahre dauerte, wünschte er sich selber das klassische Setting. Es kam nun zu heftigen Emotionen in der Übertragung, die besonders die starken Enttäuschungen im Kontakt mit der gestörten Mutter betrafen. Dieser Patient war selber musikalisch und hatte auch Musiktherapie erlebt. So brachte er nach längerer weiterer Analyse überraschend eines Tages eine Trommel mit. Er sagte, dieses Mitbringen habe ihn Überwindung gekostet, und er fragte dann, ob ich vielleicht auch eine Trommel habe. Ich bejahte. Er habe Angst, wolle aber versuchen, „ob das hier geht". Dann äußerte er noch, „ich fühle mich eigentlich wie verschüttet innerlich". Ich holte dann die Trommel, er begann zaghaft (auf der Couch liegend) regelmäßige langsame rhythmische Schläge mit der Fingerkuppe auf das Instrument. Ich ließ ihn einige Zeit alleine schlagen und schlug dann (hinter der Couch sitzend) ebenso regelmäßig in seine Pausen. Das heißt, ich „antwortete" auf jeden seiner Schläge und fügte mich in seine Pausen dabei so ein, daß insgesamt ein rascherer, aber weiterhin regelmäßiger Schlagrhythmus zu hören war. Als ich einmal etwas aus dem Takt kam, sagte er: „Jetzt ist es zerrissen." Dann nahm er aber nach einer Pause das Klopfen wieder auf, und ich setzte ebenso ein wie vor der Unterbrechung. Er hörte dann auf, war sehr stark berührt und mußte einen Moment weinen.

In der nächsten Stunde sagte er dazu: „Ich habe nie gewußt, ob es Sie wirklich gibt, jetzt nach dem Trommeln bin ich sicherer."

Dieser Ablauf, der mich sehr beeindruckte, wirkte wie eine direkte Demonstration eines Hinweises von Krause, in dem er zunächst den frühen nonverbalen Dialog zwischen Mutter und Kind beschreibt und dann sagt: „Offensichtlich sind nur sehr feine Abweichungen von der zeitlichen Verlaufsstruktur ursächlich für das Zusammenbrechen der dialogischen Interaktion" (Krause, 1983).

Ein anderer Patient in einer niederfrequenten analytischen Therapie hatte Vorerfahrung in körperorientierter Psychotherapie, wollte bei mir aber vorwiegend verbal arbeiten. Doch in emotional sehr bedeutsamen Momenten, in denen es um den sehr früh verlorenen Vater ging, wollte er eine szenische Wiederholung. So legte er sich einmal vor mir auf den Boden, während ich auf der Couch saß und fühlte sich „tot", „wie im Grab". Dann streckte er mir langsam die Hand entgegen, die ich ergriff. Es ging dabei um eine Umkehrung der frühen Phantasie, den begrabenen Vater zu erreichen. Er konnte dann die Trauer um ihn sehr stark spüren. Ein anderes Mal war es die (von ihm gewünschte) leichte Berührung am Kopf durch mich, die in ihm das starke Gefühl auslöste, vom verlorenen Vater „behütet" zu werden.

Viele Kollegen stehen derartigen Varianten einer analytisch-orientierten Therapie und besonders einer hochfrequenten Analyse sehr skeptisch gegenüber. Häufig handelt es sich bei diesen Bedenken aber zunächst nur um das Problem, aus dem gewohnten Setting – hinter der Couch oder gegenüber sitzend – herauszugehen, z.B. aufzustehen und sich zu bewegen. Dieses Zögern ist sehr verständlich. Denn in der Lehranalyse erlebt jeder künftige Analyiker allein die Couchsituation, vielleicht vor oder gegen Ende der Analyse auch die therapeutische Situation des Gegenübersitzens. Das gibt dann Sicherheit bei der Ausübung therapeutischer Tätigkeit im *gleichen* Setting. Anderes wird aber meist nicht erlebt. Natürlich kommt hinzu, daß die Sicherheit im therapeutischen Umgang mit unbewußten Prozessen, mit Übertragung und Gegenübertragung, nur langsam, meist in einem langen (lebenslangen) Lernprozeß erworben wird. Deshalb möchte man als Analytiker die beteiligten Variablen auch für das äußere Arrangement, also für das Setting, begrenzen. Und außerdem wiegt natürlich das Bedenken schwer, daß der „feinstoffliche" Raum zwischen Analytiker und Patient im klassischen Setting, in dem sich unbewußte Phantasien entfalten können, durch derartige Intermezzi gestört werden könnte.

Vielleicht tritt diese Störung tatsächlich vorübergehend ein. Meiner Erfahrung nach überwiegen aber die Vorteile, überwiegt die Chance, durch mehr Flexibilität dieser Art an sonst unzugänglichere oder nur sehr schwach erlebte Erinnerungen heranzukommen. Und schließlich stellt das klassische Setting vielleicht häufiger, als es von manchen Patienten benannt und vom Analytiker bemerkt werden kann, eine Überforderung dar. So weist Krause darauf hin, daß durch das Liegen des Patienten im klassischen Setting die „unwillkürliche und willkürliche Feinsynchronisierung" der Gesprächspartner wegfällt, die sonst im Gegenüber automatisch eintritt. Das habe viel mit der gegenseitigen „Bindungsversicherung" zu tun (ähnlich der Mikroreaktivität bei Mutter und Kind). Deshalb dürfte es schwierig sein, ein „holding enviroment" herzustellen. „Möglicherweise ist das einer der Gründe dafür, daß schwer gestörte Patienten, die eine stützende fortlaufende Bestätigung des Gehaltenwerdens benötigen, im Couchsetting ins Leere fallen" (Krause, 1997).

Ich meine zwar, daß – besonders durch nonverbale Mittel wie Stimmklang, Sprachrhythmus, Variation der Pausen, mehr Aktivität, Empathie etc. – ein Teil dieses Mangels auch im klassischen Setting auszugleichen ist. Aber für manche Patienten – und dazu gehören auch die hier besprochenen – wäre es wichtig, ihnen gegebenenfalls ein flexibles Setting bieten zu können.

Es gibt aber auch viele Möglichkeiten, Körperempfindung und Mimik in die analytische Psychotherapie in einer Weise einzuführen, die dem Psychoanalytiker näher liegt als die geschilderten szenischen Episoden. Das gilt besonders, aber nicht nur, für Patienten, die im Gegenübersitzen behandelt werden. Damit kann die verbale Behandlung „sinnenhafter" gemacht werden. Ich verweise in diesem Zusammenhang auf Darstellungen von Heisterkamp (1996). Der Autor weist u. a. auf die Möglichkeit hin, aus bestimmten Körperbewegungen auf Gefühle des Patienten (z. B. die Angst vor Zurückweisung) zu schließen und ihm diese Vermutung mitzuteilen. Der Therapeut kann diese Beobachtung auch in ein Bild fassen (z. B. ein Kind, das auf die Eltern zuläuft und keine Antwort findet). Er kann dem Patienten auch vorschlagen, sich noch einmal an die beschriebene Szene zu erinnern und dann, ohne dabei zu sprechen, sich darauf zu konzentrieren, was er dabei spürt, besonders im Körper. Ebenso können auch zaghafte Bewegungsansätze des Patienten aufgegriffen werden, Bewegungen der Zehen, Beine, Finger, Hände etc. Der Patient kann angeregt werden, diesen Impulsen weiter nachzugehen (vgl. auch Müller-Braunschweig, 1997 a).

Es würde die Möglichkeit des flexiblen Arbeitens erhöhen, wenn in der analytischen Ausbildung die Teilnahme zumindest an einem Workshop Pflicht wäre, bei dem eine seriöse szenische oder körperorientierte Methode vermittelt wird. Das könnte später die Angst vor einem flexibleren Setting etwas nehmen bzw. bei der Aufgabe helfen, sich ein eigenes Urteil über derartige Variationen des Settings und natürlich auch über die Methode zu bilden.

Außerdem führen derartige Erlebnisse für Teilnehmer an der analytischen Ausbildung außerhalb der ihnen bisher bekannt gewordenen analytischen Situation oft zu starken und neuen emotionalen Erlebnissen. Diese Erlebnisse können die eigene Lehranalyse fördern. Außerdem können sie das Leben um weitere, zuweilen überraschende Erfahrungen bereichern.

Literatur

Arnim, A. von (1998): Funktionelle Entspannung als Therapie bei Autodestruktion. In: Wiesse, J., Joraschky, P. (Hg.): Psychoanalyse und Körper. Göttingen: Vandenhoeck & Ruprecht.

Besuden, F. (1983): Körperarbeit in einer psychosomatischen Klinik. In: Material z. Psychoanal. u. analyt. orient. Psychoth., IX, 1, S. 18-21.

Dornes, M. (1995): Gedanken zur frühen Entwicklung und ihrer Bedeutung für die Neurosenpsychologie. In: Forum Psychoanal., 11, S. 27-49.

Downing, G., (1996): Körper und Wort in der Psychotherapie. Leitlinien für die Praxis. München: Kösel.

Fischer, G., Gurris, N., Pross, Ch., Riedesser, P. (1996): Psychotraumatologie – Konzepte und spezielle Themenbereiche. In: v. Uexküll, Th. et al. (Hg.): Psychosomatische Medizin. (5. Aufl.). München: Urban & Schwarzenberg.
Geißler, P. (1996): Neue Entwicklungen in der Bioenergetischen Analyse. Materialien zur analytischen körperbezogenen Psychotherapie. Frankfurt, Berlin, Bern: Lang.
Geuter, U. (1996): Körperbilder und Körpertechniken in der Psychotherapie. In: Psychotherapeut, 41, S. 99-106.
Hartmann, H.-P. (1997): Narzißtische Persönlichkeitsstörungen. In: Psychotherapeut, 42, S. 69-84.
Heisterkamp, G. (1993): Heilsame Berührungen. Praxis leibfundierter analytischer Psychotherapie. München: Pfeiffer.
Heisterkamp, G. (1996): Die leibliche Dimension im psychoanalytischen Dialog. In: Heigl-Evers, A., Heigl, F., Ott, J., Rüger, U. (Hg.): Lehrbuch der Psychotherapie. (3. Aufl.). Stuttgart, Jena: Fischer.
Hofmann, A., Musäus-Schürmann, B. (1997): Therapie posttraumatischer Belastungsstörungen bei Erwachsenen und Kindern mit EMDR. In: Psycho, 23, S. 670-673.
Jacobson, E. (1990): Entspannung als Therapie. Progressive Relaxation in Theorie und Praxis. München: Pfeiffer.
Janssen, P. (1982): Psychoanalytisch orientierte Mal- und Musiktherapie im Rahmen stationärer Psychotherapie. In: Psyche, 36, S. 541-570.
Köhler, L. (1990): Neuere Ergebnisse der Kleinkindforschung. In: Forum Psychoanalyse, 6, S. 32-51.
Krause, R. (1983): Zur Onto- und Phylogenese des Affektsystems und ihrer Beziehung zu psychischen Störungen. In: Psyche, 11, S. 1016-1963.
Krause, R. (1997): Allgemeine psychoanalytische Krankheitslehre, Bd. 1: Grundlagen. Stuttgart: Kohlhammer.
Krietsch, S., Heuer, B. (1997): Schritte zur Ganzheit. Bewegungstherapie mit schizophren Kranken. Fischer: Stuttgart.
Küchenhoff, J. (1990): Die Repräsentation früher Traumata in der Übertragung. In: Forum Psychoanal., 6, S. 15-31.
Leuzinger-Bohleber, M. (1996): Erinnern in der Übertragung – zum interdisziplinären Dialog zwischen Psychoanalyse und biologischer Gedächtnisforschung. In: Psychothera. Psychosom., med. Psychol., 46, S. 132-144.
Maaser, R., Besuden, F., Bleichner, F. Schütz, R. (1994): Theorie und Methode der körperbezogenen Psychotherapie. Stuttgart: Kohlhammer.
Moser, T. (1992): Stundenbuch. Protokolle aus der Körperpsychotherapie. Frankfurt/M.: Suhrkamp.
Müller-Braunschweig, H. (1997 a): Zur gegenwärtigen Situation der körperbezogenen Psychotherapie (Übersicht). In: Psychotherapeut, 42, S. 132-144.
Müller-Braunschweig, H. (1997 b): Psychoanalyse und Kunsttherapie. Zur Frage der Erweiterung analytischer Psychotherapie durch nonverbale Verfahren. In: Psychoanalyse und Kunst. Kongreßband der Tagung der Deutschen Psychoanalytischen Vereinigung, Köln.
Perry, B. D., Polland, R. A., Blackley, T. L., Baker, W. L., Vigilente, L. (1995): Childhood Trauma, the Neurobiology of Adaptation and „use-dependent" development of the Brain: How „states" become „traits". In: Infant Mental Health Journal, Bd. 16, Nr. 4.
Pesso, A. (1986): Dramaturgie des Unbewußten. Eine Einführung in die psychomotorische Therapie. Stuttgart: Klett-Cotta.
Pokorny, V., Hochgerner, M., Cerny, S. (1996): Konzentrative Bewegungstherapie. Wien: Facultas Universitätsverlag.
Sachsse, U. (1995): Die Psychodynamik der Borderline-Störung als Traumafolge. Ein Entwurf. In: Forum Psychoanal., 11, S. 50-61.

Sachsse, U., Schilling, L., Eßlinger, K. (1998): Ein stationäres Behandlungsprogramm für Patienten mit selbstverletzendem Verhalten. In: Streek-Fischer, A. (Hg.): Adoleszenz und Trauma. Göttingen: Vandenhoeck & Ruprecht.
Schrader, Ch. (1993): Trauma und Traumatisierung. In: Schlüsselbegriffe der Psychoanalyse. Stuttgart: Verlag Intern. Psychoanalyse.
Seithe, A. (1989): Erfahrungen mit dem KB-Motiv einer „guten freundlichen Gestalt". In: Bartl, G., Pesendorfer, F.: Strukturbildung im therapeutischen Prozeß. Wien: Literas.
Singer, W.: Die Entwicklung und Struktur von Repräsentanzen im Gehirn. Vortrag vor dem Frankfurter Psychoanalytischen Institut am 8.5.1998.
Spitzer, M. (1996): Geist im Netz. Heidelberg, Berlin, Oxford: Spektrum Akademischer Verlag.
Tammen, H. (1988): Katamnestische Untersuchungen von stationär oder ambulant behandelten Patienten mit Ulcus duodeni und/oder ventriculi in der Psychosomatischen Klinik Heidelberg. Unveröff. Diss.
Uexküll, Th. von, Fuchs, M., Müller-Braunschweig, H., Johnen, R. (Hg.) (1997): Subjektive Anatomie. Theorie und Praxis körperbezogener Psychotherapie (2. Aufl.). Stuttgart: Schattauer.
van der Kolk, B. A., Burbridge, J. A., Suzuki, J. (1998): Die Psychobiologie traumatischer Erinnerungen, In: Streek-Fischer, A.: Adoleszenz und Trauma. Göttingen: Vandenhoeck & Ruprecht.
Volz, U. (1994): Psychisches Trauma und Neubildung von Repräsentanzen im psychoanalytischen Prozeß. Psychoanalytische AG Köln-Düsseldorf, H. 7.
Weiss, J., Sampson, H. (1986): The psychoanalytic process. Theory, clinical observations, and research. New York, London: Guildford.
Worm, G. (1994): Körperzentrierte Interaktion – neue Wege zum Verstehen im psychoanalytischen Prozeß. In: Friedrich, V., Peters, H. (Hg.): Wege und Irrwege zur Psychoanalyse. Arbeitstagung der Deutschen Psychoanalytischen Vereinigung Herbst 1994. Hamburg: Kellner.
Worm, G. (1997): Berührung als Abstinenzverletzung – Berührung als Heilungsweg. In: Richter-Appelt, H. (Hg.): Verführung, Trauma, Mißbrauch. Gießen: Psychosozial-Verlag.

Verbalisierte und gelebte Gefühle

Gemeinsamkeiten und Gegensätze von Psychoanalyse und Körperpsychotherapie

Susanne Knoff

Als Körperpsychotherapeutin mache ich oft die Erfahrung, daß die explizite Einführung des Körpers in die Psychotherapie illusionäre übersteigerte Erwartungen auslöst. Erhofft wird ein schneller Weg zur Überwindung von Widerständen und Umgehung der Schwierigkeiten einer langfristigen Behandlung. Die Körperpsychotherapie trifft aber auch auf ängstliche Abgrenzung: Angst vor unbedachter Berührung und Grenzüberschreitung, vor unkontrollierter Sexualisierung und Agieren. Euphorische Idealisierung wie angstvolle Abwehr behindern aber eine unvoreingenommene Auseinandersetzung.

Wenn ich mich im weiteren auf die Psychoanalyse als verbal orientiertes Verfahren und die Konzentrative Bewegungstherapie (KBT) als körperpsychotherapeutisches Verfahren beziehe, ist dies nicht als Polarisierung, sondern eher im Sinne einer dialogischen Ergänzung zu verstehen. Dieser Dialog wird gefördert gerade durch das Bewußtmachen auch von Differenzen. Beide Methoden sind mir aus langjähriger Selbst- und Therapieerfahrung vertraut.

In dem meisten psychosomatisch/psychotherapeutischen Kliniken in Deutschland hat sich seit vielen Jahren die Kombination von Psychoanalyse im Einzelsetting, mit KBT vorwiegend im Gruppensetting, sehr bewährt.

Im folgenden wollen wir uns die vorhandenen Gemeinsamkeiten und Differenzen dieser beiden Methoden, die ich in nachstehender Tabelle in Stichworten aufgeführt habe, näher anschauen:

Psychoanalyse und Konzentrative Bewegungstherapie

Gemeinsamkeiten	*Differenzen*
– assoziatives Arbeiten	– Arbeit mit Materialien/Übergangsobjekte
– Regression	– „zeigen statt deuten"
– Verbalisieren	– Probehandeln
– Beziehungsfähigkeit fördern	– unmittelbare Sinneswahrnehmung (mit allen 5 Sinnen)
– Lehranalyse/Selbsterfahrung	– PSA als Einzelverfahren – KBT als Gruppenverfahren

Zu den Gemeinsamkeiten:
In der KBT arbeiten wir assoziativ mit freien Körpereinfällen und nicht mit festgelegten Übungen und Übungsabfolgen. Dies im Gegensatz zu der Vorgehensweise der Bioenergetik, der Feldenkrais-Methode oder der sogenannten übenden Verfahren.

Zur Förderung der Regression können wir auf dem Boden liegend arbeiten und bei Bedarf die Augen schließen lassen, um die innere Wahrnehmung anzuregen. Das Verbalisieren sowohl während des Angebots als auch im Anschluß daran hat einen hohen Stellenwert.

Die therapeutische Beziehung steht im Vordergrund. Mit Hilfe von Materialien wie Seil, Band oder Stab kann im Rahmen eines Angebots die Beziehung ausprobiert und sichtbar gemacht werden.

In der KBT-Weiterbildung wird sowohl im Einzel- wie im Gruppensetting die Methode über einen langen Zeitraum selbst erfahren.

Zu einigen Differenzen:
In der KBT wird mit Materialien wie Steinen, Sandsäckchen, Hölzern, Bällen, Seilen, Stäben gearbeitet. Der Patient bekommt oder wählt verschiedene Gegenstände. Durch das Betasten und den intensiven Umgang damit werden den Objekten häufig bestimmte Eigenschaften zugeschrieben – sie werden zu Übergangsobjekten.

Wie in der KBT deutlich sichtbar „gezeigt anstatt gedeutet" wird, möchte ich anhand eines Fallbeispieles weiter unten veranschaulichen.

Durch die KBT-Angebote ermutigt, wird im geschützten therapeutischen Raum auf Probe gehandelt, und es werden die dabei auftretenden Hemmungen, Gefühle, Bilder und Phantasien besprochen.

Die KBT verfeinert die Wahrnehmung mit allen fünf Sinnen in verschiedenen Ausgangsstellungen, Haltungen und Bewegungen.

Gesichtspunkte zur Indikation:
Die KBT gilt häufig als „Hilfs-„ oder „Ergänzungsmethode" der eigentlichen Haupttherapie, der Psychoanalyse. Ich möchte hier aber betonen, das es sich bei der KBT um ein eigenständiges therapeutisches Verfahren handelt, das sich in zunehmenden Maße auch im ambulanten Bereich etabliert.

Eine Bewegungstherapie wird meist dann empfohlen, wenn in der Psychoanalyse über lange Phasen hinweg seitens des Patienten intellektualisiert wird. Bei dieser häufig vorkommenden Widerstandsform reden die Patienten über etwas (hinweg), aber nicht wirklich von sich. Sie sind von der dazugehörenden Gefühlswelt abgeschnitten.

Wer von den Therapeuten kennt nicht diese „knochentrockenen" Stunden? Man wünscht sich etwas mehr Substanz, sprich Fleisch auf die Rippen des Patienten, statt dessen fühlt man sein eigenes Fleisch in Form von verspannten Nackenmuskeln, Kreuz- oder Magenschmerzen.

In solchen Phasen soll die KBT „Bewegung in die Sache bringen", und das auch im ganz wörtlichen Sinne.

Vom Ansatz her ist das schon richtig gedacht, da die KBT ein erweitertes Spektrum an Ausdrucks- und Gestaltungsmöglichkeiten bietet und sowohl an der äußerlich sichtbaren als auch an der z.T. nur rudimentär spürbaren (verschütteten) inneren Bewegung arbeitet.

Es gilt mit Hilfe der Therapeutin „innere Antennen" wieder zu aktivieren.

Fallbeispiel:
Im folgenden möchte ich die Vorgehensweise in der KBT illustrieren:

Eine schwer depressive Frau, Ende 40, war schon zwei Monate stationär mit Antidepressiva und Einzelgesprächen behandelt worden, als sie in die KBT-Gruppe kam, die zweimal wöchentlich je 1 Stunde stattfand.

Frau B. kam regelmäßig, es war aber sehr wenig von ihr zu erfahren, außer von den Spaziergängen mit ihrem Hund an den Wochenenden zuhause. Ihr Mann tauchte nie auf in ihren Erzählungen auf.

Zwei männliche Patienten hatten sich 2 Stunden zuvor verabschiedet, der männliche Kotherapeut war für 3 Wochen im Urlaub. So entstand eine intensive Kleingruppe mit vier Frauen.

Thema der Stunde waren die Füße: zunächst die eigenen Füße in die Hand nehmen und betasten (die Sache hat Hand und Fuß), dann auf die Füße kommen und durch den Raum gehen.

Ich legte ein dickes, fünf Meter langes Tau auf den Boden mit dem Angebot, darüber zu gehen, mit Hilfe des Taus abwechselnd Fußspitzen, Gewölbe und Fersen zu erspüren. Frau B. erstarrte plötzlich mit beiden Füßen auf dem Tau stehend. Sie wurde schneeweiß, atmete kaum noch, fing dann am ganzen Körper an zu zittern, schluchzte, hielt sich beide Hände vors Gesicht. Ich zog Frau B. mit einer Hand vom Tau, wir setzten uns alle zu einem engen Kreis zusammen, und nach einiger Zeit des Schnaufens und Seufzens berichtete sie, immer wieder von Tränen unterbrochen, was ihr widerfahren war.

Zunächst hatten sich ihre Füße angenehm warm angefühlt, aber als sie auf dem Tau war, stand sie urplötzlich im Zimmer ihrer Mutter, die sich mit Glasscherben suizidieren wollte. Der ganze Fußboden war übersät mit Scherben, dazu das Blut! Sie hatte richtig schneidende Schmerzen in den Füßen und war unfähig, sich zu bewegen. Sie war damals die erste, die die Mutter in diesem Zustand fand. Seit über 20 Jahren habe sie daran nicht mehr gedacht.

Wie an dem Beispiel zu erkennen ist, wird das Erinnern über die unmittelbare Sinneswahrnehmung angestoßen. Es geht in der KBT aber nicht nur um das Erleben von Gefühlen, sondern um das Erinnern und Mitteilen!

Freud verstand unter Agieren eine Form des Widerstandes: das Handeln tritt an die Stelle des Erinnerns.

In unserem Fallbeispiel sehen wir aber auch, daß erprobendes Handeln in der KBT über das sinnlich Wahrgenommene verbal primär nicht zugängliche (Körper-)Erinnerungen reaktivieren kann und so erst Voraussetzungen schafft für das Wiedererleben, das Bewußtwerden und das Verbalisieren.

Die KBT hat ein anderes methodisches Vorgehen und Selbstverständnis als die Bioenergetik oder die Gestalttherapie, wo Katharsis angestrebt wird im Sinne der Gefühlsabfuhr. Das allein genügt jedoch nicht. Das Erinnerte, das wiederbelebte Gefühl, muß verbalisiert werden, um integriert werden zu können, sonst kommt es zu dem häufig beobachteten Phänomen des Therapietourismus ohne längeren therapeutischen Prozeß.

Deshalb ist es auch in der Körperpsychotherapie so wichtig, die Beziehung und deren Entstehung und Entwicklung (Übertragung und Gegenübertragung) in den Mittelpunkt zu stellen.

Mit Hilfe der folgenden beiden Abbildungen können Sie sich selbst ein Bild von einer KBT-Stunde machen:

Abb. 1: Rückentorso, von hinten

Diese Plastik ist im Anschluß an eine KBT-Stunde entstanden, in der es um die Wahrnehmung des eigenen und des fremden Rückens ging, um Rückhalt geben.

Abb. 2: plastische Wiedergabe zweier sich Rücken an Rücken anlehnender Frauen.

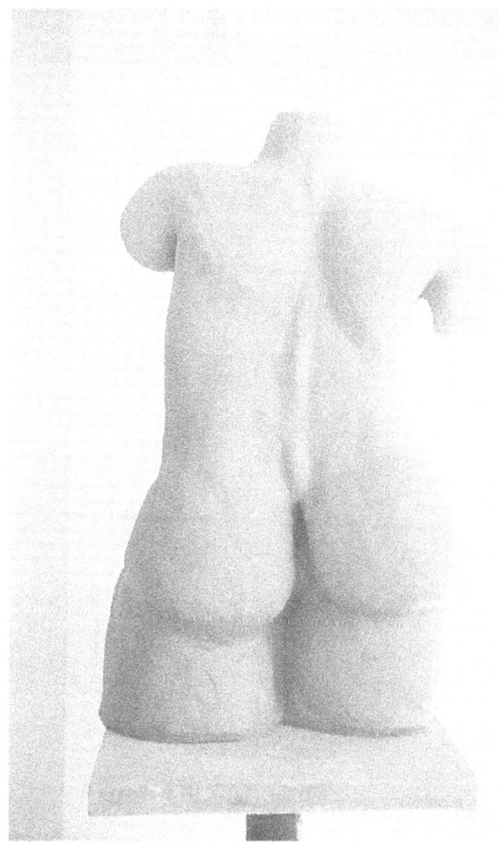

Abb. 1

Beim Erfahren des eigenen und fremden Rückens werden rasch das individuelle Erleben und Handeln, wie auch Impulse und deren Hemmung, eigene Möglichkeiten und Objektbeziehungsmuster deutlich.

Sichtbar wird vielleicht auch, wie in der KBT dem Patienten gleichzeitig sein körperliches und seelisches Erleben vor Augen tritt.

Dies ist ein Grund, warum durch die KBT ein psychotherapeutischer Zugang gerade für psychosomatische Patienten möglich wird, die die gesunde Seele dem allein kranken Körper gegenüberstellen.

Abb. 2

Hierzu noch ein weiteres Beispiel:
Abb. 3 und 4: Körperbilder
Diese Körperbilder haben die Patienten nach einer Körperwahrnehmungsübung selbst gestaltet und mit Materialien ausgefüllt. Die Umrisse sind mit Seilen gelegt worden. Vorangegangen ist eine intensive körperliche Spürarbeit: sich über den Boden rollen und dabei seine stabilen, knochigen Anteile und seine vier Seiten spüren.

Hier stellte eine Patientin (im Gegensatz zu anderen) ihre Wirbelsäule mit einem massiven Stab, aufrecht an die Wand gelehnt, dar und meint, dies anschließend betrachtend, daß sie sich auch seelisch so unbeweglich erlebe.

Es handelt sich um eine zwangsneurotische Patientin, Mitte 50, die immer wieder über starke Wirbelsäulenbeschwerden klagte, sie wirkte auch im Gesamtverhalten recht „unbeugsam" und mußte stets den Überblick behalten. Erst in der letzten Stunde, mit bedingt durch eine schwere Erkältung, konnte sich diese Frau hinlegen.

Die entsprechenden Regressionsängste, das Bedürfnis zu kontrollieren, die Angst davor, sich auf die Couch zu legen, wären natürlich auch Themen in einer Analyse geworden – die KBT erleichterte ihr den Zugang zu ihren Ängsten und Wünschen durch die dieser Methode eigenen Möglichkeiten, die ich vergleichend zusammenfassen möchte:

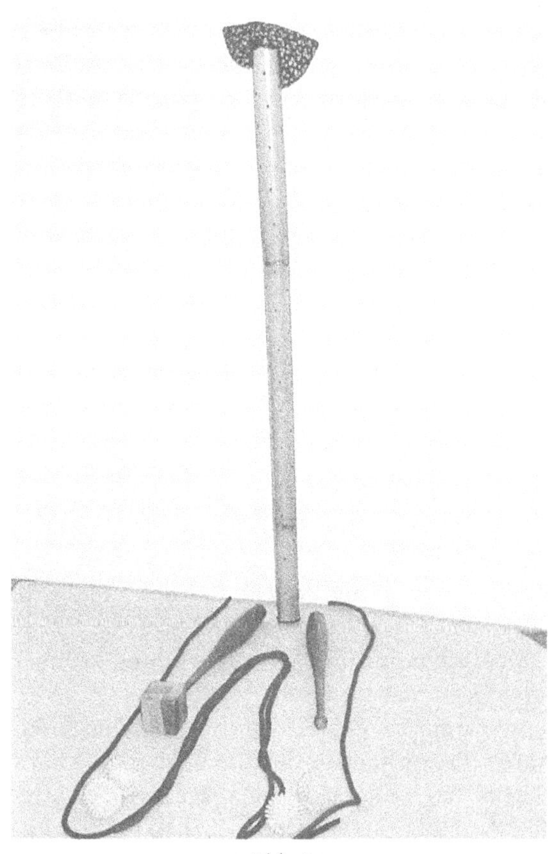

Abb. 3

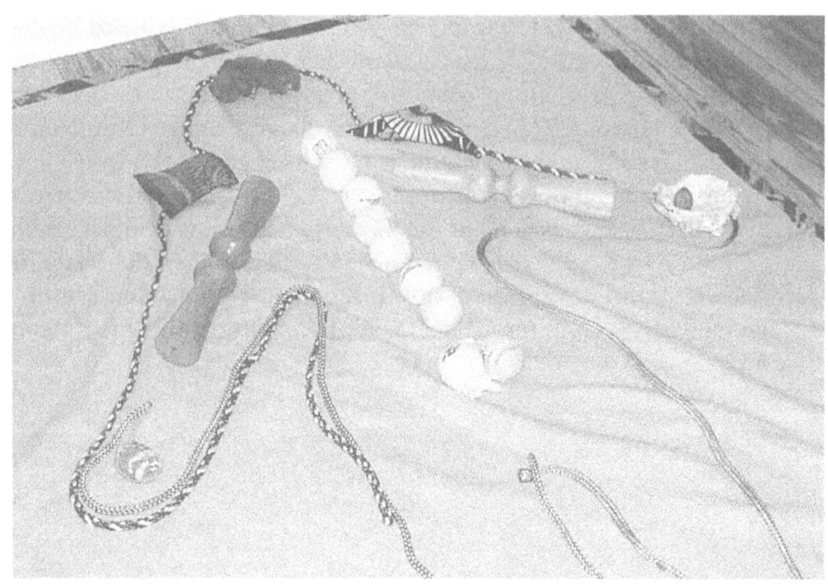

Abb. 4

Durch die Verwendung von Materialien, die man ausschnitthaft auf den Abb. sehen konnte, haben die Patienten ein breiteres Spektrum von Ausdrucks- und Gestaltungsmöglichkeiten zur Hand als in der klassischen Psychoanalyse. So wird häufig etwas nichtsprachlich ausgedrückt, bevor es sprachlich zur Verfügung steht.

Die Ausdrucksfähigkeit wird gefördert, indem Vorsprachliches durch die „Übersetzungshilfe" des Therapeuten oder der Gruppenteilnehmer in Worte gekleidet wird, sog. Verwörtern.

Einen weiteren Vorzug, den die KBT mit der Gestaltungstherapie gemeinsam hat, möchte ich scherzhaft „zeigen statt deuten" nennen:

In den Angeboten zeigt der Patient deutlich sichtbar seine inneren Anteile und hat wenig Möglichkeiten, sich mit den üblichen Floskeln zu winden: „Sie drehen mir die Worte im Mund herum" oder: „Das habe ich so aber gar nicht gemeint."

Erinnern wir uns an die Körperbilder: Den Bambusstab als Symbol für ihre unbeugsame, unflexible Wirbelsäule hat sich die Patientin ganz allein aus verschiedenen Objekten herausgesucht. Ihre „Wirbelsäule" stand als einzige offensichtlich senkrecht, alle anderen lagen auf dem Boden. Dies zu sehen ,"wahr- zu- nehmen", zeigte der

Patientin etwas von ihrer inneren Haltung – sie konnte es sich selbst deuten.

Gerade bei psychosomatischen Patienten, wo ein detektivisches Aufspüren des dahinter stehenden Konflikts und die Deutungen des Therapeuten – so richtig sie sein mögen – oft wirkungslos verpuffen, wirkt die KBT durch die Möglichkeit des selbst „Ge-wahr-werdens" und Sich-selbst-Deutens.

Häufig dahergesagte Redewendungen wie: „Rückhalt haben, etwas sitzt mir im Nacken, sich bedeckt halten ..." werden mit Hilfe von Materialien oder anderen Teilnehmern in die Tat umgesetzt. Dabei wird die Konzentration auf die verschiedenen Sinne und die dabei entstehenden Gefühle, Bilder und Phantasien gelenkt. So kann eine Floskel eine sehr individuelle tiefere Bedeutung haben: Wortsymbole werden sinnenhaft gefüllt.

Zu uns kommen häufig Menschen mit gestörter körperlicher Wahrnehmung, mit Somatisierungsstörungen, somatoformen Schmerzsyndromen. Schon durch Schule, Autofahren, Arbeit, Medizin sind sie ihrer natürlichen Körperwahrnehmung entfremdet.

Durch Elemente aus Entspannungsverfahren, durch verfeinerte Wahrnehmung, durch vorsichtiges Ausprobieren und Probehandeln wird jedoch der eigene Körper zunehmend wieder positiv erfahren und als Ganzes wahrgenommen.

Wie sieht es mit der Körperlichkeit und der körperlichen Selbstwahrnehmung des Therapeuten aus?

Einer der schwierig zu handhabenden Vorzüge der KBT ist die Realpräsenz des Therapeuten.

Es ist möglich, daß die Therapeutin in der KBT auf Wünsche des Patienten (begrenzt) eingeht und in seiner Inszenierung mitmacht.

Dazu ein Fallbeispiel:
In einer Gruppe mit 3 Frauen und 6 Männern ging es um den Rücken. Zunächst hatten sich die Teilnehmer mit einem Tennisball an der Wand stehend ihren Rücken erspürt, selbst abgerollt und massiert.

Dann ging es mit der Rückseite voran in den Raum, eventuelle Begegnungen zulassend oder ihnen ausweichend.

Eine Teilnehmerin hatte die zwei anderen Frauen schon „durch" und streifte mich. Ich ging darauf ein, und nach einer kurzen Begrüßung unserer Rückseiten wurde die Begegnung heftiger: es entstand ein Schieben und Drücken, mit Ellenbogen hakeln und Beckeneinsatz. Wir holten für unser Kräftemessen laut hörbar Luft, die anderen im Raum machten uns Platz, sie überließen uns sozusagen die Arena. Diese große und schmächtige Frau mit einer langen Alkoholkarriere schob mich quer durch den Raum. Sie war schweißgebadet, aber strahlte dabei. Ich war völlig überrascht von ihrer noch vorhandenen Kraft und sagte ihr das auch, verbunden mit der Frage, warum sie diese Kraft nicht für statt gegen sich einsetze?

In dieser Gruppe war es üblich, sich in den letzten 15 Minuten der Abschiedsstunde etwas zu wünschen. Sie sah mich mit blitzenden Augen an, holte tief Luft und sagte: „Mit Ihnen möchte ich noch einmal kämpfen." Ich hatte es in der damaligen Stunde unterschätzt, wie wichtig ihr das reale Kräftemessen und das Wiederfinden ihres Kraftpotentials gewesen ist.

Als ich sie nach einigen Monaten wiedersah, erzählte sie vom Vorstellungsgespräch bei ihrem jetzigen Arbeitgeber. Sie habe sich aufrecht hingesetzt, durchgeatmet und sich an ihre Kraft erinnert. Dann habe sie eine Hand auf den Tisch gestemmt und gesagt: „Herr ..., ich will diese Arbeit. Geben Sie mir eine Chance." Die bekam sie.

Vielleicht hat die Möglichkeit, sich auch ganz real mit mir zu messen, der Patientin (wie im übrigen auch mir) ihre Stärken spürbar gemacht, so daß sie auch in der Realität ihre Wünsche besser durchsetzen konnte.

Abschließend möchte ich das Gesagte etwas zugespitzt zusammenfassen:

Vorteile der Psychoanalyse	Vorteile der Konzentrativen Bewegungstherapie
– klare Rollenverteilung	– Materialien (Übergangsobjekte)
– differenzierte Krankheitslehre	– Übersetzungshilfe
– Traumanalyse	– „zeigen statt deuten"
– deutliche Übertragungskonstellation	– Wortsymbole füllen
– langjährige Therapiebeziehung	– Körperlichkeit
	– Realpräsenz des Therapeuten

Literatur

Blunk, R.: Konzentrative Bewegungstherapie. In: Studt, H. H. (Hg.): Psychotherapeutische Medizin (im Druck).

Budjuhn, A. (1992): Die Psychosomatischen Verfahren. Dortmund: verlag modernes lernen.

Stern, H. (1983): Die Couch. Frankfurt/M.: Fischer.

Was können wir in unserer psychotherapeutischen Praxis von den Ergebnissen der Säuglingsforschung lernen?

Frank Schemainda, Karin Bell

Einleitung

Die Ergebnisse der Säuglingsforschung sind von einem Teil der Psychoanalytiker mit großem Interesse aufgenommen worden: Man verspricht sich von der direkten Beobachtung objektivierbare Grundlagen für die bisher tendenziell eher adultomorph geprägte, d.h. aus den Erinnerungen erwachsener Patienten entstandene Entwicklungspsychologie. Die frühen von Psychoanalytikern durchgeführten Kinderbeobachtungen wie die von M. Mahler waren, obwohl sie sehr wichtige Hinweise z.B. in bezug auf die frühe Triangulierung und die Wiederannäherungsphase brachten, noch stark von Vorannahmen geprägt; man suchte – auch – nach Beweisen für die psychoanalytische Theorie. Die Säuglingsforschung sucht hingegen nach direkt beobachtbaren Phänomenen, mit denen Entwicklungshypothesen überprüft und falsifiziert werden können.

Diese direkte Beobachtung hat z.B. dazu geführt, daß Konzepte wie die autistische und die symbiotische Phase revidiert werden und diese Phänomene, wenn sie auftreten, als pathologische Entgleisungen sonst anders verlaufender Interaktionsmuster zwischen dem Säugling und seiner Umwelt betrachtet werden müssen.

Psychoanalytikerinnen und Psychoanalytiker waren fasziniert von den Fähigkeiten des „kompetenten Säuglings" (Dornes, 1993), der damit aus seiner Definition als überwiegend passiver Teil einer Baby-Mutter-Einheit heraustrat und nachweisbar regulierend und gestaltend mit eigenen Fähigkeiten in die Interaktion eingriff.

Faszinierend waren diese Ergebnisse insbesondere, da sie sich auf einen Zeitabschnitt bezogen, der vor der Symbolisierungsfähigkeit, d.h. vor dem Spracherwerb lag und der nach klassischer psychoanalytischer Ansicht weitgehend durch eine Bezugnahme auf Körperfunktionen und ihre Befriedigung oder Beherrschung bestimmt war. Diese monadische Betrachtungsweise war zwar inzwischen durch die Objektbeziehungstheorie, die im Grunde eine Theorie internalisierter Interaktionen ist, erweitert worden. Erst die Säuglingsbeobachtung lieferte allerdings eine empirische Basis dafür, wie Interaktion zwischen Baby und Bezugspersonen reguliert wird und welche Störungen auftreten können.

Säuglingsforscher beobachten charakteristische und davon abweichende Muster in den Beziehungen und nicht beim Kind allein. Man kann diese Muster durch eine „pathogenetische Brille" lesen, was eine Gefahr darstellt, weil theoretische Annahmen ohne Überprüfung übergestülpt würden. Säuglingsforscher hingegen sind gerade in bezug auf klinische Vorhersagen ausgesprochen zurückhaltend.

Im ersten Teil werden Ergebnisse der Säuglingsforschung vorgestellt, die in einem möglichen Bezug zur therapeutischen Beziehung stehen.

Der zweite Teil erweitert das Thema durch Ergebnisse der Kleinkindforschung. Hier geht es um die Entwicklung des narrativen Selbst und des narrativen Attunements. Die vorliegenden, hierzulande noch weitgehend unbekannten Forschungsergebnisse sind dazu geeignet, Hypothesen über Entstehungsbedingungen therapeutischer Narrative zu entwickeln; dies auch unter dem Einfluß interaktiver Momente.

I. Ergebnisse der Säuglingsforschung (K. Bell)

In bezug auf die therapeutische Praxis gibt es zwei zentrale, eng zusammenhängende Fragen, auf die man bei der Validierung der Ergebnisse der Säuglingsforschung fast zwangsläufig stößt: Dies sind zum einen Überlegungen zum Wiederholungszwang sowie zum anderen Bemühungen, aus der Übertragung und Gegenübertragung herrührende Erlebnisqualitäten in einen neuen Erklärungszusammenhang zu stellen.

Ausgehend von den Erfahrungen des Säuglings und der Entstehung innerer Repräsentanzen, kann der Wiederholungszwang heute verstanden werden als „Suche nach perzeptueller Identität zwischen gegenwärtigen und vergangenen Objekten. Grundlage wären entweder eine diesbezüglich allgemeine Funktionsweise des ZNS oder die Aktivierungsbereitschaft bestimmter Affektkategorien" (Steimer-Krause, 1996, S. 65). Eine solche Konzeption würde auch der Meisterungshypothese von Sampson und Weiss (1983) entsprechen: die Suche nach perzeptueller Identität wird so lange fortgesetzt, bis die alten Reaktionsmuster dem Bewußtsein zugänglich und damit veränderbar werden.

Eine Grundlage des Wiederholungszwangs könnte die von Wilson und Malatesta (1989) beschriebene „primal repetition" sein. Dabei gehen sie davon aus, daß Beziehungsmuster mit Affektvalenz aus der präverbalen Entwicklungsperiode ein ganzes Leben lang – nicht symbolisiert – aktiv bleiben und jede Beziehungsgestaltung ständig mit färben und mit prägen.

Bereits Jacobson (1978) war davon ausgegangen, daß die Mutter dem Kind ab dem zweiten bis dritten Lebensmonat ein Identitätsthema mitgibt, das durch das wechselseitige Aufeinanderabstimmen von Abfuhrmustern entsteht. Diese Annahme wird von der Säuglingsbeobachtung bestätigt. Grundlage dieses Identitätsthemas sind nach Condon (1984) frühe Synchronisierungsphänomene, z.B. zwischen Körperbewegungen des Babys und Stimmqualitäten der Mutter. Er nennt das „sharing of forms".

Brazelton (1983) beschreibt ein anderes, mehr dialogisches Prinzip im Sinne von rhythmischen Abfolgen, wobei die Eigenheiten der Beziehungspartner gewahrt bleiben. Der Akzent wird entweder mehr auf Einstimmung oder auf Unterschiedlichkeit gelegt, wodurch unterschiedliche Grenzerfahrungen in den Austauschprozessen zwischen Mutter und Kind entstehen können.

Beebe (1988) betont, daß sich beim interaktiven Zusammenspiel zwischen Mutter und Kind beide Partner beeinflussen. Matching bedeutet dabei nicht nur das Spiegeln von Verhaltensweisen, sondern auch eine Intensitätsregulierung des affektiven Engagements mit der Gefahr der Über- und Unterstimulierung. Unterschiede in der Stimulationstoleranz könnten Vorbedingungen für spätere angstbedingte Störungen sein. So ist nachgewiesen, daß nach Mangelgeburten die Stimulationstoleranz insgesamt erniedrigt ist. Da dic Reizschwelle so niedrig ist, könnte ein Betrachter annehmen, daß Angstanfälle durch innerliche Ursachen auftreten, während sie in Wirklichkeit durch alltägliche Reize oberhalb der Schwelle ausgelöst werden.

Unterschiedliche Temperamente von Mutter und Kind können die Interaktion im Sinne einer konstruktiven Überstimulierung, d.h. einer Erweiterung des Erregungsniveaus durch Intensitätssteigerung durch die Mutter, beeinflussen. Diese „Minifehlanpassungen" sind alltäglich und entwicklungsfördernd. Sie ermöglichen dem Baby eine Ausweitung seines Erregungsniveaus. In destruktiver Ausformung im Sinne eines übersteigerten „Spiels von Verfolgung und Ausweichen" (Beebe u. Stern, 1977) bewirken sie eine aufdringliche Überstimulierung, die aus unterschiedlichen Motiven der Mutter wie z.B. Feindseligkeit, Kontrollbedürfnis oder erhöhter Sensibilität gegen Zurückweisung stammen kann.

Für die therapeutische Praxis ergeben sich die folgenden Fragen: Wie gehen Therapeuten mit unterschiedlichen Temperamenten ihrer Patienten um? Wiederholen sich unter Umständen destruktive Formen von Überstimulierung? Oder versucht der Therapeut sich völlig anzupassen, was den Patienten daran hindern könnte, sein Erregungsniveau konstruktiv auszuweiten? Inwieweit werden diese teilweise unbewußt ablaufenden Prozesse überhaupt im Sinne möglicher Temperamentunterschiede und unterschiedlich tolerierbarer Erregungsniveaus konzipiert?

Wenn man das Konzept der „primal repetition" akzeptiert, gibt es fließende Übergänge zwischen Arbeitsbeziehung (Herstellung einer guten Arbeitsatmosphäre, in der die Abstimmung interaktiv gut läuft) und dem Aufgreifen von Störungen dieser guten Beziehung auf der Ebene von affektiven Fehlabstimmungen neben der verbalen Interaktion mit Verfehlen des Identitätsthemas.

Es wäre jedenfalls faszinierend zu untersuchen, wie die beiden Kommunikationsformen

- Synchronisation von gleichzeitig ausgeführtem Verhalten (state-sharing, nicht unbedingt im gleichen Kommunikationskanal, sondern auch cross-modal)
- und Synchronisierung im Sinne von rhythmischen, sequentiellen Aktivitätszyklen die aktuelle therapeutische Beziehung beeinflussen. Erste Ansätze dazu bieten die Untersuchungen der Arbeitsgruppe von Krause in Saarbrücken (1992, 1994) oder von Bänninger-Huber (1988), die therapeutische Dyaden mit ähnlichen Mitteln mikroprozessual untersuchen wie die Säuglingsforscher die Mutter-Kind-Interaktion.

So konnte Steimer-Krause (1996) bei mikroprozessualen Untersuchungen von Dyaden schizophrener Patienten mit Gesunden nachweisen, daß bestimmte Phänomene wie das Praecox-Gefühl oder die Ergebnisse der Expressed-Emotions-Forschung mit ihren Forschungsergebnissen korrelieren.

Kurz erwähnt werden sollen auch die Untersuchungen der Forschergruppe um Emde zum Social Referencing (Überblick in Klinnert, Campos, Scorce u. Emde, 1983). Bei den Visual-cliff-Experimenten wird erforscht, wie das Affektverhalten der Mutter die Explorationsmotivation des Kindes beeinflußt.

Es bedeutet einen wichtigen Entwicklungsschritt, daß sich ab dem 9. Monat die Affektexpression der Mutter auf ein drittes, nämlich die Klippe, bezieht und auch so wahrgenommen wird.

Für die Praxis stellt sich hier die Frage, inwieweit bei Untersuchungen zum supportiven Anteil analytischer Therapien, von dem seit der Menninger-Studie (Wallerstein, 1986) bekannt ist, daß er wesentlich größer ist als angenommen, auch auf ermutigende oder entmutigende Affektexpressionen der Therapeuten Bezug genommen werden muß.

Es erscheint zudem angemessen, die Visual-cliff-Experimente von Emde auf den Alltag zu übertragen. Wahrscheinlich finden ähnliche Abstimmungsprozesse zwischen Mutter und Kind ständig statt und sind auch nicht ausschließlich auf die visuelle Rückkoppelung beschränkt. Auch im Hinblick auf den therapeutischen Alltag kann man annehmen, daß sich diese subtilen Abstimmungsprozesse, durch die ermutigendes Interesse signalisiert wird, ständig ereignen. Wenn Patienten liegen, erfolgt die Abstimmung verbal. Therapeuten übernehmen so die Rolle benigner Selbstobjekte, die über visuelle und verbale Kanäle dazu beitragen, daß Patienten sich trauen, die visual-cliff-ähnlichen Abgründe in der Therapie zu überwinden.

Auch Attachment-Forschung und Affektforschung, insbesondere die Untersuchung der möglichen Zusammenhänge von Bindungsmotivation und Primäraffekten, liefern interessante Ergebnisse.

Trotz aller altersbedingten Unterschiede zeigt sich z. B. eine gewisse Kontinuität der Interaktionsmuster zwischen Kind und Mutter, wobei das Verhalten der Kinder sich im Sinne von Erwartungshaltungen in Abhängigkeit von der Reaktionsbereitschaft der Mütter zu entwickeln scheint (Bretherton, 1987; Grossmann u. a., 1989). Es wird ein Zusammenhang mit den Bindungstypen: sicher, unsicher – vermeidend und unsicher-ambivalent mit dem Bindungsverhalten der Mütter gesehen, das mit dem Adult Attachment Interview (Main u. a., 1985) erfaßt werden kann. Malatesta (1990) meint zudem, daß die Bindungstypen in ihrem Kern bereits spezifische, chronisch gewordene Affekte des Kindes enthalten. Die zunächst kurzdauernden

Affekte werden im Laufe wiederholter Erfahrungen zu „traits", d.h. überdauernden emotionalen Dispositionen, die Persönlichkeitsorganisation und Verhalten beeinflussen.

So korrelierte der vermeidende Bindungstyp mit intrusiver, unkontrollierbarer Stimulierung und sukzessiver Abnahme der Lächelhäufigkeit. Bei den unsicher-ambivalent gebundenen Kindern kann chronischer Ärger der Hintergrundaffekt sein. Malatesta schließt daraus, daß aus den Beziehungserfahrungen mit der Mutter eine relativ stabile und spezifische Affektstruktur aufgebaut wird.

Emde (1988) beschreibt zwei Formen von Wiederholung mit qualitativ unterschiedlichen Beziehungsstrukturen in der präverbalen Zeit. Sie beziehen sich darauf, daß die Mutter für die beim Baby biologisch vorgegebenen vier Basismotive (Exploration/Aktivität; Selbstregulation; social fittedness = Bindung; affective monitoring = Vermeiden negativer und Aufsuchen positiver Erfahrungen) in unterschiedlichem Ausmaß emotional verfügbar sein kann. Diese emotionale Verfügbarkeit beeinflußt das Auftreten negativer oder positiver Affekte, insbesondere die positiven Affekte sind davon abhängig.

Emde beschreibt als erste Beziehungsstruktur ein Defizit an Verfügbarkeit, als zweite einen unzumutbaren (inappropriate) Exzess an Emotionen in den frühen Beziehungen, insbesondere in negativer Hinsicht.

Diese präverbalen Kommunikationsstrukturen bleiben im Sinne einer Eigenexistenz bestehen und werden nicht durch den Spracherwerb umgeformt. Die Sprachstrukturen, mit denen wir uns in der Psychotherapie beschäftigen, sitzen sozusagen auf dieser Basis auf.

Wenn Bindungstypen überdauern – und dies kann heute als gesichert gelten (vgl. Übersicht bei Strauß u. Schmidt, 1996, 1997) – beeinflussen sie auf subtile Weise die therapeutische Beziehung. So wie die Bindungstypen beim Säugling in der Strange (Fremden-)Situation erfaßt werden, müßten sie insbesondere in Trennungssituationen aktiviert werden. Wenn Therapeuten ihre Bindungsmuster kennen und die Bindungsmuster des Patienten nicht nur grob klinisch erfaßt würden, könnte daraus auf bestimmte Rückzugs- und Irritationsmuster, insbesondere in Trennungssituationen, geschlossen werden, die durch eine reflektiertere Wahrnehmung besser bearbeitet und dem Bewußtsein zugänglich gemacht werden können.

II. Das narrative Selbst und die Entstehung von Narrativen (Frank Schemainda)

Im folgenden möchte ich die Entwicklung des narrativen Selbst beschreiben und anschließend, am Beispiel zweier Forschungsberichte, davon berichten, wie Narrative entstehen und welche Rolle das sog. narrative Attunement – die narrative Abstimmung – bei der Konstruktion von Konarrativen spielt. Da man den therapeutischen Prozeß auch als Entwicklung eines Konarrativs beschreiben kann, das in der wechselseitigen Intraktion zwischen Psychotherapeut und Patient entsteht, lassen sich dabei Analogien beobachten und einige Hypothesen für unsere therapeutische Arbeit entwickeln.

Zuerst möchte ich zur begrifflichen Klärung einige Überlegungen Sterns (1991) zur Entwicklung und Bedeutung des narrativen Selbst zusammenfassend darstellen und mit einer formalen Definition des Narrativs beginnen:

1. Ein Narrativ ist eine Geschichte, die jemand einem anderen erzählt. Sie hat interpersonale, informative und kommunikative Aspekte.
2. Ein Narrativ enthält eine sich dramatisch entfaltende Spannungslinie. Als Höhepunkt dient zumeist eine Krise und der Versuch, dieselbe zu lösen. Narrative sind kohärent, d. h. in sich stimmig, sinn- und bedeutungsvoll.
3. Bei einem voll entwickeltem Narrativ gibt es den Handelnden, ein Ziel und Motive. Der Handelnde muß über die instrumentellen Fähigkeiten verfügen, sein Ziel zu erreichen. Die Handlung bezieht sich auf einen Kontext, d.h. einen zeitlichen und räumlichen Rahmen, der das Verstehen der Handlung erleichtert.
4. Der Erzähler sagt immer auch etwas über seine Beziehung zum Zuhörer aus und zeigt, wie er zur erzählten Handlung und zum Zuhörer steht.

Nach dem dritten Lebensjahr beginnen Kinder in dranghafter Weise den für sie bedeutsamen Personen Geschichten zu erzählen. Stoff dieser Geschichten sind subjektiv bedeutsame Erlebnisse, die kontinuierlich zu einer autobiografischen Geschichte verknüpft werden können.

Erlebte, handlungsnahe Ereignisse werden vom Kleinkind als psychologische Geschichten konstruiert, auch wenn sie anfangs nur einer sehr einfachen Handlungsstruktur folgen mögen. So kann ein etwa drei- bis vierjähriges Kind seiner Mutter folgende kleine Geschichte erzählen: „Im Kindergarten war es blöd. Die anderen haben mich nicht mitspielen lassen." In dieser kleinen Geschichte erzählt das Kind von seinem elementaren Wunsch, sich der Gruppe zugehörig fühlen zu wollen. Das Kind erzählt dem „bedeutsamen anderen" auch von der Frustrierung dieses Wunsches und erhofft sich vielleicht eine empathische Reaktion im Sinne einer Affektvalidierung. Die zu der Geschichte gehörenden Affekte, Trauer, Wut oder Scham könnten vom Erwachsenen verständnisvoll geteilt werden. So könnte der Erwachsende beispielsweise auch sagen: „Das wird schon seinen Grund gehabt haben, daß die anderen Kinder nicht mit dir spielen wollten usw." Kommentare dieser oder ähnlicher Art könnten bei entsprechender Häufigkeit dazu führen, daß das Kind in Zukunft darauf verzichtet, Geschichten zu erzählen, die von seiner Beschämung handeln.

Nach Stern dient das Narrativ u. a. dem Verlangen des menschlichen Geistes (mind), eine bestimmte Ordnung in die erlebte Erfahrungsvielfalt zu bringen. Narrative sind Handlungen, die zu Geschichten werden. In differenzierteren Narrativen werden erzählte Handlungen mit früheren Erfahrungen verknüpft. Sie können auch mit Phantasien angereichert werden. Demzufolge kann man sagen, daß Narrative nicht nur eine vermeintlich objektive Realität abbilden. Sie bilden auch einen Rahmen für Phantasien und Fiktionen, die aus der inneren Welt des Erzählenden stammen und seine Subjektivität illustrieren. Innerhalb dieses Kontextes gleicht der Erzählende eher einem Dichter als einem den sog. Fakten verpflichteter Reporter.

Die erlebte Wirklichkeit gleicht einem überquellenden Bewußtseinsstrom, in dem Vergangenes und Gegenwärtiges ineinanderfließen und Reales und Imaginiertes sich vermischen. Im Prozeß des Erzählens wählt das Kind, ähnlich wie der Erwachsene, bestimmte Erfahrungen aus, während andere vernachlässigt werden. Insbesondere können in der erzählerischen Konstruktion ängstigende oder beschämende Erfahrungen ausgelassen oder so transformiert werden, daß sie weniger beschämend oder ängstigend erscheinen. Dies geschieht zumeist durch das Wirksamwerden von Copingmechanismen oder Abwehrtechniken, die unbewußt eingesetzt werden können. Erlebte und erzählte Wirklichkeit können deshalb stark voneinander abweichen oder sich völlig widersprechen. Da das Kind seine Geschichten oft in Zusammenarbeit mit seinen Bezugspersonen entwickelt, kann es dazu kommen, daß es sich allzusehr an den Narrativen der Erwachsenen orientiert, was die Bedeutung des von ihm Erlebten in entscheidender Weise verändern kann. Ein körperlich mißhandeltes Kind kann z. B. eine Geschichte erzählen, in der es seine Eltern entschuldigt, um die Beziehung zu ihnen nicht zu gefärden. Es kann dann sagen: „Sie schlagen mich, weil sie sich so große Sorgen um mich machen." Geschichten dieser oder ähnlicher Art können eine verzerrte Wahrnehmung des eigenen Selbst begründen (s. Winnicotts Konzept vom „falschen Selbst"), vor allem, wenn sie zu wichtigen Bausteinen der eigenen Biographie werden. Im Rahmen einer Psychotherapie kann es darum gehen, dem Patienten dabei zu helfen, Narrative entwickeln zu können, die ihn wieder mehr zum Subjekt seiner erzählerischen Wirklichkeit werden lassen, so daß er sich von den Narrativen distanzieren und lösen kann, in denen er mehr als Objekt von Erwartungen und Wünschen der jeweils anderen erscheint.

Ich möchte nun zwei Projekte aus der Narrativforschung vorstellen. In der ersten Untersuchung wurde beobachtet, wie Narrative entstehen, in der zweiten Untersuchung wurde die Wirkungsweise der narrativen Abstimmung (narrative attunement) verfolgt.

Im ersten, von D. Stern geleiteten Forschungsprojekt wurde untersucht, wie 3-4jährige Kinder Narrative entwickeln, wenn sie ein bestimmtes Ereignis erzählen. Es wurde hierbei besonders darauf geachtet, was sie vom Erlebten erzählen, was sie auslassen und was sie gemeinsam mit ihren Müttern konstruieren, wenn die Mütter in das Projekt integriert waren. Das Design dieser Untersuchung wurde in Zusammenarbeit mit R. Emde erstellt.

Ausgangspunkt der Untersuchung war die Konstruktion eines dramatischen Ereignisses, mit dem die untersuchten Kinder konfrontiert wurden. Das Verhalten der Kinder wurde mit einer Videokamera aufgenommen. Die Analyse der Videoaufnahmen ermöglichte neben der Registrierung des Gesprochenen eine Kennzeichnung der bei den Kindern mobilisierten Affekte, die als Indikator für das innere Erleben der Kinder galten. Die Kinder wurden mit einer Trennungsgeschichte konfrontiert, die folgendermaßen ablief:

Ein Kind kommt gemeinsam mit einer Untersucherin, die die Rolle einer Begleitern spielt, in einen Raum. Beide hören Musik, die unter einem Tisch gespielt wird, der von einem Vorhang verdeckt wird. Das Kind wird dann gefragt, ob es die Musikanten sehen will. Die meisten

Kinder zeigen Interesse. Das Kind zieht dann den Vorhang weg und findet eine als Clown verkleidete Frau vor, die mit einem großen Stoffeisbären spielt. Der Clown spielt Xylophon. Dem Kind wird von der Begleiterin erzählt, daß es das letzte Mal ist, daß Clown und Bär zusammen sein können und daß sie deshalb Dinge tun, die sie immer gern zusammen getan haben. Der Bär muß ins Land der Roboter, das von der Königin der Roboter beherrscht wird. Dem Kind wird gesagt, daß der Bär auch gern mit kleinen Kindern spielt. Clown und Bär kommen dann unter dem Tisch hervor und spielen miteinander. In der Mitte dieser Sequenz erscheint plötzlich, ganz in schwarz gekleidet, die Königin der Roboter. Der Clown erschreckt sich. Niemand sagt etwas. Die Untersucherin ist dahingehend instruiert, in dieser Szene ein unbewegtes Gesicht zu zeigen, ohne jede Mimik. Dann sagt die Königin: „Es ist soweit, Bär! Jetzt mußt du ins Land der Roboter kommen. Bär, bist du fertig? Bist du bereit?"

Dann nimmt sie den Bären und verläßt mit ihm den Raum. Der Clown sagt: „Mach's gut, Bär. Ich werde dich vermissen." Als alle weg sind, weint der Clown. Die Untersucherin meint dann: „Ich weiß, wie man den Clown trösten kann. Du kannst mit ihm singen und tanzen und Seifenblasen machen."

Soweit die Geschichte, die in Form eines kleinen Theaterstücks inszeniert wird.

Anschließend wird das Kind von seiner Mutter über das, was es erlebt hat, befragt. Die Mutter hat die Geschichte nicht mitverfolgen können. Die Mutter war dahingehend instruiert worden, sich in ihren Fragen möglichst zurückzuhalten, damit es zu möglichst spontanen Antworten kommt. Nachdem das Kind die Geschichte seiner Mutter erzählt hat, erzählt es sie nochmal einer Untersucherin. Zwei Wochen später erzählt das Kind die Geschichte noch einmal, ein Jahr später dann das letzte Mal. Die Narrative werden dann miteinander verglichen und analysiert.

In einem anderem Setting konnte die Mutter das Experiment mitverfolgen. Untersucht wurde dann, was die Kinder selbst erzählten, was sie von den Beiträgen der Mütter übernahmen und was sie zurückwiesen.

Ursprünglich waren die Forscher der Meinung, daß vor allem die erlebten und beobachtbaren Affekte der Kinder festlegen würden, was erinnert und dann erzählt werden würde. Es wurde aber schnell deutlich, daß es vor allem die Coping- und Abwehrmechanismen waren, die bei der Konstruktion von Narrativen eine entscheidende Rolle spielten. Man könnte vielleicht sagen, daß die jeweilige Fähigkeit zur Affektregulation eine größere Rolle spielte als das bloße Erleben der durch die Geschichte mobilisierten Affekte.

Zur Illustration möchte ich beispielhaft das Verhalten von zwei Kindern schildern und es mit den Narrativen vergleichen, die diese Kinder entwickeln konnten:

Erstes Kind: vierjähriges Mädchen

Als die Königin der Roboter kommt, rückt das Mädchen sofort in die Nähe der Begleiterin, was schon einem Copingmechanismus entspricht. Es wird ein Bindungsverhalten im Sinne von Bowlby – Herstellen von Nähe zum Objekt beim Auftreten von Gefahr – mobilisiert, das Sicherheit schaffen soll. Das Mädchen sucht auch im Gesicht der Begleiterin nach Affekten, die ihm dabei helfen könnten, die von der Königin der Roboter erzeugte Angst zu bewältigen. Auch das entspricht einem Copingmechanismus, dem sog. social referencing, der sozialen Rückversicherung. Die Begleiterin zeigt, wie abgesprochen, keinen Affekt, der beruhigend wirken könnte, z. B. ein Lächeln. Sie zeigt ein ausdrucksloses Gesicht. Das Mädchen aber lächelt und kann sein Lächeln aufrechterhalten, obwohl die erhoffte emotionale Unterstützung seitens der Begleiterin ausbleibt. Als der Clown sagt: „Mach's gut Bär", sagt das Mädchen auch: „Mach's gut Bär." Als der Clown weint, wird das Mädchen von der Begleiterin informiert, wie man den Clown trösten kann. Das Mädchen tätschelt dem Clown den Rücken und sagt dann, daß es gern mit dem Clown tanzen und singen möchte, was es auch tut. Es macht auch Seifenblasen. Es wird sehr deutlich, daß es sich mit dem Clown gut identifizieren kann. Es verhält sich ihm gegenüber empathisch, zeigt auch eine gewisse Traurigkeit.

In seinem Narrativ erzählt das Mädchen alles Erlebte in der „richtigen" Reihenfolge. Es läßt nichts aus und entwickelt eine kohärente, in sich stimmige Geschichte.

Zweites Kind: vierjähriger Junge

Bei ihm spielt das Handeln eine große Rolle. Als der Clown weint, versteckt er sich kurz und versucht dann, die Trauer des Clowns zu beheben, indem er Seifenblasen in Richtung des Clowns bläst. Der Versuch, die bedrohlich werdende Situation durch Handeln im Sinne von Agieren in den Griff zu bekommen, entspricht einem Copingmechanismus, der eher Auslassungen und Lücken bei der Konstruktion von Narrativen begünstigt. Möglicherweise „setzte" der Junge auch schon Verleugnung als Abwehrmechanismus ein.

In seinem Narrativ erinnerte sich der Junge an alles, außer daß der Clown weinte, daß er sich kurz versteckte und daß er Seifenblasen in Richtung des Clowns blies.

Aus den Schlußfolgerungen, die Stern anhand dieser Untersuchung herausstellte, möchte ich folgende herausgreifen:

1. Seelische Copingmechanismen (Herstellen von Nähe zum Untersucher im Sinne eines Bindungsverhaltens, Identifizierung mit Spielteilnehmern, social referencing usw.) scheinen die Konstruktion kohärenter Narrative zu begünstigen. Eher handlungsorientierte Copingmechanismen begünstigen hingegen eher inkohärente, lückenhafte Narrative.
2. Es konnte auch beobachtet werden, daß manche Kinder Spannungsbögen veränderten, indem sie die Höhepunkte des Geschehens verrückten. Hierbei scheint schon der Abwehrmechanismus Verleugnung wirksam zu werden. So wurde dann z. B. die Entdeckung von Clown und Bär als Höhepunkt herausgestellt und nicht das Erscheinen der Königin der Roboter, die die Trennung von Clown und Bär bewirkt. Diese Kinder scheinen für sie unerträgliche Affekte wie z. B. Trennungsangst abzuwehren, sind aber in der Lage, kohärente und vollständige Narrative zu bilden.

Bei der Untersuchung, in der die Mütter das Geschehen mitverfolgen konnten und das besondere Augenmerk darauf gerichtet war, zu beobachten, was die Kinder in ihren Narrativen von den Beiträgen der Mütter übernahmen und was sie zurückwiesen, konnte folgendes festgestellt werden:

Es gibt hilfreiche Mütter, die sich zurücknehmen können, und weniger hilfreiche Mütter, die sich eher intrusiv verhalten.

Hilfreiche Mütter können z. B. durch behutsames und einfühlsames Nachfragen ihrem Kind dabei helfen, Lücken und Auslassungen in seinen Narrativen auszufüllen, ohne ihre Version der Geschichte in den Erzählungen der Kinder auf intrusive Weise verankern zu müssen.

Intrusive Mütter greifen in überstarkem Maße mit eigenen Vorstellungen in die Erzählwelt des Kindes ein. So sagte z. B. eine Mutter zu ihrem Kind: „Ich glaube, der Bär wollte gern ins Land der Roboter."

Diese Version entsprach nicht dem originärem Erleben des Kindes. Sie war auch in der Geschichte nicht angelegt. Manche Kinder waren in der Lage, den intrusiven Input ihrer Mütter aus ihrer eigenen Geschichte zu entfernen, während andere Kinder mütterliche Erzählmuster übernahmen, die dadurch fester Bestandteil ihrer Narrative wurden. Auf diese Weise kann sich, nach Meinung der Untersucher, so etwas wie ein „falsches" narratives Selbst entwickeln. Wenn ein Kind hingegen möglichst genau erzählen kann, was es selbst erlebt hat, entwickelt es nach – Stern – eine bestimmte Form erzählerischer und damit auch seelischer Integrität. Es bleibt seinen Affekten, seinen Wahrnehmungen und Gedanken treu. Kinder können ihre Erzählungen aber auch schwerpunktmäßig auf die Erwartungen der Erwachsenen ausrichten. Diesen Kindern kommt es aus bestimmten Gründen mehr auf die Übereinstimmung mit dem zuhörenden Erwachsenen an und nicht auf die Übereinstimmung von Selbsterlebtem und Erzähltem, das nicht unbedingt den Erwartungen der Erwachsenen entsprechen muß. Kinder, die ihrem Erleben treu bleiben können, sind Erwachsenen gegenüber autonomer als die, die versuchen müssen, den Erwartungen der Erwachsenen zu entsprechen.

In einem zweiten Forschungsprojekt hat sich die amerikanische Psycholinguistin D. Wolf mit der Wirkungsweise des narrative attunement, der narrativen Abstimmung, beschäftigt. Hierbei geht es um die sich wechselseitig aufeinander abstimmenden Fähigkeiten des Miteinander-reden-Könnens von Kleinkindern und Bezugspersonen. Es entstehen dabei sog. Konversationsnarrative, die sich in wechselseitigen Gesprächen herausbilden. Das Datenmaterial der Untersuchung sind Tonbandaufnahmen von Kleinkindern und Eltern, in denen alltägliche Situationen besprochen werden können. Es kommt dabei vor allem auf die spontanen, spielerischen Geschichten und Bemerkungen der Kinder an, wobei der jeweilige erwachsene Zuhörer dem Erzählfluß der Kinder zu folgen versucht und umgekehrt. Der Erwachsene kann sich auch an der Verfertigung der kindlichen Geschichte beteiligen, indem er interessierte, einfühlsame und stimulierende Fragen stellt, das Geschehen aus seiner Sicht kommentiert, selbst etwas Passendes erzählt usw. Auf diesem Wege entstehen erzählerische Koproduktionen oder sog. Konarrative. Dabei kann es wie bei der affektiven Abstimmung (Stern, 1985) immer wieder zu minimalen Fehlabstimmungen kommen, die meist wechselseitig so reguliert werden können, daß es wieder zu Verständigungen kommt. Mit ähnlichen Worten läßt sich ein Teil des therapeutischen Prozesses beschreiben. Jedenfalls greifen Therapeut und Patient intuitiv auf die Fähigkeit zurück, in narrativer Abstimmung Konversationsnarrative entwickeln zu können.

Zu Anfang der Sprachentwicklung fällt auf, daß die Bezugspersonen nicht auf das Rudimentäre der ersten kindlichen Sprachäußerungen reagieren, indem sie sich beispielsweise den kindlichen Äußerungen in einer Art Pidgin-Deutsch anzupassen versuchen. Die Bezugspersonen halten sich im Vorfeld des kindlichen Entwicklungsniveaus auf.

Da ist z. B. ein 9 Monate altes Mädchen, das ganz desorientiert aufwacht und mit weinerlicher Stimme „nein" sagt, und die Mutter eilt ins Schlafzimmer und sagt so etwas ähnliches wie: „Das war aber kein guter Schlaf, das seh' ich sofort. Du willst bestimmt raus aus deinem Bettchen usw."

Alles, was das Kind gesagt hat, war „nein", und es hat dieses Nein in einem klagenden Ton geäußert. Die Mutter drückt das Erleben des Kindes in Form einer kleinen Erzählung aus, in der das Kind sich gut aufgehoben fühlen mag. Die Mutter gibt dem diffusen Erleben des Kindes eine klarere Bedeutung. Man könnte auch sagen, daß die Mutter die Affektlage des Kindes deutet.

Dasselbe Mädchen, nun 14 Monate alt, spielt auf dem Küchenboden und hört, wie von draußen ein Auto kommt. Das Mädchen guckt hoch und sagt: „Mama, Auto", und die Großmutter erwidert: „Ja, das könnte deine Mama sein. Willst du mal gucken?"

Das Kind sagt: „Tür" und geht zur Tür. In dieser Situation „liest" die Großmutter die Sprache des Kindes so, als ob das Kind schon differenziertere Narrative bilden könnte. Aller Wahrscheinlichkeit nach erfaßt die Großmutter in diesem Beispiel, bedingt durch den Tonfall und die Mimik des Kindes, auch intuitiv die Motivlage des Kindes, das auf seine Mutter wartet. Eine „gereizte" Großmutter, die nicht auf die Stimmungslage des Kindes eingestellt ist, könnte vielleicht sagen: „Was du dir da wieder einbildest." Dies könnte dazu führen, daß die sprachlichen und motorischen Aktivitäten des Kindes vorübergehend „eingefroren" werden, da die Großmutter in diesem konstruierten Beispiel von ihrem Ärger bestimmt erscheint und sich nicht auf die Bedürftigkeit des Kindes einzustellen vermag.

Anhand dieser Beispiele kann man schon sehen, daß auch die „primitiven" Narrative eines Kleinkindes bereits auf Kommunikation im Sinne eines wechselseitigen Verstehens hin organisiert sind. Sie können dann am erfolgreichsten dechiffriert werden, wenn sich die Bezugsperson empathisch verhalten.

Im weiteren Verlauf der Entwicklung der narrativen Abstimmung kommt es zu einem Ansteigen der wechselseitigen Verantwortung bei der Konstruktion von Konarrativen. Hierzu folgendes Beispiel:
Ein zweieinhalbjähriges Mädchen sagt verdrießlich zu seiner Mutter:
„Ich will mein Elefantenbuch!"
„Was für ein Elefantenbuch?"
„Das Elefantenbuch von hier!"
„Welches, kannst du mir sagen, welches?"
„Mein Elefantenbuch!"
„Das mit dem tanzenden Elefanten?"
„Nein !!!"
„Was ist in dem Buch drin?"
„Elefanten, weißt du doch!"
„Das weiß ich nicht. Du mußt mir schon etwas helfen. Hat dir jemand daraus vorgelesen?"
„Habe es selbst gelesen."
„Du hast es gelesen, wann?"
„Nach dem Essen, im Wohnzimmer, hinter dem Stuhl, und dann kam das Kindermädchen, und ich habe gelesen."
In diesem Konarrativ wird dem Kind vermittelt, daß seine Bezugspersonen und evtl. seine späteren Therapeuten überfordert sind, wenn sie Gedankenleser sein sollen. Das Kind muß Teilnehmer einer Gruppe von Erzählern werden, wo man nach dem Wer, Wo, Wann und Warum fragen muß, wenn man sein Elefantenbuch haben will.

Bei den anfänglich vorgestellten Beispielen handelt es sich, formal gesehen, noch um relativ primitiv konstruierte Narrative. Es bedarf einer Weiterentwicklung des Sprachvermögens, wo Strukturelemente wie handelnde Personen, Orte, Kausalität und das Erleben von Zeit eine Rolle spielen, damit Kleinkinder und Bezugspersonen differenziertere Narrative miteinander entwickeln können. Die Zeitdimension als wichtiger Bestandteil des autobiographischen Erlebens spielt dabei eine große Rolle. Vereinfacht gesagt, geht es um folgendes: zwei Individuen können affektive, kognitive, motorische und perzeptionelle Momente miteinander teilen, die eine Vergangenheit, eine Gegenwart und eine Zukunft haben. Sich in den eben genannten Zeitdimensionen mental hin- und herbewegen zu können, ist nicht nur ein besonders wichtiger Bestandteil der Fähigkeit zur narrativen Abstimmung. Diese Fähigkeit ist auch in psychoanalytisch orientierten Therapien von großer Bedeutung, wenn wir gemeinsam mit den Patienten die Spuren der Vergangenheit im Hier und Jetzt einer therapeutischen Beziehung wiederzufinden hoffen.

Im folgenden Beispiel soll unter anderem die Bedeutung des Zeiterlebens in einem Konarrativ erläutert werden, das ein dreijähriger Junge gemeinsam mit seiner Mutter entwickelt. Beide zeigen hier die Fähigkeit, einander in die Vergangenheit folgen zu können, wenn dies sinnvoll und notwendig erscheint.

Ein dreijähriger Junge kommt mit seiner Mutter nach Hause. Die Mutter beginnt zu kochen, und der kleine Junge spielt auf dem Küchenboden mit Bauklötzen. Er baut ein Haus und beschäftigt sich dann mit Spielfiguren. Dabei spricht er wie ein Sportreporter, der die Spieler seiner Mannschaft vorstellt: „Und da ist ein Vogel und eine Mama, und da ist ein Gitter."

Die Mutter kocht Spaghetti und plötzlich fragt der Junge: „Wo ist denn das Gitter, das um mein Bett herum war?"

Die Mutter antwortet: „Das haben wir noch. Aber das brauchst du jetzt nicht mehr, weil du ja jetzt immer in deinem Bettchen bleibst."

Der Junge fragt weiter: „Warum habe ich das denn gebraucht?", und die Mutter entgegnet: „Weil du nie in deinem Bettchen bleiben wolltest."

Beide sind auf einmal in der Vergangenheit und die Mutter muß dem Jungen in seine und ihre Vergangenheit folgen können, um seine Fragen beantworten zu können. Zwischen beiden gibt es eine bedeutsame Vergangenheit, die geteilt werden kann. Wenn die Mutter des Jungen dessen Fragen die Vergangenheit betreffend beantwortet, betritt sie gewissermaßen das Narrativ des Jungen. Plötzlich entwickelt der Junge ein Spielnarrativ. Er läßt einen kleinen Spielzeugvogel in das von ihm gebaute Haus fallen und sagt: „Oh, er hat sich mit heißem Wasser verbrüht, wie ich gestern. Er muß jetzt in sein Bettchen. Besser noch etwas kaltes Wasser drüber laufen lassen. Das macht das Brennen weg, und seine Mami nimmt ihn dann in den Arm."

Das war dem kleinen Jungen am vorigen Tag wirklich passiert. Er nimmt nun eine kleine Spielzeugmutter und sagt zu ihr: „Mami". In diesem Augenblick denkt die Mutter, sie wäre angesprochen und reagiert mit einem: „Ja?" Aber der Junge sagt zu ihr: „Es ist doch der kleine Vogel, der ruft nicht nach dir, der ruft nach seiner Mama!" Dann legt er den kleinen Vogel wieder ins Bettchen und murmelt beruhigend: „Ist o. k., kleiner Vogel, ist o. k."

Vielleicht aber war es wichtig für den kleinen Jungen, daß seine Mutter sich angesprochen fühlte, noch einmal auf das Unglück des kleinen Jungen vom Vortag einzugehen, denn er fühlt sich ihr plötzlich sehr verbunden. Er baut ein neues Bett in seinem Haus. Das Bett hat zwei Nachttischlampen, und er sagt seiner Mutter: „Guck dir mal die Lampen an, die sind so wie in deinem Zimmer". Der Junge verbindet seine Spielwelt mit der mütterlichen Welt, und in dieser Episode teilen beide eine angenehme Intimität im Hier und Jetzt.

Plötzlich fragt der Junge: „Magst du das Haus?", und die Mutter erwidert: „Ja, das ist ein wundervolles Haus", und der Junge sagt: „Paß bloß auf, daß du es nicht kaputt trittst", und er rennt los, um noch mehr Spielfiguren zu holen, und als er zurückkommt, sitzt die Mutter auch auf dem Küchenboden, und beide legen jetzt die anderen Figuren ins Haus.

Bei diesem Transkript kann man besonders deutlich sehen, daß Narrative keine vereinzelten Episoden oder Texte sind. Es handelt sich vielmehr um sich in der Zeit entfaltende emotionale Austausch- und Abstimmungsprozesse im Medium des Spiels und der Sprache. Jeder kann dem anderen folgen, das Narrativ des einen oder anderen betreten, ausbauen oder verlassen. Beide Sprechpartner könne auch gemeinsam ein völlig neues Narrativ entwickeln.

Ein weiterer wichtiger Punkt ist, daß die Fähigkeit, einander in die Erzählwelt des jeweils anderen folgen zu können, dem Kleinkind dabei helfen kann, gemeinsam mit einer empathischen Bezugsperson seine Welt zu ordnen und zu strukturieren. Das Kind kann damit beginnen, seine Erlebnisse, Vorstellungen und Gedanken in bestimmten Kategorien zu organisieren. Zum Beispiel können Wunschvorstellungen, Fiktionen und Phantasien deutlicher vom realen Erleben unterschieden werden. Viele Narrative der drei- bis vierjährigen Kinder handeln von Dingen, die aus der Dunkelheit kommen oder nicht kommen. Es muß gemeinsam mit den Bezugspersonen geklärt werden, ob es Hexen oder Gespenster gibt, ob die Fernsehmonster oder Märchenungeheuer zur realen Welt gehören, oder nicht. Dinge dieser Art können, was ihren Realitätscharakter angeht, zwischen Kleinkindern und Erwachsenen in gemeinsam entwickelten Narrativen strukturiert und in ihrer jeweiligen Bedeutung festgelegt werden.

Hierzu folgendes Beispiel:
Ein Vater schenkt seinem vierjährigen Sohn ein Puppentheater, und der Junge beginnt, damit zu spielen. Vor lauter Aufregung wirft er ein paar Spielzeugbäume um, und dann tritt er als Erzähler auf und sagt: „Alle Bäume sind umgefallen!" Dann nimmt er eine Piratenpuppe und sagt zu einer anderen Puppe im drohenden Tonfall: „Geh mir aus dem Weg!" Denn er ist plötzlich der Pirat, aber ebenso plötzlich läßt er den Piraten fallen und fragt seinen Vater aufgeregt: „Hast du sein Schwert gesehen? Ist er wirklich ein Pirat?" Und der Vater sagt: „Ja." Und der Junge fragt wieder, etwas ängstlich: „Sagst du wirklich die Wahrheit?" Und der Vater sagt wieder: „Ja", aber er kombiniert sein Ja mit einem kleinen Augenzwinkern, und der kleine Junge versteht die Botschaft. Der Pirat ist kein Pirat, wenn man zuviel Angst vor ihm bekommt. Dann kann er wieder zur harmlosen Puppe werden. Er denkt einen Augenblick nach und sagt dann: „Ah, jetzt ist er kein Pirat mehr." Danach kann er sich wieder in ein „gefährliches" Narrativ hineinbegeben. Er nimmt sich einen Spielzeugtiger, wird zum Tiger und kratzt den Piraten, und dann ist er wieder Pirat und herrscht den Tiger an: „Wage es nicht, mich zu berühren."

Im Alter von 5-7 Jahren erweitern die Kinder ihre Sprache durch Übernahme kultureller Muster. Sie übernehmen vorgefertigte Modelle und hantieren plötzlich mit Prinzen, Prinzessinen, Drachen oder Weltallmonstern. Aus den Geschichtenerzählern werden Leser und Fernsehkonsumenten. Das Positive daran ist, daß die Kinder lernen, die kulturelle „Währung" zu gebrauchen, wodurch sie zu Teilnehmern einer bestimmten Kultur werden. Das Negative kann sein, daß die Übernahme konventioneller Formen die Kreativität der Kinder einschränken kann.

In dieser Zeit besteht auch verstärkt die Gefahr, daß Bezugspersonen die Kinder dazu verführen, ihre Narrative allzusehr auf die Bedürfnisse und Erwartungen der Erwachsenen hin zu entwickeln.

Im letzten Beispiel geht es u. a. darum zu zeigen, wie eine Mutter ihrer fünfjährigen Tochter dabei hellfen konnte, ihr „eigenes" Narrativ wieder zu entdecken, anstatt einem Narrativ treu zu bleiben, das eher auf die Bedürfnisse der Erwachsenen zugeschnitten war.

Ein fünfjähriges Mädchen, das zusammen mit seinem Zwillingsbruder eine Vorschulklasse besuchte, hatte miterlebt, wie ihr Bruder in der Klasse etwas angestellt hatte, was „nicht in Ordnung" gewesen war. Als die Mutter ihre Kinder abholte, war sie von der Lehrerin

dahingegend informiert worden, daß der Bruder etwas angestellt hatte. Aber man habe in der Klasse darüber diskutiert und alles geklärt. Sorgen aber hatte der aufmerksamen Lehrerin gemacht, daß die Schwester die ganze Zeit weiß wie ein Laken gewesen sei. Das habe sie der Mutter doch mitteilen wollen.
Was war geschehen?

Der Bruder des Mädchens hatte mit einem blauen Kreidestift ein Buch der Lehrerin und einige Stofftiere verunziert. Als die Lehrerin gefragt hatte, wer das gewesen sei, wies ein Mädchen aus der Klasse auf den „Übeltäter", der immer noch ein Stück Kreide in der Hand hielt. Im selben Moment sagte der Junge, daß er es gewesen sei. Er wurde für seine „Ehrlichkeit" von der Lehrerin gelobt. D. Wolf macht in ihrem Forschungsbericht anhand verschiedener Geschichten, die die Tochter der Mutter über diesen Vorfall erzählte, deutlich, daß Mutter und Tochter aushandeln, ob die Tochter ihre eigene Geschichte erzählen kann oder eher eine, von der sie glauben konnte, daß man sie von ihr erwartete.

Die erste Geschichte entsprach einer Heldengeschichte, in der der Bruder heroisch seine Missetat bekannte und für seine Tapferkeit belobigt wurde. In dieser Geschichte wurde ein anerkannter Familienmythos vom „tapferen, kleinen Tyler" variiert und der Mutter von der Tochter als offizielle Version angeboten. Aber wie vertrug sich das mit der Beobachtung der Lehrerin, daß die Tochter plötzlich weiß wie ein Laken geworden sei? Aus Stolz über den Bruder?

Taktvolles Nachfragen seitens der Mutter, in der diese auch den Loyalitätskonflikt des Mädchens ansprechen konnte, zeigte dann, daß die Schwester ihren Bruder nicht als Helden erlebt hatte, auf den sie hätte stolz sein können. In Wirklichkeit hatte sie sich ihres Bruders zutiefst geschämt, und das plötzliche Erblassen war aller Wahrscheinlichkeit körperlicher Ausdruck eines Mischaffekts, zusammengesetzt aus Scham, Angst und Wut.

„Würdest du etwa gern so einen Bruder haben", fragte sie die Mutter schließlich voller Zorn, „ich dachte, er hätte den Verstand verloren."

Offensichtlich hatte das kleine Mädchen in der ersten Geschichte die Rolle einer konventionellen Erzählerin übernommen, als Bewunderin des kleinen Helden. In dieser Erzählversion hatte sie die Affekte verleugnet, die ihr so deutlich im Gesicht geschrieben standen. In der zuletzt erzählten Geschichte konnte sie durch die feinfühlige

Hilfe ihrer Mutter die Verleugnung wieder aufheben. Sie konnte erzählen, was sie erlebt hatte.

Wenn wir diese Forschungsprojekte reflektieren, fragen wir uns natürlich als Psychotherapeuten, wie wir unseren Patienten helfen können, sich erzählend dem anzunähern, was sie erlebt haben und erleben.

Stern und Wolf betonen vor allem die Gefahr, die darin bestehen kann, daß Kleinkinder bei der Entwicklung ihres narrativen Selbst eine Art „falsches narratives Selbst" im Winnicottschen Sinne entwickeln können, indem sie ihre Erzählungen übermäßig auf die Erwartungen der Erwachsenen hin ausrichten. Ich denke, daß wir dieses Phänomen auch aus unserer eigenen therapeutischen Arbeit kennen. Patienten, die unsere eigenen theoretischen Orientierungen kennen oder erahnen, können uns freudianische, kleinianische, jungianische oder selbstpsychologische Narrative anbieten, in der zumeist unbewußten Erwartung, von uns besonders dafür geschätzt zu werden, wie sie als Kinder von den Erwachsenen geschätzt wurden, wenn sie in ihren Erzählungen deren Erwartungen bedienten. Wir als Psychotherapeuten schweben in der Gefahr, unseren Patienten unsere theoretischen Orientierungen und Vorlieben überstülpen zu wollen, oft ohne dies zu merken. Wie könnte man diese Gefahr begrenzen?

Ich denke, daß wir als möglichst empathische Zuhörer der uns erzählten Geschichten lernen müssen, möglichst genau darauf zu achten, wo wir im Erzählten Brüche, Lücken, Verzerrungen und Inkongruenzen wahrnehmen. Das plötzliche Schweigen des Patienten, eine jähe atmosphärische Veränderung in einer Sitzung, deren Bedeutung wir erst nicht verstehen können, ein Affekt, der nicht zum Inhalt des Erzählten zu passen scheint, all das können wichtige Hinweise sein, auf Signale zu achten, die unter der Oberfläche eines glatten, stromlinienförmigen Erzählflusses gesendet werden, der, vereinfacht gesagt, als Äußerungsform eines „falschen narrativen Selbst" verstanden werden kann. Es sind dies meist Momente, die in der Selbstpsychologie: „disruptions" genannt werden, immer wieder sich neu ereignende Unterbrechungen im Kontakt zwischen Patient und Behandler. Unterbrechungen dieser Art können sich innerhalb verschiedener Intensitätsniveaus abspielen. Im Erleben des Patienten kann das zu Irritationen führen, zum Aufkommen von Angst, Scham oder Ärger. Der Therapeut kann dann ähnliche Irritationen erleben, verbunden mit den eben beschriebenen Affekten. Wenn es dem therapeutischen Paar aber gelingt, in der sog. Repair-Phase, in der der unterbrochene Kontakt wiederhergestellt werden kann, die Ursachen für die plötzlich auftretende Kontaktunterbrechung zu erkennen und zu benennen, kann es im Hier und Jetzt der therapeutischen Beziehung zu einer kreativen, strukturfördernden Reorganisation und Transformation des Erzählbaren kommen, zu einer Erweiterung des „narrativen" Raums und der damit verbundenen Vertiefung des wechselseitigen Verstehens.

Als Beispiel möchte ich folgende Episode aus einer Behandlung anführen. In einer Therapiestunde war ich mit meinen Gedanken nicht bei den Narrativen einer Patientin, sondern bei der Verfertigung dieses Beitrags, was dazu führte, daß ich kaum etwas sagte. Die Patientin reagierte auf mein Verhalten irritiert und begann auch längere Zeit zu schweigen. Schließlich bemerkte sie mit deutlichem Unbehagen, daß sie die Stunde komisch finde. Auch ich fühlte mich unbehaglich, war aber außerstande, auf die Bemerkung der Patientin zu reagieren, blockiert durch eine Mischung aus Scham und Schuldgefühl. Es war zu einer Disruption gekommen, zu einer Unterbrechung im sonst eher fließenden Kontakt. In der darauffolgenden Stunde sprach die Patientin, immer noch sichtlich verstimmt, die „komische" Stunde an und sagte, sie hätte das Gefühl gehabt, ich würde sie langweilig und uninteressant finden. Ich sagte der Patientin daraufhin, daß dies nicht an ihr gelegen hätte. Ich sei mit meinen Gedanken woanders gewesen und hätte ihr nur partiell meine Aufmerksamkeit schenken können. Im Anschluß an meine Bemerkung entfaltete sich zwischen uns in Form eines Konarrativs eine Modellszene (s. Lichtenberg, 1989). Die Patientin erinnerte sich plötzlich daran, daß der Vater den Geschichten der älteren Schwester immer mit größerer Aufmerksamkeit gelauscht habe. Ihre eigenen Geschichten seien dem Vater nie so interessant erschienen. Das sei auch heute noch so. Innerhalb der Übertragung war ich ihr plötzlich wie der weniger interessierte Vater erschienen. Mir selbst wurde plötzlich klarer, welche Anstrengungen diese Patientin darauf verwenden mußte, mich und andere für sich zu interessieren, und ich konnte ihren verborgenen Wunsch deutlicher spüren, auch ohne verbale Anstrengungen gemocht zu werden. Anschließend erinnerte die Patientin in lebendiger Weise Szenen, in denen die ältere Schwester durch ihre „Geschichten" gewissermaßen automatisch den Glanz im Auge des Vaters erzeugen konnte, was ihr bis heute nicht zu gelingen schien. Ich ergänzte und bestätigte ihre Erinnerungen durch eigene Erinnerungen an frühere Erzählungen der Patientin aus der Behandlung, in denen sie das Thema hatte anklingen lassen. Das gemeinsam entwickelte Konarrativ ließ eine für diese Behandlung sehr wichtige Modellszene lebendig werden. Darüber hinaus entspricht es einem interaktiv sich organisierenden Repair-Prozeß, in dem die Ursachen für die zuvor erfolgte Unterbrechung im Sinne einer „disruption" innerhalb der Übertragung besser verstanden werden konnten. Leider haben wir als Psychotherapeuten selten das Glück – wie im letzten Beispiel von D. Wolf – auf eine aufmerksame Lehrerin zu treffen wie die, die der Mutter des kleinen Mädchens den Schlüssel zum ursprünglichem Erleben des Kindes in die Hände gab, als sie ihr ihren Schrecken über das „weiße" Gesicht des Mädchens vermittelte, so daß die Mutter ahnen konnte, welche Affekte in der ersten Geschichte des Mädchens verlorengegangen waren.

Als Psychotherapeuten sind wir auf unser theoretisches und klinisches Wissen, unsere Empathie, unsere Lebenserfahrung und die häufig verschlüsselten Hinweise unserer Patienten angewiesen, wenn wir verstehen wollen, warum diese uns plötzlich Geschichten erzählen, die wir nicht so recht verstehen, oder wenn diese uns mit Geschichten überhäufen, die allzu glatt unseren Erwartungen und Vorlieben entsprechen. Ein anhaltendes Interesse an den Erzählungen unserer Patienten scheint mir der Leitaffekt zu sein, der die erzählerische Autonomie am ehesten fördert. Ich zweifle nicht daran, daß die Förderung dieser Autonomie einen Teil der kurativen Wirkungen in Therapieformen ausmacht, in denen es zentral um den Austausch von affektiv bedeutsamen Worten geht.

Zusammenfassung

Einige Ergebnisse der Säuglingsforschung werden in bezug auf ihre mögliche Bedeutung für die therapeutische Beziehung vorgestellt. Es geht dabei um Beziehungsmuster aus der präverbalen Zeit, die als eine Art ständiger Unterströmung die therapeutische Beziehung beeinflussen und somit auch als Bestandteile des Wiederholungszwangs angesehen werden können. Dabei handelt es sich um das Konzept der „primal repetition" (Wilson u. Malatesta, 1989), das von Jacobson (1978) unter dem Begriff „Identitätsthema" vorweggenommen wurde, um die von Condon (1984), Brazelton (1983) sowie Beebe (1988) und Beebe und Stern (1977) beschriebenen Synchronisierungsphänomene, das Social Referencing (Emde, 1983) und einige Ergebnisse der Bindungsforschung (Bretherton, 1987; Grossmann, 1989). Die Ergebnisse legen nahe, daß in therapeutischen Beziehungen jenseits des verbalen Dialogs ständig affektive Abstimmungsprozesse stattfinden, die eine große Bedeutung für die Ausgestaltung von Übertragung und Gegenübertragung haben. Wenn sie bemerkt und bewußt werden können, bedeuten sie eine wichtige Erweiterung zum Verständnis pathologischer Beziehungsmuster und der sie verursachenden interaktiven Auslöser.

Literatur

Bänninger-Huber, E., Moser, U., Steiner, F. (1988): Mikrosequenzen affektiver Regulierung, deren Bedeutung für die Prozesse der Objektbeziehung. Vortrag auf der 11. Ulmer Werkstatt für empirische Forschung in der Psychoanalyse, Ulm.

Beebe, B., Lachmann, F. M. (1988): Mother-infant mutual influence and precursors of psychic structure. In: Goldberg, A. (Hg.): Frontiers in self-psychology, Bd. 3, Hillsdale, New Jersey: The Analytic Press, S. 3-25.

Beebe, B., Stern, D. N. (1977): Engagement-disengagement and early object experiences. In: Freedman, M., Grand, S. (Hg.): Communicative structures and psychic structures. New York: Plenum Press.

Brazelton, B. T. (1983): Precursors for the development of emotions in early infancy. In: Plutchik, R., Kellerman, H. (Hg.): Emotions – theory, research and experience (Emotions in early development, Bd. 2). New York: Academic Press, S. 35-55.

Bretherton, I. (1987): New perspectives on attachment relations: security, communication and internal working models. In: Osofsky, J. D. (Hg.): Handbook of infant development. New York: Wiley, S. 1061-1100.

Condon, W. S. (1984): Communication and empathy. In: Lichtenberg, J., Barnstein, M., Silver, D. (Hg.): Empathy II. London: Lawrence Erlbaum Associates, S. 35-58.

Dornes, M. (1993): Der kompetente Säugling. Frankfurt/M.: Fischer.

Emde, R. N. (1988 b): Development terminable and interminable II. Recent psychoanalytic theory and therapeutic considerations. In: International Journal of Psychoanalysis, 69, S. 283-296.

Emde, R. N. (1988 a): Development terminable and interminable I. Innate and motivational factors from infancy. In: International Journal of Psychoanalysis, 69, S. 23-42.

Grossmann, K. E., August, P., Fremmer-Bombik, E., Friedl, A., Grossmann, K., Scheuerer-Englisch, H., Spangler, G., Stephan, Ch., Suess, G. (1989): Die Bindungstheorie: Modell und entwicklungspsychologische Forschung. In: Keller, H. (Hg.): Handbuch der Kleinkindforschung Heidelberg: Springer, S. 31-61.

Jacobson, E. (1964/1978): Das Selbst und die Welt der Objekte. Frankfurt/M.: Suhrkamp.

Klinnert, M. D., Campos, J. J., Scorce, J. F., Emde, R. N., Svejda, M. (1983): Emotions as behavior regulators: social referencing in infancy. In: Plutchik, R., Kellerman, H. (Hg.): Emotions – theory, research and experience (Emotions in early development, Bd. 2). New York: Academic Press, S. 57-86.

Krause, R., Anstadt, T. Merten, J., Ulrich, B. (1994): Zweiter Arbeitsbericht zum DFG-Projekt: multikanale Psychotherapie-Prozeßforschung (Kr 843-4). Universität des Saarlandes, Saarbrücken.

Krause, R., Steimer-Krause, E., Ulrich, B. (1992): Anwendung der Affektforschung auf die psychoanalytisch-psychotherapeutische Praxis. In: Forum der Psychoanalyse, 8, S. 238 -253.

Lachmann, F. M., Beebe, B. A. (1996): Three Principles of Salience in the Organisation of the Patient-Analyst Interaction. In: Psychoanalytic Psychology, 13 (1), S. 1 -22.

Lichtenberg, J. D. (1989): Psychoanalysis and Motivation. New York: The Analytic Press.

Main, G., Goldwyn, R. (1985): Adult Attachment Classification System. Unveröffentlichtes Manuskript, University of California, Berkeley.

Malatesta, C. Z.(1990): The role of emotions in the development and organization of personality. In: Thomson, R. A. (Hg.): Socioemotional development. Lincoln: University of Nebraska Press, S. 1-56.

Sampson, H., Weiss, J. (1983): Testing hypothesis. The approach of the Mount Zion Psychotherapy Research Group. In: Greenberg, L., Pinsof, W. (Hg.): The psychotherapeutic process. A research handbook. New York: Guilford Press.

Schmidt, S., Strauß, B. (1996): Die Bindungstheorie und ihre Relevanz für die Psychotherapie, Teil 1. Grundlagen und Methoden der Bindungsforschung. In: Psychotherapeut, 41, S. 139-150.

Steimer-Krause, E. (1996): Übertragung, Affekt, Beziehung. Bern: Peter Lang Verlag.

Stern, D. (1895): The Interpersonal World of the Infant. New York: Basic Books (deutsch: Die Lebenserfahrung des Säuglings. 1992. Stuttgart: Klett.)

Stern, D. (1986/1992): Die Lebenserfahrung des Säuglings. Stuttgart: Klett-Cotta.

Stern, D. (1990): Tagebuch eines Babys. München, Zürich: Piper (1991).

Stern, D., Wolf, D. (1992): The Development of the Narrative Self, Narrative Attunement from Narratives: Creating Meaning from Birth Through Adulthood. Symposium, UCLA.

Strauß, B., Schmidt, S. (1997): Die Bindungstheorie und ihre Relevanz für die Psychotherapie, Teil 2. Mögliche Implikationen der Bindungstheorie für die Psychotherapie und Psychosomatik. In: Psychotherapeut, 42, S. 1-16.

Wallerstein, R. S. (1986): Forty-two lives in treatment: A study on psychoanalysis and psychotherapy. New York: Guilford Press.

Wilson, A., Malatesta, C. Z. (1989): Affect and the compulsion to repeat. In: Psychoanalysis and Contemporary Thought, 12, S. 265-312.

Änderungen in der psychoanalytischen Sicht des Alterns

Hans-Thomas Sprengeler

Wir müssen uns derzeit und auch verstärkt in der Zukunft mit den Folgen der dramatischen Verschiebung in der Alterspyramide auseinandersetzen; denken wir etwa an die Rentendiskussion und die Veränderungen im medizinischen Versorgungssystem. So beträgt der Anteil der älteren Menschen an der Zahl der Gesamtbevölkerung in Deutschland derzeit 15 %, mit steigender Tendenz für die nächsten Jahrzehnte. Ein Mensch, der heute 60 Jahre alt ist, wird, statistisch gesehen, als Frau noch 21 Jahre und als Mann noch 17 Jahre leben; eine 70jährige Frau hat noch eine Lebenserwartung von 13 Jahren, ein 70jähriger Mann von 10 Jahren. Bei dieser Zunahme älterer Menschen in der Gesellschaft ist es leicht einzusehen, daß die Häufigkeit psychischer Erkrankungen im höheren Lebensalter gestiegen ist – und damit auch der Umfang an psychotherapeutischen Versorgungsnotwendigkeiten. Bereits 1983 haben Cooper und Mitarbeiter in einer epidemiologischen Untersuchung festgestellt, daß 23 % der älteren Normalbevölkerung psychisch krank sind, von diesen wiederum in der Gruppe der 50-65 jährigen 16 % als behandlungsbedürftig (Dilling et al., 1984) eingeschätzt werden; in höheren Lebensjahren liege dieser Bedarf bei etwa 9 %. Unter diesen Bedingungen ist es um so erstaunlicher, daß sich in psychoanalytischen Fachkreisen nur sehr zögernd die Bereitschaft entwickelt, sich den Problemen des höheren Alters zuzuwenden. Eindrucksvoll hat sich dies auch in der Studie der DGPPT über die Altersverteilung der in psychoanalytischen Praxen behandelten Patienten gezeigt. Danach beträgt der prozentuale Anteil von über 60jährigen nur 0,9 % und der der 50-59 jährigen auch nur 4,85 % am Gesamt der Praxispatienten.

Mit den Hintergründen, die zumindest teilweise für die zögernde Anwendung psychoanalytischer Verfahren zur Behandlung älterer Patienten verantwortlich sind, möchte ich mich im ersten Teil meiner Darstellung beschäftigen. Diese Gründe sind vermutlich durch ein Überdauern von unmodifizierten Auffassungen aus der Frühzeit der

Psychoanalyse mit bedingt und können auch erklären, warum andere Auffassungen über das Alter noch keinen Eingang in die psychoanalytische Alltagspraxis gefunden haben. Die neueren Ansätze für die Theorie und Praxis, wie sie sich aus der zunehmenden wissenschaftlichen Beschäftigung mit Alterungsprozessen entwickelt haben, möchte ich im zweiten Teil darstellen.

Welche Gründe können es nun sein, die für die Zurückhaltung und die partiell sogar bestehende Ablehnung psychoanalytischer Behandlungen von älteren Patienten verantwortlich sind? Meiner Meinung nach liegen sie zum einen in den Bedingungen der Behandlungssituation selbst, zum anderen können sie aber auch als Folgen der schon angesprochenen Übernahme des herkömmlichen Theorieverständnisses angesehen werden.

Mit den Schwierigkeiten in der analytischen Behandlungssituation älterer Menschen haben Hinze (1987) und vor allem auch Radebold (1992) sich ausführlich beschäftigt. Beide Autoren stellen als einen wesentlichen Punkt die Schwierigkeiten heraus, die zwischen einem älteren Patienten und einem jüngeren Therapeuten entstehen können. So begründet Radebold seine Sichtweise damit, daß das Alter der größtenteils psychoanalytisch und psychotherapeutisch Tätigen in Institutionen und in psychotherapeutischen Praxen nicht wesentlich über 50 Jahren liegt. Somit besteht eine erhebliche Altersdifferenz zwischen Patient und Therapeut, aus der sich besondere Übertragungskonstellationen ergeben können, auf die Analytiker sich von ihrer Ausbildung her nicht ausreichend vorbereitet fühlen. So berichtet Radebold z. B. von Patienten, bei denen sich eine Sohn- oder Tochterübertragung anfangs eingestellt hatte, die die Therapeuten nur sehr widerwillig annehmen konnten oder wollten, wenn sie sich etwa im Rahmen einer Übertragungs-Gegenübertragungs-Beziehung „als kleiner Junge" unterlegen oder inkompetent fühlten. Eine vergleichbare Konstellation findet sich z. B. auch öfters in psychotherapeutischen Kliniken, in denen zahlreiche Weiterbildungsteilnehmer arbeiten. Auch diese behandeln lieber jüngere als ältere Patienten, weil derartige Gefühle noch zu einer zusätzlichen Belastung der an sich schon schwierigen Ausbildungssituation werden können.

Diese Gegenübertragungsbedingungen sind aber prinzipiell für den Behandler reflektier- und bearbeitbar, auch wenn dagegen ein Widerwille bestehen mag. Heuft (1990) jedoch führte mit seinem Konzept der „Eigenübertragung", das Freuds Vorstellung der Restneurose sehr nahekommt, einen weiteren Gesichtspunkt in die Diskussion ein. Er vertritt die Auffassung, daß neurotische Fixierungen und unreflektierte Werthaltungen des Analytikers einen so starken inneren, meist unbewußt gewordenen Vorbehalt gegenüber der Psychotherapie mit älteren Menschen geschaffen haben können, daß er sich überhaupt nicht mehr mit den Übertragungsgefühlen eines Patienten auseinandersetzen kann. Ein weiterer Grund für die lang bestehende Zurückhaltung, sich mit Themen des Alterns zu beschäftigen, kann im Fortdauern der Argumentation Freuds liegen. Er betrachtete das Alter nämlich vorwiegend unter defizitären Gesichtspunkten; so wie auch Sándor Ferenczi (1922), der in seinem „Beitrag zum Verständnis der Psychoneurosen des Rückbildungsalters" unter expliziter Bezugnahme auf Freud die Entstehungsbedingungen von Psychoneurosen im höheren Lebensalter auf Veränderungen in der Libidoverteilung zurückführte. Er begründete seine Position mit der Abnahme des Umfangs an libidinösen Besetzungsmöglichkeiten im Alter und dem damit allgemein verminderten objektlibidinösen Interesse, so daß mit zunehmendem Alter die Menschen narzißtischer würden.

Freud (1913) selbst führte in seiner Arbeit zur „Disposition der Zwangsneurose" aus, daß es parallel mit dem Nachlassen der genitalen Sexualität im Alter und der Zunahme narzißtischer Besetzungen zu einer allgemeinen Regression auf die anal-sadistische Stufe komme, wodurch sich verstärkt sadistische und anal-erotische Wesenszüge älterer Menschen ausbildeten: „Sie, die älteren Menschen – werden zänkisch, quälerisch und rechthaberisch, kleinlich und geizig" (S. 450). Auch die alttestamentarische Geschichte von „Susanna im Bade", die an dieser Stelle häufiger angeführt wird, in der jüngere, nackt badende Frauen von lüsternen Alten beobachtet werden, wird als regressiv bedingte Zunahme des Voyeurtums älterer Menschen interpretiert.

Auf diesem Hintergrund wird Freuds (1904) grundsätzliche Einstellung verständlich: „... eine Altersstufe in der Nähe des 5. Dezenniums schafft ungünstige Bedingungen für die Psychoanalyse. .... die Fähigkeit, psychische Vorgänge rückgängig zu machen, beginnt zu erlahmen" (S. 9).

Diese Sichtweise, so vermute ich, hat entscheidend dazu beigetragen, daß das Interesse in psychoanalytischen Kreisen an der Auseinandersetzung mit Themen des höheren Lebensalters nie groß gewesen ist, obwohl Freuds Ansicht bereits zur damaligen Zeit nicht unwidersprochen blieb. So berichtet Karl Abraham bereits 1920 von guten Behandlungsergebnissen in drei Fällen; auch Fenichel (1945) sah die Beziehung zwischen dem Alter und der Analysierbarkeit eines Menschen anders als *Freud* und betonte, daß sich in bezug auf die Analysierbarkeit älterer Menschen keine allgemeinen Regeln aufstellen ließen.

Auch später, mit Aufkommen der Ich-Psychologie und der zunehmenden Bedeutung der Objektbeziehungstheorie änderte sich an dieser Situation wenig, obwohl es jetzt Möglichkeiten gab, Alterungsprozesse in einem anderen Licht zu sehen.

Erst die Folgen der gegenwärtigen demographischen Entwicklung und der erhöhte Versorgungsbedarf führten m. E. in den letzten 10 Jahren dazu, daß sich Psychoanalytiker eingehender mit Themen des Alters und des Alterns auseinandersetzten. Dazu gehörte die bewußte Aufarbeitung der alten psychoanalytischen Positionen und die Bereitschaft, Modelle zu entwickeln, die es ermöglichten, das klassische psychoanalytische Verständnis sowohl auf das Altern als solches als auch auf die Therapie älterer Menschen zu übertragen. Dazu wurden auch die Ergebnisse gerontologischer Forschungen anderer Fachdisziplinen herangezogen. Dies möchte ich noch etwas näher erläutern.

Das Älterwerden wird heute als ein komplexes Zusammenwirken sowohl von biologischen als auch psychologischen Prozessen verstanden. So zeichnen sich etwa ab dem 50. Lebensjahr, also dem Beginn des jungen Alters im Gegensatz zum hohen, das mit 80 Jahren beginnt, grundsätzliche Änderungen ab, die als „Schwellensituationen" im Sinne Franz Alexanders (1946) verstanden werden können. Diese beziehen sich vorwiegend auf zwei Bereiche. Sie betreffen zum einen die zunehmenden biologisch-körperlichen Einschränkungen und zum anderen den psychosozialen Lebensraum, in dem sich der ältere Mensch neuen und unterschiedlichen Rollenanforderungen gegenübersieht. Diese können zu Verunsicherungen in bisher vertrauten zwischenmenschlichen Beziehungen führen. So treten häufig Konflikte und Auseinandersetzungen mit erwachsen werdenden und das Elternhaus verlassenden Kindern auf, gleichzeitig können alternde, evtl. hilfsbedürftig werdende eigene Eltern besondere Zuwendung verlangen. Auch werden Einschnitte im beruflichen Leben vorhersehbar, wenn etwa der Höhepunkt der beruflichen Entwicklung überschritten ist oder sich das Ende dieses Lebensabschnittes abzuzeichnen beginnt.

Die hohe Zahl der psychosozialen Belastungsmöglichkeiten, U. Lehr (1983) spricht von Konfliktkumulation, neben den körperlich-biologischen Einschränkungen, erklärt, daß in dieser Lebenszeit derartige Konflikt- und Belastungssituationen für neurotisch prädisponierte Menschen zu Überforderungen werden können, auf die sie mit psychischen und psychosomatischen Erkrankungen reagieren.

Diese Sichtweise widerspricht der oftmals vertretenen Ansicht, daß allein biologisch bedingte Änderungen beim Altern zwangsläufig zu einer Einbuße des Lebensgefühls und des psychischen Wohlbefindens führen.

Das Lebensgefühl eines älteren Menschen wird also von vielfältigen Bedingungen bestimmt. Im Normalfall ist eine autonome und zufriedenstellende Lebensgestaltung in erster Linie vom Ausmaß und der Möglichkeit der seelischen Plastizität abhängig, über die auch ein älterer Mensch durchaus verfügt. Denn man versteht heute das Alter nicht mehr ausschließlich als einen Abbauprozeß, vielmehr wird es, nach einem Ausdruck von Paul Baltes (1992), als ein Zustand mit „zwei Gesichtern" beschrieben, wobei das eine den Verlust und die Veränderungen von Funktionen betrifft, das andere das latent vorhandene Potential, mit dem nachlassende Fähigkeiten und Funktionen ausgeglichen werden können. Die Wirksamkeit dieses Potentials ist allerdings neben der guten medizinischen Versorgung, ausreichender Mobilität, Intelligenz und sozioökonomischer Lebenslage vor allem von denjenigen Faktoren abhängig, die schon immer für die Möglichkeit zur Auseinandersetzung mit Konflikten und Belastungen maßgebend waren. Ein Mensch beispielsweise, der in seinen früheren Lebenszeiten autonom eigene Lösungsstrategien in konflikthaften Lebenssituationen für sich finden konnte, wird vermutlich auch entsprechende Anforderungen im höheren Lebensalter angemessen bewältigen können. Umgekehrt ist auch verständlich, daß ein Mensch mit lebenslang bestehender neurotischer Struktur an den Belastungen, die mit dem Altern einhergehen, scheitern kann. So kann er vielleicht trotz jahrelang bestehender unverarbeiteter neurotischer Konflikte ein symptomfreies Leben geführt haben, weil er mit einer guten körperlichen Verfassung psychische Beeinträchtigungen kompensieren konnte.

Ich möchte dies kurz am Fall einer 60jährigen Sportlehrerin verdeutlichen, die durch eine Hüftgelenksarthrose in ihrer Mobilität stark eingeschränkt wurde und in diesem Zusammenhang eine behandlungsbedürftige psychische Erkrankung entwickelte. Körperliche und sportliche Aktivitäten hatten für sie zeitlebens eine besonders große Bedeutung gehabt, weil sie dadurch ein ausreichendes Selbstwertgefühl aufrechterhalten konnte und damit psychisch relativ stabil blieb. Dies war aber nach der schweren Gelenkerkrankung nicht mehr möglich, und sie dekompensierte, weil infolge der narzißtischen Kränkung aufgrund der körperlichen Einschränkungen ihre inneren neurotischen Konflikte nicht mehr länger abgewehrt werden konnten.

In einem anderen Beispiel möchte ich eine alterstypische Veränderung im psychosozialen Lebensraum darstellen, die zu einer symptomverstärkenden und chronifizierenden Situation wurde. Ein 64jähriger Patient, der vor seiner Berentung als angestellter Journalist arbeitete, war schon mehrmals in seinem Leben an einer depressiven Symptomatik erkrankt, die sich jedoch bisher immer wieder gebessert hatte. Als in seinem 58. Lebensjahr der Verlag, in dem er arbeitete, und auch die Zeitung verkauft wurde, die er maßgeblich mitgestaltet hatte, erkrankte er an einer Depression mit Schlafstörungen und zahlreichen psychogenen Körperbeschwerden. Bis dahin hatte er eigenverantwortlich, allerdings bei streng vorgegebener Aufgabenstruktur, seine Arbeiten erledigen können. Nach dem Verkauf mußte er mit ansehen, wie sein „Lebenswerk" zugrunde ging, weil jetzt andere Schwerpunkte gesetzt wurden und nach seiner Auffassung das Niveau der Zeitschrift deutlich sank. Außerdem konnte er als depressiv strukturierter Mensch den Verlust alter kollegialer Bindungen nur schwer bewältigen. Er erholte sich nicht mehr und wurde mit 62 Jahren berentet. Diesen Schritt hatte er selbst unterstützt in der Hoffnung, mit seinen journalistischen Fähigkeiten und seinen vielfältigen, vorwiegend kulturellen Interessen zufriedener als bisher leben zu können. Jedoch hatte er dabei nicht bedacht, wie dies bei älteren Menschen häufiger vorkommt, daß das bloße Vorhandensein von Interessen und Fähigkeiten, also in seinem Falle des Schreibens, nicht ausreichend ist, um ein zufriedenes und autonomes Leben führen zu können. Er hatte, um es allgemein auszudrücken, die interaktive bzw. interaktionelle Perspektive in seinem psychosozialen Lebensraum bei der Planung nicht berücksichtigt. So fand er auch nach der Berentung keinen Boden mehr unter den Füßen, weil er es nicht gelernt hatte, sich aktiv eigene Aufgaben und Beziehungen zu anderen Menschen zu schaffen. Er fühlte sich auf das Entgegenkommen anderer angewiesen und brauchte auch die unterstützende Art seiner Frau. Diese handelte jedoch zunehmend selbständiger, weil ihr das neue und intensive Zusammenleben mit ihrem jetzt unselbständigeren Mann Schwierigkeiten machte. Insofern wurde die Berentung zur symptomverstärkenden und chronifizierenden Bedingung, ebenso wie die Änderungen in der ehelichen Beziehung, die der Patient als eine Verlustsituation erlebte.

Eine derartige Erkrankung und Chronifizierung hätte natürlich auch in früheren Lebenszeiten auftreten können. Aber für die älteren Menschen können solche Veränderungen wie die Berentung zu einer Einengung des psychosozialen Lebensraumes werden, weil damit das Angebot an Entfaltungsmöglichkeiten abnimmt, so daß sie stärker als früher auf ihre eigenen inneren Ressourcen angewiesen sind.

So hatte auch dieser Patient mit seiner neurotischen Persönlichkeitsstruktur nie während seines Lebens ausreichende alloplastische Fähigkeiten entwickelt, mit denen er auf seine eigene Lebenssituation und seine Lebensumstände hätte modifizierend einwirken können. Dies machte ihn sehr von anderen Menschen abhängig, was er bis ins Alter hinein verleugnen konnte.

An dieser Stelle möchte ich den Fallbericht beenden, mit dem noch einmal die These untermauert werden sollte, wonach ein älter werdender Mensch seine veränderten Lebensbedingungen und seine zunehmenden Begrenzungen ausgleichen und bewältigen kann, wenn er daran nicht durch eine neurotische Konfliktdynamik gehindert wird.

Zusammenfassend läßt sich noch einmal herausstellen, daß in der neueren Sichtweise normale Alterungsprozesse als ein Gleichgewicht zwischen den vorwiegend biologisch-körperlichen Abbauvorgängen auf der einen und den Ausgleichsmöglichkeiten auf der anderen Seite verstanden werden. Eine Voraussetzung dafür ist allerdings, daß die psychischen Funktionen intakt sind.

Entsprechend sollte die Psychotherapie im höheren Alter darauf abzielen, die neurotischen Hemmungen mit Hilfe der psychoanalytischen oder tiefenpsychologischen Methoden zu behandeln, um die gestörten Ausgleichsmöglichkeiten wieder zu ihrer eigentlichen Geltung kommen zu lassen.

Für die Anwendung der psychoanalytischen und psychotherapeutischen Therapieverfahren für ältere Menschen gelten dann natürlich auch die üblichen Kriterien bei der Indikationsstellung und der prognostischen Beurteilung, weil das Alter heutzutage nicht mehr als ein negatives Indikations- und Prognosekriterium an sich betrachtet werden kann.

Literatur

Abraham, K. (1920): Zur Prognose psychoanalytischer Behandlungen im fortgeschrittenen Lebensalter. In: Ges. Schriften (1982), Bd. I. Frankfurt/M.: Fischer Verlag.

Alexander, F., French, Th. M. (1946): Psychoanalytic Therapy. New York: The Ronald Press Company.

Baltes, P. B., Mittelstraß, J. (1992): Zukunft des Alterns und gesellschaftliche Entwicklung. Berlin: W. de Gruyter.

Cooper, B., Sosna, U. (1983): Psychische Erkrankungen in der Altenbevölkerung. In: Nervenarzt, 54, S. 239-249.

Dilling, H., Weyerer, S., Castell, R. (1984): Psychische Erkrankungen in der Bevölkerung. Stuttgart: Enke Verlag.

Dt. Gesell. f. Psychotherapie Psychosomatik u. Tiefenpsychologie (1987): Praxisstudie zur psychotherapeutischen Versorgung. Hamburg: DGPPT.

Erikson, E. H. (1950): Kindheit und Gesellschaft. Stuttgart: Klett-Verlag.

Fenichel, W. (1945): Psychoanalytische Neurosenlehre, Bd. II. Olden: Walter Verlag (1982).

Ferenczi, S. (1922): Beitrag zum Verständnis der Psychoneurosen des Rückbildungsalters. In: Bausteine der Psychoanalyse, Bd. III. Bern: Hans Huber Verlag (1984).

Freud, S. (1904): Die Freudsche psychoanalytische Methode. Ges. Werke, Bd. V. Frankfurt/M.: Fischer Verlag.

Freud, S. (1913): Disposition zur Zwangsneurose, Ges. Schriften, Bd. VIII. Frankfurt/M.: Fischer Verlag.

Heuft, G. (1990): Bedarf es eines Konzeptes der Eigenübertragung ? In: Forum Psychoanal., 6, S. 299-315.

Hinze, E. (1987): Übertragung und Gegenübertragung in der psychoanalytischen Behandlung älterer Patienten, In: Psyche, 41, S. 238-253.

Lehr, U. (1983): zit. n. Richter, D., Strauber, M.: Psychosomatik in Gynäkologie und Geburtshilfe, In: v. Uexküll, Th. (1986): Psychosomatische Medizin. Stuttgart: Urban & Schwarzenberg.

Mayer, K. D., Baltes, P. B. (1996): Die Berliner Altersstudie. Berlin: Akademie Verlag.

Radebold, H. (1992): Psychosomatik und Psychotherapie Älterer. Heidelberg, New York: Springer Verlag.

Statistisches Bundesamt (1994): Statistisches Jahrbuch 1994 für die Bundesrepublik Deutschland. Wiesbaden: Metzler-Poeschel.

Was tut sich im psychoanalytischen Verständnis der Entwicklungsaufgaben alter Menschen?

Gereon Heuft

1. Entwicklungspsychologische Modelle aus psychoanalytischer Sicht

Die traditionelle psychoanalytische Entwicklungspsychologie endet spätestens mit Erreichen des Erwachsenenalters: Der Pubertät wird die nochmalige intensive Durcharbeitung der psychosexuellen Entwicklungsstufen zugestanden; an deren Ende steht eine individuelle, jedoch definitive Persönlichkeit. Interessiert man sich für die Bilder professioneller Helfer bezüglich des weiteren Lebenslaufes, wird regelmäßig ein sogenanntes Halbkreis-Modell deutlich: Nach einem aufsteigenden Bogen mit einem Scheitelpunkt, der heute mit etwa 40 bis 50 Jahren angesetzt wird, neigt sich der Bogen wieder abwärts: „Es geht alles den Bach hinunter." Dieses Modell mündet in das Vorurteil, die Alten würden wieder wie die Kinder. Auf diesem Wege wird unmerklich dem Defizit- und Defekt-Modell des Alterns Vorschub geleistet. Bei Beobachtungen von in Institutionen untergebrachten alten Menschen, die sich ja angeblich nur noch für das Essen und die Ausscheidungsfunktionen interessieren würden, werden die möglichen regressionsfördernden Aspekte gerade in diesen Institutionen selten mitreflektiert. Das Halbkreis-Modell entspricht weder den akzeptierten gerontologischen Ergebnissen zu Lernfähigkeit und Kompetenz im Alter noch der mit dem Alter stetig zunehmenden Variabilität physiologischer Befunde.

Demgegenüber symbolisieren die 8 zentralen psychosozialen Entwicklungsaufgaben des Menschen bei E. H. Erikson (1982) eine aufsteigende Linie. Wichtig an dem Modell von Erikson für das Verständnis alter Menschen ist die Konzeption, daß nicht gelöste Entwicklungsaufgaben als Hypothek auch die Lösungsfindung der weiteren altersentsprechenden Schritte überschattet. Für den Kliniker bringt das Eriksonsche Modell jedoch auch einige Schwierigkeiten mit sich. So umfaßt die 8. Entwicklungsstufe „Alter" eine Zeitspanne von heute rund 30 Jahren, wobei wir nach neueren Untersuchungen – auch z. B. der Berliner Altersstudie (Mayer u. Baltes, 1996) – die jungen Alten etwa des 60. bis 70. Lebensjahres von den alten Alten jenseits des 70. Lebensjahres aufgrund vieler gesicherter empirischer Befunde unterscheiden sollten. Außerdem gibt das Eriksonsche Modell keine Antwort auf die Frage, wodurch die weitere Entwicklung über den Lebenslauf angestoßen wird.

Colarusso u. Nemiroff (1987) haben die Entwicklung entlang eines lebenslangen Schicksals von Kernthemen (z. B. Liebe, Sexualität, Arbeit, Tod etc.) darzustellen versucht. – Darüber hinaus gibt es aus psychoanalytischer Sicht einige Arbeiten, die spezielle Aspekte psychischer Funktionsabläufe unter altersspezifischen Gesichtspunkten diskutieren. Dies gilt z. B. für die Frage einer Abschwächung der Abwehr im Alter vs. einer Verstärkung der Abwehr im Alter oder für das Ausmaß von Regressionstendenzen im Alter usw.

Wenn ein alter Mensch sich mit einem Wunsch nach psychoanalytischer Behandlung an einen Psychotherapeuten wendet, ist es für die Indikationsstellung von entscheidender Bedeutung, ob der Psychotherapeut für seinen (alten) Patienten Entwicklungsaufgaben vorphantasieren kann. Dabei spielen die impliziten persönlichen oder auch in der Theorie niedergelegten Entwicklungsmodelle eine zentrale Rolle. Vermutlich wird die Indikation zu einer auch im Alter aussichtsreichen psychosomatisch-psychotherapeutischen Behandlung weniger häufig gestellt, als es angezeigt wäre, weil adäquate entwicklungspsychologische Modellbildungen bisher fehlen.

2. Die Bedeutung des körperlichen Alternsprozesses

Aufgrund einer eigenen Untersuchung sind wir darauf aufmerksam geworden, daß alte Menschen den Fortgang der Lebenszeit vor allem unter Bezugnahme auf den körperlichen Alternsprozeß schildern: „Ich habe Sorge, daß die zunehmende Sehverschlechterung es mir nächstes Jahr nicht mehr ermöglichen wird, meine Häkelarbeiten auszuführen." Dabei wird der körperliche Alternsprozeß als solcher emotional ganz unterschiedlich konnotiert. Diese Ergebnisse führten zu einem entwicklungspsychologischen Modell (Heuft, 1994), in dem der somatische Alternsprozeß als „Organisator" der Entwicklung in der 2. Hälfte des Erwachsenenlebens verstanden wird. Der Begriff Organisator bezeichnet das im jeweiligen Lebensabschnitt die Entwicklung führende „Organ". Der Begriff steht in der Tradition von Needham (1931; „Embryologischer Organisator"), Spitz (1965; „Kritische Knotenpunkte in der Entwicklung des Kleinkindes") und A. Freud (1963; „Konvergierende Entwicklungslinien").

3. Organisatoren einer lebenslangen Entwicklung

Geht man mit der psychoanalytischen Entwicklungspsychologie davon aus, daß der Trieb der Organisator der psychosexuellen Entwicklung in den ersten Lebensjahren ist, ist heute die Kontroverse in der Frage der primären Energie zwischen Freud (primär sexuelle Energie) und Jung (primär indifferente Energie) nicht mehr unüberbrückbar (Fetscher, 1978). Die individuelle Triebausstattung als Resultat einer biologischen Variante drängt das Kind zur Auseinandersetzung mit den bekannten psychosexuellen Reifungsphasen, die den typischen psychosozialen Krisen im Sinne Eriksons in Kindheit und Jugend entsprechen.

Neben der Triebentwicklung konstituiert sich in einer gleichzeitigen Wechselwirkung das autonome Ich (im Sinne Hartmanns, 1939). Die anlagemäßig verankerten Möglichkeiten speisen sich aus neutraler, nicht sexueller Energie. Die Triebentwicklung steht außerdem in vielfältigen Wechselwirkungen mit der Entwicklung des Narzißmus (im Sinne Kohuts, 1973) und der Entwicklung der sich zunehmend internalisierenden Beziehungen zu den (Primär-)Objekten.

Wenn mit Erreichen des Erwachsenenalters im optimalen Fall ein Maximum an Ausdifferenzierung in jeder der 4 Dimensionen der Person (Trieb, Ich, Narzißmus, Objektbeziehungen) erreicht ist, wirken Selbstidentität und Struktur stabil. Im sozialen und intergenerativen Raum treten sie in vielfältige Wechselbeziehungen. Für die Weiterentwicklung im Erwachsenenalter übernehmen nun die sich verändernden *Objektbeziehungen* Organisatorfunktion. Unentrinnbare Veränderungen in den gelebten Beziehungen wie Partnerschaft, Auszug der Kinder, nachelterliche Gefährtenschaft, berufliche Veränderungen etc. müssen unter Einbeziehung der funktionalen Komponente von „sozialer Kompetenz" stets auf neue mit den internalisierten Objektbeziehungen und den hinzukommenden Objekterfahrungen im weiteren Lebenslauf abgeglichen werden. Das Ich des Individuums ist ständig aufgefordert, unter dem Aspekt des „sekundären Narzißmus" (Freud, 1923) zwischen Objektnähe und Objektferne im Sinne einer „Teilhabe" an den Beziehungen und damit der „Welt" die Waage zu halten. Konflikte in den Objektbeziehungen können regressiv fortbestehende latente Triebkonflikte ebenso aktivieren wie narzißtische Konflikte. Dadurch kann es im Extremfall zur Regression der Ich-Funktionen kommen. Für den Erwachsenen gelingt die Bewältigung der durch den Organisator „Objektbeziehungen" auflaufenden konflikthaften Entwicklungsschritte unter Einsatz der erworbenen Fähigkeiten unter dem ersten Organisator.

Im hohen Erwachsenenalter kommt es unbewußt zu einer weiteren schrittweisen Verschiebung der Organisatorfunktion zum *Soma* hin. Der körperliche Alternsprozeß als biologische Zumutung (im zweifachen Sinne) konfrontiert mit einer Notwendigkeit zur weiteren Entwicklung, der sich niemand entziehen kann. Analog den Veränderung der Körperfunktionen besteht das ichstrukturelle Problem der kognitiven Bewältigung dieser Veränderung ebenso wie der narzißtische Umgang mit der sich verändernden Leiblichkeit. Der Ebene der internalen Objektbeziehungen und der späteren grundlegenden Objekterfahrungen analog sind die Körpererinnerungen, Somatisierungen oder Verkörperungen.

4. Ausblick

Dieses Modell bietet die Möglichkeit, die Auswirkungen von Desintegration der Körperfunktionen im Alter mit Rückwirkung auf das narzißtische System bzw. Leiberleben und die Objektbeziehungen sowie die notwendigen Triebenergien als Konfliktgeschehen zu begreifen und von regressiven Phänomenen im triebdynamischen Sinne abzugrenzen. Außerdem gelingt die Formulierung von Triebkonflikten und damit verbundenen Objektbeziehungskonflikten im Alternsprozeß, die oft aufgrund ihrer „Verkörperungen" übersehen werden. Damit kann das Verhältnis von Manifestationen neurotischer Konflikte im Alter zur Bedeutung der Aufgaben des körperlichen Alternsprozesses neu diskutiert werden. Möglicherweise nimmt der somatische Alternsprozeß zunehmend libidinöse Energie in Anspruch und bewirkt so die Veränderung von Narzißmus und Objektbeziehungen.

Darüber hinaus eröffnet dieses Modell die Möglichkeit, psychodynamisch verstehbare Aktualkonflikte (OPD, 1996; Heuft et al., 1997) auch dann zu beschreiben, wenn mit hoher Wahrscheinlichkeit eine frühkindlich-neurotische Entwicklung mit repetitiven Konfliktmustern trotz sorgfältiger Diagnostik ausgeschlossen werden kann. Damit gewinnen psychoanalytische Psychotherapeuten in der Arbeit mit alten Patienten ein neues Verständnis der lebenslang zu leistenden und je konflikthaften Entwicklungsaufgaben.

Literatur

Colarusso, C. A, Nemiroff, R. A. (1987): Clinical implications of adult developmental theory. In: Am. J. Psychiatry, 144 (10), S. 1263-1270.

Erikson, E. H. (1982): The life-cycle completed. New York, London: Norton WW & Co.

Fetscher, R. (1978): Grundlinien der Tiefenpsychologie von S. Freud und C. G. Jung in vergleichender Darstellung. Stuttgart, Bad Cannstatt: frommann-holzboog.

Freud, A. (1963): The concept of developmental lines. In: Psychoanalytic Study of Child, 18.

Freud, S. (1923): Das Ich und das Es. GW, Bd 13, S. 237-289.

Hartmann, H. (1939): Ich-Psychologie und Anpassungsproblem. Stuttgart: Klett (dt. 1960).

Heuft, G. (1994): Persönlichkeitsentwicklung im Alter – ein psychoanalytisches Entwicklungsparadigma. In: Z. Gerontol., 27, S. 116-121.

Heuft, G., Hoffmann, S. O., Mans, E. J., Mentzos, S., Schüßler, G. (1997): Das Konzept des Aktualkonfliktes und seine Bedeutung für die Therapie. Zsch. psychosom. Med., 43, S. 1-14.

Kohut, H. (1973): Narzißmus. Eine Theorie der Behandlung narzißtischer Persönlichkeitsstörungen. Frankfurt/M.: Suhrkamp.

Mayer, K. U., Baltes, P. B. (1996): Die Berliner Altersstudie. Berlin: Akademie Verlag.

Needham, J. (1931): Chemical embryology. London: Macmillan.

Operationalisierte Psychodynamische Diagnostik (OPD) (1996): Arbeitskreis zur Operationalisierung psychodynamischer Diagnostik. Bern: Huber.

Spitz, R. A. (1965): The first year of life. A psychoanalytic study of normal undeviant development of object relations. New York: Int. Univ. Press.

Forum III:

Therapie nach Lust und Laune? – Über ressourcenorientiertes Arbeiten in der Klinik.

Vorwort zum Forum III

Das Forum III sollte zunächst den nüchternen Titel tragen: „Ressourcenorientiertes Arbeiten in der Klinik". Bei der Vorbereitung der Tagung diskutierten wir über die Entwicklung und Veränderung der inneren Bilder, die unsere therapeutische Praxis leiten: Vor noch nicht allzu langer Zeit stellten wir uns die „Rhein-Klinik" überwiegend als Gebärmutter vor oder als Bühne – auf der allerdings vor allem ernste und tragische Stücke inszeniert wurden. Heute sehen wir unsere Klinik zwar auch weiterhin als bergenden Uterus und als Theaterbühne, darüber hinaus aber auch als Möglichkeitsraum, in dem vieles – aber nicht alles – möglich ist: Wir sehen die Klinik als Abenteuerspielplatz, auf dem unsere Patienten sich spielerisch mit ihrer „verbliebenen Kindlichkeit" auseinandersetzen; als Tankstelle, an der sie Kraft, Mut und Erfahrungen tanken; als Trainingsplatz, auf dem sie bekömmlichere Einstellungen und Verhaltensmuster einüben; als Garten, in dem sie sich von Traumatisierungen und Verletzungen erholen; als Startrampe, von der aus sie neue Welten erschließen oder einfach nur als Krankenhaus, in dem sie sich mit ihren körperlichen Beschwerden ernst genommen fühlen. Wir gehen davon aus, daß die „Rhein-Klinik" sowohl in bewährter Weise ein Ort für längere Entwicklungs- und Reifungsprozesse sein kann, als auch ein Erfahrungsfeld, auf dem begrenzte Probleme mit bescheidenen Zielen gemeistert werden können.

Der spielerisch-lustvolle Charakter dieser Metaphern, den wir mit der Entwicklung analytisch-systemischer Behandlungskonzepte in Verbindung brachten, den wir aber auch kritisch bezüglich Beliebigkeit und Ernsthaftigkeit hinterfragten, führte uns schließlich zu dem Titel: „Therapie nach Lust und Laune? – Über ressourcenorientiertes Arbeiten in der Klinik."

Ressourcenorientierung ist ein modisches Schlagwort. „Ressourcenorientiert", „lösungsorientiert", „ zukunftsorientiert", „ progressionsorientiert" sind von systemischen und analytisch-systemischen Therapeuten in diesen Zusammenhängen häufig gebrauchte Selbstdefinitionen ihrer Arbeit, meist in Abgrenzung von einer Pathologie- und Defizitorientierung „der anderen".

Ein Zitat von Margret Little von 1957 mag deutlich machen, daß ressourcenorientiertes Denken auch eine lange psychoanalytische Tradition hat:

> „Es ist nicht derjenige ein guter Analytiker, der feste Wahrheiten und das Wissen um die einzig richtige Form des Umgangs in Händen hält, sondern jener, der um die Relativität aller festen Regeln weiß, der sich den Erfordernissen der jeweiligen Situation flexibel anpassen kann, der willens ist, alle nur möglichen Ressourcen für den Patienten zu erschließen."

Diese Auffassung werden wohl die meisten Therapeuten teilen; deshalb sollten in unserem Forum psychoanalytische, systemische, analytisch-systemische und verhaltenstherapeutische Kollegen zu Wort kommen, um gemeinsam darüber nachzudenken, welche Ressourcen im stationären Setting für Patienten – und Therapeuten – nützlich und welche möglich sind.

In Zeiten finanzieller Beschränkungen im Gesundheitswesen wird Therapie ja zunehmend auch die Kunst des ökonomisch Möglichen.

Es geht letztlich wohl um die Frage, wie und wann welche Ressourcen bei welchem Patienten im therapeutischen Prozeß – hier in der stationären Psychotherapie – eingesetzt werden können oder sollten.

Wir haben Referenten für unser Forum gewinnen können, die sich wissenschaftlich und klinisch mit dieser Frage beschäftigt haben:

Peter Fürstenau hat in seiner Arbeit „Stationäre Psychotherapie im Jahre 2000" die Klinik für psychoanalytisch-systemische Therapie der Zukunft, in der Ressourcenorientierung eine maßgebliche Rolle spielt, beschrieben. Er hat jedoch immer wieder betont, daß es dabei nicht um eine einseitige Progressions-, Lösungs- und Zukunftsorientierung mit ausschließlicher Fokussierung auf die Stärken und Kompetenzen der Patienten gehen kann, sondern um ein angemessenes Sowohl-als-Auch, das „dem Patienten Raum gibt für die Regression zu den traumatischen Erlebnissen auf früher Entwicklungsstufe (...) und für die Progression im Maße der Manifestation gesünderer Erlebnis- und Verhaltensweisen". Peter Fürstenau beschäftigt sich in seinem Vortrag mit den für einen gelingenden therapeutischen Prozeß nützlichen und notwendigen Ressourcen der Therapeuten.

Thomas Auchter ist niedergelassener Psychoanalytiker, hat früher auf einer Borderline-Station gearbeitet und ist seit Jahren als Supervisor im stationären Bereich tätig. Er hat sich im Rahmen einer Auseinandersetzung mit Winnicotts Konzepten der Behandlung schwer psychisch Erkrankter eingehend mit der Ressource eines therapeutischen Möglichkeitsraumes für die natürliche Tendenz zur Gesundheit, mit den eingefrorenen Ressourcen des Patienten, die in der therapeutischen Regression behutsam aufgetaut werden und mit der Ressource der Regressionsfähigkeit des Therapeuten beschäftigt.

Sein Beitrag ist ein engagiertes Plädoyer für die analytische Haltung eines respektvollen Reisebegleiters, der „dem Patienten zurückgibt, was er selber eingebracht hat", und eine Streitschrift wider den „therapeutischen Macho".

Helmut Luft leitet als Psychoanalytiker seit über dreißig Jahren eine psychiatrisch-psychotherapeutische Klinik. Er hat sich klinisch und wissenschaftlich eingehend mit den Chancen und Risiken der Regression im stationären Setting beschäftigt. Sein Beitrag setzt sich kritisch mit der Vorstellung der aktiven Machbarkeit von Veränderung, mit dem Glauben an die Technik, das Planbare und Manipulierbare auseinander. Er beschreibt, wie die „klassische" passiv-rezeptive, analytische, begrenzte Regression zulassende Haltung gerade bei schwer gestörten Patienten progressive Prozesse einleiten kann.

Mechthilde Kütemeyer ist eine engagierte Vertreterin eines ganzheitlichen psychosomatischen Ansatzes, den sie als Klinikerin in der psychosomatischen Abteilung eines Akutkrankenhauses und als Wissenschaftlerin mit dem Schwerpunkt psychosomatische Neurologie und Geschichte der Psychosomatik vertritt. Die körperliche Untersuchung und eine subtile Anamnese sind für sie wesentliche Bestandteile einer psychosomatischen Behandlung. In ihrem Vortrag beschäftigt sie sich mit der Vernachlässigung des Körpers in der klinischen Psychosomatik, die sich mehr und mehr zu einer Spezialdisziplin für die Seele zu entwickeln scheint, und beschreibt, welche wertvollen Ressourcen die körperlichen Beschwerden und Befunde für den Behandlungsprozeß darstellen.

Heinz Rüddel ist Internist, Verhaltenstherapeut und Leiter einer Klinik mit einer psychoanalytischen und einer verhaltenstherapeutischen Abteilung – eine Goldgrube für vergleichende Psychotherapieforschung.

Er hat verhaltenstherapeutische und tiefenpsychologisch fundierte Behandlungen auf die Stimmigkeit von Theorie und Praxis untersucht und erste hypothetische Schlußfolgerungen gezogen, wie die verschiedenen therapeutischen Ansätze nutzbringend zur Anwendung kommen können.

Michael Buscher ist Oberarzt in der Rheinischen Landesklinik für Kinder- und Jugendpsychiatrie in Viersen, in der seit vielen Jahren ein systemisches stationäres Behandlungskonzept umgesetzt wird. In seinem Beitrag beschreibt er Theorie und Praxis der Kundenorientierung in der stationären Psychotherapie. Der Begriff der Kundenorientierung, der in letzter Zeit auch in der Psychotherapie Verbreitung findet, ist für viele noch gewöhnungsbedürftig; er weckt Assoziationen von merkantiler Sachlichkeit und untherapeutischer Unterwerfung unter unangemessene Ansprüche. Als Systemiker beleuchtet M. Buscher die Frage, wie der therapeutische Kontext gestaltet werden kann, damit Kompetenz- statt Versagenserleben möglich wird.

Zur Einstimmung auf die Referate möchte ich nun Georg Groddeck, den „Vater der Psychosomatik", der sich mit sprühender Lust und Laune in seiner Klinik, dem „Satanarium", mit dem „Theaterspiel des Es" auseinandergesetzt hat, zitieren: „Wenn ich ehrlich bin, merke ich, daß ich Freude am Zusehen des bunten Spiels aller Kräfte habe und mitspiele, ohne es immer selbst zu wissen."

Ich danke den Referenten, den Mitgliedern der Arbeitsgruppe, die das Forum vorbereitet hat, und den Teilnehmern unseres Forums für die lebendige Diskussion mit Lust und Laune und wünsche den Lesern eine anregende Lektüre.

Eduard Häckl

Die Therapeuten als Erfolgsfaktor der Psychotherapie

Peter Fürstenau

Einer der wichtigsten Befunde der empirischen Psychotherapieforschung der letzten Zeit ist die Bedeutung der hilfreichen Beziehung für die Voraussage des Erfolgs von Psychotherapie. Gemeint ist damit die Überzeugung des Patienten oder der Patientin, daß der betreffende Therapeut oder die an der Behandlung beteiligten Therapeuten unterschiedlicher Profession ihm helfen können. Für die Therapeuten ergibt sich als erste wichtige Aufgabe, den Klienten oder die Klientin zu überzeugen, daß sie, die Therapeuten, für ihn bzw. sie hilfreich und förderlich sind bzw. sein werden innerhalb der weiteren Behandlung.

Damit rückt die Kontaktfähigkeit der Therapeuten in den Mittelpunkt des Interesses, ihre Fähigkeit, mit unterschiedlichen Patienten Kontakt herzustellen und aufrechtzuerhalten, um die beabsichtigte Wirkung auf die Patienten auszuüben. Dies bedeutet praktisch, daß Therapeuten und Patienten zueinander passen müssen. Je früher und klarer sich die Überzeugung, zueinander zu passen und miteinander produktiv arbeiten zu können, einstellt, desto besser, und im Gegenteil: Je früher aus einem Nicht-Passen durch Therapeutenwechsel Konsequenzen gezogen werden, desto besser für beide Parteien der Beziehung. Dieser zu den sogenannten unspezifischen Faktoren der Therapeut-Patienten-Beziehung gerechnete Gesichtspunkt der Überzeugung, sich innerhalb einer hilfreichen Beziehung zu bewegen, wird gegenüber den spezifischen Beziehungsaspekten, der Diagnostik und Behandlungsmethodik der Therapeuten, häufig unterbewertet und damit vernachlässigt.

Einige weitere für das Zueinander-Passen von Therapeuten und Patienten relevante Beobachtungen aus behandlungsmethodischen Seminaren und Supervisionen sollen kurz angesprochen werden.

Häufig sind analytisch orientierte Therapeuten im Gespräch mit den Patienten ziemlich umständlich und distanziert. Dies zeigt sich besonders bezüglich der zentralen Aufgabe in psychoanalytischen

Therapien: der Identifizierung und Rückmeldung des Musters der Übertragung (der pathologischen Überzeugungen und Eigenheiten) an die Patienten. Schon die Identifizierung (Bestimmung) des Übertragungs- oder Copingmusters bereitet Schwierigkeiten. Die Kenntnis der in den kurztherapeutischen analytischen Behandlungskonzepten entwickelten Anleitungen zur Bestimmung des zentralen Beziehungskonflikts bzw. Musters der pathologischen Anpassung (vgl. Arbeitskreis OPD, 1996, S. 48 ff.) ist bisher in der Praxis nicht sehr verbreitet.

Eine weitere Schwierigkeit ist die Rückmeldung des Übertragungsmusters an den Patienten. Die Therapeuten sehen sich häufig massiven pathologischen Beziehungsmanövern von Patienten ausgesetzt und sind dann in Verlegenheit, wie sie das Übertragungsmuster an den Patienten zum Zwecke der Einleitung der Distanzierung des Patienten von seinen bisherigen pathologischen Überzeugungen und Eigenheiten rückmelden sollen. Sie fürchten, den Patienten durch die Rückmeldung zu kränken, wütend zu machen oder depressiv-resignativ. Daher meinen sie, sie sollten die von ihnen erlebten massiven eigenen (Gegenübertragungs-)Reaktionen bei sich behalten, höchstens im Kollegenkreis oder im Team preisgeben, mit der Hoffnung, daß es zu einem späteren Zeitpunkt möglich sein würde, mit dem Patienten darüber zu sprechen. Dabei berufen sie sich auf Bions Begriff des „Containing", der zur Beschreibung der Mutter-Baby-Beziehung entwickelt wurde und die Empathie der Mutter meint, vorsprachliche Äußerungen des Babys hinsichtlich ihres Stimmungsgehaltes intuitiv zu verstehen, zu verarbeiten und in einer für das Kind angemessenen Form zu beantworten. Statt einer „angemessenen" Reaktion kommt es in den hier diskutierten Fällen eher zu einer Beziehungsverweigerung, einem Nicht-Reagieren, in Form von mühsam kontrollierter oder durch Rückzug regulierter Wut der Therapeuten.

Eine weitere Reaktion der Therapeuten im Kollegenkreis ist dann häufig, dem Patienten naiv realistisch die negativen Eigenschaften zuzuschreiben, die man in der Beziehung mit ihm „gegenübertragungsmäßig" erlebt. Wenn der Patient nicht als massiv aggressiv oder gar unbehandelbar diagnostiziert wird, wird die Verhaltensweise des Patienten zumindest als markanter Widerstand verstanden.

Häufig ergeben sich im weiteren Verlauf der Behandlung massive Machtkämpfe der Therapeuten mit den Patienten, die die Therapeuten immer mehr vom angestrebten Modell entfernen, dem Patienten neutral durch Interpretation unbewußte Zusammenhänge zu erschließen. Da Erscheinungsbild und Verhalten der Patienten von der Methodik des Umgangs der Therapeuten wesentlich mitbestimmt wird – handelt es sich doch um eine Interaktion, an der beide Parteien beteiligt sind, die Therapeuten eben durch die von ihnen angewandte Methodik, sollten die Therapeuten diese ihre jeweilige – offensichtlich nicht passende – Methode nicht immer weiter anwenden, sondern die geschilderten Beobachtungen aus dem Behandlungsprozeß zum Anlaß nehmen, ihre Methode zu ändern, um wieder in eine neutrale Position gegenüber dem Patienten zu kommen. Zu solch einer Änderung des Umgangs können Überlegungen anregen, welch „positiver" Sinn dem – vermeintlich „negativen" – Verhalten des Patienten zugrunde liegen könnte (positive Konnotation). Dies gebietet der Respekt vor dem Patienten als Person eigener Art und die Verpflichtung der Therapeuten, ihrerseits das Bestmögliche zu tun, um den Heilerfolg zu erreichen.

Diese Überlegungen gelten besonders für alle kurztherapeutischen Verfahren wie die stationäre Psychotherapie. Denn möglichst kurze Therapie meint nicht: Therapie mit Gewalt in Form von Machtkämpfen.

Zu der geschilderten Schwierigkeit, Machtkämpfe, abwertende Eigenschaftszuschreibungen und stagnierende oder maligne Behandlungsverläufe zu vermeiden, trägt eine Eigenheit psychoanalytischer Therapie wesentlich bei: die einseitige Orientierung an Mängeln der Patienten (Defizienzorientierung). Die psychoanalytische Diagnostik ist entgegen dem Wortsinn, der eine „Durch-und-durch-Erkenntnis", d.h. eine ganzheitliche Erkenntnis unter dem Gesichtspunkt von Therapie meint, einäugig: Sie lehrt die Therapeuten nur die pathologische Seite der Patienten deutlich und klar sehen; auf dem anderen Auge ist sie blind und übersieht die gesunden Ich-Anteile und persönlichen Ressourcen der Patienten (selbst in der kürzlich vorgelegten „Operationalisierten psychodynamischen Diagnostik", Arbeitskreis OPD, 1996).

Die Therapeuten werden durch die einseitige Krankheits- und Störungsdiagnostik gehindert, einen „positiven" Blick für die gesundungsrelevanten Seiten der Persönlichkeit des Patienten zu entwickeln und zu trainieren. Die massive Defizienzorientierung führt folgerichtig sehr leicht und schnell zu Ohnmacht, Überforderung und massiver Betroffenheit auf der Seite der Therapeuten, da die pathologiebezogenen Eindrücke und Einschätzungen nicht durch den Blick auf die gesunden und gesundungsrelevanten anderen Persönlichkeitsanteile balanciert und relativiert werden. Damit sinkt das Zutrauen der Therapeuten, den Patienten bei der Erreichung des jeweils nächsten Entwicklungsschrittes helfen zu können.

Das macht deutlich, welche Bedeutung der „positive" Blick für das Gelingen von Psychotherapie hat. Statt weitgehend, wie es in der psychoanalytischen Therapie geschieht, mit dem Patienten über seine pathologischen Anteile zu reden, wäre eine Gesprächsführung für den Behandlungserfolg entscheidend wichtig, die sich an das reflektierende (beobachtende, gesunde) Ich des Patienten wendet und mit ihm zusammen seine pathologischen wie seine gesundungsrelevanten Anteile (Ressourcen) thematisiert. Ein solcher Umgang verhilft dem Patienten zur Kontrolle (Relativierung) seiner Regressionstendenzen. Und dies wäre nicht nur für den Patienten gut, sondern auch – ersichtlich – für die seelische Verfassung des Therapeuten. Beiden würde eine solche Gesprächsführung Entlastung und die Chance der Konzentration auf produktive therapeutische Zusammenarbeit bringen. Beide könnten dann mehr Zutrauen zur Behandlung entwickeln und erkennbare Ansatzpunkte für ein selbstwertsteigerndes Gespräch über Ziele, Pläne, Wünsche des Patienten aufgreifen und weiterverfolgen. In diesem Rahmen wäre das Gespräch über die Hindernisse auf dem Weg zur Erreichung der nächsten Lebensziele, d. h. über die bisherigen pathologischen Überzeugungen und Verhaltensweisen (Beschwerden und deren Hintergründe) sinnvoll, für Patienten wie Therapeuten plausibel, motiviert und chancenreich.

Wird die Therapie beidäugig in dem geschilderten Sinne geführt, ergeben sich für die Therapeuten in verschiedenen therapeutischen Settings drei Fragen, die das Gespräch mit den Patienten bestimmen:

Die erste Frage ist: Vor welchen Aufgaben der Lebensmeisterung, die in ihrem individuellen Entwicklungsprozeß anstehen, schrecken die Patienten zurück? Die Beschäftigung mit dieser Frage impliziert eine gemeinsame Erkundung der gegenwärtigen Lebenssituation der Patienten, ihres Beziehungsnetzes, ihrer Pläne, Absichten und der von ihnen erlebten Schwierigkeiten einschließlich ggf. der Schwierigkeit, sich überhaupt mit diesen Fragen zu befassen (Negativismus). Durch ihr Interesse an diesen Themen bekunden die Therapeuten, daß sie das Gespräch über diese Fragen für entscheidend wichtig halten, um dem Patienten zu mehr seelischer Gesundheit zu verhelfen.

Die zweite Frage ist: Auf welche regressive Lösung im Sinne von Copingstrategie, Übertragungsmuster, pathologischen Überzeugungen und Verhaltensweisen greifen die Patienten angesichts der jeweils zu bewältigenden Lebensaufgabe zurück? Die Beantwortung dieser Frage führt einmal zu einem Verständnis des gegenwärtigen Copingniveaus der Patienten, um sich darauf im Umgang mit ihnen genau einstellen zu können, zum anderen gibt sie den Informationsrahmen, um das Übertragungs(Coping-)muster zu identifizieren und den Prozeß der Distanzierung von der Übertragung durch eine für die Patienten annehmbare Rückmeldung einzuleiten.
Was den Umgang mit dem anfänglichen regressiven Copingniveau der Patienten betrifft, d. h. den verbalen und handelnden Umgang mit Beschwerden und Verhaltenseigenarten, führt die Überlegung weiter, daß eine unmittelbare Behebung von Symptomen durch therapeutische Intervention wenig Chancen hat, da die Patienten in ihrer gegenwärtigen Verfassung die Symptome zur Aufrechterhaltung ihrer wenn auch beschränkten Funktionsfähigkeit offensichtlich brauchen. Dementsprechend haben die Patienten einerseits einen mehr oder minder starken Drang, die Beschwerden loszuwerden, der sich als Druck auf die Therapeuten auswirkt, andererseits mehr oder minder latent große Angst, ohne den Schutz der Symptome die betreffende Lebensaufgabe nicht bewältigen oder die betreffende Situation nicht ertragen zu können.

Unter diesen Umständen kann eine markante Entlastung dadurch erreicht werden, daß die Therapeuten den Patienten bestätigen, daß ihre gegenwärtigen (pathologischen) Überzeugungen und Verhaltensweisen die bestmögliche Lösung darstellen, die sie zur Lebensmeisterung aufgrund ihrer bisherigen Erfahrungen gefunden haben, und daß es wichtig sei, die Beschwerden und Verhaltensweisen so lange zu akzeptieren, bis sie sicher seien, sie nicht mehr zu brauchen und durch bessere ersetzen zu können. Und das würde einige Zeit dauern. Diese Zeit kann dann, was die Beschwerden betrifft, genutzt werden, um die Aufmerksamkeit der Patienten darauf zu richten, in welchen Situationen, unter welchen Umständen die Beschwerden nicht oder weniger auftreten, also nicht „gebraucht" werden. Das wiederum kann zu Überlegungen führen, wie diese Umstände auch in bisher gemiedenen oder mit Angst verbundenen Situationen hergestellt werden könnten. Ein solcher Umgang mit den Beschwerden und Eigenheiten führt zu einem vertieften Verständnis für ihre Funktion innerhalb interaktioneller Lebenssituationen und mindert den Veränderungsdruck. Dadurch wiederum werden die Patienten freier, sich Fragen ihrer persönlichen Zielsetzung und neuen besseren Erfahrungen innerhalb und außerhalb der Therapie zuzuwenden.

Die dritte Frage ist schließlich: Wie können wir den Patienten durch unsere Angebote und unser Verhalten helfen, die Barriere zu überwinden und den jeweils anstehenden Entwicklungsschritt zu tun? Welche Ressourcen der Patienten und welche Ressourcen der Therapeuten bzw. der Klinik können dafür mobilisiert werden? Damit ist sowohl eine Richtung der weiteren Gesprächsführung mit den Patienten in den verschiedenen Settings vorgegeben, nämlich: Erkundung und Mobilisierung der persönlichen Ressourcen der Patienten, als auch eine Aufforderung, die Ressourcen der Klinik möglichst passend für die Patienten auszuwählen und zu gestalten – einschließlich des Interventionsverhaltens der Therapeuten. Dabei steht die Förderung und Verstärkung positiver (gesünderer) neuer Erfahrungen und die Dosierung negativer im Vordergrund.

Die Beschäftigung mit diesen drei Fragen konturiert ein Behandlungsprogramm, eine therapeutische Botschaft an die Patienten, sich von den persönlichen Zielen, Wünschen und Ressourcen her das bisherige Erleben und Verhalten kritisch anzusehen und neue Erfahrungen experimentierend in der ambulanten Therapie oder auf der Station in den verschiedenen Settings und Medien und außerhalb zu machen und zu bewerten. Die klare auf Gesundung und bessere künftige Lebensmeisterung ausgerichtete Grundeinstellung und Gesprächsführung ist nach diesem Konzept allen Teammitgliedern gemeinsam. Sie ist ersichtlich nicht an eine spezifische psychoanalytische Fachkompetenz gebunden, d. h. den nicht-psychoanalytisch vorgebildeten Mitarbeitern leicht zu vermitteln; sie konkretisiert das Konzept der hilfreichen Beziehung und gibt der Behandlung der Patienten einen Rahmen, der die Auseinandersetzung mit bewußten Zielen, Wünschen und Schwierigkeiten der Lebensgestaltung in den Vordergrund rückt. Dadurch wird, wie gesagt, die Motivation geweckt und gestärkt, die überkommenen pathologischen Überzeugungen und Verhaltensweisen zu überprüfen – zu entkräften im Sinne von Weiss u. Sampson (1986) – und durch gesündere zu ersetzen.

Literatur

Arbeitskreis OPD (Hg.) (1996): Operationalisierte Psychodynamische Diagnostik. Grundlagen und Manual. Bern, Göttingen: Huber.

Fürstenau, P. (1994): Entwicklungsförderung durch Therapie. Grundlagen psychoanalytisch systemischer Psychotherapie. München: Pfeiffer (2. Aufl.).

Fürstenau, P. (1994): Chancen der Professionalisierung durch den „Facharzt für psychotherapeutische Medizin". In: Gröninger, S., Fürstenau, P. (Hg.): Weiterbildungsführer Psychotherapeutische Medizin. München: Pfeiffer, S. 39-53.

Fürstenau, P. (1994): Kurrikulum des Bereichs „Psychotherapie" mit Literaturliste als Modell einer sinnvoll organisierten Theorievermittlung in drei Schritten. In: Gröninger, S., Fürstenau, P. (Hg.): Weiterbildungsführer Psychotherapeutische Medizin. München: Pfeiffer, S. 88-104.

Fürstenau, P. (1998): Esoterische Psychoanalyse, Exoterische Psychoanalyse und die Rolle des Therapeuten in der lösungsorientierten psychoanalytisch-systemischen kurz- und mittelfristigen Psychotherapie. In: Sulz, S. K. D. (Hg.): Kurzpsychotherapien. München: CIP-Medien.

Fürstenau, P. (1998): Stationäre Psychotherapie psychoanalytisch-systemischer Orientierung, Psychotherapeut 43, S. 277-281.

Gill, M. M. (1996): Die Übertragungsanalyse. Theorie und Technik. Frankfurt/M.: Fischer Taschenbuch.

Weiss, J., Sampson, H. et al. (1986): The Psychoanalytic Process. Theory, Clinical Observations and Empirical Research. New York, London: Guilford (deutsche Übersetzung in Vorbereitung).

„Dem Patienten zurückgeben, was er selber eingebracht hat"– wider den „therapeutischen Macho"

Thomas Auchter

Jedes pädagogische, psychologische oder psychotherapeutische Einwirken auf Menschen kann daraufhin untersucht werden, inwieweit es das Objekt der Einflußnahme in seinem Objektstatus fixiert oder in Richtung seiner Subjektwerdung emanzipiert. In den folgenden Ausführungen möchte ich einige der Bedingungen reflektieren, die uns dabei helfen können, unsere Patienten[1] in ihrem Nachreifungs- und Selbstwerdungsprozeß fördernd zu begleiten. Ich möchte aus psychoanalytischer Perspektive die Umrisse einer psychotherapeutischen Grundhaltung skizzieren, die ebenso für den ambulanten wie den stationären Bereich gültig sein kann. Die psychotherapeutische „Entwicklungshilfe" muß immer von den mobilisierbaren Ressourcen der Patienten ausgehen und findet an ihnen auch ihre Grenze.

Alle wissenschaftlichen Theorien und auch behandlungstechnischen Konzepte basieren auf einem jeweils spezifischen Weltverständnis, einer „Weltanschauung", und einem spezifischen anthropologischen Grundverständnis, einem Menschenbild. Dies wird in der Regel jedoch nicht explizit gemacht. Ich möchte deshalb hier zunächst meine anthropologischen Grundannahmen skizzieren, aber zuallererst mein Thema ein wenig in den Zeitbezug einordnen.

1. Anthropologische Grundvorstellungen

1.1 Das Verschwinden des Subjekts in der Postmoderne

Mit dem Einsetzen der Aufklärung beginnt zugleich die Dekonstruktion des sich autonom verstehenden bürgerlichen Subjekts.[2] Da-

[1] Wenn ich sprachlich die männliche Form benutze, sind immer auch die Frauen eingeschlossen.

[2] Dem entspricht psychisch der Wechsel von der primären narzißtischen Position zur objektbezogenen Ebene, die jedoch zugleich die unvermeidliche Abhängigkeit unübersehbar macht.

zu hat letztlich auch die Psychoanalyse[3] durch die besondere Betonung der unbewußten Dimension einen nicht unwesentlichen Beitrag geleistet. Mehr denn je erlebt sich der postmoderne Mensch haltlos und sinnlos „ins Sein geworfen" (Heidegger). An die Stelle des sich als verantwortlich begreifenden und grundsätzlich zur Verantwortung zu ziehenden Subjekts ist heute nicht selten ein pathologischer Narzißmus mit entsprechenden Auswirkungen auf die Sozialbeziehungen getreten. Er prägt unübersehbar auch die politischen und sozialpolitischen Verhältnisse in unserem Lande.

Die Identität des postmodernen Menschen scheint immer weniger durch direkte sinnliche Erfahrung, Geschichte, Tradition, Stabilität und Kontinuität bestimmt als vielmehr durch mediale, fiktive Kommunikation, kurzfristige Aktualität, Wechselhaftigkeit, Austauschbarkeit, Indifferenz und Beliebigkeit gekennzeichnet. Prägnant zusammengefaßt ist die postmoderne Einstellung in Paul Feyerabends Formulierung „anything goes". Wir können das aber auch als eine manische Abwehr der prinzipiellen und unaufhebbaren menschlichen Unvollkommenheit (vgl. Hardt, 1996) und Abhängigkeit verstehen.

Dem korrespondiert ein archaisches und tiefsitzendes unbewußtes Bedürfnis, in eine Welt ohne Trennung, ohne Unterscheidungen (Chasseguet-Smirgel, 1978, 1979, 1988) zurückzukehren. Die Phantasie von der Aufhebung jeglicher Differenz steht nach Chasseguet-Smirgel am Anfang der Zerstörung des Denkens und der Realität, begründet Fremdenfeindlichkeit (Auchter, 1990, 1993) ebenso wie destruktive Utopien oder totalitäre Institutionen; kurz gesagt, sie steht am Anfang jeglichen Wahnsinns.

Die Psychoanalyse hat wie alle Humanwissenschaften die Aufgabe, nach Antworten auch für diese modernen Herausforderungen zu suchen. Soll sie sich dem Zeitgeist punktueller und kurzfristiger Krisenbewältigung und fokussierter Therapiebedürftigkeit anpassen, wie Manfred Heck (1996) im Anschluß an Peter Fürstenau vorschlägt? Würde sie sich damit aber nicht zum unkritischen Erfüllungsgehilfen des Zeitstils degradieren? Steht eine Psychoanalyse, die das Schwergewicht auf „Steuerung" (Fürstenau, 1992 a, S. 108, 168, 189, 203) bzw.

[3] Wenn ich hier und im folgenden von „Psychoanalyse" spreche, meine ich damit natürlich nicht die „vier Stunden auf der Couch", sondern die Gesamtkonzeption, die für mich im wesentlichen eine Art und Weise ist, Menschen zu betrachten, wahrzunehmen und ihnen zu begegnen.

„Lenkung" (Fürstenau, 1992 a, S. 168, 1992 b, S. 24)[4] oder „Zielgerichtetheit" (Fürstenau, 1992 a, S. 202) und kurzfristige Effektivität (vgl. Ermann, 1995, S. 292) legt, nicht in der Gefahr, der täglichen Erfahrung von Ohnmacht und Begrenzungen therapeutischer Wirksamkeit unbewußt eine Allmachtsphantasie technischer Machbarkeit und Effizienz[5] entgegenzuhalten? Würde sie sich damit nicht unbemerkt zum Komplizen einer gesellschaftlichen Abwehr machen, die gleichfalls ihre unaufhebbaren Grenzen, ihre Unvollkommenheit und unvermeidlichen Ohnmachtserfahrungen durch Allmachtsvorstellungen zu maskieren sucht (vgl. Richter, 1979). Die Alternative wäre, daß sich die Psychoanalyse anachronistisch, also auch zukünftig kritisch-quer zum Zeitgepräge grundsätzlich um eine dauerhafte Bewußtseinserweiterung bemüht, die über eine aktuelle Konfliktbemeisterung hinausreicht.[6] Aber ob sie sich dabei immer der Begrenzungen ihrer behandlungstechnischen Möglichkeiten bewußt bleibt? Aus dieser selbstkritischen Position kann sie dann allerdings auch den Anspruch ableiten, sich kritisch mit anderen Psychotherapieformen auseinanderzusetzen, die Illusionen über schnell erreichbare und komplette, technisch kontrollierbare Heilungen anbieten. Damit würde sie jedoch zwangsläufig mit einem „Zeitgeist [kollidieren], der auf das Planbare, Kontrollierbare, Meßbare und Machbare setzt" (Ermann, 1995, S. 291). Mir selber ist dabei immer eine Zeile aus dem Gedicht des Schriftstellers Günter Eich „Wacht auf Eure Träume sind schlecht" Richtschnur: „Seid unbequem, seid Sand, nicht das Öl im Getriebe der Welt" (vgl. Auchter, 1996).

Im postmodernen Zeitalter scheinbar vollkommener Beliebigkeit (vgl. hierzu Struck, 1996) ist das Bestehen auf der Differenz die einzige Chance, dem Subjekt eine tatsächliche unverwechselbare Bedeutsamkeit zu verleihen. Theodor Lidz (1968, 1971) hat schon vor Jahrzehnten auf die Notwendigkeit hingewiesen, die Geschlechts- und Generationenschranken aufrechtzuerhalten, damit eine gesunde Entwicklung der individuellen Persönlichkeit möglich bleibt. Auch Janine Chasseguet-Smirgel (1978, 1979, 1988) hat diesen Punkt immer wieder hervorgehoben.

---

[4] „daß die kurativen Chancen der therapeutischen Beziehung ... wesentlich davon abhängen, daß der Therapeut die Beziehung definiert und auch während des Prozesses Herr der Situation bleibt" (Fürstenau, 1992 a, S.33), „was er ... für richtig hält" (ebd., S. 123).

[5] „Denn in der Therapie ist die gute Absicht zwar honorig, es zählt jedoch nur der Erfolg" (Fürstenau, 1992, S. 34, 197).

[6] Was nicht ausschließt, daß sie sich im Einzelfall auf die Behandlung eines bestimmten Fokus beschränkt.

Das Individualitätsdefizit des postmodernen Menschen – verborgen hinter seiner Pseudoindividualisierung – macht ihn fungibel für politische oder kommerzielle Manipulation. Der Erwerb der Fähigkeit zum Neinsagen, zur Zivilcourage, zum Ungehorsam und zur Ungezogenheit (vgl. Auchter, 1996) führt vielleicht dazu, das Gleichgewicht zwischen unvermeidlicher Abhängigkeit und unumgänglicher Unabhängigkeit ein wenig wiederherzustellen.

Die stationäre Psychotherapie ist qua institutione eine Therapie begrenzter Zeit. In meiner Supervisionstätigkeit in diesem Bereich ist es mir immer wieder wichtig, diese Begrenztheit im Bewußtsein zu halten und möglichen Omnipotenzphantasien die Vorstellung einer definierten[7] therapeutischen Potenz entgegenzusetzen. Diese Selbstbegrenzung vermag bisweilen sowohl auf seiten der Therapeuten wie auf seiten der Patienten vor vermeidbaren Enttäuschungen zu bewahren.

1.2 Das Bedürfnis nach Entwicklung

Mit Winnicott gehe ich davon aus, daß von Beginn an im Kern des Selbst ein Entwicklungspotential vorhanden ist, das wesentlich eine „natürliche Tendenz zur Gesundheit und zur entwicklungsgemäßen Reife" (Winnicott, 1965, S. 43, 1958, S. 101) einschließt. Diese angeborene Tendenz kann allerdings nur bei entsprechenden hinreichend guten, wachstumsfördernden Mitweltbedingungen zur vollen Entfaltung kommen. Hier sind aus der Winnicottschen Perspektive in erster Linie das „Halten (holding)" und das „Spiegeln (mirroring)" zu nennen. Man könnte das angeborene Bedürfnis nach Wachstum und Gesundheit auch als „Lebenstrieb" bezeichnen, denn Leben ist immer durch Bewegung und Entwicklung charakterisiert.

Schon 1890 schreibt Freud (1890, GW V, S. 297) – wie häufig sehr vorsichtig formulierend – von der Möglichkeit, daß der „Vorsatz, gesund zu werden ... selbst für den Ausgang schwerer ... Erkrankungsfälle nicht ohne Bedeutung ist". Die Selbstheilungstendenzen[8] sind mit den gesunden Ich-Anteilen verknüpft. Freud (1904, GW V, S. 9, 1905, GW V, S. 21) spricht von einem „psychischen Normalzustand", den er allerdings als „Normalfiktion" (1937, GW XVI, S. 79 f.) charakterisiert. Von einem solchen „Normal-Ich" – und sei es noch so rudi-

[7] wörtlich: ‚begrenzten'

[8] Ferenczi ([1909] 1989, S. 111) bringt die „Selbstheilungswünsche" oder „Selbstheilungstendenz" (ebd., S. 113) mit dem „Willen zur Einsicht in die peinliche Realität" (Ferenczi, 1988, S. 68) in Verbindung.

mentär – müssen wir allerdings in jedem psychotherapeutischen Prozeß ausgehen und uns mit ihm heilsam verbünden.

Ein Beispiel für Selbstheilungskräfte: Frau G. sitzt in völliger Stille und Ruhe alleine in ihrem Garten. Plötzlich raschelt es im Laub eines großen Baumes, sie erschrickt, und ein sehr beängstigendes, unfaßbares Fremdheitsgefühl taucht in ihr auf, das sie erst nach einer ganzen Weile wieder verläßt.

Einige Zeit vorher hatte ihr ihre Mutter aus ihren ersten Lebensmonaten erzählt. Das Elternhaus bestand aus zwei Etagen, unten war die Küche, und die Mutter kümmerte sich um die an einen Rollstuhl gefesselte Großmutter und das Vieh. Sie, Frau G., sei in den ersten Monaten (mindestens im ersten halben Jahr) tagsüber immer in der oberen Etage zur Ruhe gelegt worden. „Und wenn ich dann hoch gekommen bin, um dich zu füttern oder zu versorgen, dann hast du immer so nett in die sich bewegenden Blätter des Baumes vor dem Fenster geschaut." Bis heute scheint der Mutter die Deprivation ihrer Tochter nicht zugänglich, statt dessen verklärt sie die Situation.

Mir ist wichtig, Frau G. darauf aufmerksam zu machen, daß in der Szene – unabhängig davon, ob sie sich tatsächlich so abgespielt hat, oder nicht – auch etwas von der Kraft und Stärke, dem Überlebenswillen des Babys sichtbar wird, das zum Ersatz für das Fehlen der lebendigen Mutter nach etwas Lebendigem in der Umgebung gesucht und die sich im Wind bewegenden Blätter des Baumes gefunden hat. Da es auf der oberen Etage kein menschliches Objekt gab, das ihr Halt anbot, suchte sie Halt im Objekt des Baumes – es handelte sich übrigens um eine Trauerweide! Als diese später gefällt werden mußte, sei sie unglaublich traurig gewesen, ohne seinerzeit zu wissen, warum.

1.3 Das Bedürfnis nach Kohärenz und Integration

Der urtümlichen Angst vor dem Zerfallen korrespondiert ein basales Bedürfnis nach Selbstkohärenz (Stern) und Integration (Winnicott).

Winnicott betont, daß es für eine gesunde Entwicklung notwendig ist, daß das ursprüngliche – ganzheitlich erlebte – *Sein* anfänglich fast überhaupt nicht und im Entwicklungsverlauf jeweils nur im tolerierbaren Maße durch die fremde Geste gestört wird. (Anpassungs-)Störungen sind allerdings nicht nur unvermeidlich, sondern nach Winnicott unumgängliche Stimulatoren jeder Weiterentwicklung. In jeder gesunden Persönlichkeitsentwicklung bedarf es des Erlebens der Differenz zwischen Selbst und Objekt, damit das Individuum zum

Subjekt werden und eine wirkliche Beziehung zum anderen aufnehmen kann.

Schon Freud ordnet dem Ich ein „Streben nach Bindung und Vereinheitlichung", ja einen „Zwang zur Synthese" (Freud, 1926, GW XIV, S. 125) zu. Später verbindet er das mit dem „Eros" und seinem Bestreben „immer größere Einheiten herzustellen und so zu erhalten, also Bindung" (Freud, 1940, GW XVII, S. 71).

In diesem Zusammenhang wäre auch das im Alter von etwa 4-6 Monaten auftretende „Wiederherstellungsbedürfnis" (Klein, 1972, S. 115) bzw. der „Trieb wiedergutzumachen" (ebd., 1972, S. 156) zu erwähnen. Melanie Klein läßt die „Tendenz zur Wiedergutmachung ... dem Lebenstrieb" entspringen (ebd., 1972, S. 158). Winnicott betont die Notwendigkeit von Wiedergutmachungserfahrungen für die gesunde Integration auch der aggressiven Impulse ins Selbst.

1.4 Das Bedürfnis nach Hoffnung

Winnicott (1958, S. 292) schreibt: „Wenn überhaupt analytische Arbeit geleistet werden soll, muß der Analytiker an die menschliche Natur und an den Entwicklungsprozeß glauben, und diesen Glauben spürt der Patient sofort." Ganz ähnlich hatte Freud (1890, GW V, S. 297) fünfzig Jahre zuvor formuliert: „Die hoffnungsvolle und gläubige Erwartung ist eine wirkende Kraft, mit der wir streng genommen bei all unseren Heilungsversuchen zu rechnen haben."

Noch grundsätzlicher argumentiert Elie Wiesel (zit. n. Stephanos, 1996, S. 83), gezeichnet durch Auschwitz:

> „Um eine eigene Erfahrung weiterzugeben, muß man den Glauben haben, daß die Unterweisung möglich ist, daß Kommunikation möglich ist und daß der Mensch nicht allein ist und daß die Worte einen Sinn erhalten können".

Unsere therapeutische Fähigkeit zur Hoffnung, die das Bewußtsein um die Existenz von Hoffnungslosigkeit mit umschließt, ist ein Ansporn für die Entwicklung von Hoffungskapazitäten im Kind und Patienten.

Mit seinem Konzept des „Freien Phantasierens", mit dessen Hilfe er die eingefrorenen und versteinerten Abwehrblockaden schwer traumatisierter Patienten überwinden möchte, um Zugang zu ihrer prätraumatischen Erlebnisfähigkeit und Kreativität zu gewinnen, knüpft Alfred Drees (1995, 1996) ebenfalls an deren verschüttete Hoffnungsressourcen an. In ähnlicher Weise führt im Konzept von Samir Stephanos (1996, S. 84) die „einfühlsame und verantwortliche"

Begleitung durch den Therapeuten den frühtraumatisierten Patienten „zu den vereinzelten guten Erfahrungen seiner Kindheit zurück".

Stephanos (1995, 1996) bemüht sich in seinem stationären Konzept, der Devitalisierung der Selbst- und Objektbeziehungen frühtraumatisierter Patienten eine „Haltung des Überlebens" (1996, S. 65) oder „Philosophie des Überlebens" (1996, S. 69) entgegenzusetzen. Die Konstruktivität und Kreativität des stationären Teams bedarf seiner Auffassung nach eines hoffnungsstiftenden Bezugsrahmens, einer Inspirationsquelle, die Stephanos in seinem heimatlichen ägyptischen Mythos von Isis und Osiris findet. Es handelt sich dabei keineswegs um eine naive Hoffnungstümelei, sondern um ein bewußtes Sich-Hineinstellen in den unsterblichen Kampf zwischen dem Tod und dem Leben. Es sei hier auch an den Schriftsteller und Existentialphilosophen Albert Camus zu denken und seine zentrale These erinnert: „Ich empöre mich, also sind wir."

1.5 Das Bedürfnis nach Sinn

Mit Wolfgang Loch bin der Auffassung: „Nur im Sinn findet das Subjekt sich selbst" (Loch, 1986, S. 184), und die dafür notwendige Sinnstiftung kann nur im Dialog erfolgen (vgl. auch Loch, 1993). Auch insofern kann die therapeutische Beziehung keine andere als eine dialogische, wechselseitige sein. Dem trägt die intersubjektive Theorie der Psychoanalyse (Benjamin, 1993; Stolorow et al., 1996) Rechnung. Es gibt außerdem wohl keine Psychotherapie, die nicht auch den Therapeuten zur Weiterentwicklung anregt.

1.6 Das Bedürfnis nach Subjektivität und das Bedürfnis nach Intersubjektivität – oder: Das unaufhebbare Dilemma

Von Lebensbeginn an gibt es zwei zentrale in dialektischer Spannung stehende Bedürfnisse (vgl. z.B. Bauriedl, 1984; Benjamin, 1993; Mentzos, 1982): zum einen das Bedürfnis, mit jemand anderen eng verbunden zu sein (Bindungsbedürfnis), und zum anderen das Bedürfnis, man selbst, unabhängig, Individuum zu sein (Autonomiebedürfnis), was nur über eine Abgrenzung gegenüber dem anderen möglich ist.

Eine extreme Steigerung dieser beiden Grundbedürfnisse in die eine oder die andere Richtung führt in die Pathologie. Die Übersteigerung des Verbundenheitsbedürfnisses führt letztlich in die Verschmelzung, m.a.W. die Aufhebung jeglicher Differenz zwischen Subjekt und Objekt (vgl. Chasseguet-Smirgel, 1988). Beide werden damit in ihrer jeweiligen Eigenständigkeit ausgelöscht. Der französische Philosoph Emmanuel Lévinas hat die Tendenz zum Auslöschen des anderen in seiner Andersartigkeit in seinen Betrachtungen als eine „potentielle Problematik jeder Liebe" herausgearbeitet (vgl. Finkielkraut, 1989).

Die Übersteigerung des Unabhängigkeitsbedürfnisses führt in den pathologischen Narzißmus und die soziale Isolation.

Das Winnicottsche „Halten" ist im Übergangsbereich zwischen beiden angesiedelt. Es geht um die Kunst, fest zu halten ohne festzuhalten. Didier Anzieu (1991, S. 87) veranschaulicht den notwendigen Zwischenraum in bildhafter Weise:

> „Klebt die äußere Schicht [die Haut der Mutter, T. A.] zu sehr auf der Haut des Kindes, wird das Ich des Kindes in seiner Entwicklung erstickt. ... ist die äußere Schicht jedoch zu locker, verliert das Ich an Festigkeit."

Die Grundbedürfnisse artikulieren sich als sog. „spontane Gesten" (Winnicott). Ihnen korrespondieren die in den letzten Jahren von den modernen Säuglingsforschern (z.B. Stern, Lichtenberg, Dornes) herausgearbeiteten Grundfähigkeiten des Kindes.

Es wurde deutlich, daß sich die Grundbedürfnisse nicht solipsistisch realisieren können, sondern von Anfang an auf eine korrespondierende oder spiegelnde Mitwelt angewiesen sind.

1.7 Der unberührbare Kern des Selbst und die Unverfügbarkeit des Menschlichen

Jeder Patient möchte von uns gefunden und erkannt werden, jeder hat aber auch das Bedürfnis – und das Recht (vgl. Winnicott, 1965, S. 179) – in seiner „Selbstverborgenheit" (A. Mitscherlich)[9] verbleiben zu dürfen. „Es handelt sich [bei der Psychotherapie, T. A.] um ein hochdifferenziertes Such- und Versteckspiel, in dem es ein Vergnügen ist, verborgen zu bleiben, jedoch ein Desaster, nicht gefunden zu werden" (Winnicott, 1965, S. 186). In diesem Spiel kann ein Patient dann auch lernen, „in Gegenwart des Psychotherapeuten alleine zu sein".

Es ist uns nur möglich, unsere Patienten in diesem Sinne allein zu lassen, wenn wir davon überzeugt sind, daß sie selbst grundsätzlich

[9] An den Anfang seiner Vorlesung zur „Einführung in die Psychoanalyse" – dem ersten sytematischen Kolleg über Psychoanalyse an einer deutschen Hochschule nach der Naziherrschaft – stellt Alexander Mitscherlich 1946 einen Verweis auf „die prinzipielle Selbstverborgenheit, in der wir Menschen leben" und eine Warnung vor einer „Distanzlosigkeit den großen Geheimnissen des Lebens gegenüber" (Mitscherlich, 1983, S. 8 u. 10).

am besten wissen, was für sie gut ist. Das setzt unsere Abkehr von der Phantasie unserer Allwissenheit und Allmächtigkeit voraus, unsere Bereitschaft zur Selbst-ent-idealisierung und unseren Verzicht auf Perfektionismus und Fertigkeit.

In meiner Supervisionstätigkeit begegnet mir immer wieder die Fähigkeit von Patienten, ihre Therapeuten dazu zu verführen, daß diese – in der Regel in bester Absicht – etwas für ihre oder von ihren Patienten „wollen". Die Delegation des Heilungseifers an den Therapeuten erlaubt dann dem Widerstand dagegen im Patienten, fröhliche Urständ zu feiern. Nur wenn es gelingt, diese Spaltung und Externalisierung rückgängig zu machen, indem der Therapeut zur produktiven „Absichtslosigkeit" zurückkehrt, kann der Konflikt wieder in den Patienten zurückverlegt und somit einer Bewältigung zugänglich gemacht werden.

Für das Vermeiden des Heilungseifers ein gelungenes Beispiel aus der Supervision einer Psychotherapiestation: Eine Patientin läuft über längere Zeit bei emotional belastenden Situationen aus der Gruppe weg und setzt sich alleine irgendwo hin. Als die Therapeutin sie eines Tages daraufhin anspricht, teilt die Patientin mit, daß sie so etwas, z. B. Trauer, nicht aushalten könne und deswegen weglaufen müsse. Darauf die Therapeutin: „Aber draußen sind sie damit ganz alleine!" Die Patientin weint. Die Therapeutin: „Können Sie sich vielleicht vorstellen, daß Sie dasselbe, was Sie mir jetzt gesagt haben, auch den anderen Gruppenmitgliedern mitteilen, nämlich daß Sie sich durch solche Situationen überfordert fühlen? Dann könnten die anderen Sie vielleicht besser verstehen."

Nachdem die Patientin das in der nächsten Sitzung in die Tat umgesetzt hat, ist sie nach Aussagen der Therapeutin „wie ausgewechselt". Sie steht im direkten Kontakt mit den anderen, diese gehen auf sie zu, und sie selbst kann immer offener werden. Rauszulaufen braucht sie nicht mehr.

Rein einfühlend und verstehend, ohne irgendeinen Druck auszuüben, regt die Therapeutin die Selbsttätigkeit der Patientin produktiv an.

1.8 Krankheit als Versuch einer Selbstheilung

Die Psychoanalyse war von Anfang an in dem Sinne eine ressourcenorientierte Methode, als sie die selbstregulativen und selbstreparativen Aspekte der Symptombildung in den Vordergrund rückte. In ihrem Krankheitsverständnis werden seelische Erkrankungen nicht in erster Linie als Störungen betrachtet. Störungen müssen beseitigt, brauchen aber nicht unbedingt verstanden werden. Die Psychoanalyse versteht Symptombildungen als zu einem bestimmten Zeitpunkt bestmögliche Notlösungen für psychische und psychosoziale Konflikte, als Selbstheilungsversuche (z. B. Mentzos, 1982; Beck, 1985; Overbeck, 1984).

In diesem Sinne kann Freud (1914, GW X, S. 152) dann auch von dem „Heilungsprozeß, der uns als Krankheit imponiert" sprechen. Und am Beispiel der Paranoia führt er aus: „Was wir für die Krankheitsproduktion halten, die Wahnbildung ist in Wirklichkeit der Heilungsversuch, die Rekonstruktion" (1911, GW VIII, S. 308; vgl. 1914, GW X, S. 139; 1924, GW XIII, S. 364, 389). Freud nimmt einen zweistufigen Prozeß an. Im ersten Schritt verliert das Selbst seine „Einheit" (1926, GW XIV, S. 251), und die Fähigkeit zur Synthese wird gestört (a. a. O., S. 231), sein Bezug zur Realität wird zerrissen (a. a. O., S. 364). Durch die neurotische oder psychotische Symptombildung wird dann im zweiten Schritt ein Restitutionsversuch unternommen.

Alle Arten von Symptombildungen können diesem „Kampf um die Selbstbehauptung" (Freud 1913, GW X, S. 466) dienen. So spricht Freud von der „Schutzvorrichtung ... dem Schutz der Phobie" (1910, GW VIII, S. 109; 1914, GW X, S. 153). Er beschreibt die Restitution durch die Hysterie und Zwangsneurose (1914, GW X, S. 153). Hans Quint (1984) hat diesen Gedanken aufgegriffen und in seiner Arbeit „Der Zwang im Dienste der Selbsterhaltung" einer differenzierten Analyse und Erweiterung unterzogen. Auch „die halluzinatorische Phase der Schizophrenie ... dürfte im wesentlichen einem neuen Restitutionsversuch entsprechen" (Freud, 1916-1918, GW X, S. 420).

Alle diese Selbstheilungsversuche verdienen unsere grundsätzliche Anerkennung, auch wenn das Bemühen nicht selten scheitert und bisweilen sogar in Selbstzerstörungsprozessen enden mag. Der Patient „muß den Mut erwerben, seine Aufmerksamkeit mit den Erscheinungen seiner Krankheit zu beschäftigen. Die Krankheit selbst darf ihm nichts Verächtliches mehr sein, vielmehr ein würdiger Gegner werden, ein Stück seines Wesens, daß sich auf gute Motive stützt, aus dem es Wertvolles für sein späteres Leben zu holen gibt ... Versöhnung mit dem Verdrängten ... Toleranz fürs Kranksein" (Freud, 1914, GW X, S. 132).

Die natürliche Heilungstendenz können wir uns auch in jedem psychotherapeutischen Prozeß zunutze machen. Die Gesundungstendenz steht allerdings immer in einer dialektischen Spannung zum destruktiven Wiederholungszwang.

Exkurs: Das Wiederholungsprinzip
Das Wiederholungsprinzip spielt in jedem Lebensalter eine eminent wichtige Rolle und steht in einer dialektischen Spannung zum Bedürfnis nach neuen Reizen, der Neugier. Wiederholung ist nicht a priori ein pathologisches Phänomen.

Das Wiederholungsmoment ist ein wichtiges Element der meisten kindlichen Spiele und zeigt sich z.B. auch in dem Bedürfnis der Kinder nach der möglichst gleichen Wiederholung von Märchen und Geschichten. Die Repetition des Gleichen führt zum Empfinden einer unveränderlichen Wirklichkeit, einem Gefühl der Kontinuität und Konstanz (Sicherheitsprinzip; vgl. Sandler, 1961). Eine ähnliche Funktion haben z.B. auch Rituale der Erwachsenen (vgl. Erikson, 1968). Sie dienen der Angstreduktion und der Bestätigung von Kontinuität im unaufhörlichen Zeitverlauf und der dauernden Konfrontation mit Neuem. Im naturwissenschaftlichen Bereich wird die Wiederholbarkeit als ein wichtiges Kriterium der Objektivität eines Phänomens angesehen.

Freud diskutiert die „Wiederholungslust" zunächst am Beispiel des Witzes, verweist aber dabei schon auf die „Freude am Wiedererkennen" beim Spiel (1905, GW VI, S. 136). In seiner Arbeit über „Das Unheimliche" erwähnt er als Gegensatz hierzu das „Moment der unbeabsichtigten Wiederholung" des Gleichartigen, das zur „Quelle des unheimlichen Gefühls" werden könne. Im Gegensatz zur selbstinduzierten und beabsichtigten Wiederholung dränge es uns ein „Gefühl von Hilflosigkeit", von „Verhängnisvollem, Unentrinnbarem" (1919, GW XII, S. 250 ff.) auf, das uns das Gefühl heimlicher Geborgenheit raube und uns verunsichere.

Etwas später beschäftigt Freud (1920, GW XIII, S. 13 ff.) die Frage, warum Kinder bestimmte Erlebnisse, auch wenn sie peinlich sind, wiederholen? Als Erstes und Bedeutsamstes stellt er heraus, daß das Spiel die Möglichkeit verschaffe, aus der passiven in eine aktive Rolle zu wechseln: „Daß die Kinder alles im Spiel wiederholen, was ihnen im Leben großen Eindruck gemacht hat" und sie sich damit „sozusagen zu Herren der Situation" (ebd., XIII, S. 14 f.) aufschwingen. Die durch die aktive Wiederholung angestrebte Beherrschung der Szene soll zu einer gründlichen Bewältigung führen (a. a. O. GW XIII, S. 36). Dies dürfte genauso auf die Spiele der Erwachsenen, vor allem aber auf die Re-Inszenierungen seelisch kranker Menschen zutreffen. Da der psychisch Kranke seine Traumatisierungen nicht einfach erinnern könne, sei er genötigt, „das Verdrängte als gegenwärtiges Erlebnis zu wiederholen" (Freud, 1929, GW XIII, S. 16). Das Wiedererleben vergessenen Lebens sei bei jeder Behandlung unumgänglich. Der Begriff des „Wiederholungszwanges" ist allzuleicht negativ konnotiert und versperrt womöglich den Blick auf diese kreativen Aspekte von Wiederholungen.

2. Psychotherapie als Kunst des Spielens

Schon Freud (1920, GW XIII, S. 13 ff.) hob wie erwähnt die Vorbildfunktion des (kindlichen) Spiels[10] für selbstreparative Prozesse hervor. Winnicott hat diesen Gedanken ausgeweitet, indem er das Spielen überhaupt als eine Grundform des Lebendigseins herausarbeitete. In der Bedeutsamkeit des Spielens weiß er sich übrigens mit Freud einig, der einmal meinte: „Der Gegensatz zu Spiel ist nicht Ernst, sondern – Wirklichkeit" (Freud, 1905, GW X, S. 214).

Winnicott hält jede Psychotherapie für eine „hochdifferenzierte Art des Spielens im Dienste der Kommunikation des Patienten mit sich selbst und anderen" (Winnicott, 1971, S. 32, 43). Im Spielen entsteht Entwicklungsspielraum, den er den potentiellen Raum oder Möglichkeitsraum (potential space) nennt. In diesem kann der Patient es wagen, sich dem Abenteuer seiner Selbstentdeckung auszusetzen, und in ihm werden Selbstentfaltung und Reifung möglich.

Während sich die (Re-)Inszenierungen der Patienten in der ambulanten Einzelpsychotherapie sozusagen konzentriert auf einer Kleinkunstbühne abspielen, bietet der stationäre Rahmen ganz andere Entfaltungsmöglichkeiten für neurotische und psychotische Spielereien. Die Re-Inszenierungen der unbewältigten Traumatisierungen finden im klinischen Bereich sozusagen eine Großbühne mit vielen verschachtelten Ebenen. Die Patienten nutzen die Einzelpersonen und Kleingruppen einer Station zur Externalisierung ihrer ungelösten

[10] Der Schweizer Pädagoge und Psychoanalytiker Hans Zulliger (1952) verfaßte ein Buch mit dem Titel „Heilende Kräfte im kindlichen Spiel". Dies dürfte genauso auf die Spiele der Erwachsenen, vor allem auf die Re-Inszenierungen seelisch kranker Menschen zutreffen.

Konflikte, wobei unvermeidlich die individuellen und kollektiven Schwachpunkte der Station wichtige Funktionen im Krankheitsspiel der Patienten übernehmen. Um einer destruktiven Zerstückelung und kontraproduktiven Unübersichtlichkeit entgegenzuarbeiten, sind immer wieder Zusammenführungen und Zusammenfügungen auf der Teamebene notwendig. Zum Beispiel durch Teambesprechungen, Fall- und Teamsupervisionen und auch, last but not least, vielfältige informelle Begegnungen. Die einzelnen Therapeuten und Therapeutinnen und das Team sind herausgefordert, einerseits sich immer wieder ein Stück weit auf die Spiele der Patienten einzulassen und dann andererseits wieder eine Position im Zuschauerraum einzunehmen, um eine distanziertere und deutende Funktion übernehmen zu können und neue Beziehungserfahrungen möglich werden zu lassen. Dieser spielerische Wechsel bedarf eines hinreichenden Aufgehobenseins des einzelnen im Gesamtteam.

Phantasieren, Spielen, Träume und Illusionen sind unverzichtbare Regulatoren der Wirklichkeitserfahrung und besitzen schon an sich eine therapeutische Funktion. Wer Menschen daran hindert, bisweilen „verrückt zu spielen" (bei besonderen Gelegenheiten, Festen, Karneval o. ä.), der trägt dazu bei, daß sie wirklich verrückt werden. Das gilt natürlich genauso für den stationären Rahmen.

An dieser Stelle soll ein Beispiel eine Beschädigung kindlicher spielerischer Ressourcen verdeutlichen: Frau C. ist fünf bis sechs Jahre alt. Es ist Hochsommer und auch nachts noch sehr heiß. Sie hat sich abends aus ihrer Überdecke ein „Nest" gebaut, den Schlafanzug ausgezogen und sich in ihr Nest hineingekuschelt.

Zufällig kommt ihre Mutter später noch mal ins Kinderzimmer. Diese weckt sie mit fürchterlichem Schimpfen auf, daß sie nicht „anständig" in ihrem Bett liege, daß man nicht nackt im Bett liegen solle etc. Sie schlägt Frau C.

Statt einer Bestätigung und Bekräftigung ihrer Kreativität (Stolz), erlebt Frau C. eine gewaltsame Beschämung. Verbunden mit anderen vergleichbaren Gewalterfahrungen durch ihren Vater, führt das zu übermäßiger Scham über Nacktheit und Sexualität und zu einer dauerhaften Beschädigung ihrer „Eigenmächtigkeit".

Gerade angesichts wachsender ökonomischer Probleme hat die Psychoanalyse neben anderem heutzutage m. E. die Aufgabe, ohne Wirklichkeitsgrenzen und Sachzwänge zu verleugnen – das fordert ihr die Realitätsprüfung ab –, am Verweis auf Möglichkeitsräume

„jenseits des Realitätsprinzips" festzuhalten und diese soweit wie möglich auch zu verteidigen, und zwar nicht nur für die psychotherapeutische Behandlung.

3. Psychotherapie als Spiegeln

„In gewissem Grad sind wir wirklich das Wesen, das die anderen in uns hineinsehen ... Auch wir sind die Verfasser der anderen; wir sind auf eine heimliche und unentrinnbare Weise verantwortlich für das Gesicht, das sie uns zeigen", schreibt der Schriftsteller Max Frisch (1972, S. 66).

Wie schon Lacan (1949) in seiner Arbeit „Le stade du miroir", auf die sich Winnicott ausdrücklich bezieht, hervorhebt, verschafft der reale Spiegel dem Kind im Alter zwischen sechs und achtzehn Monaten das narzißtische Hochgefühl, sich im Spiegel als ein Ganzes wahrnehmen zu können; also zu einer Zeit, in der das Empfinden der psychophysischen Ganzheit erst noch in der Entwicklung begriffen ist und das Baby sich noch nicht als integriert erleben kann (Winnicott, 1957, S. 183). Im übrigen gilt nicht nur für das Kind, daß ein Mensch sich selbst niemals allein Kraft seiner Augen als Ganzes erblicken kann. Er bedarf dafür immer eines realen oder eines menschlichen Spiegels! Winnicott (1989, S. 271; 1971, S. 111) findet das Urmodell des entwicklungsfördernden Spiegelns im Antlitz der Mutter, die in das Gesicht und in die Augen ihres Kindes blickt. Ähnlich spricht Kohut (1976, S. 141) von „jener normalen Entwicklungsphase des Größen-Selbst, in dem der Glanz im Auge der Mutter, der die exhibitionistische Darstellung des Kindes widerspiegelt, das Selbstwertgefühl des Kindes stärkt" (vgl. auch Stern, 1993, S. 206).

Auf die Frage, was denn das Baby sähe, wenn es seine Mutter anblickt, antwortet Winnicott: „Wie sie schaut, hängt davon ab, was sie selbst erblickt" ["what she looks like is related to what she sees there"] (1971, S. 112). Es geht also beim reifungsfördernden Spiegeln nicht um eine platte Doppelung, sondern um eine Beziehung relativer Gleichheit. Und nur an der damit verbundenen Differenz kann Entwicklung stattfinden.

Die existentielle Bedeutung des spiegelnden Gesichts machen die folgenden Bemerkungen Winnicotts deutlich: „Wenn ich sehe und gesehen werde, so bin ich. Jetzt kann ich mir erlauben, um mich herumzublicken und zu sehen. Jetzt schaue ich kreativ. Was ich betrachte, nehme ich auch wahr" (1971, S. 114). Er zitiert eine Patientin: „Es wäre doch furchtbar, wenn das Kind in den Spiegel schaut und nichts sieht" (ebd., S. 116). Genauso schlimm wäre es, wenn es ins Antlitz seiner Mutter blickt und nur „ihre eigene Stimmung oder – noch schlimmer – die Starrheit ihrer eigenen Abwehr" (ebd., S. 112) widergespiegelt bekommt. Unsere Augen werden für die Wirklichkeit nur geöffnet, wenn wir zuvor wirklich angesehen wurden.

Das therapeutische Spiegeln knüpft an diese frühen Spiegelerfahrungen an. Alexander Newman (1995, S. 287) bringt es auf die knappe Formel: „Psychotherapie bedeutet, jemanden ansehen" (vgl. Winnicott, 1996, S. 23).

Bekanntlich ist Freuds Formulierung vom Analytiker, der „undurchsichtig für den Analysierten sein und wie eine Spiegelplatte, nichts anderes zeigen [soll], als was ihm gezeigt wird" (1912, GW VIII, S. 384) heftig in die Kritik geraten. Die berechtigte Intention Freuds war der Versuch, den Analysanden und seine spontanen Gesten vor einer Unterdrückung durch die fremden Gesten des Analytikers zu bewahren. Wenn Winnicott als psychotherapeutische Aufgabe definiert, sie stelle einen „langfristigen Prozeß dar, in welchem dem Patienten zurückgegeben wird, was er selbst einbringt" (1958, S. 150), so steht dieselbe Absicht dahinter.

Übertragen auf die Psychotherapie, heißt also Spiegeln: Vom Psychoanalytiker erkannt, „gekannt zu werden, bedeutet, daß der Patient sich wenigstens in der Person des Analytikers integriert" (Winnicott, 1958, S. 150) fühlen kann. Der Therapeut bedarf der Containerfähigkeit, muß also, wenn nötig, imstande sein, „die Konflikte des Patienten in sich festzuhalten [contain] und zu warten, bis sie sich im Patienten gelöst haben, statt sich ständig ängstlich nach [anderen] behandlungstechnischen Lösungen umzuschauen" (Winnicott, 1973, S. 3).

Frau D. schreibt in einem Brief sieben Jahre nach dem Abschluß ihrer Psychotherapie: „Heute las ich den Satz: ‚Der Säugling fühlt sich in seiner primitivsten Form als Ansammlung loser Teile, welche passiv durch die Haut zusammengehalten werden.' Es waren immer besonders beglückende Situationen in der Therapie, wenn Sie diese verstreut liegenden Teile in einen Sinnzusammenhang brachten. Ich wurde langsam, aber sicher zu einem ‚runden Ganzen', das nun von innen zusammenhält."

Alle Spielräume, auch die therapeutischen, bedürfen eines sicheren Rahmens und bestimmter Grenzen und Ordnungen. Hierzu zählen z.B. auch Stationsordnungen. Freiheit kann sich nur in Dialektik zu Bindung entfalten.

Menschliche Erfahrungen sind angewiesen auf einen haltenden Bezugspunkt, m.a.W. eine Beziehung, damit sich der Mensch dem Wagnis seiner Selbstentdeckung und dem Abenteuer seiner Selbstentwicklung auszusetzen vermag. Wenn im Rahmen der Aufklärung der göttliche Bezugspunkt verlorengegangen ist (Richter, 1979), bedarf es des menschlichen Dialogs, um sich nicht in der Haltlosigkeit zu verlieren. Versagt die haltgebende Funktion von Beziehungen, kann das Individuum nur noch an sich selbst Halt finden, womit häufig einem pathologischen Narzißmus der Weg bereitet wird. Ein zunehmendes Wegfallen von produktiven Auseinandersetzungen zwischen Kindern und Eltern durch deren Nichtübernahme von Elternfunktionen führt zu Defizienzen in der Selbstentwicklung. Neben der Begünstigung der Suche nach äußeren haltgebenden und sinnstiftenden Objekten (Gurus, Heilslehren etc.) oder der narzißtischen Hinwendung zum eigenen Selbst ist eine weitere Folge die „Abwehr jedes anderen“ und damit die Förderung von Aggression und Gewalt (vgl. Auchter, 1994 a).

Jessica Benjamin hat auf die zentrale Rolle der Anerkennung durch den anderen als Basis für die Selbstwerdung hingewiesen. Sie führt zur Selbstvalidierung statt zum Beschämtwerden durch Nichtbeachtung. In einer wunderschönen Metapher setzt Benjamin (1993, S. 25) die Anerkennung „mit jenem wichtigen Element der Photosynthese ... [gleich], nämlich dem Sonnenlicht, das die Energie für die dauernde Transformation der pflanzlichen Substanz liefert“.

Ohne daß Winnicott ausdrücklich von den Autoren erwähnt wird, gehört auch das „Prinzip Antwort“ von Heigl-Evers und Heigl (1988) zu den spiegelnden therapeutischen Konzepten. Später hat Winnicott für die spiegelnde Funktion den Begriff des „object-presenting“ [„Sich-als-wirkliches-Gegenüber-Erweisen“] (1965, S. 59; 1971, S. 111; 1989, S. 101) verwendet. In diesem Sinne hat „Psychotherapie ... die Funktion eines Gesichts, das widerspiegelt, was sichtbar ist“ (1971, S. 117). Die mit der Spiegelfunktion verbundene Zurückhaltung des Analytikers stellt nach Winnicott eine Anstrengung dar, aber sie sei lohnend. „Selbst wenn unsere Patienten nicht geheilt werden, sind sie uns dankbar, so gesehen zu werden, wie sie sind; dies gibt uns tiefe Befriedigung“ (1971, S. 117 f.).

Ein Beispiel für Grenzen von Ressourcen und ein überraschender Schluß im Traum von Frau P.: „Ich stehe mit Gerhard, meinem

Mann, am Ufer eines Sees mit sehr schmutzigem, trübem Wasser. In einiger Entfernung tollt mein Sohn Klaus herum. Ich bin in Sorge, ob der die Gefahr, in den See zu fallen, beachtet, sich nicht übernimmt. Dann schwimmt ein Kind von dieser entfernten Stelle zu uns herüber. Erst denke ich, daß es Klaus ist, dann sehe ich aber, es ist ein anderes Kind. Ich denke: hoffentlich schafft es das! Ich bin skeptisch. Ich höre auf die Geräusche, die das Kind macht. Ich fühle, irgend etwas stimmt da nicht. Ich bekomme Angst. Dann versinkt das Kind einfach in dem trüben Wasser. Ich denke, ich muß reinspringen, um das Kind zu retten, aber ich bin wie gelähmt. Das ist das Schlimmste: ich meine, ich müßte irgendwas tun, aber ich bleibe tatenlos. Ich denke, wenn ich reinspringe, weiß ich gar nicht, wo das Kind ist, ich würde es nicht finden. Auch Gerhard tut nichts. Da wache ich voller Entsetzen auf."

Sehr berührt von der hoffnungslosen Verzweiflung, die ihr Traum mir vermittelt, gebe ich Frau P. die folgende Deutung: „Ich habe den Eindruck, daß das Kind ein Teil von Ihnen ist. Der möchte zu Ihnen gelangen, ist sich aber gar nicht sicher ist, ob er bei Ihnen ankommen kann." Darauf antwortet Frau P. mit einem für mich sehr überraschenden Einfall. Sie erinnert sich an ein Szene, die sie am Abend zuvor in einem Buch gelesen hatte. Es geht um ein von seinen Eltern mißhandeltes Kind – das ist auch das Schicksal von Frau P. Am Ende seines seelischen Aufarbeitungsprozesses kehrt das Kind in einer Phantasiereise in sein Elternhaus zurück. Es findet sich selbst dort als ein Kind, angstvoll und verzweifelt hockend. Die Erwachsene nimmt nun dieses kleine Kind am Arm und führt es aus dem Haus hinaus.

Mir fällt an dieser Stelle eine alte – soweit ich weiß – jüdische Weisheit ein: „Die Mitte der Nacht ist immer der Beginn des neuen Tages.

4. Nicht-Wissen als Therapeutikum – oder: Der unaufdringliche Analytiker (M. Balint)

In unserem Alltagsdiskurs gehen wir davon aus, daß Wissen Macht bedeutet, und insofern läge es nahe, auch unsere „Heilungsmacht" vom Grad unseres therapeutischen Wissens und unserer Informationen über den Patienten abhängig zu betrachten. Wenn wir uns allerdings weniger als die „Macher", sondern als die Entwicklungshelfer (Winnicott, 1969, zit. n. Rodman, 1987, S. 186) des therapeutischen Prozesses verstehen, dann kann gerade unser Nicht-Wissen eine wichtige schöpferisch-therapeutische Funktion erhalten (vgl. auch Joseph, 1994, S. 207 ff.).

Winnicott sieht zwei Fehlermöglichkeiten für den Psychotherapeuten: entweder er deutet zu wenig und schweigt zuviel, oder er deutet zuviel. „Wenn ich nicht deute, bekommt der Patient den Eindruck, daß ich alles verstehe" (Winnicott, 1965, S. 167). Mit anderen Worten: „Ich bin immer überzeugt gewesen, daß eine wichtige Funktion der Deutung darin besteht, die Grenzen des Verständnisses des Analytikers aufzuzeigen" (ebd., S. 189). Patienten müssen in bestimmten Phasen ihrer Psychotherapie die Begrenzung der Mächtigkeit ihres Analytikers ebenso erleben können, wie in anderen seine schützende und sichernde Macht, die durch eine richtige, im richtigen Augenblick gegebene Deutung repräsentiert wird (ebd., S. 51).

Winnicotts pädagogische und psychotherapeutische Konzepte sind eine eindeutige Absage an den Therapeuten als „homo faber", der vom furor sanandi (Freud, 1915, GW X, S. 320 f.) besessen ist, also an den „therapeutischen Macho". Er dagegen fragt, mit welchen sozusagen homöopathischen Dosen der Droge Psychotherapeut er möglichst wirksam den Selbstentwicklungsprozeß seiner Patienten fördern kann?[11] Das begründet vielleicht auch sein großes Mißtrauen gegen allzu forsches Interpretieren. Ihm geht es darum, für seinen Patienten einen therapeutischen Raum zu schaffen, in dem dieser seine Geschichte in seiner eigenen Weise, seiner eigenen Geschwindigkeit und seinen eigenen Worten wiederzuentdecken vermag. Die Verteidigung der (Entwicklungs-)Zeit gegen institutionelle oder politische „Zeitfresser" gehört zu den aktuellen Herausforderungen der Psychoanalyse![12]

Winnicott versteht sich nicht als „Macher", sondern als Förderer [„facilitator" (Phillips, 1988, S. 144; Grolnick, 1990, S. 134)] eines therapeutischen Prozesses, der der natürlichen Entwicklungs- oder Gesundungstendenz folgt. Es gilt zu vermeiden, die natürlichen Wachstumsprozesse durch Deutungen an unpassender Stelle zu unterbrechen und zu stören (Winnicott, 1971, S. 86). Sie haben ihre je

[11] „In der Analyse fragt man nicht selten: Wieviel agieren ist erlaubt? Im Kontrast dazu herrscht in meiner Klinik das Motto: ‚Wie wenig muß getan werden?'" (Winnicott, 1965, S. 166; vgl. 1973, S.179).

[12] Was nicht ausschließt, daß im Einzelfall eine zeitliche Begrenzung durchaus produktive therapeutische Folgen zeitigen kann (vgl. Freud, 1937, S. 61 f.)!

eigene Gestalt und benötigen ihre je eigene Zeit (vgl. Phillips, 1988, S. 12; Henseler u. Wegener, 1993).

Unzeitige und unpassende „Deutungen des Materials stellen eine Belehrung [indoctrination] dar und führen nur zur Überanpassung [compliance]" (Winncott, 1971, S. 51). „Sie hemmen unter diesen Umständen die Kreativität von Patienten und wirken traumatisch, da sie dem Reifungsprozeß entgegenwirken" (ebd., S. 117), indem sie nämlich die Geste des Psychoanalytikers an die Stelle der spontanen Geste des Patienten setzen. Durch sein „Nicht-Wissen" schafft der Analytiker dagegen einen kreativen Entfaltungsspielraum für seine Patienten.

Bisweilen wird ja die Vorstellung geäußert, Psychoanalyse sei eine Kunst. „Ein Analytiker mag ja ein guter Künstler sein, aber ...: Welcher Patient will das Gedicht oder das Gemälde eines anderen sein?" (Winnicott, 1958, S. 291). Wie kann jedoch der Patient dazu kommen, sein eigenes Gedicht oder sein eigenes Gemälde werden? Winnicott antwortet: „Wenn wir nur abwarten können, kommt der Patient von ganz allein kreativ und mit größter Freude zu einem Verständnis, und ich kann diese Freude heute viel mehr genießen als früher das Gefühl, klug zu sein" (Winnicott, 1971, S. 86). Durch das Ermöglichen dieser Grenzerfahrung trägt der Analytiker auch zur entwicklungsnotwendigen Entidealisierung bei.

Therapieren bedeutet nicht, daß der Psychoanalytiker „besonders geistreiche und geschickte Deutungen gibt, sondern im großen und ganzen stellt Psychoanalyse einen langfristigen Prozeß dar, in dem „dem Patienten zurückgegeben wird, was er selbst einbringt" (Winncott, 1971, S. 117; 1989, S. 208). „Wir können insbesondere in der Ausbildung nicht häufig und nicht nachdrücklich genug betonen, daß die Analytiker sich auf die Rückspiegelung des dargebrachten Materials konzentrieren, statt sich in Extreme ganz besonders cleverer Deutungen zu versteigen" (Winnicott, 1989, S. 211).

Winnicott vergleicht den Psychoanalytiker mit einem Gärtner, der eine Narzisse wachsen läßt (Brief an M. Klein vom 17.11.1952, zit. n. Rodman, 1987, S. 35). Es ginge nun nicht um die Vorstellung: Ich bringe die Zwiebel dazu, zu einer blühenden Narzisse zu werden. In Winnicotts Selbstverständnis muß das Bemühen darauf gerichtet sein, durch hinreichend gute Pflege der Zwiebel die Möglichkeit verschaffen, sich zu einer Narzisse zu entfalten.

Und ähnlich wie in der schrumpligen Narzissenknolle alle Potentiale für eine farbenprächtige Blume vorhanden sind, sieht Winnicott auch in dem runzligen Neugeborenen alle Möglichkeiten zur Entfaltung lebendigen Menschseins verborgen. Dasselbe gilt für die graue, zerklüftete Oberfläche schwer seelisch Erkrankter, hinter der sich der farbige innere Reichtum ihrer Persönlichkeit verbirgt.

5. Therapie nach Lust und Laune?

Lust und Laune sind notwendige, aber keine hinreichenden Bedingungen gelingender Psychotherapie. „Lust und Laune" sind für mich dialektisch zu ergänzen um die Fähigkeit zu lieben und die Fähigkeit zu leiden. „Der nächste Motor der Therapie ist das Leiden des Patienten und sein daraus entspringender Heilungswunsch", schreibt Freud (1913, GW VIII, S. 477). Das Handeln nach Lust und Laune findet darüber hinaus seine Grenze an der Lust und Laune des anderen, es ist also unumgänglich, dieses in Zusammenhang zu setzen mit der intersubjektiven Dimension. Ansonsten gerät es zur Willkür, in der der Patient (oder der Therapeut) zum Opfer wird. Wenn Lust und Laune sich nicht in der Beliebigkeit verlieren sollen, geht es beim therapeutischen Handeln zum Beispiel um die Fähigkeit zur Verständigung, die Fähigkeit zum Kompromiß, die Fähigkeit zur Einigung und die Fähigkeit, Uneinigkeit auszuhalten.

Literatur:

Anzieu, D. (1985): Das Haut-Ich. Frankfurt/M.: Suhrkamp.

Auchter, Th. (1990): Das fremde eigene Böse. Zur Psychoanalyse von Fremdenangst und Fremdenhaß. In: Universitas, 45, S. 1125-1137.

Auchter, Th. (1993): Die seelische Krankheit „Fremdenfeindlichkeit". In: Streeck, U. (Hg.)(1993): Das Fremde in der Psychoanalyse. München: Pfeiffer.

Auchter, Th. (1994 a): Aggression als Zeichen von Hoffnung – oder: Der entgleiste Dialog. In: Wege zum Menschen, 46, S. 53-72.

Auchter, Th. (1994 b): Die Entwicklung des Wahren Selbst und des Falschen Selbst. In: Z. f. Individualpsychologie, 19, S. 305-317.

Auchter, Th. (1995): Über das Auftauen eingefrorener Lebensprozesse. Zu Winnicotts Konzepten der Behandlung schwerer psychisch Erkrankter. In: Forum der Psychoanalyse, 11, S. 62-83.

Auchter, Th. (1996): Über die Fähigkeit, ungezogen zu sein – oder: Auf dem Wege zum Wahren Selbst. Vorwort zu Winnicott, D. W. (1996): Blick in die analytische Praxis. Stuttgart: Klett-Cotta.

Bauriedl, Th. (1984): Beziehungsanalyse. Frankfurt/M.: Suhrkamp.

Beck, D. (1985): Krankheit als Selbstheilung. Frankfurt/M.: Suhrkamp.

Benjamin, J. (1993): Die Fesseln der Liebe. Psychoanalyse, Feminismus und das Problem der Macht. Frankfurt: Fischer.

Chasseguet-Smirgel, J. (1978): Wege des Antiödipus. Frankfurt/M., Berlin, Wien: Ullstein.

Chasseguet-Smirgel, J. (1979): Freud oder Reich? Psychoanalyse und Illusion. Frankfurt, Berlin, Wien: Ullstein.
Chasseguet-Smirgel, J. (1988): Zwei Bäume im Garten. München, Wien: Verlag Internationale Psychoanalyse.
Dornes, M. (1993): Der kompetente Säugling. Frankfurt/M.: Fischer.
Drees, A. (1995): Freie Phantasien in der Psychotherapie und in Balintgruppen. Göttingen: Vandenhoeck & Ruprecht.
Drees, A. (1996): Folter: Opfer und Therapeuten. In: Bell, K., Höhfeld, K. (1996): Aggression und seelische Krankheit. Gießen: Psychosozial-Verlag.
Ermann, M. (1995): Psychoanalyse, der Zeitgeist und die Therapie der begrenzten Zeit. In: Forum der Psychoanalyse, 11, S. 283-294.
Erikson, E. H. (1968): Die Ontogenese der Ritualisierung. In: Psyche, 22, S. 481-502.
Ferenczi, S. (1909): Zur analytischen Auffassung der Psychoneurosen. In: Ferenczi, S. (1989): Zur Erkenntnis des Unbewußten. Frankfurt/M.: Fischer.
Ferenczi, S. (1988): Ohne Sympathie keine Heilung. Das klinische Tagebuch von 1932. Frankfurt/M.: Fischer.
Finkielkraut, A. (1989): Die Weisheit der Liebe. Reinbek: Rowohlt.
Freud, S. (1948): Gesammelte Werke. London: Imago Publ.
Frisch, M. (1972): Ausgewählte Prosa. Frankfurt/M.: Suhrkamp.
Fürstenau, P. (1992 a): Entwicklungsförderung durch Therapie. München: Pfeiffer.
Fürstenau, P. (1992 b): Progressionsorientierte psychoanalytisch-systemische Therapie. In: Forum der Psychoanalyse, 8, S. 17-31.
Grolnick, S. (1990): The Work and Play of Winnicott. Northvale N. J.: Jason Aronson.
Hardt, J. (1996): Postmoderne, Psychoanalyse und Verantwortung. Vortrag auf dem 1. Congress of the WCP in Wien. Unveröffentlichtes Manuskript.
Heck, M. (1996): Ist eine lösungsorientierte Psychoanalyse noch „Psychoanalyse"? Vortrag auf dem 1. Congress of the WCP in Wien. Unveröffentlichtes Manuskript.
Heigl-Evers, A., Heigl, F. (1988): Zum Prinzip „Antwort in der psychoanalytischen Psychotherapie. In: Klußmann, R. u. a. (Hg.) (1988): Aktuelle Themen der Psychoanalyse. Berlin u.a.: Springer, S. 85-97.
Henseler, H., Wegener, P. (Hg.) (1993): Psychoanalysen, die ihre Zeit brauchen. Opladen: Westdeutscher Verlag.
Joseph, B. (1994): Psychisches Gleichgewicht und psychische Veränderung. Stuttgart: Klett-Cotta.
Klein, M. (1972): Das Seelenleben des Kleinkindes. Reinbek: Rowohlt.
Kohut, H. (1973): Narzißmus. Frankfurt/M.: Suhrkamp.
Lichtenberg, J. D. (1991): Psychoanalyse und Säuglingsforschung. Berlin u. a.: Springer.
Lidz, Th. (1968): Das menschliche Leben. Die Entwicklung der Persönlichkeit im Lebenszyklus. Frankfurt/M.: Suhrkamp.
Lidz, Th. (1971): Familie und psychosoziale Entwicklung. Frankfurt/M.: Fischer.
Loch, W. (1986): Perspektiven der Psychoanalyse. Stuttgart: S. Hirzel.
Loch, W. (1993): Deutungs-Kunst. Tübingen: edition diskord.
Mentzos, St. (1982): Neurotische Konfliktverarbeitung. München: Kindler.
Mentzos, St. (1993): Der Krieg und seine psychosozialen Funktionen. Frankfurt/M.: Fischer.
Mitscherlich, A. (1946): Einführung in die Psychoanalyse I. In: Gesammelte Schriften, Bd. IX. Frankfurt/M.: Suhrkamp (1983).
Newman, A. (1995): Non-Compliance in Winnicott's Words. London: Free Association.
Overbeck, G. (1984): Krankheit als Anpassung. Frankfurt/M.: Suhrkamp.
Quint, H. (1984): Der Zwang im Dienste der Selbsterhaltung. In: Psyche 38, S. 717-737.

Phillips, A. (1988): Winnicott. London: Fontana Press.
Richter, H. (1979): Der Gotteskomplex. Reinbek: Rowohlt.
Richter, H. (1993): Wer nicht leiden will, muß hassen. Hamburg: Hoffmann & Campe.
Stephanos, S. (1995): Auf dem Weg der Überwindung der frühen Traumatisierungen. In: Wege zum Menschen, 47, S. 277-294.
Stephanos, S. (1996): Das Schicksal der Frühtraumatisierten – ein altägyptischer Mythos als psychoanalytisch-ethischer Rahmen. In: Jahrbuch der Psychoanalyse 36, S. 65-89.
Rodman, F. (Hg.) (1995): D. W. Winnicott. Die spontane Geste. Stuttgart: Klett-Cotta.
Stern, D. (1993): Die Lebenserfahrung des Säuglings. Stuttgart: Klett-Cotta.
Struck, E. (1996): Psychoanalyse der Liebe in den Zeiten der Beliebigkeit. Vortrag auf der DGPT-Tagung in Lindau. Publikation in Vorbereitung.
Winnicott, D. W. (1957): The Child, the Family and the Outside World. Nachdruck 1991. London: Penguin Books.
Winnicott, D. W. (1958): Through Paediatrics to Psychoanalysis. London: Karnac (1992).
Winnicott, D. W. (1965): The Maturational Process and the Facilitating Environment. London: Karnac (1990).
Winnicott, D. W. (1971): Playing and Reality. London: Routledge (1991).
Winnicott, D. W. (1973): Die therapeutische Arbeit mit Kindern. München: Kindler.
Winnicott, D. W. (1989): Psycho-Analytic Explorations. London: Karnac.
Winnicott, D. W. (1996): Thinking about Children. London: Karnac.
Zulliger, H. ([1952] 1970): Heilende Kräfte im kindlichen Spiel. Frankfurt/M.: Fischer.

Der Körper als Kompaß in der stationären Psychotherapie

Mechthilde Kütemeyer

Der Name unseres neuen Faches „Psychotherapeutische Medizin" – eine Mißgeburt ohne Fleisch und Blut, ohne Hand und Fuß, durch Kompromiß nach allen Seiten 1992 entstanden – erweckt den Eindruck, als sei unsere Aufgabe nur das Behandeln und nicht auch die Diagnostik, als hätten wir es nur mit der Psyche und nicht mit dem Körper zu tun. Tatsächlich scheint der Körper mehr und mehr aus unserem Fach zu verschwinden. Die Psychosomatik entfernt sich von den Grundlagen klinischer Erfahrung, statt diese zu verwandeln; sie scheint sich mit der Rolle einer Spezialdisziplin für die Seele zu begnügen und ihre wichtigen diagnostischen, weichenstellenden, kritisch in die Somatik hineinwirkenden Aufgaben zu vergessen, vor allem ihre ureigene Aufgabe, die Physiologie und Pathologie des Körpers im emotionalen Zusammenhang zu erforschen. Ein Bewußtsein für diesen Mangel scheint allerdings zu wachsen (Janssen, 1997; Hölzer u.a., 1997), woraus fruchtbare Ansätze entstehen (Rodewig, 1997; Küchenhoff 1997; Bahnson, 1997).

Ich möchte zeigen, daß und auf welche Weise die gezielte und systematische Beachtung der körperlichen Beschwerden und Befunde bei der psychosomatischen Diagnostik und in der Therapie, vor allem der stationären Psychotherapie, von tragender Bedeutung ist. Zuvor sei daran erinnert, daß die Psychoanalyse mit der Arbeit an einer neuen Sicht des Körpers in Abhängigkeit von unbewußten Prozessen ihren Anfang genommen hat.

1. Aus den Anfängen der Psychoanalyse

Die Psychoanalyse hat nicht als Psychologie, sondern klinisch-neurologisch, mit der systematischen Beschreibung psychogener (hysterischer) Störungen begonnen. Angeregt durch Charcot, hat Freud nach der Rückkehr von seinem Studienaufenthalt in der Salpêtrière in Paris

(1886), an der Schwelle zur Entdeckung der Psychoanalyse, einige Arbeiten über die klinischen Zeichen hysterischer Konversionen publiziert, in denen er sehr klar – und bisher unübertroffen – die unverwechselbaren Merkmale hysterischer Körperstörungen beschreibt, die Unterschiede zwischen hysterischen und organischen Symptomen herausarbeitet, um schließlich, sich energisch von Charcot absetzend, seine Auffassung über die hysterische Symptomentstehung darzulegen: Eine unbewußte Vorstellung/Erinnerung von hohem „Affektbetrag" hat das Organ, z.B. den gelähmten Arm, besetzt und macht ihn unzugänglich für andere bewußte Vorstellungen/Assoziationen/Impulse. Entsprechend der affektiven Genese sind, so Freud, hysterische Symptome *unanatomisch* (hysterische Lähmungen z.B. *proximal* betont im Gegensatz zu den distal betonten zerebralen Paresen); sie äußern sich entsprechend dem hohen „Affektbetrag" *exzessiv* (Plegie, *A*nalgesie), sind nur durch Lösung des Affektbetrags, durch Erinnerungsarbeit zu beeinflussen.

Fast zur selben Zeit hat Freud (1895 a) den Symptomenkomplex bei Angst, die vielfältigen, sehr charakteristischen körperlichen Angstäquivalente – überwiegend neurologisch anmutende Beschwerden, z.B. Schwindel, Parästhesien, multilokale Schmerzen – dargestellt und damit die Angstneurose von der Neurasthenie abgetrennt (Abb. 1).

Körperliche Beschwerden bei Angst (nach Freud 1895b)
Frau Dr M.Kütemeyer, Psychosomatische Abteilung
St. Agatha-Krankenhaus, Köln 6o (Niehl)

Grafische Umsetzung S Behnsen

Abb. 1

Gerade diese, die Wendung zur Psychoanalyse klinisch fundierenden Arbeiten Freuds haben trotz ihrer großen Bedeutung für die Medizin kaum Beachtung gefunden. Die Studie über den Unterschied zwischen hysterischen und organischen Lähmungen (1893), französisch geschrieben, ist kaum bekannt (sie wird demnächst im *Jahrbuch der Psychoanalyse* in deutscher Übersetzung erscheinen). Freuds Erstbeschreibung der Angstneurose (1895 a) hat die Kontroverse über die Aktualneurosen in Gang gehalten, die Darstellung der körperlichen Verkleidungen der Angst – in Abschnitt 1 „Klinische Symptomatologie" – wurde wenig gewürdigt. Die brauchbaren diagnostischen Kriterien psychogener Lähmungen/Anfälle/Schmerzen werden infolgedessen klinisch nicht genutzt – einer der Gründe, warum psychogene Störungen meist nicht oder zu spät erkannt werden und unter aggressiver medizinischer Diagnostik und Therapie chronifizieren (Kütemeyer, 1993, 1994, 1996; Kütemeyer u. Schultz-Venrath, 1996). Statt dessen geht der Glaube um, Konversionen hätten seit Freuds Zeiten drastisch abgenommen oder ihre Gestalt bis zur Unkenntlichkeit verändert in Richtung Müdigkeit/Erschöpfung und anderer diffuser Beschwerden (Shorter, 1992).

Das Kommen und Gehen körperlicher Phänomene wird in den frühen psychoanalytischen Arbeiten Freuds und seiner Schüler als Wegweiser bei der innovativen Behandlung, als Kompaß beim Vordringen in das unbekannte Land des Unbewußten benutzt. Bereits in der ersten Krankengeschichte der Anna O. (1893 a) wird eine Fülle gleichzeitig oder nacheinander auftretender körperlicher Symptome (Husten, Lähmungen, Kontraktur, Sprach-, Sehstörungen, Tremor, Schmerzen) beschrieben und deren emotionale, biographische Bedeutung erhellt; es wird die Verstärkung und Milderung dieser Symptome im jeweiligen therapeutischen Kontext analysiert, bis alle Symptome, Stück für Stück, „wegerzählt" sind. Die Redekur „am Leitfaden des Leibes" förderte in den folgenden Krankengeschichten Freuds (1895 b) überraschende, den weiteren Weg weisende Befunde zutage: Die Schmerzen etwa an verschiedenen Stellen des Körpers, die sich während der Kur abwechselnd mit vermehrter Heftigkeit meldeten, erwiesen sich als jeweils mit ganz bestimmten schmerzhaften Erinnerungen verknüpft.

> Bei „Fräulein Elisabeth von R. ...", die unter ausgedehnten Schmerzen und Gangstörung litt, wurde das *rechte* Bein schmerzhaft, wenn es sich um Erinnerungen an den Vater aus der *ersten* Periode der pathogenen Zeit handelte,

> während sich der Schmerz im *linken* Bein meldete, sobald eine Erinnerung aus der *späteren* Periode, an die gestorbene Schwester – Verlustschmerz, Überlebensschuld, Schuld über verbotene/verworfene Liebeswünsche in bezug auf den Schwager – auftauchte. Da jede schmerzhafte Szene der Vergangenheit eine andere Körperstelle „besetzte", wurde die Ausbreitung ihrer Schmerzen vom rechten Oberschenkel auf das ganze Bein und schließlich auf beide Beine als Summierung übersetzbarer Einzelkonversionen verstanden (GWI, S. 214). Die Schmerzen begannen während der Kur immer deutlicher „mitzusprechen"; sie wurden bei erneuter Erinnerung während der Analyse jeweils besonders heftig, wobei sich folgende Gesetzmäßigkeit ergab: Zu Beginn einer Analysestunde war die Patientin meist schmerzfrei. Wurde durch eine Frage (unterstützt in den ersten Behandlungen Freuds durch Druck auf den Kopf) eine Erinnerung frei, meldete sich zuerst eine Schmerzempfindung, die ihren Höhepunkt erreichte, wenn sie im Begriffe stand, das Wesentliche der Mitteilung auszusprechen, um aber mit den letzten Worten der Mitteilung zu verschwinden (Freud, 1895 b, GWI, S. 212).
> „Allmählich lernte ich diesen *geweckten* Schmerz als *Kompaß* (Hervorhebung M. K.) gebrauchen; wenn sie verstummte, aber noch Schmerzen zugab, so wußte ich, daß sie nicht alles gesagt hatte, und drang auf Fortsetzung der Beichte, bis der Schmerz weggesprochen war. Erst dann weckte ich eine neue Erinnerung ...(S. 212). Da sie niemals den selben Schmerzanlaß zweimal vorbrachte, schien unsere Erwartung, auf solche Weise den Vorrat zu erschöpfen, nicht ungerechtfertigt (S. 213).
> In dieser Periode des „Abreagierens" besserte sich der Zustand der Kranken in somatischer wie in psychischer Hinsicht so auffällig, daß ich nur halb im Scherze zu behaupten pflegte, ich trage jedesmal ein gewisses *Quantum* von Schmerzmotiven weg, und wenn ich alles *abgeräumt* haben würde, werde sie gesund sein" (GWI, S. 212 f.; Hervorhebungen von M. K.).

Hier sind wegweisende Gesetzmäßigkeiten psychogener Störungen bereits genannt: Unbewußte schmerzhafte Emotionen nehmen als Konversionsschmerz jeweils einen bestimmten Raum im Körper ein (Körper als Landkarte von „Erinnerungssymbolen"). Der Affekt-*Betrag*, das Quantum, bestimmt die Intensität einer psychogenen Lähmung, Sensibilitätsstörung, des Schmerzes. Der Prozeß der Erinnerung und Verbalisierung in der therapeutischen Beziehung geht notwendig mit wiederholter passagerer Schmerzzunahme einher, wobei Ort und Gestalt des therapeutisch „geweckten" Schmerzes für die jeweilige Erinnerung charakteristisch ist. Unbewußte, affektbesetzte, konflikthafte Erinnerungen, die eine definierbare Körperstelle „besetzen", können durch Mitteilung in Bewegung gebracht und „abgeräumt" werden. Die mikroskopisch genaue Vorgehensweise macht die „Histologie" des ausgedehnten Schmerzsyndroms, seine Zusammensetzung aus verstehbaren, übersetzbaren Einzelkonversionen, überzeugend sichtbar.

In Anlehnung an Freuds Beobachtungen hat Ferenczi (1912) passagere Symptom*neu*bildungen während der Analyse (Zahnweh und andere Schmerzen, Muskelkrämpfe, Parästhesien, Schwindel,

Schwächegefühle, imperative Müdigkeit) ebenso minutiös, gleichsam histologisch untersucht. Solche Symptome erwiesen sich nicht nur lokalisatorisch, sondern auch „als qualitativ determiniert". „... unterzieht man ... diese Symptome der Analyse, so stellt sich heraus, daß sie eigentlich symptomatische Darstellungen von unbewußten Gefühls- und Gedankenregungen sind, die durch die Analyse aus ihrer Inaktivität ... aufgerüttelt wurden ..., aber ihres ... unlustvollen Charakters wegen noch vor dem Bewußtwerden, gleichsam im vorletzten Moment, zurückgedrängt wurden, wobei ihre nicht mehr ganz unterdrückbare Erregungsmenge zum Hervorbringen körperlicher Symptome verwendet wurde" (Ferenczi, 1912, S. 10 f.). Bei der Übersetzung des jeweiligen Symptoms von der symbolischen in die Begriffssprache beobachtet Ferenczi regelmäßig, „daß der Patient ... sofort unter den Anzeichen großer Verwunderung erklärt, daß jener ... Zustand ebenso plötzlich verschwand, wie er gekommen ist" (Ferenczi, 1912, S. 11).

Die „Gesichtsneuralgie", deretwegen die Patientin Dora (Freud, 1905) nach Abbruch der Behandlung Freud noch einmal aufsuchte, könnte als verspätete passagere Symptombildung während der Analyse aufgefaßt werden (GW V, S. 286).

2. Von der Nutzphysiologie zur Lustbiologie

Der Kliniker, der, auf dem Boden dieser frühen psychoanalytischen Erfahrungen, seine Beobachtungen macht, wird bei einer körperlichen Symptomatik – bei psychogenen *und* organisch bedingten Störungen – immer wieder überraschende Fluktuationen erleben. Er wird feststellen, daß das Auf und Ab der körperlichen Beschwerden und Symptome maßgeblich durch situative, emotionale, kommunikative Bedingungen mitbestimmt wird, viel mehr als gemeinhin angenommen und wahrgenommen.

Die körperlichen Vorgänge sind überhaupt, wie Ferenczi (1924) sagt, „lustbiologisch" gestaltet: „die bisherige Physiologie scheint die Bedeutsamkeit libidinöser Energien bei der Organbetätigung unterschätzt zu haben ..., die bisherige Nutzphysiologie und Pathologie ... bedürfen einer lustbiologischen Ergänzung." Häufig sind bei der Manifestation einer körperlichen Erkrankung, eines Asthma bronchiale, Ulcus ventriculi, eines Hirninfarkts, bei einer Komplikation oder einer unerwarteten Besserung, bei einem Unfall, die emotionalen, lustbiologischen Faktoren nachweisbarer als die nutzphysiologischen, wie die folgenden Beispiele zeigen.

Eine 83jährige agile Frau erleidet wenige Stunden nach dem Tod ihres Mannes eine Schenkelhalsfraktur, wird chirurgisch mit Femurkopfprothese versorgt. Bei der Krankengymnastik, 5 Tage später – der Mann wird zur selben Stunde in ihrer Abwesenheit beerdigt –, kommt es zu einem Media-Infarkt mit Hemiparese rechts und sensorischer Aphasie, wobei sie wie in einer fremden Sprache, aber wortreich und eindringlich ihre Verzweiflung zum Ausdruck bringt. Internistische sogenannte Risikofaktoren sind nicht zu eruieren. Hier scheinen sowohl beim Sturz als auch beim Verschluß des zerebralen Gefäßes „*Lust*" auf Mit-Sterben/Todes*trieb* und Überlebensschuld eine Verbindung eingegangen zu sein.

In den folgenden Beispielen sind die Fluktuationen der körperlichen Symptome nutzphysiologisch kaum, lustphysiologisch leicht zu verstehen.

Ein Schriftsteller mit Parkinson-Syndrom wird am Schreibtisch immer akinetisch, *eine* humorvolle Bemerkung bringt ihn zum Lachen, der ganze Körper wird momentan beweglich, die Amimie verschwindet.
Eine junge Frau mit Myasthenia gravis kann kaum mehr sprechen und schlucken, beim Geschirrspülen versagen die Arme den Dienst, beim Einkaufen knicken die Beine ein; bei Festlichkeiten kann sie nach Herzens*lust* essen und trinken, sich lebhaft unterhalten, nächtelang tanzen.

Zur Lustbiologie gehört auch die befreiende Wirkung der Mitteilung von Leiden auf den Körper. Leiden ist auch ein Menschenrecht; wenn es Raum findet – und einen Zuhörer –, werden libidinöse Energien frei, wobei hartnäckige körperliche Erkrankungen sich drastisch ändern.

Eine 70jährige Witwe mit Herzinsuffizienz hat Ödeme im ganzen Körper, kein Medikament hilft. *Ein* abendliches Visitengespräch, sie schüttet ihr Herz aus, weint viel – die Ärztin tut nichts außer zuhören –, am nächsten Morgen hat sie 4 Liter Wasser ausgeschieden; eine gewaltige Leidenslast wurde im genauen Sinne des Wortes ausgeschüttet, „abgeräumt".

Der Arzt, der solche Wechselwirkungen zu erfassen und in seine Diagnose und Therapie zu integrieren versucht, muß drei klinische Gruppen unterscheiden (Abb. 2):

I. *Auslösung* und *Fluktuation* körperlicher Symptome,
II. *psychogene* Störungen,
III. psychogene *Ausgestaltung* körperlicher Symptome.

Bei der lustbiologischen *Auslösung* und *Fluktuation* körperlicher Erkrankungen (Gruppe I) – die genannten Beispiele gehören hierher – wird ein psychosomatischer Zusammenhang sichtbar, die Symptome und Befunde entsprechen aber den bekannten klinischen Mustern. Die *psychogenen* Störungen dagegen (Gruppe II) – wie die von Freud

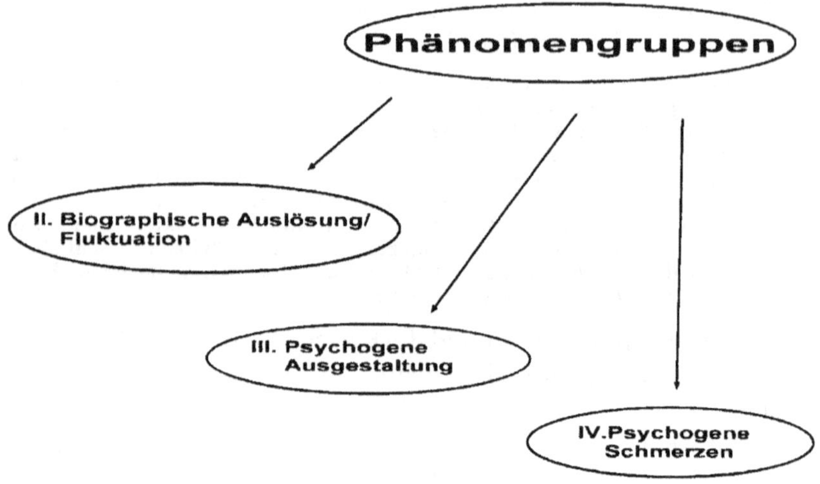

Psychosomatische Phänomengruppen bei Schmerzen
Frau Dr.M.Kütemeyer, Psychosomatische Abteilung, St.Agatha-Krankenhaus, Köln-Niehl

Abb. 2

und Ferenczi beschriebenen dauerhaften und passageren Konversionssymptome – können organischen Störungen ähneln, sind aber affektiv gestaltet und werden affektiv moduliert. Bei der *psychogenen Ausgestaltung* oder sekundären Psychogenisierung (Gruppe III) nehmen körperliche Erkrankungen durch Konversion unbewußter Phantasien und Vorstellungen („ich bin schlecht, schuldig und hab' die schwere Krankheit verdient") oder durch Somatisierung unbewußter Affekte (Angst, Trauer, Wut, Schuldgefühle) eine neue, emotional bedingte, von den organischen Symptomen unterscheidbare Gestalt an. Hierher gehören Patienten mit Morbus Parkinson, Myasthenie oder MS, die, etwa nach einem Sturz, zusätzlich eine phobische Gangstörung mit Schwindel entwickeln, die ihre Beweglichkeit mehr behindert als die ursprüngliche Akinese, Muskelschwäche oder Ataxie. Diese neuen, (un-)lustbiologisch bedingten Symptome halten – trotz wirksamer somatischer Behandlung – das Kranksein in Gang. Die Angst/das Schuldgefühl muß Thema werden statt einer Höherdosierung des Medikaments.

Wenn dagegen nach einer abgeklungenen transitorisch-ischämischen Attacke (TIA), wie häufig bei älteren Menschen zu beobachten, ein diffuser Dauerschwindel mit Gangstörung auftritt, handelt es sich um eine psychogene Störung (Phänomengruppe II), für die die episodische zerebrale Störung als „somatische Vorlage" dient.

Die Symptome und Befunde der Phänomengruppen II und III folgen den Gesetzen der Konversion/der Somatisierung von Affekten, wie sie von Freud (1888, 1893), in Anlehnung an Charcot (1886), erarbeitet wurden (Abb. 3): sie äußern sich, entsprechend der Intensität des unbewußten Affekts/der Erinnerung, *exzessiv* (z.B. Plegie, Analgesie), *unanatomisch* (Sensibilitätsstörungen z.B. nach der Kleiderordnung begrenzt, Schmerzen dermatomübergreifend, psychogene Lähmungen proximal betont). Sie benutzen eine *organische Vorlage* (oder das Symptom einer Beziehungsperson), zeigen die Tendenz zur *schubweisen Ausweitung* im Anschluß an neue biographische – und iatrogene – Traumatisierung (s.o. der Schmerz bei Elisabeth v.R. ...). Medikamente sind unwirksam, invasive Eingriffe schädlich, alle *kommunikativen*, erinnerungsfördernden Angebote sind die Mittel der Wahl: Anamnese, körperliche Untersuchung, Physiotherapie, verbale, körperbezogene und kreative Psychotherapie.

Die Symptome werden, wie erwähnt, *affektiv moduliert*. Je nach in Vordergrund stehendem Affekt ist eine unterschiedliche Symptomdynamik zu beobachten (Abb. 4). Klar unterscheidbar sind deshalb

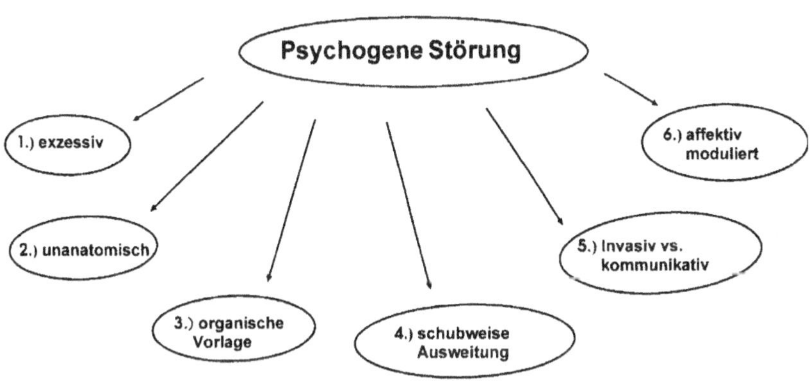

Merkmale psychogener Störungen
Frau Dr. M. Kutemeyer, Psychosomatische Abteilung, St. Agatha-Krankenhaus, Koln-Niehl

Abb. 3

psychogene Störungen	Depression	Angst	Hysterie	Zwang
Charakter	statisch	bewegt	szenisch	lastend
Beginn	allmählich	rasch	plötzlich	allmählich
Verlauf	chronisch	paroxysmal > persistierend	persistierend > paroxysmal	chronisch
Lokalisation	diffus	symmetrisch	einseitig	oben

Differenzierung psychogener Störungen
Frau Dr. M.Kütemeyer, Psychosomatische Abteilung
St. Agatha-Krankenhaus, Köln-Niehl

Abb. 4

die statisch-lastenden *depressiven* von den unruhig wechselnden *Angst*-Somatisierungen (z.B. Schwindel, Tinnitus, Kribbelparästhesien, Juckreizanfälle, Tachykardien, Zittern; Abb. 1). Von letzteren wiederum abgrenzbar sind die meist einseitigen *Konversions*symptome im engeren Sinne (oder *hysterischen* Ausgestaltungen). Somatisierungen bei *zwanghafter* Abwehr sind, entsprechend der rationalen Affektkontrolle, im oberen Körperbereich lokalisiert (Nacken-, Kopfschmerzen, Bruxismus; Kütemeyer, 1996).

Auch die Zeitkontur der Somatisierungen ist verschieden, je nach Modus der Affekt-/Konfliktverarbeitung. Bei depressiven Störungen und bei *zwanghafter* Abwehr treten die Symptome eintönig und *persistierend* in Erscheinung, bei hysterischen Konversionen, noch mehr bei Angststörungen, persistierend *und paroxysmal* mit Neigung zu Symptomwechsel, besonders bei Angst, die sich in unruhiger Folge von Dauerschwindel, mit Schwindelanfällen, symmetrischen Parästhesien und multilokalen, anfallsweise zunehmenden Schmerzen äußert.

Die unterschiedliche Symptomdynamik zeigt, wie schon bei Freud und Ferenczi deutlich wurde, daß der Körper sich nach strengen, benennbaren Gesetzmäßigkeiten mit Affekten/Konflikten/Erinnerungen verbündet. Diese Gesetzmäßigkeiten können bei der diagnostischen Einschätzung in jedem Stadium der Arzt-Patient-Beziehung als zuverlässiger Kompaß benutzt werden. Die Kenntnis der verschiedenen Formen psychogener Störungen erweist sich als besonders hilfreich bei der Motivierung der Patienten zur psychosomatischen Behandlung und bei Evidenzerfahrungen während der stationären Psychotherapie. Die unbestimmte Diagnose „Ihre Beschwerden sind *psychogen*" stigmatisiert, steigert die Abwehr der Patienten; die differenzierte, symptom- und affektbezogene Deutung dagegen („Ihr Schwindel *ist* Angst ..."; „Ihr Schmerz hat mit Trauer zu tun; Sie haben einen Verlust zu ver*schmerzen*") erzeugt erstauntes Nachdenken, eine Art Wiedererkennen latenter Gefühle und den Austausch darüber mit dem Arzt. Als Beispiel eine konsiliarische Erstbegegnung:

> Eine 60jährige Hausfrau wird von mir wegen schmerzhafter Polyneuropathie bei Diabetes mellitus neurologisch untersucht. Sensibilitäts- und Reflexstörungen sind eher gering, vor allem das Vibrationsempfinden kaum gestört. Die quälenden Sensationen in den Beinen – eher ein unruhiges Wühlen als ein Schmerz – treten anfallsweise, besonders nachts auf. „Sollte das Angst sein?" wage ich mich vor. Die bis dahin lethargische Frau richtet sich auf und stößt erregt hervor: „Jetzt weiß ich, warum ich jeden Morgen aufschrecke und kerzengerade im Bett sitze!" Eine lebenslange Geschichte der Angst kommt jetzt heraus – mit Dunkelängsten in der Kindheit, später nächtlichen Panikattacken mit Luftnot und Herzrasen, die sich schließlich, eine milde sensible Polyneuropathie aufgreifend, in Form der unruhigen Beine (eines Restless-legs-Syndroms – die frühere Bezeichnung „anxietas tibiarum" wäre passender) somatisiert hat.

Hier wurde durch eine einzige – aufgrund der Systematik der Körperbeschwerden allerdings gezielte – Frage ein lange gefesseltes Gefühl benannt und befreit, aus der neurologischen Untersuchung ist wie selbstverständlich ein Stück Erinnerungsmedizin geworden. Denn daß bei der Patientin Angst im Spiel ist, läßt sich aus dem Charakter des unruhigen Wühlens, aus der symmetrisch aufsteigenden Lokalisation in den Beinen und der anfallsweisen Exazerbation in der Nacht sicher entnehmen: Der Kompaß hat sich bewährt.

Wie das Beispiel zeigt, können gerade das genaue Erfragen der körperlichen Beschwerden und auch die körperliche (neurologische) Untersuchung als „Einstieg" in das psychodynamische Symptomverständnis dienen, da scheinbar weit auseinander liegende Regionen verknüpft werden. Die steilen, überaufrechten Wirbelsäulen vieler Rückenschmerzpatienten mit strähnigen oder plattenartigen Muskelverspannungen „erzählen" vom Aushalten und Durchhalten, vom Festhalten schmerzhafter Erfahrungen. Bei Patienten, meistens Frauen, die ihre Trauer und Enttäuschungswut mit dem Tragen von Lasten anderer lebenslang kompensiert haben, findet sich häufig eine halbkugelförmige, bindegewebig-muskuläre Prominenz im Nacken – wie ein zweiter Kopf –, ein Befund, den wir das *„Christophorus-Syndrom"* nennen. Bei der Mitteilung dieser Diagnose – noch während des Tastens, hinter der Patientin stehend, ohne Blickkontakt, gefolgt etwa von der Frage: „Sind Sie dazu da, die Not der ganzen Welt zu tragen, auch den Christus, dürfte es nicht umgekehrt …?" – kommt, kaum ausgesprochen, fast immer eine spürbare innere Bewegung auf, Trauer, Groll, lächelnde Zustimmung, eine Art Blitzlicht auf die eigene Geschichte mit neuen Vorzeichen, auch auf die körperlichen Beschwerden.

Auch die Narben von wiederholten Unfällen und Operationen, klaffend, brennend, berührungsüberempfindlich, vor allem die lividen, zum Keloid aufgetriebenen Narben, sprechen ihre eigene Sprache, als ob die gesammelten traumatischen Erfahrungen und ihre – auch iatrogenen – Wiederholungen durch diese eine Körperöffnung heraus wollten.

Bei der Untersuchung erhält der Arzt, gleichzeitig mit den neurologischen Befunden, szenische Informationen, häufig kontrastierend zu den Befunden im Gespräch.

> Eine 42jährige Sozialarbeiterin mit Gesichtsschmerz wirkt bei der Anamnese durch den bitteren Zug um den Mund und ihr strenges Gesicht abweisend. Bei der Untersuchung sehe und taste ich – überraschend – einen geschmeidigen Rücken. „Kennen Sie den?" Sie weint. Sie kennt ihn. Wir verstehen beide, daß sie eine verborgene weiche Seite hat, daß sie hart *geworden* ist und sich so zeigen muß.

Wenn wir uns bei der körperlichen Untersuchung – neben dem Registrieren pathologischer Befunde – mit dem Körper als Subjekt in Beziehung setzen, ihn gleichsam als einen dritten Gesprächspartner einbeziehen, der immer wichtige Mitteilungen macht, kommen häufig, scheinbar wie von selbst, die entscheidenden, im Symptom verborgenen Affekte zu Tage, die ihrerseits den Blick für weitere affektiv bedingte Körpersymptome öffnen.

> Mit geballtem Vorwurf zeigt der 59jährige frühere Kohlenarbeiter seinen schmerzhaften, steif vom Rumpf abstehenden rechten Arm, dessentwegen er 20 Jahre lang vergeblich „an der Wirbelsäule" behandelt und schließlich berentet worden ist; er fühle sich an „wie in *Ketten*". Bei der neurologischen Untersuchung finden sich muskuläre Verspannungen im Schulter-Nacken-Bereich und eine Tonuserhöhung im rechten Arm. Ich teile dem Patienten den Befund mit und lasse ihn den schmerzhaften Widerstand im Arm bei passiver Bewegung von innen erspüren. Während dieser körperlichen Selbsterfahrung bricht es plötzlich aus ihm heraus: „Wenn ich im Kaufhaus die vielen Menschen sehe, könnte ich um mich schlagen vor Wut." Erst jetzt bemerke ich, durch den freigewordenen Affekt gleichsam erwacht und sinnesgeschärft, die varizenartig gestauten, bläulich hervortretenden Venen am rechten vorde-

ren Thorax, ein eklatanter Befund, der, noch mehr als die Worte des Patienten, die Intensität seines Affekts verdeutlicht. Die Wut gilt eigentlich, wie die spätere Anamnese zeigt, seiner Frau, die ihn, wie früher die Mutter, seit Jahren eifersüchtig *festkettet* und von der Außenwelt isoliert. Die Schmerzen sind erstmals aufgetreten, als er, selbst kinderlos, aus Angst vor seiner Frau ein spielerisches Verhältnis zu einem jungen Mädchen aufgegeben hat.

Sollten bei den Varizen an den Beinen, unter denen Frauen so häufig leiden, nicht auch – neben der „nutzphysiologischen" Erklärung durch lockeres Bindegewebe, schwache Muskelpumpen – ähnlich heftige gestaute Affekte, „ungehaltene Reden ungehaltener Frauen", eine Rolle spielen? Mit der Kultur solcher Fragestellungen und Befunderhebungen in Richtung „lustbiologischer" Wissenschaft sind wir noch sehr am Anfang. Ich möchte nun zeigen, wie wir die körperlichen Symptome und ihre Veränderungen auf der Station als Wegweiser, als Kompaß, benutzen.

3. Symptomveränderung im Verlauf stationärer Psychotherapie

Während der stationären Psychotherapie läßt sich das Kommen und Gehen der Körperbeschwerden effektiv als Kompaß verwenden, um latente Affekte, Phantasien und Konflikte zu erkennen. Die stationäre Psychotherapie bietet besondere Gelegenheit, körperliche Symptomveränderungen und passagere Symptomneubildungen genau und in nuce zu beobachten und im Zusammenhang mit dem therapeutischen Prozeß, mit der momentanen Richtung des emotionalen, kommunikativen Geschehens beim Patienten zu verstehen. Ist der Therapeut in der Einzelanalyse auf die Mitteilungen des Patienten allein angewiesen, kommen in der stationären Psychotherapie die Beobachtungen und Eindrücke der verschiedenen – auch nonverbalen – Therapeuten und der Schwestern/Pfleger hinzu, die, täglich im Team ausgetauscht, zum raschen Verständnis des gerade aufgetretenen Symptoms beitragen können.

So achten wir besonders auf das situative Umfeld, wenn sich die körperlichen Symptome, die zur Einweisung führten, im Verlauf der stationären Psychotherapie ändern. Ohrgeräusche, Gangstörungen, Schmerzen, die im Vorgespräch und zu Beginn der stationären Zeit von den Patienten als persistierend und „immer gleich" beschrieben wurden, nehmen plötzlich drastisch zu oder ändern ihre Gestalt. Nicht selten treten neue Beschwerden auf (Schwindel, Zahnschmerzen, Kopfschmerzen, Blutdruckkrisen), halten Schwestern und Ärzte in Atem, lenken scheinbar vom Fluß des therapeutischen Geschehens ab. Hierher gehören auch die zahlreichen interkurrenten körperlichen Erkrankungen während stationärer Psychotherapie: Angina und andere Infekte, unklare Fieberschübe, Thrombophlebitis, Exantheme und andere Hauterscheinungen. Solche Symptomveränderungen und -neubildungen werden gemeinhin zunächst als Störung des therapeutischen Prozesses erlebt, vom Team als Somatisierungen im Sinne von Widerstand gegen Emotionales, gegen auftauchende schmerzhafte Erinnerungen/Phantasien verstanden: Man sieht sich gezwungen, die Angina, Sprunggelenksluxation, den Abszeß ärztlich zu behandeln und abzuwarten, bis die „eigentliche" Therapie weitergehen kann. In vielen Fällen haben die interkurrenten Erkrankungen tatsächlich eine Unterbrechung durch Entlassung oder durch Verlegung auf die Innere/Chirurgische Abteilung zur Folge, erwirken eine Atempause, eine Distanzierung bei bedrohlich erlebten therapeutischen Beziehungen, dienen der Regulierung der gerade eben bekömmlichen Dosis an „Therapie".

Häufig ist eine merkwürdige Zufriedenheit, Gelöstheit bei den betroffenen Patienten, manchmal sogar ein triumphierendes Lächeln zu beobachten; mit dem neuen Symptom scheint – lustbiologisch – eine Möglichkeit, ein geheimer Gewinn verbunden. Es lassen sich verschiedene Aspekte, die Symptomdynamik in Hinsicht auf den therapeutischen Prozeß zu verstehen, herausarbeiten, von denen ich hier nur wenige andeuten kann.

3.1 Infekt als Möglichkeit der Regression

Es ist immer, könnte man sagen, ein Fest wert, wenn eine Patientin/ein Patient während der stationären Psychotherapie eine Angina bekommt, oft nach jahre- oder jahrzehntelanger Infektresistenz (die seit Freud bei Neurosekranken bekannt ist). Es handelt sich vorwiegend um Patienten, die sich, entsprechend ihrem zwanghaften Modus der Affekt-/Konfliktverarbeitung, auf der Station besonders bemühen, „gute" Patienten zu sein, es recht und richtig zu machen, oder um solche, die den Angeboten der Station gegenüber lange distanziert und kontrolliert bleiben. Bei diesen Patienten dient die Angina, die Grippe oder eine andere passagere Entzündung der Regression, der Lockerung ihrer Abwehr, der Distanzierung ihres rigide fordernden Über-Ich als – vielleicht einzige – Möglichkeit, Bedürfnisse aus dem Es, Bedürftigkeit überhaupt zuzulassen. In den meisten Fällen ist, zeitgleich mit dem Auftreten, mit Hilfe des Infekts, im kommunikativen Verhalten der Patientin eine Veränderung unübersehbar. Die Patienten scheinen das Leiden an einem banalen, benennbaren Infekt, die Bettruhe, Pflege, die ärztliche Aufmerksamkeit zu genießen, sie wirken weicher, zugänglicher, können erstmals Wünsche äußern, körperliche Empfindungen wahrnehmen und mitteilen und die Zuwendung der Schwestern dankbar annehmen. Die neugewonnene Fähigkeit, eine Entzündung zu produzieren, scheint gleichbedeutend mit einer neuen Fähigkeit der Patienten, sich selbst, ihren Körper zu lieben, Nähe und Wärme zuzulassen. Viktor von Weizsäcker (1933/1947) hat diese psychosomatische Dynamik bei einem zwangsneurotischen Patienten mit Miktionsstörung, dessen krisenhafte Besserung im Zuge einer Angina vor sich ging, exemplarisch beschrieben. Auch körperliche Verletzungen mit anschließender Schonung haben häufig denselben Effekt.

Eine Abiturientin hat, durch den Vater angesteckt, postpubertär eine Tuberkulose durchgemacht, ist anschließend in eine depressive Verfassung geraten. Auf der Station bleibt sie bei der Schilderung ihres destruktiven Familiensystems emotional scheinbar unberührt, statt dessen nehmen ihre Nackenschmerzen und hartnäckigen Schlafstörungen noch zu, sie schreckt von wüsten Träumen auf. Die Patientin klagt sich an – es ist 14 Tage vor ihrer Entlassung –, nicht mutig genug an sich zu arbeiten, sie habe „noch viele Türen zu öffnen". Ich entgegne: „Vielleicht reicht es im Moment, daß Sie *eine* Tür einen Spalt weit geöffnet haben, und Sie dürfen sie, vorläufig, auch wieder schließen." Tags darauf hat sie eine Angina, kann von da an traumlos durchschlafen, wirkt entspannt und fröhlich, tauscht ihre grauen Hosen gegen bunte Röcke aus, die sie am Wochenende frech den mißgünstigen Blicken ihrer Eltern präsentiert.

Das Beispiel zeigt, daß die Fähigkeit, etwas geschehen zu lassen (das Eindringen von Bakterien in den Körper, die pflegerische Zuwendung), die Autonomie nicht bedroht, sondern fördert, daß die erlebte Regression progressive Schritte gerade ermöglicht.

3.2 Reinszenierte Erinnerungen

Einige passagere Symptome muten an wie ein Probehandeln des Körpers, wie szenische Vorwegnahmen, die einer anstehenden scham-, angst- oder schuldbesetzten Erinnerung den Weg bahnen und die verbale Veröffentlichung ermöglichen.

Eine Hausfrau erleidet, 46jährig – im selben Alter starb ihre Mutter –, eine „unklare" Polyneuropathie, entwickelt anschließend eine psychogene Gangstörung. Während der stationären Psychotherapie fällt es ihr unendlich schwer, die sadistischen Seiten ihrer Mutter wahrzunehmen; untrügliche Hinweise sind in der Gestaltungstherapie und in der Übertragung mit einer

Schwester bereits aufgetaucht. Sie bemerkt eines Morgens eine Blase am rechten Unterarm, wie wenn sie sich verbrannt hätte. Erst jetzt, als der Arzt den Arm untersucht, erinnert sie sich und kann davon berichten, wie die Mutter sie als Kind mit dem glühenden Feuerhaken geschlagen hat.

Die mit dem Körpersymptom – und mit der ärztlichen Zuwendung – gebahnte, aus der Latenz gehobene Erinnerung wirft zuweilen auch ein Licht auf latente Emotionen in der aktuellen Situation, in der folgenden Szene auf den Abschiedsschmerz.

Eine 59jährige Verkäuferin mit rechtsseitigem Kiefer- und Schulternackenschmerz scheint bis zur Entlassung für psychotherapeutische Hilfe unerreichbar. Während der Abschlußvisite lichtet sich plötzlich ihre bittere Miene, als sie mir neckisch ihren rechten Fuß entgegenstreckt: Am Ballen der Großzehe sei in der Nacht zuvor ein neuer heftiger Schmerz entstanden. Während ich die schmerzende Stelle untersuche und betaste, fährt sie fort: „Genau wie damals vor 20 Jahren in der Kur, als ich mich beim Tanzen, wie seither nie mehr, in einen Mann verliebte und gleichzeitig von ihm verabschieden mußte, am nächsten Morgen denselben Schmerz hatte." Über die körperlich inszenierte Erinnerung kann die Patientin uns gestehen, daß sie sich wohl doch in uns „verliebt", auf der Station eine lange nicht gekannte Lebendigkeit erfahren hat und daß ihr der Abschied Schmerzen bereitet.

3.3 Selbstbestrafung

In den ersten beiden Gruppen dienen die interkurrenten Körpersymptome offensichtlich einem Fortschritt des therapeutischen Geschehens. Bei vielen Symptomneubildungen entsteht umgekehrt der Eindruck, als werde durch sie eine begonnene progressive Entwicklung unterbrochen, in Frage gestellt oder gar zunichte gemacht. Das neue Symptom tritt in einer Phase der stationären Behandlung auf, in der sich eine Verwirrung lichtet, eine Lösung abzeichnet, ein Wohlbefinden einstellt. Es sieht so aus, als sollte die neugewonnene Klarheit, die Aussicht auf Befreiung wieder vernebelt, als müßte der Lichtblick durch eine Gegenkraft – durch übermächtige Schuldgefühle, durch den „Todestrieb" – wieder verdunkelt werden. Im günstigen Falle wird das interkurrente Symptom wie ein letzter Tribut an die fordernden und strafenden Introjekte, gleichsam zur Beschwichtigung für diese produziert, um unbeschwerter den eigenen Weg gehen zu können. Hierher gehören vermutlich manche der kleineren Unfälle mit Verletzungen und vorübergehenden Schmerzen, die auf der Station vorkommen. Im ungünstigeren Falle wird der Patient auf dem Wege der Befreiung durch das neue Symptom von einer implantierten Schuld („mir darf es nicht besser gehen als meiner gestorbenen Mutter"), vom „Todestrieb", gleichsam eingeholt. Hier wird anhand der Symptombildung besonders deutlich, mit was für gewaltigen inneren Kräften wir es bei unserer therapeutischen Arbeit zu tun haben, wie problematisch es sein kann, an diese Kräfte zu rühren.

Eine 35jährige beherzte Krankenschwester kommt während der stationären Behandlung zu der Einsicht, daß sie der Verpflichtung, ihre Schwiegereltern dereinst zu versorgen und zu pflegen, die sie bei der Einheirat in das Eifelgehöft eingegangen ist, nur bedingt nachkommen kann. Ihre zuvor persistierenden Kreuzschmerzen gehen zurück, sie atmet auf, entwickelt aber eine Alopecia areata, die sie seither als Makel, als sichtbares Zeichen ihrer „Untreue" mit sich tragen muß.

3.4. Körperliches Symptom als Möglichkeit der Separierung/Triangulierung

Einige Patienten, die aus engen symbiotischen (Eltern-)Beziehungen nicht herausgekommen sind und von daher berechtigt Angst haben – ohne diese äußern zu können –, vom therapeutischen Geschehen verschlungen zu werden, neigen dazu, passagere Körpersymptome zu Beginn des stationären Aufenthaltes zu entwickeln. Es entsteht ein drittes Bein in Form des Symptoms, eine Art Übergangsobjekt, das eine Distanzierung, eine relative Separierung von den als vereinnahmend erlebten Therapeuten der Station ermöglicht. Diese Dynamik hat Frau Rupprecht-Schampera (1997) bei Konversionssymptomen beschrieben, sie gilt aber, wie mir scheint, auch für andere körperliche Phänomene.

Ein 29jähriger Verwaltungsangestellter, der wegen einer Angststörung kommt – er lebt noch bei seiner Mutter, hat weder Partnerin noch Freunde –, kann die verschiedenen Therapien 3 Wochen lang kaum wahrnehmen, da er wegen rezidivierender Abszesse täglich chirurgischer Mitbehandlung bedarf. Tatsächlich wird das Augenmerk auf das Symptom gelenkt, der Arzt, die Schwestern müssen sich darum kümmern wie um eine zweite Person; für den Patienten entsteht eine Atempause, bis er das Geschehen der Station besser durchschauen und sich dosierter und kontrollierter auf die therapeutischen Beziehungen einlassen kann. Im selben Maße klingen die Abszesse ab.

3.5 Schmerz und Schmerzveränderung

Am genauesten haben wir während der stationären Psychotherapie auftretende Schmerzen und Schmerzveränderungen untersucht und diese Schmerzbewegungen als Kompaß benutzt. Für die Schmerzen gilt in besonderer Weise, daß sie, von den Patienten anfänglich als „immer gleich" beschrieben, bei schärferem Hinsehen und wirklichem Nachfragen deutliche, sogar drastische Veränderungen erfahren, daß der Arzt – und der Patient – mit den Schmerzen vielfache, zuweilen tägliche Überraschungen erlebt.

Als erstes sind die Patienten zu nennen, die nicht wegen Schmerzen gekommen sind, in einem bestimmten „schmerzhaften" Stadium der Therapie aber über Schmerzen klagen, die jeweils gezielt auf ein anstehendes Thema oder eine verbal wenig formulierbare affektive Befindlichkeit hinweisen. Zum Beispiel kündigt sich die scham- und schuldbesetzte Erinnerung an sexuelle Übergriffe häufig durch einen Unterbauchschmerz an, bei Männern das noch schambesetztere Thema der „Impotenz" durch einen Leisten- oder Hodenschmerz. Wir kennen kaum eine magersüchtige Patientin, die nicht im Laufe der Behandlung Massagen wegen Nackenschmerzen verlangt, als Hinweis auf ihre – durch die Behandlung initial noch zunehmende – zwanghafte Abwehr ihrer triebhaften Impulse. Bei vielen Patienten kommt es zu Kopfschmerzen, die sie bisher nicht kannten, wenn die Schwierigkeit, sich den Therapeuten anzuvertrauen, dem therapeutischen Prozeß zu überlassen, deutlich wird, und zwar eher zu persistierendem Kopfschmerz, wenn eine Erschütterung des Selbstbildes ansteht; zu passageren Kopfschmerzen, wenn ein bestimmter „verbotener" – meist aggressiver – Affekt kontrolliert, „festgehalten" wird.

Ein 54jähriger Journalist in leitender Position, der wegen rezidivierender Durchfälle zur stationären Behandlung kommt – die wir, zusammen mit einem persistierenden Bluthochdruck, als somatisierte Angst diagnostizieren –, entwickelt einen diffusen, ihm bisher unbekannten Dauerkopfschmerz, als seine Angst und Aggressivität deutlich werden, die sein Selbstbild als gütiger Familienvater und Chef in Frage stellen; er rettet sich in die Rolle des Ko-Therapeuten und Erziehers jüngerer Mitpatienten. In den ersten Wochen lichtet sich der Kopfschmerz ein einziges Mal vorübergehend bei einer Gruppenübung: Die Patienten sind aufgefordert, einer Mitpatientin zum Abschied die Hand auf die Schulter zu legen und ihr einen Wunsch zu sagen. Er kann seinen anfänglichen Widerwillen („das ist doch albern, lächerlich") überwinden, der Führung der Therapeutin vertrauend, sich schließlich neugierig beteiligen und den Abschiedsschmerz der Patientin, auch ihren Zorn über Nichterreichtes mitempfinden.

Der Charakter des jeweiligen Schmerzes, seine Lokalisation und Zeitkontur läßt sich als sicherer Hinweis, noch zuverlässiger als bei anderen psychogenen Störungen als Kompaß gebrauchen, welche affektive Konstellation gerade im Vordergrund steht (Abb. 5). So treten „*depressive*" Schmerzen und Schmerzen bei zwanghafter Abwehr überwiegend persistierend in Erscheinung, ein „*Angst*schmerz" und „*hysterischer*" Konversionsschmerz im engeren Sinne persistierend *und* paroxysmal. Der *depressive* Schmerz wird als diffus und brennend beschrieben mit kontinuierlicher Ausbreitung, der „*Angst*schmerz" als unruhig vibrierend, den Ort wechselnd, mit Schwindel

psychogener Schmerz	Depression	Angst	Hysterie	Zwang
Charakter	brennend	kribbelnd	„anorganisch"/ messerscharf	„Druck"
Verlauf	chronisch	anfallsartig > persistierend	persistierend > anfallsartig	chronisch
Lokalisation	diffus	symmetrisch	einseitig	oben
Ausbreitung	kontinuierliche Generalisation	aufsteigend/ in Sprüngen	„Kleiderordnung"	nach oben
Globus	häufig	sehr häufig	manchmal	--
Schwindel	--	fast immer	manchmal	--

Differenzierung psychogener Schmerzen
Schmerzwerkstatt St. Agatha-Krankenhaus Köln-Niehl

Abb. 5

und Parästhesien, er steigert sich anfallsweise, besonders nachts, und breitet sich sprunghaft multilokal am Körper aus oder, im Schmerzanfall, symmetrisch auf- oder absteigend. Der „*hysterische*" Schmerz ist halbseitig lokalisiert, wird phantomartig in Richtung „anorganisch" beschrieben („hölzern", „gläsern", „wie Beton") oder, vor allem im Schmerzanfall, als aggressiv-invasiv („wie Todesstöße", „wie ein heißes Messer"). Die erwähnten Nacken- und Kopfschmerzen bei zwanghafter Abwehr werden meist als „Druck" erlebt.

Bei den Patienten, die mit persistierenden Schmerzen, wegen ihrer Rücken-, Kopf-, Gelenkschmerzen aufgenommen wurden, kommt es während der stationären Psychotherapie nicht nur, wie bei Freud beschrieben, im Zuge auftauchender schmerzhafter Erinnerungen zu passagerer Schmerzverstärkung, sondern auch – bei Veränderung ihrer affektiven Befindlichkeit – zu einer Änderung des Schmerz*charakters*. Ein brennender „depressiver" Schmerz kann in Bewegung geraten und sich in einen springenden „*Angst*schmerz" mit Schwindel und Parästhesien verwandeln, wenn der Patient sich zuvor abgewehrten beängstigenden Erinnerungen und Phantasien gegenüber zu öffnen beginnt. Ein lumbaler Schmerz kann sich nach kranial verlagern, wenn die kontrollierende Abwehr zunimmt. Ein lumbaler „depressiver" Schmerz kann sich aber auch zum einseitigen „hysterischen" Schmerz organisieren, wenn ein benennbarer Konflikt zur Veröffentlichung, zum Bearbeiten ansteht, wie das folgende Beispiel zeigt:

> Bei einer 31jährigen Ätiopierin hat der brennende Kreuzschmerz, der sie in psychosomatische Behandlung bringt, begonnen, als sie ihren 12jährigen Sohn in eine Pflegefamilie geben mußte, um als Altenpflegerin arbeiten zu können. Es ist ein von ihr gehütetes Geheimnis geblieben, daß der Sohn von ihrem in politischer Haft ermordeten Verlobten stammt und nicht von den Vergewaltigungen, die sie, damals selbst in Haft und bereits schwanger, erlitten hat. Den Vater, Geschäftsmann, moslemischer Patriarch und ebenfalls im Widerstand aktiv, hat sie, wie die Mutter und Geschwister, nicht mehr gesehen, seit sie 19jährig, freigekauft und alleine nach Deutschland ausgeflogen wurde. In der zweiten Woche der stationären Behandlung macht erst ein zusätzlicher, ihr bisher unbekannter hartnäckiger Kopfschmerz deutlich, wie sehr der aufdeckende Kommunikationsstil der Station mit ihrer Geheimhaltekunst kollidiert. Ein weiterer, gegen Ende auftretender heftiger Schmerz im rechten Bein – Rücken- und Kopfschmerzen sind verschwunden – kann erst verstanden werden, als wir erfahren, daß ein Besuch des Vaters bevorsteht – auch dies hat sie zuvor verschwiegen – und damit der 12 Jahre alte Konflikt nach einer Lösung verlangt: Soll sie dem Vater weiter mit Hilfe der Lebenslüge als geschädigte, aber „unschuldige" Tochter, als von ihm geliebtes und gerettetes Opfer begegnen oder als mündige, vitale Frau, die sich zu ihrem vorehelich empfangenen Sohn bekennt, Ent-Täuschung oder gar den Bannfluch des Vaters riskierend? Entsprechend ihrer Ambivalenz zwischen der beschwichtigend töchterlichen und der offensiv aufdeckenden Haltung kommt es in den folgenden Tagen zu einem oszillierenden Wechsel von Kopfschmerz und Beinschmerz. Sie entscheidet sich schließlich für die letztere Möglichkeit und wird schmerzfrei entlassen.

Veränderungen der Schmerzen können, wenn ein Patient auf der Station ganz unerreichbar erscheint, ein Zeichen – vielleicht das einzige – sein, daß sich doch etwas in ihm bewegt hat.

> Ein 53jähriger Kfz-Mechaniker scheint wenig Gewinn von der stationären Psychotherapie zu haben. Seine Kopfschmerzen aber, die 20 Jahre lang streng periodisch, alle 4 Wochen 3 Tage lang, aufgetreten sind, ändern ihre Gestalt, kommen häufiger, in unregelmäßigen Abständen; Magenschmerzen treten hinzu. Da sein Vater 1945 standrechtlich erschossen wurde – als Nazi, Widerständler, Deserteur? Er hat es nie erfahren und kann keine Phantasien dazu äußern –, blieb er an die verfolgende, ihm andere Frauen madig machende Mutter gebunden. Seine Enttäuschung, vom Vater verlassen, vom Stiefvater vernachlässigt zu sein, seine Auflehnung gegen die Mutter, seine Wünsche nach Zuwendung bleiben auch auf der Station in einer zwanghaften Haltung gefesselt. Wenigstens seinem Schmerz erlaubt er Unregelmäßigkeiten, ein Abweichen vom Zyklus der Mutter, ein Wandern nach unten, zum Magen, wo seine Bedürftigkeit zum Ausdruck kommt. Gleichzeitig verläßt er in der Gestaltungstherapie – das wird erst über die Schmerzveränderung deutlich – die strengen Abgrenzungen, erlaubt den Farben, munter ineinanderzulaufen.

Auch und gerade die Schmerzveränderungen während der stationären Psychotherapie können wir als Kompaß verwenden, als seismographischen Hinweis auf die Richtung des emotionalen Geschehens und der Arzt-Patient-Beziehung, noch bevor verbale Äußerungen der Patienten uns eine Einschätzung ermöglichen. Den Angstschmerz dürfen wir beruhigend kommentieren: „Das ist keine Verschlimmerung, jetzt ist im Gegenteil etwas Wichtiges im Gange, wir sind da und begleiten Sie." Den kranialen Schmerz dagegen müssen wir als Widerstand respektvoll behandeln: „Sie dürfen offenbar Ihre Gefühle, Gedanken, Ihr Geheimnis (noch) nicht preisgeben, es ist zu gefährlich, Sie brauchen noch Zeit, wir haben Geduld, vielleicht ist es überhaupt unmöglich, wir würden auch das akzeptieren."

4. Zusammenfassung

Die genaue Beachtung der Körperbeschwerden und der Befunde bei der körperlichen Untersuchung liefert dem Arzt, neben den psychischen Befunden und den Daten der Biographie, entscheidende, unersetzliche Hinweise für die psychosomatische Diagnose. In der Schilderung der Körperbeschwerden und in den körperlichen Befunden spiegeln sich unbewußte Affekte und Erinnerungen der Patienten, auch die Art ihres Umgangs mit schmerzhaften, lust- und unlustvollen Erfahrungen wider, so genau und gesetzmäßig, daß die körperlichen Symptome und deren Veränderung als Kompaß beim Aufspüren verborgener Affekte und verschütteter Erinnerungen dienen können. Dies gilt besonders für Veränderungen der Schmerzphänomene. Die ärztliche Zuwendung, gerade auch die körperliche Untersuchung, etwa das Ertasten eines schmerzenden Körperteils, weckt Affekte/Phantasien/Erinnerungen aus der Latenz und macht sie mitteilbar, was dem Patienten und dem Arzt besondere psychosomatische Evidenzerfahrungen in der Erstbegegnung und während der stationären Psychotherapie vermittelt. Unsere „Nutzphysiologie" erfährt dabei eine erfrischende „lustbiologische" Ergänzung.

Literatur

Bahnson, C. B. (1997): Familientherapie in der Psychosomatik. In: Rodewig, K. (Hg.): Der kranke Körper in der Psychotherapie. Göttingen, Zürich: Vandenhoeck & Ruprecht, S. 127-42.

Charcot, J. M. (1886): Neue Vorlesungen über die Krankheiten des Nervensystems insbesondere über Hysterie. Übersetzt von Sigmund Freud. Leipzig, Wien: Toeplitz & Deuticke.

Ferenczi, S. (1912): Über passagere Symptombildungen während der Analyse. In: Ders. (1984) Bausteine der Psychoanalyse, Bd. II. Bern, Stuttgart, Toronto: Huber, S. 9-25. Und in: Balint, M. (Hg.) (1970): Sándor Ferenczi: Schriften zur Psychoanalyse I. Conditio humana, Ergebnisse aus den Wissenschaften von

Menschen, hrsg. v. Thure von Uexküll und Ilse Grubrich-Simitis. Frankurt/M.: Fischer, S. 103-114.
Ferenczi, S. (1924): Versuch einer Genitaltheorie, Kap. X: Bioanalytische Konsequenzen. In: Balint, M. (Hg.) (1972): Schriften zur Psychoanalyse II. Frankfurt/M.: Fischer, S. 388-400.
Freud, S. (1888 b): Hysterie. In: Villaret, A. (Hg.): Handwörterbuch der gesamten Medizin, Bd. 1., Stuttgart: Enke, S. 886-92. Und mit editorischer Vorbemerkung in: Richards, A., Grubrich-Simitis, I. (Hg.) (1987): Gesammelte Werke, Nachtragsband. Frankfurt/M.: Fischer, S. 69-82.
Freud, S. (1893 a): Über den psychischen Mechanismus hysterischer Phänomene. Zusammen mit der Krankengeschichte Breuers „Frl. Anna O ...". In: A. Richards, A., Grubrich-Simitis, I. (Hg.) (1987): Gesammelte Werke, Nachtragsband. Frankfurt/M: Fischer, S. 181-243.
Freud, S. (1893 b): Quelques considérations pour une étude comparative des paralysies motrices organiques et hystériques. GW 1, S. 37-55. Deutsch (1997): Einige Betrachtungen zu einer vergleichenden Studie über organische und hysterische motorische Lähmungen. In: Jb. Psychoanal (im Druck).
Freud, S. (1895 a): Über die Berechtigung, von der Neurasthenie einen bestimmten Symptomenkomplex als „Angstneurose" abzutrennen. GW I, S. 313-342.
Freud, S. (1895 b): Studien über Hysterie. GW I, S. 75-312.
Freud, S. (1905): Bruchstück einer Hysterie-Analyse. GW V, S. 161-286.
Hölzer, M., Hege-Scheuing, G., Matzek, N. (1997): Der Beitrag des Therapeuten in der ambulanten Behandlung chronisch Schmerzkranker. 8 Psychosomatische Behandlungsgrundsätze. In: Psychotherapeut, 42, S. 223-29.
Janssen, P. L. (1997): Das Anforderungsprofil des Facharztes für Psychotherapeutische Medizin. In: Rodewig, K. (Hg.): Der kranke Körper in der Psychotherapie. Göttingen, Zürich: Vandenhoeck & Ruprecht, S. 12-21.
Küchenhoff, J. (1997): Körper, Sprache, Krankheit. In: Rodewig, K. (Hg.): Der kranke Körper in der Psychotherapie. Göttingen, Zürich: Vandenhoeck & Ruprecht, S. 42-56.
Kütemeyer, M. (1993): Psychosomatische Aspekte bei schmerzhaften Schultererkrankungen. In: Med. Orth. Tech., 113, S. 222-229.
Kütemeyer, M. (1994): Körperschmerz, Angst, Seelenschmerz als ärztliches Problem. In: Med. Z. med. Ethik, 40, S. 3-13.
Kütemeyer, M. (1996): Wenn nur die Kopfschmerzen nicht wären ...! Kopfschmerz-Manifestationen als Ausdruck spezifischer Psychodynamik. In: Durian, R. (Hg.): Kopfschmerz. Interdisziplinäre und psychosomatische Aspekte. Stuttgart: Edition Forum, Wissenschaftlicher Verlag Tina Staehr, S. 19-26.
Kütemeyer, M., Schultz-Venrath, U. (1996): Neurologie. In: v. Uexküll Th. u.a. (Hg.): Psychosomatische Medizin (5. Aufl.). München, Wien, Baltimore: Urban & Schwarzenberg, S. 1067-1085.
Rodewig, (Hg.) (1997): Der kranke Körper in der Psychotherapie. Göttingen, Zürich: Vandenhoek & Ruprecht.
Rupprecht-Schampera, U. (1997): Das Konzept der „frühen Triangulierung" als Schlüssel zu einem einheitlichen Modell der Hysterie. In: Psyche, 51, S. 637-64.
Shorter, E. (1992): From Paralysis to Fatigue. A History of Psychosomatic Illness in the Modern Era. New York, Toronto: MacMillan. Deutsch: Moderne Leiden. Zur Geschichte der psychosomatischen Krankheiten. Reinbek bei Hamburg: Rowohlt (1994).
v. Weizsäcker, V. (1933): Körpergeschehen und Neurose. Analytische Studie über somatische Symptombildung. In: Int. Z. Psychoanal., 19, S. 16-116. Und, eingeleitet durch einen Briefwechsel mit Freud: Stuttgart: Klett, 1947. Gesammelte Schriften, Bd. 6. Frankfurt/M.: Suhrkamp (1986) S. 119-138.

Die Machbarkeit von Veränderung

Konzept – Prozeß – Zeitgemäßes

Helmut Luft

Die im letzten Jahrzehnt in den Vordergrund getretenen Psychotherapiemethoden wie Verhaltenstherapie, systemische Therapie und andere gehen von der Gegenwart und den aktuellen und bewußtseinsnahen Konflikten aus und streben progressive Veränderungen überwiegend mittels aktiver Techniken an. Die implizite Grundannahme ist die, daß psychische Veränderung als unmittelbar machbar und herstellbar angesehen wird. Die zunächst passiv-rezeptive analytische Haltung, die mittels „Hören mit dem 3.Ohr", Achten auf die szenische Darstellung sowie auf das emotionale Beziehungsgefüge von Übertragung und Gegenübertragung auf die unbewußten und regressiven Prozesse fokussiert und die sich im Hier und Jetzt darstellenden Konflikte als unbewußte Wiederholungen biographisch geprägter Traumen und Konstellationen verstehen möchte, wird von manchen Vertretern der aktiven Konzepte nicht mehr wahrgenommen, als therapeutisch überflüssig oder unwirksam erklärt oder gar als schädlich diffamiert. Der gleiche Paradigmenwechsel ist in der Gesundheitspolitik der Bundesrepublik erfolgt. Während die Rentenversicherungsträger es früher den einzelnen Reha-Kliniken überließen, nach welchem Konzept sie arbeiten, schreiben sie dies nun weitgehend vor, verlangen Qualitätssicherung und Effizienznachweise, reglementieren und kontrollieren, verlangen Gesundheitserziehung und Trainingsprogramme, halten Gesundheit für etwas Machbares und Herstellbares, durch meßbare Größen Quantifizierbares. Für manche Jüngeren existiert nur noch diese Haltung und die sich daraus ergebenden Therapieoptionen, während die sich aus der Psychoanalyse ergebenden Therapien, die sich seit einem Jahrhundert bewährt haben, in Vergessenheit zu geraten drohen oder ihr Wert nicht mehr erkannt wird. Wir möchten demgegenüber die Unentbehrlichkeit analytischer Konzepte für die stationäre Behandlung betonen und aufzeigen, wie das Verstehen der Biographie und das begrenzte Zulassen von Regression notwendige Voraussetzungen sind, um auch und gerade bei schwerer Gestörten progressive Prozesse einleiten zu können, wie passiv-rezeptive Haltungen conditio sine qua non für sinnvolles therapeutisches Handeln sind. Die Aufnahme in unsere Klinik erfolgt meist wegen bereits eingetretener regressiver Zustände unterschiedlichen Schweregrads, auf neurotischem, Borderline- oder psychotischem Struktur- und Funktionsniveau. Das Klinikmilieu entfaltet zusätzlich eine Wirkung eigener Art, die offenbar eine Voraussetzung für die ambulant nicht erreichbaren Heilerfolge darstellt. Man könnte sie mit einem Dampfkochtopf vergleichen, in dem unter Druck und Erhitzung Wasser zu Dampf wird, ein anderer psychischer Aggregatzustand eintritt, oder auch mit einem Biotop, in dem aus Urschlamm Lebendiges ausgebrütet wird. Die Mitarbeiter der Klinik sitzen im gleichen Topf und kochen und brüten mit. Mittels Empathie erleben sie, was die Patienten erleben, sind primär mit ihnen identifiziert, die Emotionen der Patienten bilden sich in der Gegenübertragung ab. Das sind Vorgänge, die zunächst unbewußt geschehen, die wir nicht machen, auf die wir initial keinen Einfluß haben.

In dieser Eröffnungsphase sind u.a. folgende Regressionswege zu beobachten:

Tab. 1

1. vom Jetzt zum Damals – (Übertragungsneurose)
2. von der psychischen Ebene zum Körpersymptom (Konversionssyndrome)
3. vom Objekt zum Selbst (Introspektion)
4. von der Separation zur Symbiose (Geborgenheit, Klinik als Schutz)
5. vom symbolischen zum konkretistischen Erleben (Wünsche nach Befriedigung und Verwöhnung)

Diese Formen ergeben sich aus Art und Tiefe der Störung des Patienten. Sie bewegen sich entlang einer Ordinate der individuellen intrapsychischen Entwicklung und zeigen die Fixierungspunkte sowie die bevorzugten Regressionswege und Abwehrstrategien auf. Sie bewegen sich auf der Stufe der therapeutisch erwünschten, positiven Regression, z. B. der Übertragung oder der Mitteilung des Konflikts in der Körpersprache (Konversion) oder der szenischen Darstellung des unbewältigten Konflikts.

Andere Formen von Regression beziehen sich mehr auf die horizontale Situation des Nebeneinanders vieler Menschen, der vielfachen Gruppen- und Großgruppensituationen in der Klinik und bewegen sich auf der Abszisse der Objektbeziehungen, der Zwei- und Mehr-Personen-Beziehungen.

Tab. 2

1. Pairing („Kurschatten")
2. Cliquenbildung (Peer-groups: angstvermeidend, stützend)
3. Landschulheimphänomen
   (pubertäre Erotisierung, Streiche, Übertretung der Hausordnung)

Bei diesen Patienten, die die Mehrzahl darstellen, ist eine reifere Struktur gegeben. Sie empfinden den Klinikrahmen als haltgebend und stützend, die Klinikatmosphäre als förderlich. (In der Diskussion wurde gesagt, daß für diese Fälle die Klinik eher ein Gewächshaus sei, mit günstigem, wohltemperiertem, reifungsförderndem Klima.) Das stationäre Setting stellt für diese Patienten die „für die Ich-Funktionen günstigen psychologischen Bedingungen" (Freud, 1937) her. Die begrenzten Regressionen, die wir vorfinden, werden von uns sorgfältig beachtet, und es wird versucht, sie als Ausdruck unbewältigter Konflikte zu verstehen. Es ist dabei wichtig, Übertragung und Gegenübertragung wahrzunehmen. In der Übertragungsneurose werden uns in der Phantasie die Rollen primärer Beziehungspersonen zugeschrieben, bei funktionellen Syndromen z. B. die der Mutter, die nur dann Zeit hatte, wenn man krank war. Von anderen werden Alter-ego-Funktionen oder bedürfnisbefriedigende Objekte ersehnt, und die Gegenübertragung schafft, solange sie unreflektiert bleibt, eine Geneigtheit, sich diesen Rollen entsprechend zu verhalten. In den

Gruppenregressionen geht es oft um spielerisches oder übermütiges Erproben von Autonomie, Testen der Grenzen, Trotz und Provokationen, manchmal auch von Bestrafung. Wir beziehen das gesamte Team ein und erfahren von Schwestern, insbesondere Nachtschwestern, Ergotherapeuten und anderen, „besondere Vorkommnisse", die häufig als szenische Darstellungen unbewältigter Konflikte verstanden werden können. Die biographisch-genetische Dimension pflegt sich deutlich darzustellen, das Verhalten ist oft rasch als Wiederholung biographischer, insbesondere traumatischer Ereignisse zu erkennen. Deren Rekonstruktion und Kenntnis ist insofern hilfreich, als das aktuelle Verhalten und die aktuelle Pathologie dann transparenter werden.

Vignette 1: Die Patientin hatte viel unternommen, um bei den widerstrebenden Kostenträgern die Aufnahme in die Klinik zu erreichen. Trotz vieler Hilfsangebote, Ermutigungen und positiver Konnotationen konnte sie nichts annehmen, blieb zurückgezogen im Zimmer, in gequält-depressiver Stimmung, meinte, sie hätte nicht kommen dürfen, wollte wieder abreisen. Ich gab sie nicht auf, sondern versuchte, ihr Erleben als regressive Wiederholung einer früheren realen Situation zu verstehen. Als ich ihr – aufgrund meiner Gegenübertragunsgefühle und auch von Informationen durch das Team – sagte, sie tue sich wohl schwer damit, sich etwas zu gönnen, als ob ihr Gutes nicht zustehe, änderte sich ihre Haltung. Sie wurde aktiv und interessiert und berichtete, daß sie als uneheliches Kind vom Vater ihrer Mutter verachtet und entwertet worden war, sich schämen und verstecken müsse und an keiner Freude teilnehmen dürfe. Die jetzige, als krankhaft-depressiv etikettierte emotionale Verfassung erwies sich als Wiederholung des damals in der Kindheit völlig adäquaten Erlebens. Es wurde dann zunächst in der Einzeltherapie möglich, die Verzerrungen ihres Erlebens und ihrer Fehlwahrnehmung und Umdeutung des Verhaltens anderer aufzuzeigen. Sie konnte zunehmend Kontakte aufnehmen und sich dann auch zu einer Gruppentherapie entschließen, die sie entscheidend weiterbrachte. In der Folgezeit kam die Patientin von selbst auf den Gedanken, sich ihren – bisher ebenfalls ihr nicht zustehenden – Wunsch, Nachforschungen nach ihrem leiblichen Vater anzustellen, endlich zu gönnen und zu erfüllen.

Mit diesen Patienten ist ganz überwiegend ein befriedigendes Arbeiten möglich, das in Zeiträumen von 6 Wochen bis 3 Monaten zu progressiven Entwicklungen führt. Die meisten Patienten sind dann wieder fähig, unter besseren Voraussetzungen in der Realität zu leben. Das stationäre Konzept der therapeutischen Nutzung der begrenzten Regression ist bei vielen ausreichend. Bei anderen entsteht der Wunsch nach ambulanter Fortsetzung der Therapie, deren Wert sie in der Klinik erfahren haben.

Da es sich bei etwa 30 % unserer Patienten um Psychosen, Borderline-Patienten und schwere Persönlichkeitsstörungen und bei weiteren 10-20 % um Psychosomatosen und körperlich Kranke handelt, kann von diesen Depression, paranoides Mißtrauen, Aggression, Autoaggression, Bedrohung, Angst und Hilflosigkeit ausgehen. Die Interaktionen und Prozesse bewegen sich dann auf archaischerem Level. Die in der Klinik gegebenen regressionsfördernden Faktoren können für diese Patienten zu einem regressiven Sog werden, der zu unerwünschten vertieften Formen von Regression führt:

Tab. 3

Regressionsfördernde Faktoren:

A. Förderung durch Kliniksetting

1. Verlust der triebregulierenden Über-Ich-Kontrolle und haltgebenden Stabilisierung durch Familie, Arbeit, gewohnten Lebensrahmen
2. Triebstimulierende Versuchungssituation in der Klinik
3. Großgruppensituation in der Klinik

B. Förderung durch Person oder Konzept des Therapeuten

1. Sehr gewährende, empathische, frustrationsvermeidende Haltung
2. Sehr passive, zu abstinente „analytische" Haltung
3. Zu langes Festhalten an diesen anfangs evtl. notwendigen Haltungen
4. Forcieren der freien Assoziation, keine strukturierenden Interventionen
5. Außerachtlassen der Realität (Elfenbeinturm)
6. Therapeutenentzug (Urlaub)

Die regressiveren Gefühle und Aktionen dieser Patienten induzieren bei den Mitarbeitern und Therapeuten analoge Gegenübertragungsgefühle, die, wenn sie abgewehrt und unbewußt bleiben, zum konkreten Agieren der entsprechenden Rollen führen können.

Tab. 4

Regressivere Übertragungen und Gegenübertragungen:

1. Archaische Übertragungsformen, bei denen wir zu idealisierten, nur guten oder zu nur schlechten Partialobjekten werden
2. Ich-Regression zur psychotischen Realitätsverzerrung, wobei wir z.B. zum Verfolger werden
3. Somatisierungen, durch die wir auf die Rolle des Nur-Mediziners regredieren sollen
4. Symbiosen mit oknophiler Anklammerung oder fötaler Harmonie (Klinik wird zum Uterus) oder philobatische Abwehr mit Flucht von uns weg in freundliche Weiten
5. Narzißtische Regression in egozentrische Anspruchshaltung, wobei wir ausgebeutet und dann entwertet werden „wie eine ausgequetschte Zitrone" (vgl. Kernberg, 1993)

Auch von diesen Patienten wird die Klinik überwiegend als haltgebender und schützender Rahmen erlebt. Durch die Einzeltherapie fühlen sie sich angenommen und ernst genommen, auch in den spontanen wie therapeutischen Gruppen finden sie Zuwendung. Kommen Sie aber schon mit einer malignen Regression in die Klinik oder ist eine Vertiefung hier nicht zu verhindern, so kann das vom Team als Traumatisierung erlebt werden. Es gerät dann in eine defensive Situation und muß etwas machen, um nicht in projektiv-identifikatorische Verstrickungen und Kollusionen hineingezogen zu werden, muß den regressiven Malstrom in den kontrollierten und progressiven Fluß des therapeutischen Prozesses in Richtung Heilung überleiten.

Die dazu nötigen einleitenden Schritte sind Abstand und Planung. Als ersten distanzierenden und abstrahierenden Schritt machen wir *Diagnosen*, d.h. wir versuchen uns durch multiaxiale Navigationssysteme (OPD) zu orientieren, um selber den klärenden Durchblick zu gewinnen, den der Patient verloren hat.

Als zweiten Schritt bilden wir Theorien und *Konzepte*, Ordnungs- und Koordinatensysteme, die für uns und den Patienten die Funktion haben, aus der Traumatisierung herauszukommen.

Wir schaffen uns Konzepte, die uns Distanz geben und uns damit die Abgrenzung gegen die Hilflosigkeit und Strukturlosigkeit der Patienten ermöglichen. Die gegebenen Konzepte müssen, um in dieser bedrohlicheren Situation hilfreich zu sein, auch eine defensive Funktion erfüllen: *Setting* nimmt dann auch die Bedeutung an: ich bin nur begrenzte Zeit mit ihm zusammen, *Abstinenz*: ich darf ihm und er mir nicht konkret nahekommen, *Übertragung* ich bin ja nicht persönlich gemeint, *Gegenübertragung*: es sind nicht meine Gefühle, sondern die des Patienten, *Therapeutische Ich-Spaltung*: ich nehme beobachtende Distanz ein, *Container*: ich bewahre die Probleme und Affekte des Patienten nur auf und gebe sie ihm entgiftet wieder usw., aber auch *Kognitive Methoden*, *Verhaltenstherapie*: ich wende mich an seinen Verstand und bin vor allem anderen sicher. Je gestörter, bedrohlicher oder verführerischer der Patient ist, desto notwendiger ist es, sich von ihm zu unterscheiden: Den weißen Kittel tragen wir jetzt innen. Unsere Konzepte müssen bei diesen schwierigeren Patienten zunächst einen defensiven Zug annehmen, um unsere therapeutische Handlungsfähigkeit zu erhalten. Wir vollziehen partiell ebenfalls eine den Patienten parallele, ausholende regressive Bewegung, um dann Progression zu ermöglichen: reculer pour mieux sauter.

Durch diese Patienten induziert, kann es in der Klinik auch zu potentiell maligneren Formen von Gruppen-Regressionen kommen.

Tab. 5

Malignere Formen von Gruppen-Regression:

Widerstandsgruppen

Klagen – Meckern – Sich-Beschweren

Destruktive Gegengruppen:

Identifizierung mit Provokateuren – Gegen-Regierung-
Unterschriftensammlungen – destruktives Agieren
– Trinkgelage

Gegen den dadurch bewirkten stärkeren Sog der Gruppenprozesse brauchen wir auch als Team stärkere Distanz, um das Bedrohliche zu binden. Wir schließen uns selbst in Gruppen zusammen und entwickeln eigene Gruppenkonzepte wie Fallkonferenzen, Balint-Gruppen, Supervisionen, die uns Schutz, Halt und Richtung geben. Als Team sind wir nicht mehr allein der Pathologie des Patienten und der Gefahr der Ansteckung ausgeliefert. Wir grenzen unser Revier gegen das der Patienten ab. Wir ziehen uns in unsere Konferenzräume wie in eine geschützte Höhle zurück, in die die bedrohlichen Patienten nicht eindringen dürfen, so daß wir Ruhe und Sicherheit gewinnen. Wir fahren gern weit weg und suchen in der Stammesgruppe des Fortbildungskongresses den Rat der Götter. Manchmal helfen nur Wallfahrten zu bestimmten, gerade im Trend liegenden Heiligen. Der Wert solcher Aktivitäten liegt in der Stärkung unseres therapeutischen Ich-Ideals, das uns Sicherheit und Überzeugungskraft gibt, so daß die Patienten sich mit uns und unserer Methode dann wieder besser identifizieren können. (Meine später noch drastischere ironische Darstellung bitte ich damit zu erklären und zu entschuldigen, daß Humor, Ironie, Sarkasmus durchaus hilfreiche progressive Bewältigungs- und Identifikationsmöglichkeiten gegen diese destruktiv-tragischen Regressionsformen darstellen.)

Ist die Pathologie noch schwerer, dann kann u.U. auch diese Auffanglinie der therapeutischen Meisterung mißlingen, und wir selbst und unsere Konzepte regressiver werden. „Der Kranke, der einen eifrigen Therapeuten dadurch frustriert, daß sein Zustand sich nicht bessert, ist immer in der Gefahr, auf ein primitives menschliches Verhalten zu stoßen, das als Therapie verkleidet ist" (Main, 1957). Eine Theorie z.B. der Borderline-Störung „wird dann zum Identitätsersatz, bewältigt fremde und eigene Ängste, fremdes und eigenes Chaos, wehrt drohende Depression ab. Das therapeutische Wissen wird zu einer rationalisierenden Abwehr einer eigenen tiefen Verunsicherung und Hilflosigkeit ..." (Trimborn, 1983). Auch bei den Gruppenprozessen des Teams kann Dekompensation eintreten. Die notwendigen und hilfreichen Formen der genannten Arbeitsgruppen können, wie Bion (1971) es beschrieben hat leicht, zu Abhängigen-, Fight/Flight-Gruppen oder anderen regredieren, und es können Züge der Freudschen ambivalenten Urhorde auftreten. Paul Federn hat den Begriff des Gruppen-Ichs eingeführt, und Parin und Morgenthaler (1971) haben später nachgewiesen, wie sehr die Ich-Funktionen des Individuums von der Umwelt abhängig sind und unter belastenden Gruppenvorgängen, wie sie im Klinikmilieu ausgeprägt vorhanden sind, auf Funktionsweisen des Gruppen-Ichs regredieren können. Auch bei uns kann es wie bei den Patienten zu Meckergruppen, Widerstandsgruppen und destruktiven Gruppenphänomenen kommen, bei denen der lebendige Kontakt mit den Emotionen des Patienten und dem Fluß des therapeutischen Prozesses verlorengeht. Wieweit und in welchen Formen wir regredieren, hängt ebenso wie bei den Patienten von Milieufaktoren ab, wird z. B. gefördert durch Kliniken mit einem großen Anteil von strukturgestörten, psychotischen und Borderline-Patienten oder durch zu wenige und überforderte Therapeuten ohne klare Konzepte und ausreichende Supervision.

Psychoanalytische Auffassungen der Regression

Tab. 6

Freuds drei Aspekte der Regression:

Topisch: entlang psychischer Systeme: Beispiel Schlaf:
- vom Bewußtsein zum Unterbewußtsein
- von der Motilität zur Wahrnehmung
- vom Handeln zum Träumen

Zeitlich: zu genetisch früheren Etappen:
- psychische Entkleidung:
  zeitlich spätere Erwerbungen (Kleider, Brille, falsche Zähne) werden abgelegt,
  fötale Körperhaltung wird wieder eingenommen

Formal: Ausdrucksformen früheren Niveaus:
- vom Sekundär- zum Primärvorgang

Regression zu Fixierungen:

Niederschrift der Vergangenheit
- des Individuums (Wiederholungszwang)
- wie der Menschheit (Phylogenese – Todestrieb)

Das psychoanalytische Konzept der Regression war von Anfang an von Kontroversen begleitet. Die erste Kontroverse ist die über das *Wesen der Regression. Freud* erkannte zwar an, daß sie an der Pathogenese und an vielen Lebensprozessen beteiligt ist, sah sie aber überwiegend als zerstörerische elementare Macht an. Schon bei Anna O. (1900) war er erschrocken, in den Studien (1895) beschreibt er regressive erotische Regungen als die gefährlichste Form des Widerstands und als große Gefahr für die analytische Kur. Später sprach er sogar vom organischen Faktor und sah (1920) die Regression als Symptom des Wiederholungszwangs und als Ausdruck des Todestriebs, des elementaren Triebs zur Rückkehr auf primitivere und letztlich auf unbelebte Zustände.

Die zweite Kontroverse ist die über den *therapeutischen Wert* der Regression. Freud erwähnt ihn explizit nur einmal (1914), als er rückblickend über Dora schreibt: „Erst nach einem langen Umweg, der über die früheste Kindheit der Patientin führte, wurde die Lösung auch des gegenwärtigen Konflikts erreicht." Er vergaß, daß schon Anna O. in ihrer Regression das Arbeitszimmer ihres Vaters szenisch dargestellt und damit ihr Trauma rekonstruiert hatte. Ernst Kris (1934) hatte dann die Idee von der Regression im Dienste des Ichs. „Im Traum hat das Ich die Zügel seiner Herrschaft gelockert, und die Arbeitsweise des Primärvorgangs gelangt zum Durchbruch, im Witz und in der Karikatur steht der Primärvorgang im Dienste des Ichs." Das Ich kann entweder von der Regression überwältigt werden oder sie benutzen, z.B. für eine künstlerische Schöpfung.

Die dritte Kontroverse ist die der *therapeutischen Verwendung* der Regression. Freuds Vorschlag, daß Phobiker sich der gefürchteten Situation aussetzen sollten, wurde von Ferenczi (1926) auf die ursprüngliche traumatische Situation erweitert; er wollte also die Regression aktiv und forciert fördern. Auf die dabei sich zeigenden regressiven Sehnsüchte, Wünsche und Bedürfnisse müsse man positiv eingehen, besonders wenn sich die zweite Phase des Traumas wiederhole, in der das Kind Trost und Verständnis suchte, die traumatisierenden Personen aber aus Schuldgefühl leugneten und sich verständnislos und gleichgültig zeigten. Die klassische abstinente Haltung Freuds wiederhole diese Haltung der Eltern und fixiere damit das traumatische Erleben. Die regressive Übertragung sei ein Beziehungsangebot des Patienten, das der Analytiker wie eine Mutter mitvollziehen müsse. Freud meinte, das helfe nur so lange, wie der

Analytiker jedem Wink des Patienten gehorche, und verhindere das Selbständigwerden des Patienten. Wie brisant das Thema war, erkennt man an seiner Bemerkung, es müsse ein Unterschied sein zwischen einer Analyse und einer Petting-Party. Die Analyse müsse in der Abstinenz und Entbehrung durchgeführt werden, nur die reife, zielgehemmte, positive Übertragung sei förderlich, nur die passive, objektive Haltung und das Deuten könnten wirklich helfen.

Tab. 7

Psychoanalytischer Umgang mit der Regression:

Freuds Einsichtstherapie:
- in Abstinenz und neutraler Haltung
- die ubw. Fixierungen und den Wiederholungszwang
- anhand der Übertragung erkennen und deuten

Ferenczis Erlebenstherapie:
- forcierte Regression auf das traumatische Erleben
- damalige Wünsche jetzt erfüllen
- körperliche Zuwendung
- Nutzung der Gegenübertragung

Eine vierte Kontroverse ist die, ob es sich bei der Regression um intrapsychische, subjektive oder um *interaktive objektbezogene* Vorgänge handelt. Während die Ich-Psychologie überwiegend eine Ein-Personen-Psychologie ist, beschreibt Michael Balint (1965) die Regression als Beziehungsvorgang. Das Trauma der Loslösung vom geliebten Urobjekt der primären Liebe und der Wunsch, den spannungs- und angstlosen Zustand der Urharmonie wiederherzustellen, führe zu spezifischen Regressionsformen: Der *Oknophile* sucht in der Anklammerung den Schutz und die Wonne des Gehaltenseins, verbunden mit ständiger Angst, das geliebte Objekt zu verlieren, der *Philobat* entflieht in die Elemente, muß freundliche Weiten zwischen sich und die Objekte legen, muß diese ständig wechseln und die Angstlust in akrobatischen Manövern suchen.

Die fünfte Kontroverse ist die zwischen *Benigner und Maligner Regression*. Balint formuliert das so: Bei den gutartigen Formen komme es gewöhnlich nur zu einer einzigen Regressionsperiode, mit dem Ziel des Erkanntwerdens und zum Neubeginn mit der Entdeckung neuer Möglichkeiten führend. Bei den bösartigen Formen komme es wiederholt zu „prekären oder tragischen Situationen", und es entwickle sich „eine Art gefährlicher Spirale: kaum ist das ‚Verlangen' des Patienten gestillt, erscheinen neue ‚Bedürfnisse', die Befriedigung fordern und schließlich zu suchtartigen Zuständen führen." Es komme dabei auch zum Zerfall des Vertrauens und der Arglosigkeit. Das Ziel sei Befriedigung durch äußere Handlung. Durch begrenztes Zulassen der Regression werde ein Neubeginn möglich.

Die Kontroversen blieben bestehen: Auf einem Panel (Calder, 1957) wurden die Folgen von zuwenig oder zuviel Regression bei Lehranalyanden untersucht: Bei Widerstand gegen die Regression komme es zu einer Fassade von Normalität, zu Als-ob-Phänomenen und einer Identifizierungssucht mit dem Lehranalytiker, bei zuviel Regression zur Widerstandsform des Proustian-Mood mit zu intensiver Wiederbelebung traumatischer Situationen und unbeendbaren Analysen. 1966 (vgl. Weinshel, 1966) kam es zu einer Spaltung in eine regressophile und eine regressophobe Partei. Die Regressophilen sahen die regressive Übertragungsneurose als das zentrale Vehikel der Therapie an, die Regressophoben fürchteten die Invasion der Regression in das therapeutische Bündnis und das Mitagieren des Analytikers. Die Regression hat für die Psychoanalyse „Janus-ähnlich ... zwei Gesichter. Das Mißlingen der Regression endet in Pathologie, wie es sich zeigt in den Neurosen und Psychosen, während die kontrollierte Regression mitwirkt an der Wiedererweckung des menschlichen Geistes und zu einigen seiner höchst originellen Ausdrücke führt" (Galler, 1981, S. 133-154). Die Meinungen reichen also von Verteufelung über verleugnende Nichtbeachtung bis zu begeistertem Darauf-Eingehen, was zeigt, daß es sich um elementare und potentiell bedrohliche Phänomene handelt.

Die Psychoanalyse kreist um das Feuer der Regression wie die Motte um das Licht, fasziniert, da es das Licht der Erkenntnis sein könnte, aber immer auch in der Angst, sich die Flügel zu verbrennen. Immerhin hat man doch gelernt, das Feuer zu zähmen. Nach Gonchar (1980) war man sich auf einem weiteren Panel einig, daß ein Analytiker fähig sein könne und müsse, schwere Regressionen auszuhalten und diese Patienten nicht fallenlassen dürfe. Solche Fälle dürften deshalb von der Ausbildung nicht ausgeschlossen werden.

Die Pro und Kontra hinsichtlich der Regression sind auch in unseren *stationär-klinischen Konzepten* enthalten. Der Fluß des therapeutischen Prozesses kann, wie oben beschrieben, gerade in der besonderen Atmosphäre der Klinik auch einmal zum Lavafluß werden, das Feuer, auf dem wir unsere Therapie kochen, kann uns oder die Klinik entflammen. Die Metapher des „burning out" von Therapeuten gebrauchen wir schon lange.

Ernst Simmel (1928) sah seine Berliner Klinik als erweiterte Person des Analytikers mit Mutter, Vater und Geschwistern an, sich selbst als zentrale Beziehungsperson. Er betrachtete zwar die regressive Übertragung als d i e Einweisungsindikation, ging aber in der Klinik aktiv dagegen an. „Das Pflegepersonal" sollte sich „vom Patienten nichts gefallen lassen", wurde täglich instruiert, bekam „Verhaltensmaßregeln". Die „berüchtigten" und „befürchteten Liebeshändel zwischen den Patienten untereinander und dem Personal" wurden „im Keim erkannt und analytisch abgebaut, der Übertragung wurde „jeder Ausweg auf die Umgebung systematisch abgesperrt", „Gebote und Verbote" sollten „das Agieren weitgehendst ... zurückdrängen" (S. 352-372). Der defensive Zug dieses aktiven Verhaltens scheint mir deutlich.

Georg Groddeck wollte die Widerstände mit Händen greifen, er massierte seine Patienten und fragte sie „Warum hast du dir das Bein gebrochen – du dir?" (Groddeck, 1983). Die Regression auf das ES, auf die Primärvorgänge war für ihn aber selbstverständliche Voraussetzung: „... über der Pforte des Satanariums steht: Laßt alle Logik schwinden." Er „hat die Ansicht, daß nur Lügen wahr sind. Er öffnet hiermit jeder Phantasie Tür und Tor" (Groddeck, 1918). Er ermöglichte Regression und nahm Winnicotts mütterliche Haltefunktion vorweg. Er sah alles als sexualisiertes ES an und deutete aktiv und direkt. Er glaubte aber nicht, daß der therapeutische Erfolg nur durch Aktivität machbar sei. *Nasamecu* hieß ein frühes Buch von ihm: Natura sanat, medicus curat. Er blieb bescheiden und sah Analysieren als dienenden Beruf an.

In der heutigen Diskussion über stationäre Therapie bricht die Angst vor der Regression immer wieder durch. Sie wird dann in die Nähe eines Schreckensszenarios gerückt, als iatrogener Artefakt, ja als „Kunstfehler" bezeichnet. Trimborn (1983, S. 204-236) z.B. hat den „Verdacht..., daß gerade das stationäre Setting ein Klima erzeugt, das die pathologischen Mechanismen der Borderline-Persönlichkeitsstörung mobilisiert" und damit in eine Ich-Desintegration, eine pathologische Regression führt, tiefer noch als die einfache passivbedürfnisbefriedigende Regression. Das Setting mit seinen Gruppenprozessen schaffe ein ideales Klima, primitive Objektbeziehungsmuster unverzüglich und rapide zu aktivieren. Die Spaltungs- und Externalisierungsprozesse der Borderline-Patienten führten zur existentiellen Angst und Bedrohung des Teams mit Konfusion und Identitätsverwirrung. Das Team fühle sich hilflos zerstörerischen Kräften ausgesetzt, suche hektisch nach anderen therapeutischen Konzepten. Es komme zum institutionalisierten Gegenübertragungsagieren, sich der Patienten und ihrer Probleme durch Ausstoßen und Abspalten zu entledigen, und zu einer zu intensiven therapeutischen Atmosphäre mit vermehrten Aktivitäten wie Manipulation, Kontrolle und Verfolgung bis hin zur therapeutischen Einkreisung der Patienten (Sadavoy, 1979). Die Verhältnisse, aus denen Trimborn diese maligne Dynamik ableitet, treffen sicher nur für wenige Kliniken zu, und es sind in der gleichen Situation progressivere Haltungen denkbar. Auch Bettighofer (1992, S. 225-239) z. B. sieht die maligne Regression bei Borderline-Patienten als das „Ergebnis einer Störung der Interaktion ... nach dem Muster einer Double-bind-Situation, die entsteht, wenn der Analytiker beginnt, seine eigene ambivalente Gegenübertragung auszuagieren und mit dem Patienten in eine schwer lösbare Übertragungs-Gegenübertragungs-Kollusion gerät." Er zeigt aber auch die Wege zur „Wiederherstellung eines konstruktiven Dialogs" auf. Janssen (1987) kennt ebenfalls die Gegenübertragungskrankheit der Teammitglieder. Einen Eindruck von den untergründigen Kräften, die auch hier integriert und gebändigt werden müssen, bekommt man beim Blick aus der Vogelperspektive: Das Essener Modell kann man in einer Perspektivenumkehr auch als eine keltische Fluchtburg sehen, als ein Festungsbauwerk mit Wall und Graben, wobei man nicht weiß, ob die Eingekreisten mehr Angst vor den sie umgebenden Feinden haben oder diese vor einem gefährlichen Ausbruch.

Zeitgemäße Entwicklungen

Zeitgemäße Entwicklungen fördern und verstärken bestimmte Haltungen und regressive Verhaltensformen. Der Verlust von Wertesystemen, die Auflösung von Familienstrukturen und anderes haben zu

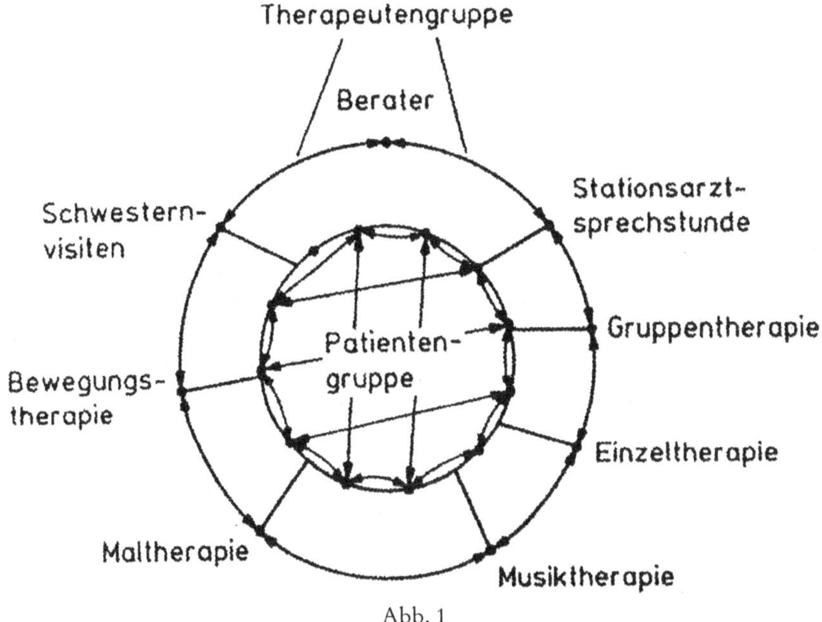

Abb. 1

einer Zunahme narzißtischer Strukturen geführt. Bei der jüngeren Generation von Kollegen, Verwaltern und Trägern erscheinen managerhaftes Manipulieren, Philobatie und andere narzißtische Abwehrformen, die Nähe zum Patienten sowie Einfühlung und Identifizierung zumindest erschweren.

In meiner Klinik sehen wir auch eine Zunahme von Verwahrlosungsstrukturen sowie schwerkranker Patienten überhaupt, was sich z. T. daraus erklärt, daß es inzwischen in unserem Ballungsgebiet viele niedergelassene Analytiker und Kollegen mit Zusatztitel gibt, die diejenigen weniger gestörten und besser motivierten Patienten ambulant behandeln, die früher ganz selbstverständlich in die Klinik kamen. Der Trend zur ambulanten Behandlung wird in der letzten Zeit durch Krankenkassen und Medizinischen Dienst, die gesetzlichen Vorgaben folgen, noch weiter gefördert und wirkt sich in einer Zunahme des Anteils schwerer gestörter Patienten in der Klinik mit spürbar vermehrtem archaisch-regressiven Druck aus.

Die Bürokratisierung und die Reglementierungswut der Deutschen haben die traditionelle Patient-Arzt-Beziehung verändert. Die

Patienten kommen nicht mehr nur als hilfesuchende und leidende Patienten, sondern erwarten ganz selbstverständlich Krankschreibungen, Rentenbefürwortungen und Atteste. Auch wir müssen ebenso selbstverständlich die Kostenträger mit Verlängerungsanträgen, die Qualitätssicherung mit Dokumentationen sowie viele andere Stellen und Behörden bedienen. So bringt uns der Zeitgeist dazu, von der Rolle des Arztes und Therapeuten zu der des peniblen Bürokraten, Buchhalters und Statistikenausfüllers zu regredieren, den lebendigen Fluß zur Schrift gerinnen zu lassen, Barrieren aus Papier zwischen uns und den Patienten aufzubauen. Wir sind gezwungen, vielleicht aber auch geneigt, mehr Zeit am sicheren Schreibtisch als im therapeutischen Kontakt mit dem Patienten zu verbringen. Das ist eine neuere Entwicklung, denn vor etwa 20 Jahren, zu Zeiten der therapeutischen Gemeinschaft und der Antipsychiatrie konnte man nicht nahe genug beim Patienten sein, wohnte mit ihm, wollte sich in keiner Weise von ihm unterscheiden, legte den weißen Kittel ab, solidarisierte und identifizierte sich mit ihm. Zeitgemäß ist es auch, cool zu sein, weg von der Empathie mit ihrem Sog, lieber steril sein, um sich nicht anstecken zu lassen, besser rationale Kühle als emotionales Chaos, je kognitiver desto besser. Die Beziehung wird „ent-emotionalisiert" und „desomatisiert", soll einen nicht mehr berühren, nicht mehr unter die Haut gehen, auch das im Gegensatz zu einem Jahrzehnt früher, wo man von allem tief berührt und „betroffen" zu sein hatte.

Der Zeitgeist fordert das Zählen und Messen. Wir bekommen dadurch ein sehr exaktes Bild vom Patienten in bezug auf das, was gerade gemessen wird, aber wir laufen durch diese Fokussierung auch Gefahr, das Ganze seiner Person nicht mehr zu sehen, und den Kontakt mit seinen ubw. Problemen zu verlieren. „Wer fragt, der bekommt Antworten – und sonst nichts", sagt M. Balint. Auch in der Forschung gilt z. Z. das Objektivierbare, Meßbare, das an einer möglichst großen Patientenzahl gewonnene Ergebnis als das einzig Gültige. Wir können damit zwar Diagnosen objektivieren und überindividuelle Gesetzmäßigkeiten erkennen, aber der einzelne Patient und sein persönliches Schicksal ist dabei nicht mehr erkennbar, die Patientenferne ist zum gültigen Maßstab erhoben. Kaiser (1996) spricht von der „Angst des Psychotherapieforschers vor dem konkreten Menschen". Die Erkenntnisse, die sich aus der Erzählung einer persönlichen Krankengeschichte ergeben, man denke an Freuds Studien über Hysterie, die Einzelfallforschung und das Junktim zwischen Forschen und Heilen (Freud, 1927), gehen dabei verloren (vgl. Leuzinger-Bohleber, 1995).

Freud selbst hatte ja schon ökonomische Prinzipien eingeführt, und von Anfang an sind die Dauer der Sitzung, das Honorar und die Wochenfrequenz festgelegte Meßwerte; und ob 3 oder 4 Mal pro Woche, hat für manche geradezu fundamentale Bedeutung. Das mathematisch-statistische Denken hat aber zeitbedingt sehr zugenommen. Alles wird heute in Zahlen und Koordinaten festgelegt, die Minutenwerte der Personalverordnung, die Punktwerte des EBM, die Ergebnisse der Psychotherapieforschung. Zahlen sind für Männer „wie Muttermilch" (Shapiro, 1994), sie spenden anal-narzißtisches Glück und sie können auch berauschen, die Lebensqualität wird mit möglichst großen Summen, dem Großen Los, gleichgesetzt. Gott ist ein Mathematiker (Budd, 1965) oder ein Börsenmanager, denn manche unserer Fachkongresse sind von der Börse und von Aktionärsversammlungen nicht mehr zu unterscheiden. Wie dort, sieht man nichts als Zahlen, Kurven, Tabellen, Säulen und Kreissegmente. Der wissenschaftliche Wert einer Klinik wird am Output wie der Ertragswert einer Immobilie gemessen. Als wissenschaftliche Arbeiten von Rang zählen nur in bestimmten Zeitschriften veröffentlichte, die wie Wertpapiere nach Triple A oder Double A kodifiziert sind, wobei die klassischen psychoanalytischen Zeitschriften sicher eher der geringen Bonität von Entwicklungsländern zugeordnet würden. Das Wallstreet-Journal der Psychotherapie ist das Buch von Grawe, in dem alle therapeutischen Verfahren börsennotiert sind, wobei der Erfolg einzig an der Zahl der positiven Veröffentlichungen, also an der „Dividendenausschüttung" gemessen wird. Regression klingt in dieser Denkweise wie Rezession – und darf nicht sein, da die Börsenkurse ja immer linear aufwärts steigen müssen. Die maligne Regression wird gefürchtet wie ein Börsencrash.

Der Glaube an die Technik, das Planbare, Manipulierbare und Machbare, der um die letzte Jahrhundertwende schon einmal triumphierte, ist wieder aufgelebt. Man braucht zwar manchmal Distanz, um planen zu können, der Patient ist dabei nur hinderlich, seine Interventionen störten schon Freud beim Denken, und die besten Deutungen und Therapiestrategien findet man abends am Schreibtisch. Wenn aber Konzepte nicht mehr in ihrer Relation zur Interaktion gesehen, sondern als rein technische Anweisung mißverstanden und Manuale als „Kochbuch" verwendet werden, kann man nicht mehr spüren, was der Patient fühlt und was er braucht. Nach den neuesten Verordnungen der Gesundheitspolitik wird der Reha-Patient zu einer reparierbaren Sache, die, wenn es nach 3 Wochen klingelt, das Fließband als qualitätsgesichertes und effizienzüberprüftes fertiges Therapieprodukt zu verlassen hat. Das therapeutische Konzept der Psychoanalyse wird mit dieser zunehmenden distanziert-technisch-manipulativen Haltung aber immer unvereinbarer (v. Goldacker, Ermann, 1996).

Die Dialektik von Regression und Progression, Verstehen und Machen

Es wäre gut, den zeitgemäßen therapiefeindlichen Trends die Zeitlosigkeit des unbewußten Erlebens und der Conditio humana entgegenzusetzen, den Paradigmenwechsel zum Mathematisch- Objektivierbaren und Technisch-Machbaren zu relativieren und durch andere Metaphern zu ergänzen. Wir vertreten als Therapeuten ein ganzes Spektrum von Rollen, vom Techniker, kühlen Beobachter und Wissenschaftler über Vater und Mutter der verschiedenen Entwicklungsstufen, bis zum Gärtner und Heger, die natürliche Ressourcen nutzen, um psychische Veränderung zu ermöglichen, und die auch wissen, daß das seine Zeit braucht (vgl. Henseler, Wegner, 1996). Die Prinzipien sollten sich dialektisch ergänzen. Freud empfahl, in träumerischer Haltung und mit gleichschwebender Aufmerksamkeit den Fluß oder See ruhig zu beobachten und fließen zu lassen, statt ihn gleich in einen betonierten Kanal zu zwingen, erst einmal das Geschehen zu registrieren, bevor man etwas damit macht. In der Klinik braucht man einen gewissen Sicherheitsabstand vom Ufer, und man braucht den Rückhalt des Teams und des gemeinsamen Konzepts. „Der Zustand träumerischen Nachdenkens, die Reverie des analytischen Paares, erfordert eine Situation der Intimität, die durch die analytische Technik gesichert sein muß" (Ogden, 1996, S. 883-897).

Es wäre auch gut, trotz notwendiger Abstrahierungen und Konstatierungen im Zwischenmedium Papier den emotionalen Kontakt zum Patienten zu behalten. Freud gab den Ratschlag, keine Aufzeichnungen zu machen, um sich ganz der gleichschwebenden Aufmerksamkeit überlassen und mit dem Ubw. in Kontakt bleiben zu können. Erst wenn man mit dem 3. Ohr lange genug hingehört hat, und dazu muß man in Hörweite bleiben, können einem Ideen kommen, was wohl zu machen wäre. Geschehenlassen und Machen sind dialektisch aufeinander bezogen. Auch die Verhaltenstherapie hat erkannt, daß als Vorbedingung für die Behandlung eine gute Beziehung mit dem Patienten hergestellt werden muß, genau wie Freud die milde positive Übertragung als günstigste Voraussetzung der Analyse ansah. (Auch das hat die VT von der PsA übernommen !) Der milden positiven Übertragung als gedeihlicher Bedingung für das Voranschreiten des analytischen Prozesses in der Einzeltherapie entspricht in der Klinik das „facilitating environment" (Winnicott, 1974). Man muß genug therapeutischen Raum schaffen für den Patienten und in sich selbst. Dazu gehört wiederum ein dialektischer Vorgang, ein Sich-hin-und-Herschwingen zwischen verschiedenen Einstellungen, zwischen Empathie und Reflexion, Identifizierung, Gegenübertragung und Distanzierung davon sowie die wichtigen analytischen Fähigkeiten zur Probe-Identifikation und zur therapeutischen Ich-Spaltung (vgl. Mitscherlich-Nielsen, 1970). Der sicheren Haltung des Therapeuten kommt dabei entscheidende Bedeutung zu. „Ein ausgewogenes Verhältnis von Gewähren und Versagen ist die Voraussetzung, seelisches Wachstum in Gang zu bringen." „Der gute Therapeut weiß die Herstellung und Aufrechterhaltung einer guten Beziehung von einer verwöhnenden Haltung zu unterscheiden, ... kann einen Unterschied machen zwischen Verstehen und Ermunterung zum Ausagieren, kann zugleich Annehmen und Grenzen setzen" (Klüwer, 1996, S. 169-173). „Der Therapeut sollte in der Lage sein, trotz des Druckes, der auf ihm lastet, ein gutes Gefühl für sich und seine Arbeit mit diesem Patienten zu bewahren. Das impliziert, daß er sich weder mit der Übertragung und den Objektbedürfnissen des Patienten noch mit seiner Gegenübertragung, ihm noch mehr geben zu müssen, identifiziert. Eine wichtige Voraussetzung ist auch, daß er selbst die Begrenztheit seiner therapeutischen Möglichkeiten erkannt und sich mit diesen Grenzen ausgesöhnt hat" (Bettighofer, 1991, S. 225-239). Unter diesen Voraussetzungen kann man die Regression zulassen und ihre Chancen therapeutisch nutzen (s. Tab. 8).

In den meisten Kliniken mit analytischem Background, so im Essener Modell von Janssen (1987, S. 57), wird Regression in einer integrativen Weise therapeutisch verwendet. Er hält „bei ausreichender Kontrolle der Gegenübertragung eine Bearbeitung der regressiven Prozesse im Hier und Jetzt für möglich und therapeutisch fruchtbar" und meint, daß der Erfolg jeder stationären Psychotherapie davon abhänge, „ob es gelingt, die regressiven Prozesse nutzbar zu machen."

Tab. 8

Chancen der Regression im stationären Setting:

1. diagnostisch:

Ubw. Konflikte, Entwicklungs- und Strukturniveau werden erkennbar:
- Übertragungsneurose, Agieren, szenische Darstellung, oder
- Spaltungsphänomene, paranoide Regression werden erkannt als damals sinnvoll und werden nicht mit Unverständnis, Ablehnung oder Disziplinarmaßnahmen beantwortet

2. therapeutisch:

Die sich im Wiederholungszwang darstellenden UBW. Konflikte
- können durchgearbeitet und aufgelöst werden

Traumen (erzwungene Regression)
- können intensiv emotional wiedererlebt werden (Katharsis)
- die Entwicklung kann an die Zeit davor anknüpfen
- nicht gut durchlaufene *Entwicklungsstadien* sowie *Strukturbildung* (Abgrenzung, Integration) können (im Ansatz) nachgeholt werden

Ermann (1982) arbeitet eine unterschiedliche Dynamik der Regression bei neurotisch und bei strukturell Ich-Gestörten heraus und zieht Konsequenzen für die Indikation und Behandlungsstrategie der stationären Behandlung. Für die neurotisch strukturierten sei eine zeitliche Begrenzung indiziert. Für die anderen ist es nötig, das Differenzierungsvermögen zu fördern, z.B. durch klar abgrenzbare Identitäten und Funktionen der Behandlergruppen sowie das Integrationsvermögen, indem das Team als einheitlich erlebt wird. Körner und Rosin (1992) sehen die zeitliche Regression als intrapsychischen Vorgang im Patienten, als die Rückkehr zu seinen Fixierungsstellen, die räumliche Regression als Versuch des Patienten, die therapeutische Beziehung im Sinne seiner Übertragung, geprägt von seinen inneren Konflikten, zu gestalten. Kernberg (1993) sieht bei Borderline-Patienten die paranoide Regression in der Übertragung zwar als eine schwere Form des Widerstands an, die aber tiefe und bedeutungsvolle Übertragungen anzeige, die gedeutet werden müßten und könnten. Das sind nur einige Beispiele dafür, wie heute in der klinischen Behandlung die Regression auf differenzierte und fruchtbare Weise therapeutisch verwendet wird. Es gelingt mit diesem Konzept, den Patienten, die einer direkten aktiven Beeinflussung nicht zugänglich sind, weil ubw. Konflikte und regressive Haltungen das verhindern, auf dem Umweg der begrenzten Regression wirksam zu helfen.

Wie unsere Erfahrungen zeigen, ist das auch bei strukturgestörten Patienten mit tragischen Schicksalen und schweren Traumatisierungen oft gut möglich. Es folgt eine Übersicht der dafür wichtigen therapeutischen Schritte und Haltungen (s. Tab. 9).

In unserem Konzept wird die Regression weder forciert noch gefördert. Wo sie vorhanden ist, wird sie gesehen und daraufhin untersucht, ob sie ein ursprünglich sinnvolles, jetzt aber inadäquates Verhalten darstellt. In unserer therapeutischen Arbeit wird die analytisch-rezeptive diagnostische Grundhaltung durch die progressive Möglichkeiten fördernden und auch aktiv grenzensetzenden Haltungen ergänzt. Wir sehen in positive Konnotationen und Wege aufzeigenden und ermutigenden Interventionen notwendige Elemente der angewandten Psychoanalyse in der stationären Behandlung, vor allem von schwerer Gestörten jedoch keine eigene Therapie, die die analytische Therapie ersetzen könnte oder ihr überlegen wäre. Mit unserer Methode, die auch unreifes regressives Verhalten eine Zeitlang aushält, ohne es gleich disziplinarisch oder durch Entlassung zu bestrafen, sind auch bei schwierigen Problempatienten oft erstaunliche Erfolge zu erzielen (vgl. Vignette 2). Grenzen werden gesetzt bei bedrohlichem destruktiven oder selbstdestruktiven Agieren sowie beim Ausbleiben progressiver Entwicklungen in einem vertretbareren Zeitraum.

Vignette 2: Der 24jährige Mann wirkte wie ein fettes aber unzufriedenes Baby. Er war immer passiv gewesen, sprach wenig, hatte kaum Kontakte, so daß an eine blande hebephrene Psychose gedacht worden war. Die überaktive Mutter hatte alles für ihn geregelt und übernommen, hatte auch sein Studium bestimmt, in dem er versagte. Sie hatte ebenfalls seine Aufnahme hier vorbereitet, mit so vielen bedrängend vorgebrachten Sonderwünschen und Forderungen, FAXen und Ultimaten, daß wir uns dachten, der Patient könne sich nur durch Trotz und Verweigerung gegen eine solche Mutter behaupten. Nach einiger Zeit fing er an, grob gegen die Hausordnung zu

Tab. 9

Von der Regression zur Progression:

Um die therapeutischen Chancen der Regression zu nutzen, muß man:
- die regressiven Bewegungen erkennen, verstehen und aushalten,
- die empathische Grundhaltung trotz aller Störungen beibehalten,
- gewährende und grenzensetzende Einstellungen jeweils abwägen.

Progressive Fortschritte kommen als Resultat der therapeutischen Arbeit,
- sind nicht manipulativ machbar.

Die Wahrnehmung und Kontrolle der Gegenübertragung ist entscheidend:
Regressive Gegenübertragungen mit Gefahr unauflösbarer Verstrickung:
- Mit- oder Gegen-Agieren
- Komplicenübertragung
- Kollusionen, Verschmelzungswünsche, Folie à deux

Regressive Rollenerwartungen an den Therapeuten mit Gefahr des Agierens:
- Bedürfnisse befriedigendes Objekt, Wunscherfüller, bessere Mutter
- konkreter realer Partner, Freund
- Staatsanwalt, Polizist, Verfolger

Die Anerkennung der Notwendigkeit von Regression
- als Bedingung für echte Progression (zirkulärer Prozeß) unterscheidet die analytisch orientierte
- von der kognitiven Therapie, Verhaltenstherapie u. a. (linearer Therapieplan)

verstoßen, erschien nicht zu den Behandlungsterminen, log unverschämt, ließ Fremde nachts durch sein Fenster einsteigen, beteiligte sich an Trinkereien und Ruhestörungen, störte in der Therapiegruppe durch arrogantes Schweigen. Die Patienten und das Team spalteten sich, es gab eine Law-and-order-Fraktion, die sofortige Entlassung und Ausgrenzung forderte, und eine andere, die wohlwollendes Verständnis mit einer Spur von klammheimlicher Sympathie zeigte. Der persönliche Therapeut hatte Hoffnung und plädierte für Geduld. Der Patient schlug in den folgenden Wochen einen positiven Entwicklungsweg ein. Wir verstanden, daß er hier erst die Flegeljahre nachholen mußte, um sich dann besser behaupten und echte Kontakte zum Therapeuten, zu Mitpatienten und erstmals auch zu einer Frau aufnehmen zu können, und sich dort gegen mütterliche Bevormundung zu wehren. Nach mehrmonatiger stationärer Behandlung konnte er schließlich bei der Mutter ausziehen und sich selbst einen Beruf suchen.

Für uns Therapeuten gilt, daß man aus der Regression auf die Spaltung zwischen den Regressophilen und Regressophoben oder den im Junktim mit der Therapie und den objektivierend Forschenden herauskommen sollte, insbesondere aus der Situation einer gegenseitigen Entwertung. Die Empathiebegabten und Regressionsgeneigten brauchen die Orientierung und das Korrektiv der überindividuellen Forschung und Konzeptualisierung. Die Statistiker und Mathematiker brauchen die Ressource der unmittelbaren emotionalen Erfahrung am und mit dem Patienten, sie brauchen die Narration der persönlichen Geschichte des einzelnen, die Erzählung statt der Zählung, die Fallvignette mit ihrer Darstellung des ubw. Konflikts und seiner Abwehr, den erlebten Behandlungsverlauf. Beide Haltungen sind notwendig und müssen sich ergänzen. Jeder kann von seiner Perspektive her dazu beitragen, die Psyche des Menschen kennenzulernen und psychotherapeutisch zu verändern – soweit das machbar ist. Denn schon Paracelsus sagte (und Groddeck erinnerte daran): „Natura sanat, medicus curat", die Natur – heute würden wir sagen: der therapeutische Prozeß – heilt, der Arzt kann nur die dafür günstigen Bedingungen herstellen. Das galt immer und gilt auch heute noch in den Zeiten der Zahlen- und Technik-Gläubigkeit sowie der professoralen und gesetzlichen Machbarkeitsverordnungen.

Literatur

Balint, M. (1968): Therapeutische Aspekte der Regression. Stuttgart: Klett.

Balint, M.(1959): Angstlust und Regression. Stuttgart: Klett.

Bettighofen, S. (1991): Maligne Regression als Resultat einer Kommunikationsstörung. In: Forum Psychanal., 7, S. 225-239.

Bion, W. R. (1971): Erfahrungen in Gruppen und andere Schriften. Stuttgart: Klett.

Budd, S. (1965): Gott ist ein Mathematiker. In: Ztschr. psa. Theorie und Praxis.

Calder, K. (1957): Technical aspects of regression during psychoanalysis (Panel-discussion). In: J. Am. Psa. Ass. 6, S. 552-559.

Danckwardt, J. F. (1996): DPV-Informationen, Nr. 19, S. 7.
Ermann, M. (1982): Ztschr. psychosomat. Med., 28, S. 176-188.
Freud, S. (1926): Hemmung, Symptom und Angst.
Freud, S. (1927): Nachwort zur Laienanalyse. G.W. XIV, S. 293-294.
v. Goldacker, Ermann, (1996): DPV-Informationen Nr. 19, S. 15 f.
Groddeck, G. (1917): Psychische Bedingtheit und psychoanalytische Behandlung organischer Leiden. Berlin: Hizzel.
Groddeck, G. (1918): Satanarium, Nr. 15.
Groddeck, G. (1983). Krankheit als Symbol. Hg. v. Helmut Siefert. Frankfurt/M.: Fischer TB.
Henseler, H.; Wegner, P. (Hg.): (1996): Psychoanalysen, die ihre Zeit brauchen. (2. Aufl.) Opladen: Westdeutscher Verlag.
Janssen, P. (1987): Psychoanalytische Therapie in der Klinik. Stuttgart: Klett-Cotta.
Kaiser, E. (1996): Die Angst des Psychotherapieforschers vor dem konkreten Menschen. Vortrag auf der Tagung der Akademie für PsA und Psth e.V., München.
Kernberg, O. (1993): Psychodynamische Therapie bei Borderline-Patienten. Bern: Hans Huber, S. 171 f.
Klüwer, R. (1996): Was ist eine gute Psychotherapeutin, was ist ein guter Psychotherapeut? In: Psychotherapie Forum, 4, S. 169-173.
Kris, E. (1934): Zur Psychologie der Karikatur. In: Imago, 10, S. 450-466.
Leuzinger-Bohleber, M. (1995): Die Einzelfallstudie als psychoanalytisches Forschungsinstrument. In: Psyche, 49, S. 434-480.
Loch, W. (1964): Über Begriffe und Methoden der Psychoanalyse. Bern: Huber (1975) S. 33-70.
Luft, H., Kutter, P., Schierer, M. (1991): Stationäre Therapie unter Anwendung des Konzepts des Basiskonflikts. In: Prax. Psychother. Psychosom., 36, S. 227-238.
Mitscherlich-Nielsen, M. (1970): Was macht einen guten Analytiker aus? In: Psyche, 24, S. 577-599.
Ogden, Th. H. (1996): Reconsidering three aspects of psychoanalytic technique. In: Int. Journal Psychoanal., 77, S. 883-897.
Parin, P., Morgenthaler, F., Parin-Matthey, G. (1971): Fürchte deinen Nächsten wie dich selbst. Frankfurt/M.: Suhrkamp.
Shapiro, (19) Männer sind wie fremde Länder.
Trimborn, W. (1983): Die Zerstörung des therapeutischen Raumes. Das Dilemma stationärer Therapie bei Borderline-Patienten. In: Psyche, S. 204-236.
Weinshel, E. (1966): Severe regressive states during analysis. In: J. Am. Psy. Ass., 14, S. 538-568.

Kundenorientierung in der stationären systemischen Therapie – vom Konzept des Versagens zum Konzept der Kompetenz

Michael Buscher

Eine Bitte vorab

Der folgende Text geht zurück auf einen Vortrag oder vielleicht besser: eine Erzählung. Die Idee, diese Erzählung nun Ihnen, liebe oder sehr geehrte Leserin, lieber oder sehr geehrter Leser, literarisch leicht gewandelt zur Verfügung zu stellen, bringt mich in ein Dilemma: Meine Vortragsgeschichte oder die Geschichte meines Vortrags läßt sich nicht wiederholen: Sie sind anders als meine damaligen ZuhörerInnen – und ich bin nicht mehr ganz der alte. Vielleicht können Sie etwas erschließen, von dem, was mir seinerzeit wichtig war; vielleicht erstarrt der Vortrag zum Text, so wie viele Geschichten unserer KlientInnen in unseren stationären Berichten zu erstarren drohen.

Stationäre Therapie hat – so wie ich sie verstehe – viel zu tun mit der Verflüssigung von Zuschreibungen und Texten in Geschichten. Klinische Kontexte verfügen über eine große Vielfalt potentieller GeschichtenerzählerInnen: In meinem kinder- und jugendpsychiatrischen Arbeitsfeld sind dies einerseits Kinder, ihre Geschwister, ihre Eltern und Großeltern, Verwandte, LehrerInnen und oft verschiedenste andere HelferInnen und andererseits Hausangestellte, Pförtner, Schwestern, Erzieher, Sekretärinnen, Verwaltungsangestellte, „Kostenträger", Physio- und Ergotherapeutinnen, Sozialarbeiter und – nicht zu vergessen – psychologische und ärztliche TherapeutInnen. Welche Geschichten öffentlich oder gar veröffentlicht werden, hat mit vielen Faktoren zu tun. Ob diese dann die bedeutsamsten oder gar „heilsamsten" Klinikgeschichten sind, ist keinesfalls sicher.

Meine Perspektive jedenfalls ist nur eine von vielen. Da ich mich redlich um meinen Vortrag bemüht und ihn dann letztendlich liebgewonnen habe, bitte ich Sie, liebe LeserIn, sich doch in die Rolle von

ZuhörerInnen zu imaginieren, die am Spätnachmittag eines ausgesprochen schönen Vorfrühlingstags den letzten einer Reihe von Vorträgen hören.

Die Überschriften sind nachträglich eingefügt, und ich beginne – hier auf die Grußworte verzichtend – mit meiner Anamnese und einem Geständnis gegenüber dem Veranstalter, Herrn Häckl:

Fall 1: Vom Wandel der Angst

„Da wir in einer Klinik mit systemischer Tradition geradezu gedrillt sind, den Zuweisungskontext differenziert zu hinterfragen – vor allem im sogenannten Erstkontakt – müßte ich Ihnen etwas Einblick geben in die Geschichte meines Vortrags.

Herr Häckl fragte mich vor etwa zwei Wochen, ob ich die Tatsache, daß mein doch recht prominenter Chef mich wenige Tage vorher um Übernahme seines Vortrags bat, eher als Chance oder als Belastung sähe. Ich habe damals – ich hoffe, Sie, Herr Häckl, sind mir nicht böse – nicht ganz die Wahrheit gesagt: Tapfer habe ich nämlich behauptet, daß es vor allem die Chance sei, die ich sähe; sonst – so meine damalige Begründung – hätte ich ja gar nicht zugesagt. Herr Häckl hat mich dann sehr fair behandelt und auf weitere Fragen verzichtet. Und ich konnte oder mußte also nicht davon erzählen, wie sehr ich mir in letzter Zeit wünschte, der in unserer Klinik grassierenden Grippewelle anheimzufallen – die für mich eleganteste Methode, die Vortragsangst zu bewältigen. Trotz ressourcenorientierter Ausbildung und Selbsterfahrung habe ich mich viele Abende in Problemtrance begeben – interessanterweise immer mit Blick auf Titel wie „Ressourcenorientiertes Arbeiten im Krankenhaus" oder „Vom Konzept des Versagens zum Konzept der Kompetenz".

Nun habe ich mich lange Zeit der Angst so hingebungsvoll zu Füßen gelegt, daß mir kaum die bei uns Systemikern so beliebten „positiven Konnotationen" meiner Krise einfielen. Bösartige außenstehende BeobachterInnen hätten vielleicht angemerkt, daß ich durch das Betonen meiner Belastung doch weitgehend von familiären Pflichten entlastet wurde.

Allmählich entstand durch Hinzuziehung verschiedener KlinikkollegInnen auch so etwas wie ein kleines Problemsystem. Ich spürte das Bemühen der HelferInnen, mich auf die Seite meiner Fähigkeiten zu ziehen, war aber, mit der Angst im Rücken, zunächst noch widerspenstig und schrieb verbissen und mit großem Ernst an meinem Vortragsskript.

Was mir letztlich geholfen hat, meinen Angstpegel zu reduzieren, kann ich schwer sagen: Möglicherweise war es ein strukureller Wandel. Meine Frau, Leidtragende meiner Hausarbeitsunfähigkeit, entschloß sich trotz aller Fürsorglichkeit, zu einer Fortbildung mit dem Thema „Frauenspezifische Beratung" zu fahren, so daß ich, mit unseren Kindern alleingelassen, wieder mehr in die wenig Raum fürs Jammern gebende Pflicht genommen war.

Vielleicht war es aber auch die Rückmeldung meiner Abteilungsärztin, mein ursprüngliches Skript sei zwar gut, lasse aber den Humor vermissen, den sie sonst von mir gewohnt sei. Außerdem erschiene ihr der Vortrag doch etwas „positiver" gefärbt als unser Alltag.

Ich habe mich also entschlossen, zu meiner Angst zu stehen, sie sogar – wie sie gemerkt haben – zu nutzen, um meinen Vortrag einzuleiten, aber sie mittlerweile auch etwas besser verstanden als Hinweis darauf, mich nicht allzusehr vermeintlichen Ansprüchen zu unterwerfen und Ihnen die Kinder- und Jugendpsychiatrie Viersen nicht als ein Land der Glückseligkeit anzupreisen.

Wenn ich Ihnen im folgenden von einem Konzept berichte, das auf die Fähigkeiten der Familien ebenso setzt wie auf die der MitarbeiterInnen, so will ich nicht leugnen, daß wir nach wie vor mit vielfältigen Widersprüchen leben und – wie ich es sehe – viel eher unterwegs als am Ziel sind. Unsere Klinik finden Sie am linken Niederrhein, unweit der niederländischen Grenze am Rande einer Kleinstadt. Mit über 200 Plätzen ist sie sicherlich ungewöhnlich groß. Die Größe unseres Einzugsbereich verlangt vielen Kindern und Familien, aber auch ihren Helfern weite Anfahrtswege ab und schränkt leider gemeindenahe Kooperation oder etwa aufsuchende Therapiekonzepte in erheblichem Maße ein. Sicherlich Strukturvorgaben, die besonders dort, wo wir überregionale Aufgaben übernehmen, zunächst mit Kundenorientierung wenig zu tun haben und eher dazu einladen könnten, ein Inseldasein abseits der Versorgungsnetze zu fristen.

Erfreulich ist, daß wir Familien alternativ ambulante, stationäre und tagesklinische Angebote machen können und auch über eine Eltern-Kind-Station verfügen, die ganze Familien für jeweils drei Wochen aufnehmen kann.

Fall 2: Die „behinderte" Abteilung

Mein eigener Arbeitsschwerpunkt liegt in der stationären Therapie von Kindern und Jugendlichen mit intellektuellen Behinderungen, die mit ihren Familien oder Heimen in Krisen oder Sackgassen geraten sind.

Als sogenannte Behindertenabteilung waren wir viele Jahre darauf spezialisiert, den schlechten Zustand unserer Abteilung zu beklagen, die Vernachlässigung durch die Fachbereichsleitung sowie die schlechteren Strukturvorgaben.

Abteilungskonferenzen gestalteten sich phasenweise als regelrechte Wettbewerbe in Sachen Bedürftigkeit, ohne daß sich etwas änderte.

Erst als wir – müde vom ewigen Klagen – den Blick von unseren Einschränkungen mehr auf unsere Fähigkeiten richteten, hat sich unser Abteilungsklima erheblich verbessert. Selbstverständlich löst Ressourcenorientierung keine „Ausstattungsprobleme" (Staub-Bernaconi, 1986), und zwar weder bei den Klienten noch in der Institution. Die Zahl der auffindbaren Ressourcen dürfte jedoch in der Regel viel höher sein, als dies in Problemsituationen zunächst ersichtlich ist (Schweitzer, 1995).

An dieser Stelle hatte ich ursprünglich vorgesehen, Ihnen Grundlegendes zur systemischen Therapie zu referieren, befürchtete dann allerdings, Sie damit eher zu langweilen – zumal das Wesentliche bereits gesagt ist. (Einen guten Überblick finden Sie im Lehrbuch der systemischen Therapie und Beratung von v. Schlippe und Schweitzer.)

Fall 3: Weniger „Therapie" als erste Hilfe

Anstelle dessen berichte ich Ihnen, nachdem ich zunächst den Fall eines ängstlichen Vortragenden und dann den einer behinderten Abteilung referiert habe, nun doch von einem „wirklichen Fall", in dem uns die Betreuerinnen eines Heimes um Unterstützung baten: Eine junge Frau mit einer geistigen Behinderung setze ihre Gruppe massiv unter Druck, da sie sich immer wieder die Arme aufschneide und bei Anforderungen zu heftigsten Wut- und Zornesausbrüchen neige.

Das Heim war außerordentlich engagiert und zu jeder Kooperation mit uns bereit: Man werde die junge Frau wieder zurücknehmen und wolle jederzeit an Beratungsgesprächen teilnehmen. Die Heimpsychologin habe schon eine Therapie durchgeführt. Man sei zu der

Überzeugung gekommen, daß die vielen Beziehungsabbrüche im Leben der Klientin traumatisierend gewirkt hätten. Man benötige also noch mehr Therapie und eine noch intensivere Aufarbeitung.

Wir empfanden unsererseits viel Respekt gegenüber der bislang geleisteten Arbeit, konnotierten allerdings die häufigen Wechsel im Leben unserer Klientin ein wenig anders: Vielleicht könnte man die vielen verschiedenen Heimaufenthalte auch als Schulung verstehen, wie man aus Sicht der Klientin Helfersysteme für eigene Interessen nutzen kann. Wir waren fasziniert von der Fähigkeit der Klientin, dies durchaus effektiv zu tun.

Unsere Hypothese erlaubte uns, über einige kreative Strategien nachzudenken: Zunächst entschlossen wir uns, die Klientin mehr, als sie dies offensichtlich gewohnt war, als Erwachsene anzusprechen. Dann machten wir ihr deutlich, daß Gewalt bei uns nicht hingenommen werde, und ich bastelte für sie eine Rot-Kreuz-Kiste mit allen Utensilien zur Wundversorgung bei Selbstverletzungen, die sie für alle Fälle, beispielsweise auf dem Weg zur Werkstatt, bei sich tragen solle. Unser Stationsteam fand dies Maßnahme zu hart und versorgte die Klientin mit einer Sporttasche, in der sie die Notfallkiste verstecken konnte. Die junge Frau verzichtete von da an sowohl auf Fremd- als auch auf Autoaggressionen und schrieb mir – unterstützt durch ihre Psychologin – einige Monate nach der Entlassung einen Brief: Sie denke noch oft an uns. Bei ihr habe sich viel verändert, sie wolle mir jetzt aber doch einmal mitteilen, das sie mich häufig auf den Arm genommen habe. Mittlerweile wurde ihrem Status als erwachsener Frau in Heim und Werkstatt mehr Rechnung getragen.

Sicherlich hätte man manches – die Aufnahme liegt nun Jahre zurück – anders (vielleicht weniger direktiv; wider den „therapeutischen Macho") tun können; was ich aber nach wie vor eindrucksvoll finde, ist, welch nützliche Optionen die Hinwendung auf die Fähigkeiten der Klientin eröffnete – einer Klientin, die am Ende sogar in der Lage war, einen schon damals etwas übergewichtigen Therapeuten „auf den Arm zu nehmen".

Anmerkungen zur stationären systemischen Therapie

Anders als früher vermeiden wir heute das Wort Familientherapie, weil es nach unseren Erfahrungen bei Familien oder anderen Beteiligten die Vorstellung auslöst, als sei nicht nur der jeweilige Klient defekt, sondern nunmehr die ganze Familie, als sei die Familie der eigentliche Krankheitserreger. Schließlich impliziert der Begriff der Familientherapie nur unzureichend die Notwendigkeit eines Rückblicks auf den eigenen Standpunkt, auf den Kontext des Beobachters.

Die systemische Therapie (ein übrigens gleichfalls diskussionswürdiger Terminus) gibt es nicht, auch nicht in unserem Hause; die Kolleginnen und Kollegen orientieren sich an unterschiedlichen Modellen und entwickeln natürlich ihre Eigenarten.

Im Selbstverständnis der Klinik stellt die systemische „Ausrichtung den Rahmen dar, innerhalb dessen der einzelne seine persönlichen therapeutischen Akzente setzen und seine individuellen Stärken realisieren kann, ohne daß insgesamt ein irrelevantes therapeutisches Konglomerat entsteht" (Rotthaus, 1991).

Systemische Therapie wird bei uns multiprofessionell von PsychologInnen und ÄrztInnen gleichermaßen betrieben, PsychologInnen leiten wie ÄrztInnen Stationen, viele der psychologischen KollegInnen sind selbst systemische Ausbilder – oft auch von ÄrztInnen, die später allein aufgrund der Strukturvorgaben des Krankenhauses ihre OberärztInnen oder ChefInnen werden.

Eine große Ressource klinischer Kontexte ist die Vielfalt der dort vorhandenen Perspektiven, die sich beispielsweise in Kotherapie ebenso nutzen läßt wie in einem Reflexionsteam, dem mehrere oder gar alle TherapeutInnen der Abteilung angehören. Dabei liegt es ganz wesentlich in der Verantwortung der jeweils zuständigen TherapeutIn, die Art und Weise der Hilfestellung zu bestimmen, die ihr nützlich erscheint. Selbstverständlich ist für solche gemeinsamen Suchprozesse externe Supervision hilfreich, wenn nicht gar notwendig.

Der Veränderungsprozeß in unserer Klinik basiert – und das erscheint mir sehr wichtig – nicht nur auf den Reformimpulsen der TherapeutInnen. Das Gesicht der Klinik wird ganz wesentlich geprägt durch die Fähigkeiten auch anderer Mitarbeiterinnen und Mitarbeiter, von denen ich hier stellvertretend den Pflege- und Erziehungsdienst erwähne.

Ich finde es außerordentlich angenehm, daß wir zu einer guten Kooperation gefunden haben, ohne die ein Arbeiten in der Kinder- und Jugendpsychiatrie nicht möglich wäre. Diese Kooperation basiert auf sehr sorgfältig organisierten Dialogen, der Übernahme von Verantwortlichkeit auf allen Seiten und dem Respekt für die Fähigkeiten der jeweils anderen Berufsgruppe. Eine der wichtigsten Aufgaben von Leitung ist, den größtmöglichen Spielraum für eigenverantwortliches Handeln bereitzustellen.

Kundenorientierung heißt auch, sich kundig machen

Was meinen wir nun mit Kundenorientierung? Wie kommen unsere Kunden auf uns zu? Und wie kommen wir ihnen entgegen?

Wenn wir von Kundenorientierung sprechen, gehen wir zunächst einmal davon aus, Anbieter einer Dienstleistung zu sein, deren Annahme in das Ermessen unserer Kunden gestellt ist. Der Begriff der Kundenorientierung kann uns Hilfe sein, dem Sog in die Überverantwortlichkeit zu widerstehen, der sich gerade in stationären Einrichtungen gerne einstellt und insbesondere medizinisch ausgebildete HelferInnen erfaßt.

In welche Sackgassen diese Überverantwortlichkeit führt, sei an einem von mir mitverantworteten Beispiel erläutert:

Ein in unserer Klinik seit Jahren lebender sehr gewaltbereiter Junge zeigte sich nach Wochenendbeurlaubungen zu den Adoptiveltern suizidal. Nach sorgfältiger Überlegung kamen wir zu der Überzeugung, daß der Junge von seinem „psychisch kranken" Adoptivvater ganz massiv in dessen Ängste und „paranoide" Ideen verwickelt wurde. Als der Vater ankündigte, den Jungen gegen unseren dringlichen Rat nach Hause zu holen, vereinbarten wir mit dem Gericht für diesen Fall den Sorgerechtsentzug.

Durch einen Zufall wechselte nun der zuständige Richter: Sein Kollege hielt sich nicht an die Vereinbarung und zwang uns somit zu neuen Überlegungen.

Wir entschlossen uns zu einem „therapeutischen" Brief an die Adoptiveltern, in dem mit etwas mehr Abstand und wertschätzend verschiedene Positionen eines Supervisionsteams mitgeteilt wurden. Die Situation entspannte sich; die Adoptiveltern blieben dabei, ihren Jungen nach Hause zu nehmen, wo er nun wieder seit Jahren lebt – nicht ohne Probleme, aber die gab es bei uns auch.

> „Der Begriff" der Kundenorientierung „markiert also den Schritt des Helfers zurück auf eine Position größerer Bescheidenheit und hin zu der Überlegung, wer denn der Auftraggeber und was der Auftrag für seine Tätigkeit sei" (Rotthaus, 1996).

Wir haben bittere Erfahrungen mit monatelang stagnierenden Entwicklungen, an deren Ende wir erst bemerkten, daß unsere wohlgemeinten Bemühungen allein deshalb erfolglos blieben, weil es außer uns niemanden gab, der etwas wollte.

Die Indikationsstellung für eine stationäre Aufnahme ist für uns „Verhandlungssache", da sich die Aufnahmeentscheidung aus einem Interaktionsprozeß zwischen Familie bzw. anderweitigem Auftraggeber (Vormund, Jugendamt, Heim) und Klinik auf der Basis eines Dialogs über institutionelle Vorgaben und subjektiven „Bedarf" der Kunden entwickelt.

Dies bedeutet letztlich auch, daß ärztliche Einweisungen „nicht sinnvollerweise das entscheidende Kriterium" (Rotthaus, 1991) für Aufnahmen sein können. Zu einer verantwortlichen Entscheidung zur Aufnahme gehört ein offener Informationsaustausch. Kundenorientierung heißt demnach, die KlientInnen zu Erkundungen unseres Kontextes zu ermuntern und sich neugierig kundig zu machen über ihre Landkarten und Wegbeschreibungen. Was bedeutet für die Klienten die Vorstellung in der Klinik? Wer wollte sie am meisten, wer am wenigsten? Welche Erfahrungen bestehen mit psychosozialen HelferInnen, was war hilfreich und was nicht? Was denken die Familienmitglieder über eine Aufnahme? Was wollen die Helfer? Wer schickt wen? Wer wünscht Therapie? Wer will Kontrolle? Wer hält sich zurück? Welche „Nebenwirkungen" werden von wem befürchtet?

Wir selbst können uns fragen, was uns die Vorstellung des KlientInnen bedeutet? Wer nimmt auf uns Einfluß? Welche Vor-Urteile haben wir, und wie bringen wir sie zur Sprache? Wie sorgen wir für unser Wohlbefinden? Meinen wir Einladungen ernst? Wie fragen wir? Wer richtet unsere Neugier? Wie finden wir zu einer Sprache der Verantwortlichkeit? Wie schützen wir uns vor Überforderung?

All diese Fragen erleichtern uns, das, was zwischen den KlientInnen und uns zum Zeitpunkt der „Ankopplung" an die Klinik geschieht, besser zu verstehen und damit angemessener auf die Anliegen der KlientInnen einzugehen.

Dazu einige Beispiele:

Zurückhaltung muß nicht unbedingt nur Widerstand sein: Viele Familien formulieren als zentrale Regel, daß Interaktionen mit Außenstehenden eher schlecht seien und daß das, was in der Familie passiert, niemanden etwas angeht: Respektierung dieser Regel könnten wir leicht als Verweigerung mißverstehen und übersehen, daß sie Ausdruck von Loyalität ist.

Noch komplizierter und klärungsbedürftiger wird die Situation, wenn diese Regel nur in einem Teil des Herkunftssystems gilt, in einem anderen jedoch nicht.

Andere Familien sind verstrickt in „leidenschaftliche" Beziehungen mit Helfersystemen: Im Erstgespräch „explodierte" kürzlich ein Pflegevater, als ich ihm eine mir harmlos erscheinende Frage stellte. Der Mann erklärte mir dann, daß er gewohnt sei, von Helfern (sei es nun ein Amt oder der Familientherapeut) stets nur auf sein Versagen hin betrachtet zu werden. Durch meine Frage habe er sich wieder in die alte Position hineingedrängt gefühlt. Ohne diese zusätzliche Information hätte ich allzu leicht die Kooperationsbereitschaft des Pflegevaters in Frage gestellt. Wie sich später herausstellte, war gerade die Beziehung der Familie zum Helfersystem entscheidend für die Stagnation in der Entwicklung des betroffenen Kindes.

In wiederum anderen Systemen hat die Aufnahmeentscheidung eine ganz besondere Brisanz: Wenn bereits ein Familienmitglied zu einem früheren Zeitpunkt stationär behandelt wurde, wird dessen Geschichte die neue beeinflussen. Beispielsweise geraten viele Familien mit pubertierenden Pflegekindern, deren leibliche Eltern als psychisch krank galten, in Krisen. Die Aufnahme kann dann als Bestätigung verstanden werden, daß das Kind an der gleichen Krankheit leide wie die Mutter, und andere Lösungswege versperren.

Häufig ist weniger mehr: Kürzlich wurde uns das Kind einer alleinerziehende Mutter „vorgestellt", von der es hieß, sie könne die Erziehung ihres Kindes nicht mehr bewältigen. Die Symptomatik hätte sicher zu einer von den Kassen tolerierten Indikationsstellung zur Aufnahme gereicht. Vier verschiedene Helfersysteme waren beteiligt. Interessant erschien uns eine Nebenbemerkung, daß nämlich die Mutter immer dann entscheidende Schritte gegangen sei, wenn die Helfer sich zurückzogen. Indikation zur Aufnahme oder nicht?

Oft wird man zu alten Spielen eingeladen: Wenn es die Großeltern sind, die zur Aufnahme drängen, weil sie sich Sorgen um ihre Enkelkinder machen und eine Nacherziehung der Eltern wünschen, welche Chancen haben wir dann, nicht zu hilflosen Alternativgroßeltern zu werden; und wie steht es mit dem Druck durch Schulen, Ämter?

Manchmal geht es um etwas anderes: Ein Jugendamt bittet um stationäre Diagnostik. Die Eltern seien aber keinesfalls in der Lage, öfters zu Gesprächen zu kommen. Bei genauerem Hinhören ergibt sich, daß der Jugendamtskollege längst davon überzeugt ist, daß eine Heimunterbringung notfalls per Sorgerechtsentzug ansteht, er aber gerne die Verantwortung für diesen Schritt an uns delegiert hätte.

Nähme das Jugendamt offen eine Position der Kontrolle ein, so sähen wir wesentlich größere Therapiechancen. Beispielsweise ließe sich an der Frage arbeiten, wie man das Jugendamt von etwas anderem überzeugen oder gar „loswerden" kann.

Folgt man de Shazer (1989), lassen sich KlientInnen in drei Gruppen einteilen: in Besucher, die im Therapiezimmer sitzen und scheinbar keine Beschwerden haben. Sie wirken geschickt oder mitgenommen. Die Person mit der eigentlichen Beschwerde sei oft gar nicht anwesend. De Shazer empfiehlt hier Freundlichkeit, Komplimente und ein Ausschau-Halten nach dem, was funktioniert, jedenfalls keine Aufgaben. Mir erscheint übrigens sehr nachvollziehbar, daß Herr Häckl hier einen Kurzaufenthalt zum Kennenlernen anbietet.

Sogenannte Klagende haben zwar eine Beschwerde, erwarten aber die Lösung von außen. Stationär könnte man diesen KlientInnen Diagnostik mit dem Auftrag anbieten, darauf zu achten, was für sie hilfreich ist.

Kunden wollen darüber hinaus etwas gegen ihre Probleme unternehmen.

Wie sich KlientInnen jedoch in der Begegnung mit uns zeigen, ob sie sich als KundInnen zu erkennen geben, wird letztlich auch mitbestimmt durch die Art und Weise, wie wir die ersten Kontakte gestalten, wie wir uns erkundigen.

Seit vielen Jahren betreiben wir hohen Aufwand bei der Vorbereitung stationärer Aufnahmen: wenn eben möglich, vermeiden wir Notaufnahmen; sind sie unvermeidlich, beschränken wir sie meist auf wenige Tage.

Sich auf die Geschwindigkeitsvorgaben der Anfrager einzulassen, erwies sich in den seltensten Fällen sowohl für uns als auch die KlientInnen als hilfreich.

Diejenigen, die eine stationäre Aufnahme wünschen, laden wir zu einem oder mehreren Gesprächen mit offenem Ausgang ein. Von uns aus nehmen meist eine AmbulanztherapeutIn, ein oder zwei stationäre TherapeutInnen sowie die potentiell zuständige MitarbeiterIn des Pflege- und Erziehungsdienstes teil. Die Aufnahmeentscheidung treffen wir unsererseits übrigens erst, wenn die jeweilige RepräsentantIn des Pflegeteams zustimmt. Meist sehen wir die ganze Familie, bestehen darauf, zumindest diejenigen kennenzulernen, die die Verantwortung für die Kinder tragen.

Mögliche Optionen dieser Gespräche sind die Begrenzung auf einen Kontakt ohne Aufnahmeentscheidung, die Vereinbarung bezüglich weiterer Klärungsgespräche, die Entscheidung zu einer ambulanten Therapie sowie die stationäre Aufnahme.

Die Suche nach Lösungen

Ziel der Vorgespräche ist letztlich, neben der bereits erwähnten Erkundung des Zuweisungskontextes, die Formulierung eines Auftrags für den Klinikaufenthalt durch die Familie. Dabei sind wir uns darüber im klaren, daß dies zunächst für die Familie schwer ist: Familien, die ihre Auftragslagen geklärt haben, scheinen mir eher selten psychiatrische Kliniken aufzusuchen. Dennoch: die Frage nach Aufträgen und Zielen unterstützt die Hinwendung zu Lösungen und bricht ein Muster zunehmender Pathologisierung auf. Lösungsorientierung bedeutet allerdings nicht Lösungsfanatismus. Uns erscheint durchaus lohnenswert, mit den KlientInnen auch Problemmuster zu würdigen und daraufhin zu überprüfen, welche Lösungsstrategien und Loyalitäten sich in diesen Mustern zeigen. Schmidt (1996) spricht in diesem Zusammenhang von der „Balance der Lösungsorientierung mit einer Analyse der Problemmuster", empfiehlt allerdings, stets mit der Hinwendung auf die Lösung zu beginnen.

Stationäre „Unterbringung" wird gerade in der Arbeit mit Kindern häufig als letzter Ausweg angesehen. Sie stellt dann den Endpunkt einer Entwicklung des vermeintlichen Versagens sowohl auf der Seite der Familien als auch der Helfer dar. Die Ausweitung ambulanter Angebote wirkt im Hinblick auf die Attribuierung von Inkompetenz und Pathologie für stationäre KlientInnen verstärkend, da es ja nunmehr nur noch die „wirklich schwersten Fälle" sein können, die den Klinikaufenthalt benötigen. Vorausgegangen sind meist mehrere Versuche, mit der schwierigen Situation zurechtzukommen, an deren Ende Hoffnungslosigkeit und nicht selten gegenseitige Schuldzuweisungen stehen.

Wenn unsere KlientInnen und wir den stationären Behandlungsrahmen vor allem als einen Kontext der Inkompetenz definieren, werden wir gemeinsam unweigerlich diesen Vorannahmen folgen. Die Alltagstrance des Versagens wird Eltern nur schwer gutgemeinten Vorschlägen stationärer Mitarbeiter folgen lassen: Sie werden eher als Enthüllungen weiteren Versagens verstanden. Je mehr MitarbeiterInnen sich sicher sind, daß Eltern unmotiviert sind, desto mehr Anzeichen werden sie sehen, die ihre Vorannahmen bestätigen.

Es muß uns also darum gehen, die Klienten darin zu unterstützen, dem Phänomen der stationären Unterbringung einen anderen Sinn zu geben; nach einer „Möglichkeit des ‚Umdeutens' zu suchen – nicht nur das jeweilige Problem umdeuten, sondern die gesamte Erfahrung der stationären Behandlung in einen anderen Rahmen stellen –, einer Umdeutung, die die Möglichkeit vergrößert, daß sich Klienten als erfolgreich und kompetent erleben" (Durrant, 1996).

Häufig ergeben sich bereits als positiv empfundene Veränderungen zwischen Anmeldung und Erstgespräch; uns interessiert, welche Vorstellung die Familie über diese Veränderungen hat. Es ist uns wichtig, der Familie ein Kompliment für ihr Kommen zu machen. Wir halten das für eine Leistung, bei all den bekannten Vorurteilen. Wir erkennen an, daß GesprächsteilnehmerInnen Schwierigkeiten auf sich genommen haben, um dabeisein zu können. Wir geben den Familien viel Zeit, im Erstgespräch mindestens anderthalb Stunden, und versuchen Raum zu geben für die Themen der Familien. Wir folgen keinem Explorations- oder Anamneseschema. Wenn wir anamnestische Fragen stellen, interessieren uns vor allem die Geschichten und deren Bedeutungen für die Familie.

Gerade auch im Umgang mit Familien mit behinderten Kindern, vermeiden wir eine Sprache, die ausschließlich auf den Defekt abzielt. Wenn von Mangelgeburt und Risikokind die Rede ist, fragen wir nach der besonderen Überlebenskraft des Kindes. Wenn ein behindertes Kind erst mit zwei Jahren laufen lernt, kann man die Erzählung bei der Verzögerung beenden. Fragen wir aber, wie die es Mutter geschafft hat, das Kind trotz seiner Einschränkungen schon mit zwei Jahren zum Laufen zu bringen, wird sich der Dialog verändern.

Wenn eine Jugendliche Gewalt und Übergriffe erfahren hat, interessieren uns nicht nur die Wutausbrüche, derentwegen sie geschickt wird, sondern auch ihre Fähigkeiten, all die Verletzungen zu überleben.

Uns interessiert, was in den Familien gut geht; wann es Ausnahmen gibt vom „Problemverhalten" und wie die Familie andere Krisen bewältigt hat.

Wir bitten gelegentlich unsere Klienten um eine Selbsteinschätzung auf einer Skala zwischen 0 und 10, wobei 0 die Ausgangslage und 10 das Ziel markiert. Während wir früher bei einer Einschätzung von beispielsweise drei, unser diagnostisches Interesse vor allem auf das richteten, was zwischen drei und zehn fehlte, fokussieren wir mittlerweile neugierig das, was zwischen null und drei geschehen ist, oder präziser, mit welchen Fähigkeiten KlientInnen diesen Weg gegangen sind.

Von Beginn an bemühen wir uns, alle Beteiligten in das Gespräch einzubeziehen. Gerade bei Kindern und Jugendlichen mit intellektuellen Behinderungen neigen wir – vielleicht die eigene kommunikative Behinderung im Umgang mit diesen Menschen spürend – dazu, mehr über sie als mit ihnen zu sprechen. Ähnliches gilt für sogenannte psychotische Klienten.

Retzer (1994) spricht von der Notwendigkeit der „Wiedereinführung des Exkommunizierten in Kommunikation."

Ich begleite zur Zeit eine junge Frau mit einer spastischen Parese und einer geistigen Behinderung, die zu uns kam mit der Diagnose „Paranoide Psychose": Sie lebe – so hieß es – völlig in einer Traumwelt, könne sich nur wirr äußern, wenn überhaupt. Am besten unterhalte man sich ohne sie.

Wir haben uns entschlossen, die Klientin von Beginn an mit Geduld in das Gespräch einzubeziehen, und ihr gegenüber signalisiert, daß es offensichtlich für sie im Moment wichtig sei, für uns unverständliche Ideen zu haben. Wir seien interessiert, mehr zu verstehen. Im weiteren Gespräch mit der Familie reagierte die Klientin jeweils heftig und auf ihre Weise kompetent, wenn für sie brisante Themen angesprochen wurden: die anstehende Ablösung von zu Hause, der Wechsel in die Werkstatt, ihre Auseinandersetzung mit ihrer Behinderung, ihr Kampf mit den Pflegeeltern etc. Auch im weiteren Verlauf zeigte sie stets ein außergewöhnliches Interesse an gemeinsamen Familiengesprächen.

Kundenorientierung heißt für uns auch, daß die Familie verantwortlich für ihr Familienleben bleibt und die Eltern unverändert die Verantwortung für ihre Kinder tragen. Sie entscheiden über den Zeitpunkt der Aufnahme und der Entlassung, sie werden in alle wichtigen Entscheidungen einbezogen. Wir würden unseren Kunden – und auch uns selbst – einen Bärendienst erweisen, wenn wir als die vermeintlich besseren Eltern die Kinder – häufig ohnehin triangulationserfahren – in neue Loyalitätskonflikte stürzten.

Vorschaltgespräche müssen dementsprechend auch dem Ziel einer Ankopplung zwischen BezugsbetreuerIn und Eltern dienen, die die BezugsbetreuerIn in die Lage versetzt, als Delegierte der Eltern in der Klinik handlungsfähig zu bleiben. Der Austausch BezugsbetreuerIn – Elternhaus geschieht dann über das Familiengespräch hinaus: Gibt es Schwierigkeiten auf der Station wie beispielsweise eine aggressive Eskalation, so wenden sich die BetreuerInnen unmittelbar an die Eltern mit der Bitte um Hilfe und Entscheidung. Leider noch etwas seltener sind die Anrufe, die einen besonderen Erfolg ankündigen. Ich will nicht verschweigen, daß ein wertschätzender Umgang mit den Eltern natürlich in unterschiedlichem Maße gelingt und mit der eigenen Erfahrung und der Sicherheit im Team korreliert.

Daß wir in unseren Klinikdialogen zu ganz unterschiedlichen Bewertungen kommen können, haben wir allmählich als Stärke zu schätzen gelernt. Wir haben mittlerweile damit begonnen, Eltern einzuladen, unsere Teamsitzungen hinter der Einwegscheibe zu beobachten. Trotz anfänglicher Bedenken sind unsere Erfahrungen damit bislang außerordentlich positiv. Die befürchtete Beklemmung stellte sich nicht ein, die Vielfalt der Hypothesen blieb, Humor und Spaß gingen nicht verloren, und die Eltern erlebten unser Vorgehen als hilfreich. Schließlich erlebten sie auch unsere Schwierigkeiten – Gott sei Dank, die sind auch nicht besser als wir –, unseren Dissens – es ist genau wie zwischen meinem Mann und mir –, erkannten Vertrautes – endlich bemerken die das auch – und sahen neue Wege oder gemeinsame Sackgassen: wesentlich erschien uns jedoch, daß sie wählen konnten, was für sie passend oder bekömmlich war.

Voraussetzung eines solchen Dialogs ist allerdings ein Grundkonsens von gegenseitigem Respekt und die Bereitschaft, Unausgesprochenes, selbst Heikles zur Sprache zu bringen.

Ziel klinischer Behandlung ist, „einem Übergang von einem Status in einen anderen zu assisitieren"(Durrant, 1996; Retzer, 1995). Klinik kann damit zum Experimentierfeld werden, auf dem KlientInnen und KlinikerInnen sich erlauben, Versuche mit anderen „Selbst-Bildnissen" und mehr Selbstbestimmung zu machen; Versuche, die noch mit allen Zweifeln und Unsicherheiten des Übergangs behaftet sind und nicht in einem Schritt funktionieren müssen.

Der Kontextwechsel erlaubt dem Kind, neue Erfahrungen zu sammeln, alte hinderliche Prämissen aufzugeben und neue Verhaltensmuster zu erproben. Die Familie erhält die Chance zu einem

Neuanfang, statt ihr Muster des „Mehr-Desselben" zu verewigen (Rotthaus, 1996).

Wie Durrant glauben wir, daß es die Hauptaufgabe der MitarbeiterInnen ist, das Gras der Veränderung wachsen zu hören, auf allerkleinste Zeichen zu achten und auf den geringsten Fortschritt zu reagieren. Therapie ist ein wichtiger Bestandteil des Prozesses. Dennoch: die Vorstellung, daß nur in unseren Therapieräumen das „Wundersame" geschehe, ist nicht immer heilsam. Oft sind diejenigen Stationen die erfolgreichsten, wo Therapeuten ihre Aufgabe hauptsächlich darin sehen, die Stationsmitarbeiter auf deren Einladung hin mitreflektierend zu unterstützen.

Ein Geschenk zum Abschied?

Zu den auch bei uns gepflegten Beendigungsritualen stationärer Therapie gehört die Erstellung von Abschlußberichten. Diese Berichte versenden wir, mit wenigen Ausnahmen, nur im Einverständnis mit den Familien. Die Familien erhalten eine Durchschrift oder sind sogar primärer Adressat der Briefe. Dieses anfänglich gewöhnungsbedürftige Verfahren hat vor allem den Vorteil, daß Abwertungen der Familie gegenüber unterbleiben. Wir versuchen, auch in Briefen die Betonung auf die Fähigkeiten zu legen und Festschreibungen in Pathologien zu vermeiden. Ich empfehle den KollegInnen, die Briefe den Eltern vor dem Weiterversand vorzulegen und ihren Kommentar zu erbitten.

Noch zu wenig machen wir von der Möglichkeit Gebrauch, den eigenen Anteil an unglücklichen oder glücklichen Interaktionszyklen in die Briefe aufzunehmen. „Dies", so Imber-Black (1990), „ähnelt dem Verhalten von Eltern, die bei der Diskussion über ein Kind ihren eigenen Beitrag zum Verhalten des Kindes weglassen." Vereinzelt laden wir schließlich die Familien zum gemeinsamen Schreiben der Briefe ein. Derartige Berichte können in besonderer Weise die Funktion eines therapeutischen Beendigungsrituals erfüllen.

Eine Sammlung phantasievoller Abschlußurkunden für Kinder können Sie Michael Whites Buch zur „Zähmung der Monster" (1990) entnehmen. Drei davon möchte ich Ihnen zeigen; die letzte habe ich, da wir uns dem Ende meines Vortrags nähern, mir selbst zugedacht: Grundsätzlich – so glaube ich – sollte man nur Abschlußbriefe schreiben, die man selbst gerne lesen würde; und ich halte dies nicht für gleichbedeutend mit Oberflächlichkeit und Konfliktscheu.

Urkunde Beherrschung von Wutanfällen

Diese Urkunde soll jedem bekanntgeben, daß .... sich von seinen Wutanfällen frei gemacht hat. Diese Wutanfälle haben sich wirklich hochgespielt und haben ihm und anderen Leuten eine Menge Mühe verursacht.

.... wird gerne anderen Menschen darüber berichten, wie er seinen Wutanfällen eine äußerst wichtige Lektion verpaßt hat. Jetzt wissen die Wutanfälle, daß er es sich nicht gefallen läßt, wenn sie ihm oder jemand anderem auf die Nerven gehen.

Ein dreifaches Hoch auf ....!

Überreicht am: .... 19..

Urkunde
Sieg über den
heimtückischen Näßling

Diese Urkunde wird

………………

gewährt in Anerkennung seines Erfolges, den heimtückischen Näßling an den ihm gebührenden Platz verwiesen zu haben.

………. hat das Blatt gewendet gegen den heimtückischen Näßling. Der heimtückische Näßling hat nichts mehr zu bekennen. Jetzt geht ………. auf den heimtückischen Näßling los.

Statt sich vom heimtückischen Näßling ertränken zu lassen, badet er jetzt im Ruhm.

Überreicht am: …………… 19..

gezeichnet: ………………….

Michael White

Urkunde Monsterzähmung und Angstbändigung

Hiermit wird bescheinigt, daß

....

sich einem vollständigen Trainingsprogramm im Zähmen von Monstern und Bändigen von Angst unterzogen hat, jetzt ein vollqualifizierter Monsterzähmer und Angstbändiger ist und fähig ist, anderen Kindern Hilfe anzubieten, die von Ängsten geplagt sind.

Ausgestellt am: .... 19..

Unterzeichnet: ....

Michael White

Präsident

Gesellschaft für

Monsterbändigung und Angstbewältigung

Australien

Lieber keine Engel

Systemisch-ressourcenorientierte Kliniken sind keine Paradiese. Die ständige Betonung von Ressourcen kann zu psychosomatischen Beschwerden führen und zu dem Wunsch, sich endlich wieder einmal – entschuldigen Sie den drastischen Ausdruck – auskotzen zu können. Ressourcenorientierung ist keine Religion.

Ich brauche Plätze für meine Wut über bestimmtes Elternverhalten, für übelste Beschimpfungen selbst von behinderten Kindern und auch für Abscheu. Selbstverständlich finde ich manchen Kollegen entsetzlich. Ich bin jedoch froh darüber, daß ich in derartigen Situationen mit großer Wahrscheinlichkeit in der Klinik – und dies halte ich für eine große Ressource dieser Institution – Ansprechpartner finde, die einen Moment Zeit haben, einfach zuhören oder eine andere Idee haben, die mir helfen, in schwierigen Lagen Distanz zu finden, neue Chancen für Entwicklung zu sehen oder einfach die momentane Ohnmacht zu akzeptieren.

Und nicht zuletzt: Therapie mit Lust und Laune

Der Titel des Forums lautete: „Über ressourcenorientiertes Arbeiten in Kliniken. Therapie nach ‚Lust und Laune?'"

Ich habe – und damit, liebe oder sehr geehrte LeserIn, komme ich zum Ende – in Herrn Rotthaus' Lehrbuch der stationären systemischen Kinder- und Jugendpsychiatrie und sogar im Lehrbuch der systemischen Therapie und Beratung im allgemeinen nachgeschlagen: Das Stichwort Trauer habe ich gefunden, nichts jedoch unter Spaß, Humor, Lust und Laune.

Dennoch möchte ich mich auch im stationären Mannschaftsspiel bekennen zu einer Therapie, die jenseits der Willkür Lust und Laune macht, und halte es hier mit Konstantin Wecker, der singt – oder besser sang:
„Wer nicht genießt, ist ungenießbar."

Literatur

De Shazer, St. (1989): Der Dreh. Überraschende Wendungen und Lösungen in der Kurzzeittherapie. Heidelberg: Carl-Auer-Systeme Verlag.

Durrant, M. (1996): Auf die Stärken kannst du bauen. Lösungsorientierte Arbeit in Heimen und anderen stationären Settings. Dortmund: verlag modernes lernen.

Imber-Black, E. (1990): Familien und größere Systeme. Im Gestrüpp der Institutionen. Heidelberg: Carl-Auer-Systeme Verlag.
Retzer, A. (1994): Familie und Psychose. Stuttgart: Fischer Verlag.
Retzer, A. (1995): Sprache und Psychotherapie. In: Psychotherapeut, 40, S. 210-221.
Rotthaus, W. (1990): Stationäre systemische Kinder- und Jugendpsychiatrie. Dortmund: verlag modernes lernen.
Rotthaus, W. (1991): Systemisches Denken im stationären Kontext einer kinder- und jugendpsychiatrischen Klinik. Vortragsmanuskript.
Rotthaus, W. (1996): Fünfzehn Jahre systemische Kinder- und Jugendpsychiatrie – Versuch einer Bilanz. Vortragsmanuskript.
Von Schlippe, A., Schweitzer, J. (1996): Lehrbuch der systemischen Therapie und Beratung. Göttingen: Vandenhoeck & Ruprecht.
Schmidt, G. (1996): Kurzkonzept für die Abteilung „Systemisch-hypnotherapeutische Psychosomatik/Psychotherapie" der Fachklinik am Hardberg.
Schweitzer, J. (1995): Kundenorientierung als systemische Dienstleistungsphilosophie. In: Familiendynamik, 8 (3), S. 272-313.
Staub-Bernasconi, S.: Soziale Arbeit als eine besondere Art des Umgangs mit Menschen, Dingen und Ideen. In: Sozialarbeit, 18 (10), S. 2-71.
White, M., Epston, D. (1990): Die Zähmung der Monster. Literarische Mittel zu therapeutischen Zwecken. Heidelberg: Carl-Auer-Systeme Verlag.

Differentielle Behandlung in der Abteilung für psychoanalytische Psychosomatik und Psychotherapie oder in der verhaltensmedizinischen Abteilung einer Psychosomatischen Fachklinik

Heinz Rüddel

Für alle psychosomatischen Fachkliniken wird ein umfassendes medizinisches Behandlungs- und Rehabilitationsangebot mit adäquater Diagnostik, Therapie und Rehabilitation vorausgesetzt. In Deutschland sind zwei Psychotherapierichtungen in ihrer Effektivität systematisch untersucht worden und heute generell akzeptiert, nämlich die psychodynamischen und die verschiedenen verhaltenstherapeutischen Psychotherapieverfahren. Wenig Klarheit besteht klinisch-praktisch und wissenschaftlich darüber, welche Patienten am effektivsten einer der beiden Haupttherapierichtungen in der stationären psychosomatischen Rehabilitation oder Behandlung zugewiesen werden sollen (Hohage, 1993). In der Psychosomatischen Fachklinik St. Franziska-Stift in Bad Kreuznach wird in einer Klinik in beiden Therapierichtungen auf Abteilungsstrukturen gearbeitet. Ein Schwerpunkt der klinischen Forschung in dieser Klinik liegt somit konsequenterweise in der systematischen Untersuchung zur differentiellen Indikationsstellung zu einer der beiden Hauptbehandlungsrichtungen.

In der Psychosomatischen Fachklinik St. Franziska-Stift in Bad Kreuznach mit 180 Behandlungsplätzen werden Patienten mit allen psychosomatischen und psychoneurotischen Störungen unter Beachtung der üblichen Kontraindikation aufgenommen. Spezielle Schwerpunkte sind in der Klinik sowohl in Diagnostik als auch in Therapie von Patienten mit psychischen Störungen bei chronifizierten Krankheitsverläufen, auf Somatisierungsstörungen und somatoformen Störungen, auf Eßstörungen und auf Überforderungsstörungen bei Patienten aus Verwaltungsbereichen. Die Diagnostik basiert auf der üblichen klinischen, biologisch-medizinischen Diagnostik sowie auf der Erfassung psychischer und psychosozialer Besonderheiten und greift ggf. auf eine erweiterte internistische und psychiatrische Diagnostik zurück. In der Klinik besteht die Möglichkeit, sowohl alle sonographischen Untersuchungen, kardiale und vaskuläre Funktionsprüfungen als auch die erforderlichen endoskopischen Untersuchungen des Gastrointestinaltraktes durchzuführen. Auch alle gynäkologischen Standarduntersuchungen werden in der Fachklinik durchgeführt. Psychophysiologische Untersuchungsmethoden, insbesondere Streßuntersuchungen und die Erfassung von vegetativen Parametern während emotionaler Belastung, ergänzen die klinischen Routineuntersuchungen.

Alle Patienten werden für 7 Tage in der Aufnahmestation der Klinik aufgenommen. Während dieser Zeit erfolgt die Überprüfung bzw. Sicherung der Zuweisungsdiagnose, und es wird der Schweregrad der Störung abgeschätzt. In dieser Zeit erfolgt die biologisch-medizinische, psychische und soziale Diagnostik, und es wird eine erste Arbeitsdiagnose gestellt. Gegebenfalls werden die differentialdiagnostisch erforderlichen Untersuchungen durchgeführt bzw. eingeleitet. Auf der Aufnahmestation erfolgt des weiteren eine systematische Information über Grundsätze des psychosomatischen Arbeitens und über die unterschiedlichen Therapiekonzepte der Abteilung für psychoanalytische Psychosomatik und Psychotherapie bzw. der Verhaltensmedizinischen Abteilung. Zum Schluß der diagnostischen Phase auf der Aufnahmestation der Klinik erfolgt eine erste Festlegung der Rehabilitationsziele. Nach einer speziellen Konferenz auf der Aufnahmestation, an der die leitende Psychologin der Station, der Stationsarzt, die jeweils zuständige Pflegekraft und der Chefarzt teilnahmen, wird eine erste Hypothese zur differentiellen Zuweisung des Patienten formuliert, die dann mit dem Patienten abgesprochen wird und zu einer Festlegung der Behandlung entweder in der Abteilung für psychoanalytische Psychosomatik und Psychotherapie oder der verhaltensmedizinischen Abteilung, zu der drei bzw. vier Stationen gehören, führt.

In der Psychosomatischen Fachklinik St. Franziska-Stift in Bad Kreuznach werden ca. 10% der Patienten nach der diagnostischen Phase in der Aufnahmestation entlassen, da sich entweder kein adäquates Rehabilitationsziel formulieren läßt, die Rehabilitationsfähigkeit des Patienten nicht vorliegt oder der Patient nicht bereit ist, die ihm vorgeschlagenen Rehabilitationsmaßnahmen zu akzeptieren. Bei den in der Klinik verbleibenden Patienten ist die minimale Rehabilitationsdauer auf insgesamt 4 Wochen und die maximale Rehabilitationsdauer auf insgesamt 12 Wochen festgelegt.

Aus der empirischen Literatur zur differentiellen Indikationsstellung (Schneider, 1992; Enke u. Czogalik, 1993; Grawe et al., 1994) ist bekannt, daß weder der Schweregrad einer Störung noch die Diagnose oder einzelne Patientenmerkmale wie soziokultureller Status geeignet sind für eine differentielle Indikationsstellung bezüglich einer der beiden Haupttherapierichtungen. In einer Vielzahl von Publikationen wurden dagegen allgemeine Indikationen zur Psychotherapie (Baumann, 1981) und Probleme einer differentiellen Indikation (Mans, 1995, 1998; Orlinski, 1994; Fiedler, 1994) dargelegt sowie Vorschläge zur Methodenkombination und Methodenintegration (Senf u. Broda, 1997) beschrieben.

Nach der Etablierung des klinischen Anleitens nach der Eröffnung der Klinik im Jahre 1991, wurde in einem ersten Schritt Wert auf eine praktikable Lösung der Frage der differentiellen Indikationsstellung gelegt, die sowohl organisatorische Aspekte als auch wissenschaftstheoretische Argumente berücksichtigt, um zunächst systematisch die Effektivität der so vorgenommenen differentiellen Indikationsstellung zu prüfen.

Differentielle Zuweisung der Patienten in der Psychosomatischen Fachklinik St. Franziska-Stift

Es wird in Bad Kreuznach von folgenden Annahmen ausgegangen: Wenn vom Patienten direkt der Wunsch geäußert wird oder aus der Darstellung der Patientenbeschwerden bzw. aus dem Erleben des Patientenverhaltens geschlossen werden kann, daß der Pat. den unbewußten Sinn seiner Konflikte und ihrer äußeren Manifestation verstehen lernen will, daß er möchte, daß ihm durch die Therapie neue Erlebens- u. Verhaltensweisen eröffnet werden, die ihm einen besseren Einklang mit seiner inneren Beschaffenheit und den äußeren Lebensumständen ermöglichen, und daß er Beziehungskonflikte besser verstehen will, dann wird der Pat. von einer Behandlung in der Abteilung für psychoanalytische Psychosomatik und Psychotherapie eher profitieren und einer der drei entsprechenden Station zugewiesen.

Wenn vom Pat. direkt der Wunsch geäußert wird oder aus der Darstellung der Patientenbeschwerden bzw. aus der Analyse seines Verhaltens geschlossen werden kann, daß der Pat. Hilfe und Unterstützung für die Bewältigung seiner Probleme und Beschwerden sucht, daß er neue Möglichkeiten des Erlebens und Verhaltens erlernen möchte, die ihm helfen, Streß, Probleme und Konflikte mit sich selbst und anderen besser bewältigen zu können, dann wird der Pat. eher von einer Behandlung in der verhaltensmedizinischen Abteilung profitieren können und einer der vier Stationen dieser Abteilung zugewiesen.

Darüber hinaus sind in der Psychosomatischen Fachklinik St. Franziska-Stift spezielle Behandlungskonzepte für Frauen nach Gewalterfahrung auf einer verhaltensmedizinischen Station realisiert, und es werden Patienten mit extremem Untergewicht ausschließlich in ein verhaltensmedizinisches Behandlungssetting aufgenommen. Patienten mit sehr komplexen Problemen in der Diagnostik und Therapie von klassischen medizinischen Problemen werden eher Stationen der Verhaltensmedizinischen Abteilung zugewiesen.

Tab. 1

Differentielle Zuweisungskriterien
aus Exploration, Beobachtung, Wunsch des Patienten

	- Beziehungen	– Störungen besser verstehen – verbessern
PA	- Konflikte	– verstehen – überwinden
	- Identität	– Störungen erkennen – soziale Interaktion verbessern
	- Probleme	– erkennen – bewältigen
VT	- Beschwerden	– im bio-psychosozialen Kontext einordnen – besseren Umgang
	- Belastungen (Streß)	– erkennen – bewältigen

Der Prozeß der differentiellen Therapiezuweisung wird seit Klinikeröffnung systematisch sowohl von der internen Evaluationsgruppe der Klinik unter Leitung von Prof. Rüddel als auch von einer externen Evaluationsgruppe unter Leitung von Prof. Koch untersucht. Regelmäßig werden von der externen Evaluationsgruppe Forschungsberichte erstellt und die jeweiligen Ergebnisse veröffentlicht (Lotz-Ramboldi et al., 1998).

Im Mai 1994 erfolgte eine systematische Befragung nach der Delphi-Technik von Mitarbeitern der Psychosomatischen Klinik zur Frage der differentiellen Indikation. Im September 1994 erfolgte die Rückmeldung der Ergebnisse aus der ersten Befragungsrunde, und es wurde eine zweite Befragungsrunde durchgeführt. Im Juni 1995 wurden die Ergebnisse der zweiten Befragungsrunde rückgemeldet, und es folgte ein abschließende dritte Befragungsrunde. Im September 1995 erfolgte die Rückmeldung dieser dritten Befragungsrunde, und im September 1995 wurden die Ergebnisse der Delphi-Befragung in einem Forschungsbericht (Forschungsbericht Nr. 7) zusammengestellt. (Koch et al., 1995). Im Zeitraum von Juni 1995 bis November 1995 erfolgte eine Befragung von externen Experten zur differentiellen Indikation, deren Ergebnisse anläßlich eines Symposiums am 1. und 2. Februar 1996 vorgestellt wurden (Lotz et al., 1996). Aus den klinikinternen Delphi-Befragungen ergab sich, daß der Patientenwunsch, die Therapieziele und das Beibehalten der Therapierichtung bei positiver Erfahrung mit der jeweiligen Psychotherapieform die größte Bedeutung unter den erfragten Variablen hatten. Eine relativ hohe Bedeutung für die differentielle Zuweisung wurde der Introspektionsfähigkeit, der Beziehungsfähigkeit und der Verbalisierungsfähigkeit beigemessen, die notwendige Voraussetzungen für eine psychoanalytische Behandlung seien. Generell akzeptiert für die differentielle Zuweisung waren auch Aspekte, daß bei einseitig somatischem Genesemodell eher eine verhaltenstherapeutische Rehabilitation indiziert sei. Auch bei ausschließlich 4wöchiger Rehabilitationsmöglichkeit wird eher eine verhaltenstherapeutische Intervention als eine psychodynamische Intervention als sinnvoll angesehen. Soziodemographische Variablen wie Alter und Geschlecht hatten keine differentielle Bedeutung.

Als Routinerhebung zur Ergebnisdokumentation der Behandlung bzw. Rehabilitation werden alle Patienten zum Zeitpunkt der Entlassung systematisch nach Behandlungserfolg, Änderungen des körperlichen und seelischen Befindens und nach Erweiterung der sozialen Kompetenz befragt, und alle Patienten werden gebeten, zu den verschiedenen Rehabilitationsangeboten eine Bewertung vorzunehmen. Systematisch werden zum Ende der Rehabilitationsmaßnahme auch die Bezugstherapeuten zum Behandlungsaufwand und zum Behandlungserfolg befragt. Diese Befragungen wurden durch eine katamnestische Untersuchung an einer Teilstichprobe der Patienten 1 Jahr nach Abschluß der medizinischen Rehabilitationsmaßnahmen ergänzt. Diese Erfassung der Behandlungsergebnisse wurde angelehnt an die Basisdokumentation des Deutschen Kollegiums für Psychosomatische Medizin und der Psychotherapeutischen Fachgesellschaften (Einzelheiten in Lotz-Ramboldi, 1998).

375 Patienten, die im Zeitraum zwischen Oktober und Dezember 1994 in der Klinik waren, wurden sowohl während der Rehabilitationsphase als auch in einer Ein-Jahres-Katamnese untersucht. 221 Patienten waren in der verhaltensmedizinischen Abteilung, 154 in der Abteilung für psychoanalytische Psychosomatik und Psychotherapie behandelt worden. In den soziodemographischen Angaben war die Geschlechtsverteilung Männer/Frauen in der VT-Abteilung mit 65/35 % unterschiedlich zur Geschlechtsverteilung in der PA-Abteilung (82/18 %, p << .01). Bei den Patienten der VT-Abteilung lag eine somatische Hauptdiagnose in 14 %, bei den Patienten der PA-Abteilung in 3 % (<< 0.05) vor. In der familiären Situation gaben 16 % der VT-Patienten an, geschieden zu sein oder getrennt zu leben, wohingegen 31 % der PA-Abteilung entweder geschieden waren oder angaben, getrennt zu leben (p << .05). Die Behandlungsdauer betrug 49,6 +/- 14,5 (x +/- S.D) in der verhaltensmedizinischen Abteilung und 53,7 (</q> 13,8) Tage in der Abteilung für psychoanalytische Psychosomatik und Psychotherapie (t (185) = 1,96, p = .05 d = .29).

Insgesamt zeigen unsere Outcome- und Katamnesedaten, daß bei sehr hohen Effektstärken (ca. 1.2) die Behandlung in der Klinik kaum klinisch verwertbare Unterschiede in der Effektivität der Rehabilitationsmaßnahme bei den in Bad Kreuznach etablierten differentiellen Zuweisungskriterien entweder zur verhaltensmedizinischen oder zur psychodynamischen Arbeit in der Rehabilitation von Patienten mit psychosomatischen/psychoneurotischen Störungen aufweist (siehe Abb. 1).

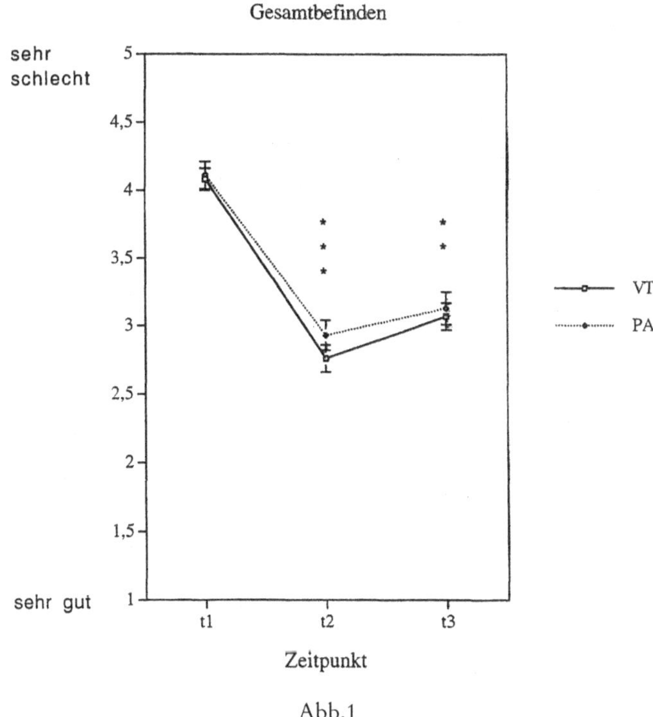

Abb.1

Als Erklärungen für diese Ergebnisse könnten folgende Faktoren relevant sein:
Die unspezifischen Behandlungsaspekte (z. B. Settingvariable Klinik, Intervention durch Spezialtherapeuten etc.) spielen eine größere Rolle als die spezifischen Interventionen. Dies würde allerdings den Ergebnissen von Untersuchungen widersprechen, die gerade die spezifischen therapeutischen Interventionen in einer sehr viel größeren Bedeutsamkeit darstellen als die unspezifischen (Lambert u. Bergin, 1994).

In den hier verglichenen therapeutischen Vorgehensweisen sind mehr gemeinsame Wirkfaktoren der Psychotherapie prognostisch bedeutsam als differentielle Wirkfaktoren. Neuere Metaanalysen von Therapiestudien weisen darauf hin, daß bei den Untersuchungen, die darauf abzielen, Unterschiede zwischen verschiedenartigen Behandlungsstrategien aufzuzeigen, erstaunlich geringe Unterschiede in den Behandlungsergebnissen dokumentiert werden. Diese neueren Metaanalysen (z.B. Lambert u. Hill, 1994; Wampold et al., 1997) stehen im Gegensatz zu den Untersuchungen von Grawe et al., (1994).

Die Qualität und der Implementierungsgrad der therapeutischen Arbeitweisen in den beiden Abteilungen ist unterschiedlich, und theoretisch vorhandene Überlegenheiten eines der beiden Behandlungskonzepte werden durch Niveaunivellierungen in der tatsächlich erreichten Implementierung aufgehoben. Gegen diese Annahme sprechen aber die sehr hohen Effektstärken unserer Behandlungsergebnisse. Zum weiteren Ausschluß eines solchen Faktorenbündels sind aber Untersuchungen zum Implementierungsgrad der jeweiligen Behandlungsansätze in den beiden Abteilungen erforderlich.

Implementierungsgrad schulenspezifischer Arbeitweisen

Seit mehr als zwei Jahrzehnten wird von Psychotherapieprozeßforschern beklagt, daß zu wenig empirische Studien zur Analyse von Therapieprozessen in klinischen Einrichtungen der Regelversorgung mit Patienten durchgeführt würden und die beschriebenen Erhebungsinstrumente nur wenig für den klinischen Alltag brauchbar seien (Miller et al., 1993; Haubl, 1994). Diese Klage steht im Kontrast zu einer Reihe von Studien an ausgewählten Populationen. Aus der Wirkfaktorenforschung ambulanter und stationärer Psychotherapie (Tschuschke u. Czogalik, 1990; Strauß, 1992) sind z.B. als relevante Wirkfaktoren für stationäre Gruppen folgende Aspekte nachgewiesen: Katharsis, Kohäsion, Interpersonales Lernen, Einsicht, Existentielle Faktoren/Altruismus, Einfließen von Hoffnung, Anleitung, Rekapitulation der Primärfamilie, Identifikation (Strauß u. Burgmeier-Lohse, 1994). In der entsprechenden Forschungsliteratur können die Studien vereinfachend in zwei Gruppen unterteilt werden, nämlich einerseits in Studien, die therapieschulenunabhängige Aspekte des Gruppengeschehens erfassen, und andererseits Studien, die eine Analyse von psychoanalytisch relevanten Konstrukten bzw. verhaltenstherapeutisch wichtigen Konstrukten operationalisieren. Häufige angewandte Prozeßanalysen in psychodynamischen Therapiegruppen kodieren z.B.. den zentralen Beziehungskonflikt (Übersicht in Haubl, 1994), das Erleben von Gemeinschaft und Verständnis (Tschuschke et al., 1990; Mac Kenzie, 1996), im Kontext therapeutischer Anforderungen (z.B. im WEVAL Fragebogen; Wöller, 1998) oder analysieren auf individueller Ebene Veränderungen von therapeutisch günstigen Wirkfaktoren, z.B.. in der Kieler Gruppenpsychotherapiestudie (Strauß u. Burgmeier-Lohse, 1994). Schindler entwickelte ein sehr umfassendes und komplexes Codiersystem zur Interaktion in der Psychotherapie. Er analysierte Patientenverhalten sowie Therapeutenverhalten. Von der Berner Gruppe wurden Ratingskalen zur Erfassung von Gruppenprozessen publiziert (Übersichten u. a. bei Horvath et al., 1993; Miller et al., 1993).

Aus der Analyse dieser Literatur zur Erfassung von Psychotherapieprozeßmerkmalen in der Gruppenbehandlung wurden von den Mitarbeitern der externen Evaluationsgruppe (Koch et al., in Vorbereitung) Skalen extrahiert, anhand derer relevante psychodynamische und verhaltenstherapeutische Konstrukte aus den Aufzeichnungen von Gruppentherapiesitzungen ausgewertet werden. Skaliert wird z.B. die Beziehungsgestaltung, das Ausmaß der behavioralen Intervention, die kognitive Intervention, die Direktivität, die Strukturierung, das Explorationsverhalten, die Interpretation, die Konfrontation, die Emotionsverarbeitung und Übertragungsaspekte.

Nach der Vorstellung des Hintergrundes einer Implementierungsstudie, der Präzisierung der Fragestellung und Erprobung der Erhebungsinstrumente in einer Vorstudie, wurde zunächst klinikintern und mit dem Träger der Klinik abgestimmt, daß an 2 Tagen alle Einzelgespräche und Gruppentherapien der jeweiligen Station aufgezeichnet und ausgewertet werden. Die Gruppentherapien werden auf Videoband dokumentiert. Nach Absprache mit der Aufsichtsbehörde und insbesondere den Datenschutzbeauftragten, wird zu dieser Untersuchung die Einverständniserklärung jedes Patienten vor Aufzeichnung und Auswertung eingeholt, und die Aufzeichnungen werden in der Abteilung für Medizinische Psychologie des Universitätskrankenhauses Hamburg/Eppendorf ausgewertet. Der Datenschutzbeauftragte sowie die Aufsichtsbehörde für die Klinik legten fest, daß alle Aufzeichnungen an einem Stichtag nach durchgeführter Analyse zu löschen sind.

Die erhobenen Prozeßdaten dürfen nicht ohne Kenntnisse von Strukturaspekten interpretiert werden (Strauß, Kriebel, Mattke, 1998). So ist für unsere Fragestellung z.B. wichtig, daß sich keine signifikanten Unterschiede in der Dauer der Tätigkeit, in der psychotherapeutischen Erfahrung und in der Dauer der klinischen Tätigkeit nach Hochschulabschluß bei den Mitarbeiterinnen und Mitarbeitern der beiden Abteilungen zeigten. Die Implementierungsstudie ist zum jetzigen Zeitpunkt noch nicht abgeschlossen, und somit können hier noch keine Daten vorgestellt werden.

Zusammenfassend kann festgehalten werden, daß es in einer psychosomatischen Rehabilitationsklinik mit 180 Planbetten möglich war, die beiden etablierten Therapieschulen unter einem Klinikdach zu zwei funktionsfähigen Abteilungen zusammenzufügen und daß eine differenzielle Zuweisung der Patienten von der Aufnahmestation zu Behandlungsstationen in einer der beiden Abteilungen auch tatsächlich praktisch zu realisieren ist. In den Wirk- und Prozeßforschungen zur Darstellung der Effekte dieser differenziellen Zuweisung zeigte sich, daß sehr hohe Behandlungseffektstärken in beiden Abteilungen nachweisbar sind und daß trotz Unterschiedlichkeit der Diagnose- und Patientencharakteristika (die aufgrund der differenziellen Zuweisung erwartet werden konnten) keine relevanten Unterschiede im Behandlungsergebnisses sowohl zum Zeitpunkt der Entlassung als auch in der durchgeführten katamnestischen Untersuchung zu erheben waren. Von besonderer Wichtigkeit für die Interpretation dieser Ergebnisse ist aber die Überprüfung, ob denn Verhaltenstherapeuten überhaupt verhaltenstherapeutisch arbeiten und ob die Mitarbeiter in der Abteilung für psychoanalytische Psychosomatik und Psychotherapie überhaupt psychodynamische Therapiekonzepte adäquat umsetzen. Interne und externe Supervision sind sicher notwendig, aber keine ausreichende Dokumentation. Eine empirische Prüfung ist hier indiziert. Diese empirische Prüfung wird in Bad Kreuznach zur Zeit durchgeführt. Erst nach Kenntnis dieser Daten kann evtl. geplant werden, die in dieser Klinik umgesetzte differenzielle Zuteilung und die Therapiestrategie in den beiden Abteilungen durch eine veränderte Zuweisung, z. B. durch Teilrandomisierung der Zuweisung, zu kontrastieren und die dann erzielbaren Behandlungseffekte mit den Behandlungseffekten zu vergleichen, die bei der bisher praktizierten gezielten differenziellen Zuweisung festzustellen sind.

Literatur

Baumann, U. (1981): Indikation zur Psychotherapie. Perspektiven für Praxis und Forschung. München: Urban & Schwarzenberg.

Enke, H., Czogalik, D. (1993): Allgemeine und spezielle Wirkfaktoren in der Psychotherapie. In: Heigl-Evers, A., Heigel, F., Ott, J. (Hg.): Lehrbuch der Psychotherapie. Stuttgart: Gustav Fischer, S. 511-522.

Fiedler, P. (1994): Störungsspezifische und differentielle Indikationen: gemeinsame Herausforderung der Psychotherapieschulen; oder: Wann ist endlich Schluß mit dem Unsinn der Konkurrenz? In: Psychotherapie Forum, 2, S. 20-29.

Grawe, K., Donati, F., Bernauer, R. (1994): Psychotherapie im Wandel: Von der Konfession zur Profession. Göttingen: Hogrefe.

Haubl, R. (1994): Evaluation. In: Haubl, R., Lamoft, F. (Hg.): Handbuch Gruppenanalyse. Berlin: Quintessenz Verlag, S. 277-292.

Hohage, R. (1993): Welcher Patient in welche Klinik. Strukturelle Merkmale von stationärer Psychotherapie. In: Praxis der Psychotherapie und Psychosomatik, 38, S. 193-200.

Horvath, A., Gaston, L., Luborsky, L. (1993): The therapeutic alliance and its measurement. In: Miller, N.E. et al. (Hg.): Psychodynamic Treatment Research. New York: Basic Books, S. 247-273.

Mac Kenzie, K.R. (1996): Der Gruppenklimafragebogen. In: Strauß, B., Eckert, J. Tschuschke, V. (Hg.): Methoden der empirischen Gruppentherapieforschung. Ein Handbuch. Opladen: Westdeutscher Verlag.

Koch, U., Lotz, W., Rappat., S., Schulz, H., Trabert, J. (1996): Delphi-Befragung von ausgewählten Experten der Psychosomatischen Fachklinik St. Franziska-Stift Bad Kreuznach zur differentialen Indikation. (Forschungsbericht Nr. 7 der Externen Evaluation der Psychosomatischen Fachklinik, St. Franziska-Stift Bad Kreuznach). UKE, Hamburg.

Lambert, M. J., Bergin, A. E. (1994): The effectiveness of psychotherapy. In: Bergin, A. E., Garfield, S. L. (Hg.): Handbook of Psychotherapy and Behavior Change. New York: John Wiley, S. 143-189.

Lambert, M. J., Hill, C. E. (1994): Assessing psychotherapy outcomes and processes. In: Bergin, A. E., Garfield, S. L. (Hg.): Handbook of Psychotherapy and Behavior Change. New York: John Wiley, S. 72-113.

Lotz-Ramboldi, W., Schulz, H., Koch U. (1998): Externe Evaluation einer psychosomatischen Rehabilitationsklinik. In: Mans, E. J., Terporten, G., Rüddel, H. (Hg.): Modelle der psychosomatischen Rehablitation. Göttingen: Hogrefe (in Vorbereitung).

Lotz, W., Rappat, S., Busche, W., Schulz, W., Koch, U. (1996): Differentielle Indikation zur verhaltenstherapeutischen und psychodynamischen Psychotherapie in der stationären Psychosomatik – Ergebnisse eines Symposiums. (Forschungsbericht Nr. 8 der Exteren Evaluation der Psychosomatischen Fachklinik St. Franziska-Stift Bad Kreuznach) UKE, Hamburg.

Mans, E. J. (1995): Diagnostik für die differentielle Indikation zwischen heterogenen Therapieeinrichtungen: Grundlagen und ein Modell für die stationäre psychosomatische Rehabilitation. In: Praxis der Klinischen Verhaltensmedizin und Rehabilitation, 32, S. 305-312.

Mans, E. J. (1998): Differentielle Indikation zwischen und in unterschiedlichen Therapierichtungen. In: Mans E .J., Terporten, G., Rüddel, H. (Hg.): Modelle der psychosomatischen Rehabilitation. Göttingen: Hogrefe (in Vorbereitung).

Miller, N. E., Luborsky, L., Barber, J. P., Docherty, J. P. (Hg.) (1993): Psychodynamic Treatment Research. A Handbook for Clinical Practice. New York: Basic Books.

Orlinsky, D. (1994): Learning form many masters. Ansätze zu einer wissenschaftlichen Integration psychotherapeutischer Behandlungsmodelle. In: Psychotherapeut, 39, S. 2-9.

Schneider, W. (1992): Aktuelle Gesichtspunkte zur differentiellen Indikationsforschung zur Psychotherapie. In: Zeitschrift für Psychosomatische Medizin, Medizinische Psychologie und Psychoanalyse, 38, S. 182-193.

Senf, W., Broda, M. (1997): Methodenkombination und Methodenintegration als Standard der Psychotherapie? In: Psychother. Psychosom. med. Psychol., 47, S. 92-96.

Strauß, B., Burgmeier-Lohse, M. (1994): Stationäre Langzeitgruppentherapie. Heidelberg: Asanger.

Strauß, B. (1992): Empirische Untersuchungen zur stationären Gruppenpsychotherapie. In: Gruppenpsychotherapie und Gruppendynamik, 28, S. 125-149.

Strauß, B., Kriebel, R., Mattke, D. (1998): Probleme der Qualitätssicherung in der stationären Gruppenpsychotherapie. In: Psychotherapeut, 43, S. 18-25.
Tschuschke, V., Czogalik, D. (1990): Psychotherapie – welche Effekte verändern? Heidelberg: Springer.
Tschuschke, V., Hess, H., Mac Kenzie, K. R. (1990): Der Gruppenklimafragebogen. Methodik und Anwendung eines Meßinstruments zum Gruppenerleben. In: Gruppenpsychotherapie und Gruppendynamik, 26, S. 340-359.
Wampold, B. E., Mondin, G. W., Moody, M., Stich, F., Benson, K., Ahn, H.-N. (1997): A meta-analysis oft outcome studies comparing bona fide psychotherapies: Empirically, "all must have prizes". In: Psychological Bulletin, 122, S. 203-215.
Wöller, W. (1998): Vortrag in der Arbeitsgruppe Stationäre Psychotherapie auf der 47. Arbeitstagung des Deutschen Kollegiums für Psychosomatische Medizin in Leipzig.

Die Herausgeber

Dr. med. Roland Vandieken, *1947, Facharzt für Psychiatrie und Psychotherapie und für Psychotherapeutische Medizin, Psychoanalyse, Dozent und Lehranalytiker am Institut für Analytische Psychotherapie im Rheinland, Köln, von 1993 bis 1997 Leitender Arzt der Rhein-Klinik, seit 1997 Leitender Arzt der Abteilung II der Rhein-Klinik.

Dr. med. Eduard Häckl, *1949, Facharzt für Innere Medizin, Psychiatrie und Psychotherapie und für Psychotherapeutische Medizin, Psychoanalyse, Dozent und Lehranalytiker am Institut für Psychotherapie/ Psychoanalyse Rhein-Eifel, Sinzig. Seit 1997 Leitender Arzt der Rhein-Klinik, bis dahin Leitender Arzt der Abteilung III der Rhein-Klinik.

Dr. med. Dankwart Mattke, *1939, Facharzt für Psychiatrie und Psychotherapie und für Psychotherapeutische Medizin, Psychoanalyse, Dozent, Lehranalytiker und Gruppenlehranalytiker am Institut für Psychotherapie/Psychoanalyse Rhein-Eifel, Sinzig. Seit 1994 im Vorstand des DAGG, von 1984 bis 1993 Leitender Arzt der Rhein-Klinik, seit 1993 Leitender Arzt der Abteilung 1 der Rhein-Klinik. Wissenschaftliche Arbeiten und Publikationen zu Psychopharmakologie, Suchtbehandlung, Gruppenpsychotherapie und stationärer Psychotherapie.

www.ingramcontent.com/pod-product-compliance
Lightning Source LLC
Chambersburg PA
CBHW021846020426
42334CB00013B/204